Armin Strohmeyr

Große Philosophinnen

PIPER

Zu diesem Buch

Dieses Buch will keine Geschichte der Philosophie sein. Es ist eine Porträtsammlung philosophierender Frauen: Héloïse, Hildegard von Bingen, Christine de Pizan, Émilie du Châtelet, Ricarda Huch, Edith Stein, Simone Weil, Hannah Arendt, Simone de Beauvoir und Jeanne Hersch. Nicht alle dieser Frauen haben ein umfangreiches philosophisches Werk hinterlassen, ein System geschaffen oder eine Schule gegründet. Doch die Philosophie ist die Liebe zur Weisheit, zum Denken, und am Beginn jedes Denkens steht das Staunen. Und so hatte die Philosophie als Hinterfragen bloßer Meinungen seit jeher auch einen emanzipatorischen Impuls: die Befreiung des Menschen aus seiner – mitunter selbst verschuldeten – Unmündigkeit. Kein Wunder, dass gerade deshalb auch Frauen zum Staunen und Hinterfragen – zum philosophischen Denken – angeregt wurden. Doch von wenigen Ausnahmen in der Antike abgesehen, tauchen Frauen in der Philosophie erst spät in der Überlieferung auf. Seit der Scholastik des Hochmittelalters befreiten sich Frauen in ihrem Denken, wenngleich sie noch lange in ihren Rechten und Möglichkeiten beschnitten waren. Diesen langen und mühevollen, aber geistig anregenden und unterhaltsamen Weg in beispielhaften Porträts nachzuzeichnen ist die Absicht dieses Buchs.

Armin Strohmeyr ist promovierter Germanist und Autor viel beachteter Biografien (u.a. über Klaus Mann, George Sand, Sophie von La Roche und die Frauen der Brentanos) und Porträtsammlungen. Zuletzt erschienen bei Piper »Annette Kolb«, »Weltensammlerinnen. Spektakuläre Reiseabenteuer mutiger Frauen« und »Dichterkinder. Liebe, Verrat und Drama – der Kreis um Klaus und Erika Mann«. www.armin-strohmeyr.de

Armin Strohmeyr

Große Philosophinnen

Wie ihr Denken die Welt prägte – 10 Porträts

PIPER

Mehr über unsere Autorinnen, Autoren und Bücher:
www.piper.de

Von Armin Strohmeyr liegen im Piper Verlag vor:
Abenteuer reisender Frauen
Einflussreiche Frauen
Geheimnisvolle Frauen
Annette Kolb
Weltensammlerinnen
Dichterkinder
Große Philosophinnen

Unser Versprechen für mehr Nachhaltigkeit
• Klimaneutrales Produkt
• FSC®-zertifiziertes Papier
• Hergestellt in Europa

FSC www.fsc.org MIX Papier | Fördert gute Waldnutzung FSC® C021394

Originalausgabe
ISBN 978-3-492-31539-5
1. Auflage August 2021
3. Auflage März 2023

Umschlaggestaltung: Büro Jorge Schmidt, München
Umschlagabbildung: akg-images/Archives CDA/St-Genès; Granger/Bridgeman Images; ullstein bild – Heritage Images/Ricarda Schwerin
Satz: Eberl & Koesel Studio, Kempten
Gesetzt aus der Berling
Gedruckt von ScandBook in Litauen
Printed in the EU

Für Friedhelm und Miriam

Inhalt

Vorbemerkung: Das Staunen

Dieses Buch will keine Geschichte der Philosophie sein. Es ist eine Porträtsammlung philosophierender Frauen. Nicht alle dieser Frauen haben ein umfangreiches philosophisches Werk hinterlassen, ein System geschaffen oder eine Schule gegründet. Philosophie ist die Liebe zur Weisheit, zum Denken, und am Beginn jedes Denkens steht das Staunen. Aristoteles bezeichnete das Staunen *(thaumazein)*, die Verwunderung, als den Urgrund des Philosophierens, da der Mensch beim Philosophieren Dinge und Sachverhalte, die man gemeinhin als selbstverständlich betrachtet, vom Staunen angefacht kritisch hinterfragt und sie als bloße Meinungen offenlegt. Aus dem philosophischen Staunen heraus fördert der denkende Mensch »Erstaunliches« zutage, er gelangt zu neuen, bislang »unerhörten« Erkenntnissen. Auch Platon, der bekannteste Schüler des Sokrates, bezeichnete in seiner Schrift *Theaitetos* das Staunen als den Beginn aller Philosophie: »Das Staunen ist die Einstellung eines Mannes, der die Weisheit wahrhaft liebt, ja es gibt keinen anderen Anfang der Philosophie als diesen.«

Das philosophische Staunen ist jedoch kein Selbstzweck: Durch die Diskrepanz zwischen bloßer Meinung und neu entdeckter Erkenntnis werden die Dinge weiter hinterfragt, es entsteht Wissen im Streben um die Erhellung, die Aufklärung der Zusammenhänge – und damit auch die Wissenschaft. Dadurch ist Philosophie eine Wissenschaft, und die Erhellung der bloßen Meinungen, der Vorurteile und Klischees, hat einem ganzen Zeitalter den Namen gegeben: die Aufklärung.

Die Philosophie als Hinterfragen bloßer Meinungen hatte seit jeher auch einen emanzipatorischen Impuls: die Befreiung des Menschen aus seiner – mitunter selbst verschuldeten – Unmündigkeit. Kein Wunder, dass schon früh auch Frauen zum Staunen und Hinterfragen – zum philosophischen Denken – angeregt wurden. Doch von wenigen Ausnahmen in der Antike abgesehen (etwa Aspasia von Milet oder Hypatia von Alexandria, von beiden sind keine Schriften überliefert) tauchen Frauen in der Philosophie erst verhältnismäßig spät in der Überlieferung auf (und Platon selbst nennt ja nur die weisheitsliebenden Männer!): Die unfreien Verhältnisse, in denen sie lebten – in patriarchalischen Familien und Gesellschaftsverbänden, bei unzureichendem Zugang zu Bildung und Wissen –, trugen hierzu bei. Ein Teufelskreis: Unfreiheit und Unwissen bedingten unfreies Denken, dieses wiederum verhinderte eine Befreiung durch Hinterfragen. Erst langsam, seit der Scholastik des Hochmittelalters, befreiten sich Frauen in ihrem Denken, wenngleich sie noch lange in ihren Rechten und Möglichkeiten beschnitten waren. Das Philosophieren von Frauen war also auch stets ein Akt der Selbstbefreiung, der Emanzipation. Diesen langen und mühevollen, aber geistig anregenden und unterhaltsamen Weg in beispielhaften Porträts zu beleuchten und zu erläutern ist die Absicht dieses Buchs.

Die Scholastik

Mit dem Untergang des Weströmischen Reichs im Jahre 476 und den politischen und kulturellen Wirrnissen der Völkerwanderung riss ein jahrtausendealter philosophischer Diskurs weitgehend ab. Zahlreiche literarische, juristische, philosophische und naturkundliche Schriften griechischer und römischer Autoren gingen im lateinischen Westen im Zuge der Zerstörung von Bibliotheken und Akademien verloren. Ausgerechnet die Institution, die dem überlieferten heidnisch-antiken Wissen skeptisch bis ablehnend gegenüberstand, wurde jedoch zum Bewahrer und Retter eines Teils des antiken Wissens: die Kirche. Hauptsächlich in den Klöstern der neu erstehenden Staaten des Abendlands wurden Abschriften alter Texte gehütet und zum Zweck des Erlernens der klassischen griechischen und lateinischen Sprache sogar weiter angefertigt. Die Auseinandersetzung mit den Lehren der Antike versiegte im Laufe der Jahrhunderte indessen nie völlig, wurde durch die Kirchenväter, darunter bedeutende Theologen wie Origenes, Ambrosius und Augustinus, gepflegt und in einen entstehenden christlich-philosophischen Diskurs einbezogen.

Im Wesentlichen geht es in all den Jahrhunderten der nachantiken Epoche um den Widerstreit von Platonismus (mit der neuplatonischen Bewegung) und Aristotelismus: Im Platonismus sehen die christlichen Philosophen einen Weg zur Erkenntnis Gottes, getragen von der Hoffnung, Gott zu schauen und mit ihm eins zu werden. Die Wahrheitssuche des christlichen Platonismus ist immer die Gottessuche. Gott selbst ist die Wahrheit, wie sie in seinem Wort, das in der Bibel aufgezeichnet ist, offenbar wurde.

Der Aristotelismus hingegen spielt zunächst in der christlichen Überlieferung im Westen nur eine unbedeutende Rolle (die Schriften des Aristoteles wurden hingegen im byzantinischen und arabischen Raum tradiert). In der Auseinandersetzung mit den logischen Schriften des Aristoteles durch die Vermittlung des Philosophen und Übersetzers Boëthius (gest. um 526) wird das Interesse an den »Tatsachen« neu entfacht (auch den geoffenbarten »Tatsachen« der Propheten, Apostel und Kirchenväter), diese »Tatsachen« werden einer systematischen Ordnung und skeptischen Prüfung mit Mitteln der Dialektik, des *sic et non*, des *Ja und Nein*, unterworfen. Nicht von ungefähr trägt die wohl wichtigste Schrift des Frühscholastikers Abaelard ebendiesen Titel: *Sic et non*.

Pierre Abaelard, er lebt von 1079 bis 1142, wird zum Begründer und ersten bedeutenden Vertreter der Scholastik, der systematischen Schullehre (vom lateinischen *schola*, Schule). Sie nutzt das Lehren der antiken *sieben freien Künste* (Grammatik, Dialektik, Rhetorik, Arithmetik, Geometrie, Astronomie, Musik), die nicht von ungefähr auch die Naturwissenschaften mit einschließen, um mithilfe des gesamten Wissens- und Erkenntnisspektrums die Frage nach der philosophisch-theologischen Wahrheit zu stellen. Mittel dieses Erkenntnisprozesses ist der dialektische Diskurs, Ja und Nein, Für und Wider, These und Antithese, das Abklopfen alter, tradierter Erkenntnissätze (Sentenzen) auf ihren Wahrheitsgehalt. Die Scholastik wagt einen entscheidenden Schritt: den Einsatz der (von Gott gegebenen) Erkenntnisfähigkeit des Menschen mit Mitteln der Vernunft (Ratio), des Zweifels, der Skepsis. Die Scholastik – ganz eingebunden in ein mittelalterliches Weltbild, das keinen Zweifel an der Existenz des guten Gottes und am absoluten Wahrheitsgehalt des von ihm durch die Propheten, Evangelisten und Kirchenväter geoffenbarten Wortes kennt und duldet – will keineswegs dieses Welt- und Gottesbild anzweifeln oder gar aufsprengen. Es geht vielmehr um einen vertieften Erkenntnisstand des Wahren und Guten, um eine Relativierung, Systematisierung und konkordierende Summierung der philosophisch-theologischen Glaubenssätze. Insofern lehrt die scholastische Philosophie im übertragenen wie wörtlichen Sinne unter dem Dach der Kirche: in Klöstern oder an Domschulen. Gleichwohl wird diese die Sentenzen hinterfragende scholastische Schule von Anbeginn neben begeisterter Anhängerschaft auch erbitterten Widerstand ernten: Philosophen, die ganz aus dem Platonismus ihr Denken und ihre Welt- und Gottessicht beziehen, wittern in Abaelards Scholastik rasch Häresie und eine Intellektualisierung des Mysteriums. So auch ist die tiefe Gegnerschaft zwischen Abaelard und Bernhard von Clairvaux zu erklären, ebenso die Verurteilung Abaelards zu »ewigem Schweigen« und seine Arretierung in klösterlichem Exil gegen Ende seines Lebens.

Doch dem Siegeszug der scholastischen Methode in allen Wissenschaftsbereichen des Hochmittelalters tat dies keinen Abbruch. Die Scholastik konnte nicht aufgehalten werden, die Werke ihres Begründers Abaelard wurden zwar in Rom verurteilt und demonstrativ dem Feuer übergeben, doch waren längst Abschriften im Umlauf. Man konnte Abaelard zum Schweigen verurteilen, seine Schriften hingegen waren in der Welt und stießen unter seinen Schülern und Anhängern ein nicht enden wollendes scholastisches Gespräch an, mit dem Ziel, die Wahrheit durch den kritischen Diskurs, durch die Gegenüberstellung von Sentenzen, von Für und Wider, *sic et non*, herauszufiltern und damit geklärt und rein vor Augen zu haben.

In Abaelards Umkreis tritt uns auch eine Frau entgegen: Héloïse. Sie war seine Geliebte und Ehefrau, vor allem aber: seine Schülerin. Zwar haben sich von ihr keine eigenständigen philosophischen Schriften erhalten, wohl aber Briefe, die sie als kluge, scharfsinnige, unbequeme, überraschend unverkrampfte und undogmatische Denkerin zeigen.

Héloïse (um 1099–1164)

Die Logik der Liebe

Im Jahre 1142 wendet sich der hochgebildete und überaus angesehene Abt des Klosters Cluny Petrus, genannt Venerabilis (der Verehrungswürdige), in mehreren Briefen an die Äbtissin des Klosters von Le Paraclet bei Nogent-sur-Seine. Ihr Name: Héloïse. Zunächst bekundet der Abt der frommen und angesehenen Nonne sein Beileid, denn wenige Wochen zuvor, am 21. April, starb im Kloster von Saint-Marcel-de-Chalons Pierre Abaelard, der Begründer der Scholastik in Frankreich und nach Ansicht vieler der berühmteste Philosoph seiner Zeit. Héloïse und Abaelard waren befreundet, ja mehr noch: Sie waren ein Liebespaar – unverhohlen und vor den Augen der Öffentlichkeit. Nicht nur die Zeitgenossen wussten von dem Verhältnis der beiden. Auch von der Nachwelt wurde beider Geschichte wieder und wieder erzählt und tradiert. Héloïse und Abaelard wurden schlechthin zum Sinnbild eines tragischen Liebespaars. Und bis zum heutigen Tag pilgern glücklich und unglücklich Liebende zum Grab der beiden auf dem Friedhof Père Lachaise in Paris. Denn die sterblichen Überreste ruhen in *einem* Grab. So sind Héloïse und Abaelard zumindest im Tode vereint. Und beider Namen werden in der langen Reihe berühmter Männer und Frauen immer in einem Atemzug genannt.

Aber Héloïse galt nicht nur als Abaelards Geliebte. Sie war dem Scholastiker eine ebenbürtige Gesprächspartnerin. Bereits Petrus Venerabilis wusste das. In einem seiner anteilnehmenden Briefe an die gelehrte Äbtissin nach dem Tod ihres Herzensfreundes rühmt er sie wegen ihrer Liebe zur Weisheit, würdigt als frommer Kirchenmann aber auch ihren Willen zum Verzicht: »Als wahrhafte

Philosophin habt Ihr für das Evangelium von der Logik, für den Apostel von der Naturlehre, für Christus von Platon, für das Kloster von der Akademie abgelassen. [...] Wie eine Lampe müsst Ihr gleichzeitig brennen und erleuchten. Ihr seid Schülerin der Wahrheit, aber im Amte, dessen Last Euch anvertraut ist, seid Ihr zu gleicher Zeit Lehrerin der Demut.« Und ein andermal bedauert er, dass die anregende Unterhaltung mit Héloïse nur brieflich geschehen kann und sie nicht Äbtissin des Frauenkonvents von Cluny ist: »Es täte mir wohl, ein solches Gespräch mit Euch weiterzuführen, so sehr bin ich entzückt von Eurer Gelehrsamkeit, so sehr zieht mich das Loblied an, das nicht wenige Menschen mir gegenüber auf Eure Frömmigkeit angestimmt haben. Hätte es Gott nur gefallen, dass unsere Abtei von Cluny Euch ihr Eigen hätte nennen können!«

Doch wer war Héloïse? Vieles ist für uns Heutige im trüben Dunst der Geschichte verloren gegangen. Sie selbst hat keine philosophischen Traktate hinterlassen. Und doch schält sich, untersucht man die überlieferten Briefe und Dokumente, aus dem Nebel ein greifbarer Schemen, der jenseits aller romantischen Verbrämung der Geliebten Abaelards eine historische Persönlichkeit offenbart, die als verstandesscharfe, philosophisch und theologisch gebildete und darüber hinaus verantwortungsbewusste, klug agierende Priorin und Äbtissin nicht von ungefähr die Achtung und Bewunderung ihrer Zeitgenossen erntete.

Gleichwohl ist Héloïses Schicksal so eng und unentwirrbar mit dem Pierre Abaelards verknüpft, dass man *beider* Leben erzählen muss, um die Umstände ihrer schicksalhaften Verbindung und deren Konsequenzen nachzeichnen zu können.

Ein wissensdurstiges Mädchen

Héloïses genaues Geburtsdatum ist nicht bekannt. Ebenso weiß man über ihre Herkunft nur wenig. Sie kommt um das Jahr 1099 in der Loire-Region zur Welt. Ihre Mutter heißt Hersendis. Der Name des Vaters ist nicht überliefert. Hersendis gehört dem Hochadel an. Sie wird später Priorin der Abtei Fontevrault, eines der wichtigsten Klöster des Landes. Solch eine kirchliche Karriere verheirateter Männer und Frauen, die sogar Kinder haben, ist zur damaligen Zeit weder unüblich noch selten. Dieser Schritt entspricht vielfach einem echten religiösen Verlangen. Zudem ist der Eintritt in einen Orden auch eine soziale Rückversicherung, gerade für Ledige, Witwen oder Menschen, die einen herben Schicksalsschlag hinnehmen mussten und deswegen Schutz und Auskommen hinter Klostermauern suchen. Was für Hersendis die Motivation war, sich dem Ordensleben zu weihen, wissen wir nicht. Jedenfalls hat sie eine Tochter, Héloïse, die sie ihrem Bruder Fulbert zur Erziehung übergibt. Dieser ist Kanoniker in Paris, ein frommer und wohlhabender Mann, der auf der Seine-Insel unweit der Kathedrale Notre-Dame lebt (die gleichwohl noch ein kleinerer und schlichterer Vorgängerbau der hochgotischen Kirche ist, die wir heute kennen). Fulbert ist ein großherziger Mann, der seiner Nichte die beste Bildung und Ausbildung zukommen lässt, die es damals für ein Mädchen nur geben kann. Früh wird ihr scharfer Verstand offenbar, ihre Neigung zu philosophischem Denken. Der Onkel fördert dies, augenscheinlich ist er stolz auf seine Nichte, ist vielleicht ein wenig in sie vernarrt, zumal sie von Zeitgenossen als außerordentlich schön gepriesen wird. Fulbert wohnt, wie auch andere Kanoniker von Notre-Dame, nicht in einem Kloster, sondern in einem von etlichen Domherrenhäusern auf der Insel, die gleichwohl im Gassengewirr ein Ensemble bilden und vielleicht sogar von einer Mauer umfriedet sind und sich so gegen die Häuser der Handwerker, Händler und Arbeiter abgrenzen, die damals noch den engen Bezirk der umgürteten Stadt bevölkern.

Fulbert kommt um das Jahr 1116 dem Wissensdrang seiner intelligenten Nichte nach und stellt für sie den bekanntesten Philosophen seiner Zeit als Hauslehrer ein: Pierre Abaelard. Mehr noch: Abaelard wohnt – das ist praktischer – sogar in Fulberts Haus und ist so jederzeit verfügbar. Der Philosoph freilich ist nicht nur von der Liebe zur Weisheit beseelt, sondern auch mit dem Geist des Kalküls begnadet. Er will nämlich die schöne Héloïse nicht nur in Logik und Dialektik unterrichten, sondern auch in ganz anderen Dingen. Sein Plan wird aufgehen …

Lehrjahre eines Meisters

Pierre Abaelard wird im Jahre 1079 im bretonischen Le Pallet bei Nantes als Sohn des Ritters Berengar und dessen Frau Lucia geboren. Als junger Mann verzichtet er zugunsten seiner jüngeren Brüder Raoul und Dagobert auf sein Erstgeburtsrecht und den kriegerischen Ritterstand und lässt sich sein Erbe ausbezahlen. Abaelard hat andere Lebenspläne: Er will studieren. Das Studium beinhaltet nach der klassisch-antiken Einteilung die sieben freien Künste *(septem artes liberales)*: das »Trivium« Grammatik, Rhetorik, Dialektik (Logik) und das »Quadrivium« Arithmetik, Geometrie, Astronomie und Musik. Im späten 11. Jahrhundert stehen jedoch Philosophie und Theologie im Mittelpunkt, wobei die Philosophie – darunter versteht man damals Logik und Dialektik – gleichsam nur die Dienerin der Wissenschaft vom Glauben ist. Es gibt zu dieser Zeit noch keine Universitäten als königliche oder städtische Einrichtungen mit bestallten Professoren, sondern einzelne Gelehrte, die an ihren Wohnorten, meist in ihren Privaträumen, Unterricht halten. In der Regel sind es Kleriker, die in Domherrenarealen oder als Mönche und Äbte in Klöstern leben und hier ihre Schüler um sich scharen. Der Ruhm dieser Gelehrten verbreitet sich – obgleich sie keine akademische Institution im Rücken haben – durch ihre Schriften und Briefe, aber auch durch die Mundpropaganda rasch im gesamten christlichen Abendland, und so ist es nicht verwunderlich, dass aus ganz Frankreich, ja sogar aus anderen europäischen Ländern junge Männer herbeiströmen, um gegen Zahlung von Kost, Logis und Studiengebühr bei einem dieser Philosophen Schüler zu werden. Auch werden damals noch nicht klassische Vorlesungen über ein Wissensgebiet gehalten, sondern es werden philosophische und theologische *lectiones* geführt, Diskussionen und Streitgespräche über einen bestimmten Lehrsatz, der mit logischen und dialektischen Mitteln, auf der Grundlage von These, Antithese und Synthese auf seine Wahrheit überprüft und in seiner Bedeutungsbreite erörtert wird. Diese mit Mitteln der Vernunft sich erschließende Weisheitslehre, die auch nicht vor tradierten Glaubenssätzen haltmacht, ist die Basis der sich formierenden Scholastik, zu deren ersten und besten Vertretern bald auch Pierre Abaelard gehören wird.

Abaelard macht sich nun auf – mit dem Segen seines Vaters, der selbst einen Hang zur Philosophie hat –, um bei den bekanntesten Gelehrten Frankreichs zu studieren: Zunächst wandert er nach Loches, wo Roscelin von Compiègne lehrt. Pierre Abaelard wird in den sieben freien Künsten unterrichtet, wobei ihn, wie er gesteht, Geometrie und Arithmetik, Musik und Astronomie nur wenig interessieren. Das Trivium jedoch schlägt den jungen Studenten ganz in den Bann. Vor allem die antiken Autoren Platon, Aristoteles und Cicero weiten sein Denken und schärfen seinen Stil. Nach Zwischenstationen in Angers und Tours zieht Abaelard nach Paris, das damals zwar Königsstadt ist, aber noch keineswegs das geistig-kulturelle Zentrum Frankreichs darstellt (das Herrschaftsgebiet des Königs ist im Wesentlichen auf die Region Francia, in etwa der heutigen Île de France vergleichbar, beschränkt). Doch in Paris, das wiederum kaum über die beiden Inseln in der Seine hinausreicht, haben sich im Schatten der Kathedrale Notre-Dame und der umliegenden Klöster ein paar Gelehrte niedergelassen, deren Ruf und Ruhm weit über die Stadt hinaus strahlen. Einer von ihnen ist Guillaume (Wilhelm) von Champeaux, und bei ihm will Abaelard in die Lehre gehen. Doch bald kommt es zwischen Schüler und Meister zu Unstimmigkeiten. Abaelard, das beweist auch sein ganzes späteres Verhalten, ist nicht nur ein kluger Kopf mit messerscharfem Verstand, er besitzt auch ein gesundes Selbstvertrauen, das gleichwohl an Arroganz grenzt. In dialektischen Streitgesprächen mit Guillaume bringt er seinen Meister nicht nur argumentativ in Bedrängnis, er schwingt sich auch bald zu der Haltung auf, klüger als Guillaume und unumstößlich im Recht zu sein. Später hat Abaelard dies in einem langen Bekenntnisbrief offen eingestanden (ohne es zu bereuen): »Ich besuchte eine Zeit lang seine Schule und war anfangs ganz wohl bei ihm gelitten; bald aber wurde ich ihm höchst unbequem, da ich von seinen Sätzen einige zu widerlegen versuchte und mir wiederholt herausnahm, ihn mit Gegengründen anzugreifen, wobei ich ihm einige Male sichtlich überlegen war. Auch die bedeutendsten meiner Mitschüler gerieten darüber sehr in Entrüstung, umso mehr, als ich der Jüngste war und von allen die kürzeste Studienzeit hinter mir hatte. Und so begann die lange Kette meiner Leiden, die noch immer ihr Ende nicht erreicht haben.«

Wachsender Ruhm

Bereits im Jahre 1102, er ist dreiundzwanzig, dünkt sich Abaelard reif genug, selbst Vorlesungen zu halten und Schüler um sich zu scharen. Nicht Paris soll es sein, da hier Guillaume, mit dem er offen bricht, noch immer die Koryphäe ist, sondern eine andere königliche Stadt: Melun. Abaelard erinnert sich: »Und schon fasste ich einen Schauplatz für meine künftigen Taten ins Auge: nämlich Melun, einen Ort, der damals als königliche Residenz von großer Bedeutung war. Mein Lehrer [Guillaume] merkte meine Absicht, und um meine Schule möglichst entfernt von der seinigen zu halten, bot er, solange ich seine Schule noch besuchte, insgeheim alle Mittel auf, um die Einrichtung meiner eigenen zu verhindern und mir den Ort [Melun], den ich gewählt hatte, unmöglich zu machen. Allein, er hatte sich mit einigen einflussreichen Herren des Landes verfeindet; mit ihrer Hilfe führte ich meinen Plan zum Ziel, und gerade seine offenkundige Missgunst verschaffte mir das Vertrauen der Mehrzahl.«

Einer der »einflussreichen Herren«, die den jungen Abaelard protegieren, ist Robert de Melun, der – ein gebürtiger Engländer – in Paris studiert hat und später ebendort Theologie lehrt. Neue Besen kehren bekanntlich gut, und so verlassen bald einige Studenten Guillaume de Champeaux und folgen Abaelard nach Melun. Nachdem es auch hier bald zu Intrigen und Anfeindungen gegen den neuen Dozenten kommt, verlegt Abaelard seinen Wirkungsort nach Corbeil. Immer mehr Studenten strömen zu ihm, sein guter Ruf als Dialektiker verbreitet sich rasch von Mund zu Mund, oder, wie er selbst es umschreibt: »So wuchs meines Ruhmes wegen mein Selbstvertrauen immer mehr [...].«

Lehre und Forschung nehmen Abaelard ganz in Beschlag, tagsüber unterrichtet er die wachsende Zahl von Studenten, nachts liest er philosophische und theologische Traktate und verfasst eigene Schriften. Er ist unermüdlich, ein Privatleben scheint er nicht zu haben, ein Liebesleben wird verdrängt. Irgendwann in diesen Jahren kommt der geistige und körperliche Zusammenbruch, ein Burn-out, wie man heute sagen würde: Er verlässt seine Studenten und geht zurück nach Le Pallet, in den Schoß seiner Familie, um dort Kraft zu tanken und sich auf die weiteren Herausforderungen vorzubereiten.

Die sind tatsächlich mehr als groß: Abaelard kehrt nicht zu seinen Studenten nach Corbeil zurück, sondern geht nach Paris. Er mimt den Reumütigen und bittet Guillaume de Champeaux, ihm in der Rhetorik den letzten Schliff zu geben. Guillaume, treuherzig und etwas naiv, nimmt den zerknirschten Studenten wieder auf. Aber schon bald kommt es erneut zu Auseinandersetzungen. Abaelard kann und will sich nicht unterordnen, und tatsächlich scheint er in den meisten Disziplinen dem Meister überlegen zu sein. Er schart wieder eigene Schüler um sich, und Guillaume zieht sich resigniert ins Privatleben nach Châlons-en-Champagne zurück, nicht ohne einen seiner treuen Anhänger auf seinen Lehrstuhl gehievt zu haben. Abaelard hingegen wird nach Hause, in die Bretagne gerufen, denn seine Mutter Lucia und sein Vater Berengar haben sich, nachdem alle Söhne erwachsen sind und der elterlichen Aufsicht nicht mehr bedürfen, entschieden, in ein Kloster einzutreten, um dort einen gesicherten Lebensabend zu verbringen und etwas für ihr Seelenheil zu tun. Abaelard eilt also nach Le Pallet, ordnet als ältester Sohn die Familienangelegenheiten und kehrt 1114 nach Paris zurück, wo er an der Schule von Notre-Dame einen Lehrauftrag für Dialektik und Theologie annimmt. Nachdem er auch Anselm von Laon, den einstigen Lehrmeister Guillaumes, in einer öffentlichen Schau-Kommentierung einer kniffligen Bibelstelle (nach nur einer Nacht Vorbereitung) bloßgestellt und übertroffen hat, gilt Abaelard bei den Studenten in Paris als der »Star« unter den Gelehrten. Abaelard kann sich der Schüler, die von ihm unterrichtet werden wollen, kaum erwehren. Der mit Abaelard bekannte Benediktinermönch Fulko von Deuil bestätigt das: »Die ferne Bretagne schickte dir [Abaelard] ihre ungeschliffenen Menschen, um sie zu bilden. Die Bewohner von Anjou wurden ihrer alten Rohheit Herr und begannen, dir zu dienen. Leute aus dem Poitou, aus der Gascogne, Iberer, Normannen, Flamen, Teutonen und Sweben lobten dich einstimmig und folgten dir eifrig. Alle Bewohner der Stadt Paris und der Provinzen Galliens, ob nah oder fern, dürsteten danach, dich zu hören, als ob sie der Wissenschaft nirgendwo anders begegnen könnten als bei dir.«

Eine Liebe und ihre Folgen

Abaelard ist fünfunddreißig Jahre alt. Er wird von vielen verehrt, bewundert und beneidet: Seine zahlreichen zahlenden Schüler bringen ihm gutes Geld ein. Er ist ein Mann in den besten Jahren, gebildet, erfolgreich, nach eigenem Zeugnis attraktiv. Er hat seine Leidenschaft, die Philosophie, zum Beruf gemacht. Doch etwas fehlt ihm, das wird ihm in jenen Jahren des äußeren Erfolgs mehr und mehr bewusst: die Liebe. Ihm fehlt eine Frau, die ihm Wärme und Verständnis entgegenbringt, bei der er, der sich immer gegen andere hat behaupten müssen, sich auch einmal anlehnen darf. Er hat dieses Bedürfnis lange Zeit verdrängt, Erfolg und Arbeit leisteten dem Vorschub. Aber schon einmal hat er einen geistigen Zusammenbruch erlitten. Nun, in Paris, an der Schule von Notre-Dame, auf dem Zenit dessen, was einem Gelehrten seiner Zeit erreichbar scheint, fühlt er sich bei aller Betriebsamkeit, bei allem Erfolg doch leer und unbefriedigt.

Da wird er eines Tages auf eine schöne junge Frau aufmerksam, die ihm in den engen Gassen der Île de la Cité begegnet. Er erkundigt sich nach ihr: Es handelt sich um die noch nicht zwanzigjährige Héloïse, Nichte des Domherren Fulbert. In der Kanonikerstadt um Notre-Dame kennt man sich, weiß Geschichten voneinander zu erzählen, und so erfährt Abaelard, dass Héloïse eine wissensdurstige junge Frau ist, die Latein beherrscht, in der Grammatik und der Lektüre der antiken Autoren und der Kirchenväter bewandert ist, sich für Philosophie und Theologie interessiert. Sie hat ein paar Jahre lang ihre Bildung bei den klugen Nonnen von Notre-Dame d'Argenteuil erhalten. Nun ist sie zurück in Paris und will weiter studieren, anstatt sich auf eine Ehe und das Dasein als Hausfrau und Mutter vorzubereiten. Was zur damaligen Zeit für eine Frau als beinahe undenkbar und geradezu anstößig gilt, nimmt diese Héloïse für sich wie selbstverständlich in Anspruch: Sie erstrebt eine akademische Bildung, und ihr wohlmeinender, sie liebender Onkel Fulbert will ihr dies gewähren.

Abaelard fasst einen Entschluss: Er will diese junge Frau kennenlernen. Und: Er will mit ihr die körperliche Liebe teilen, die er sich bislang versagt hat (denn bislang fehlten ihm die Zeit und die Gelegenheit, und zu den käuflichen Frauen von Paris zu gehen, um »den schmutzigsten Verkehr mit Buhlerinnen« zu haben, stieß ihn ab). Die unbefriedigte Lust wird ihm mehr und mehr zum Stachel im Fleisch, wie er bekennt: »Ich wurde vom Fieber des Hochmuts und der Wollust verzehrt.« Er geht bei seinem Vorhaben planmäßig vor. Und er ist sich seiner Sache sicher, zumal er ein strotzendes Selbstvertrauen besitzt, nicht nur als philosophischer Dozent, sondern auch als Mann. »Ich hatte«, brüstet er sich vor der Nachwelt, »einen derartigen Ruf, ich war mit solcher Jugend und Schönheit begnadet, dass ich keine Zurückweisung fürchten zu müssen glaubte, wenn ich eine Frau meiner Liebe würdigte, mochte sie sein, wer sie wollte.«

Abaelard hat sich wie ein Feldherr eine Strategie zurechtgelegt. Sein tadelloser Ruf als Bürger und Gelehrter soll ihm hierbei von Nutzen sein: »Ich trat, durch die Vermittlung einiger Freunde ihres Onkels [Fulbert], mit diesem in Beziehung. Sie bewegten ihn dazu, mich in sein Haus, das ganz in der Nähe meiner Schule lag, gegen einen Pensionspreis, den er festlegen würde, aufzunehmen. Ich gebrauchte dabei den Vorwand, dass mir bei meinem Gelehrtenberuf die Sorge für mein leibliches Wohl hinderlich sei und mich auch zu teuer zu stehen komme. Fulbert liebte das Geld;

dazu kam, dass er darauf bedacht war, seiner Nichte dabei zu helfen, in ihrem Streben nach Gelehrsamkeit möglichst große Fortschritte zu machen. Indem ich seinen beiden Leidenschaften schmeichelte, erhielt ich ohne Mühe seine Zustimmung und erreichte das, was ich wollte.«

Fulbert glaubt nicht nur, durch dieses Abkommen einen gut zahlenden Kostgänger zu erhalten und quasi nebenbei für seine Nichte Héloïse gratis den besten Hauslehrer von Paris engagiert zu haben, er fühlt sich durch den berühmten Untermieter sogar in seiner Ehre und Eitelkeit geschmeichelt. Dass er sich den Wolf in den Stall geholt hat, worin er ein ihm teures Lamm hegt, ist ihm nicht bewusst. Im Rausch seines Triumphs schreibt Abaelard: »Er [Fulbert] überließ mir Héloïse ganz und gar zur Erziehung und bat mich obendrein dringend, ich möchte doch ja alle freie Zeit, sei es bei Tag oder bei Nacht, auf ihren Unterricht verwenden, ja, wenn sie sich träge und unaufmerksam zeige, solle ich mich nicht scheuen, sie zu züchtigen.«

Abaelard zieht also in das Haus des treuherzigen Fulbert und unterrichtet Héloïse in Dialektik und Rhetorik – und bald auch in der Liebe. Beide entdecken die Freuden der sinnlichen Lust, für beide ist es das erste Mal, und ob Abaelard seine Héloïse züchtigt, weil sie »träge« war oder weil dies zu ihrem Liebesspiel dazugehört, bleibt beider Geheimnis. Aus den Andeutungen, die sie in ihrem Briefwechsel hinterlassen haben, ist jedenfalls zu schließen, dass sie die körperliche Liebe als leidenschaftlichen Sinnenrausch durchlebt und genossen haben. Abaelard, vor Kurzem noch ein eher trockener, rational denkender Dialektiker, jubiliert:

»Ich kann es jetzt wohl kurz machen: Der Hausgemeinschaft folgte die Herzensgemeinschaft. Der Unterricht bot uns die Gelegenheit, uns ausgiebig unserer Liebe zu widmen, und die geheimen Schlupfwinkel, welche die Liebe sich wünschte, bot das Studium der Lektüre an. Sobald die Bücher aufgeschlagen waren, war alsbald mehr die Rede von der Liebe als von dem gelesenen Text. Es gab mehr Küsse als Lehrsätze. Die Hände fanden ihren Weg öfter zu den Brüsten als zu den Büchern. Die Liebe ließ öfter unsere Augen sich ineinander spiegeln, als das Lesen sie auf den

Text hinlenken konnte. Um weniger Verdacht zu erregen, gab es zuweilen Schläge, aus Liebe, nicht aus wütender Erregung, aus Zuneigung, nicht aus Zorn, damit sie köstlicher wären als alle Salben. Schließlich unterließen wir in unserer Gier keine Abstufung der Liebe, und wenn sich die Liebe etwas Ungewöhnliches ausdenken konnte, wurde auch das ausprobiert. Da wir diese Freuden bis dahin noch nicht erfahren hatten, kosteten wir sie umso glühender aus und wurden ihrer nicht überdrüssig.«

Beide genießen nicht nur die körperliche Lust. Sie sind sich von Anfang an bewusst, dass sie auch intellektuell einander ebenbürtig und vom Schicksal füreinander bestimmt sind. Dies, dessen sind sie überzeugt, rechtfertigt ihr Tun auch vor Gott. Ihre Liebe mag nach den Konventionen des Moralkodex sündhaft und unehrenhaft sein, vor Gott jedoch folgen sie nur einer Bestimmung. Es ist das Gesetz der Liebe, das sie befolgen, das Recht der Liebe, das sie für sich ganz natürlich in Anspruch nehmen. Insofern lösen beide ihren Liebes- und Lebensanspruch aus den engen Konventionen ihrer Zeit und aus dem überhöhten Liebesideal des Minnesangs, das in den Dichtungen jener Zeit verklärt wird: Danach muss die Liebe des Sängers zur Hohen Frau unerfüllt bleiben, um sie nicht zu beflecken und um in der poetischen Liebesklage ein sublimierendes Äquivalent zu finden. Beinahe spöttisch spielt Héloïse in einem Brief auf diese Kunst des Minnesangs und seiner stets leidenden Protagonisten – Sänger wie Dame – an, wenn sie schreibt: »Welche Fürstin, welche Hohe Dame beneidete mich nicht um meine Freuden, um das Lager meiner Liebe?«

Freilich, die Liebe löst auch bei Abaelard die Zunge. Aber nicht das Leid, sondern die Freude und die Lust nötigen ihn, zur Feder zu greifen und dies in Reime zu fassen. Bald kursieren die Lieder unter den Studenten in Paris, bald werden sie in andere Regionen des Landes weitergetragen, rezitiert und auf Melodien gesungen, die der Autor ersann, oder die ihnen von bekannten Liedern entliehen wurden. Nicht nur die Studenten, auch Héloïse kennt und singt diese Weisen (und nur der naive Fulbert kennt sie nicht oder blendet alles aus, denn das Kostgeld, das Abaelard ihm zahlt, bedeutet ihm zu viel). Héloïse rühmt die plötzlich aufbrechende dichterische Ader ihres Geliebten: »Ihr habt so viele Gedichte und Liebesweisen geschrieben, die um ihres schönen Wortlauts und ihrer lieblichen Melodie willen oft und viel gesungen Euren Namen in aller Munde lebendig erhielten. Allein schon die Süße der Melodie hindert selbst die Ungebildeten daran, sie zu vergessen. Und das vor allem war der Zauber, mit dem Ihr den Frauen Seufzer der Liebe entlocktet. Die große Mehrzahl dieser Gedichte feierte unsere Liebe, und so klang mein Name in Kurzem weit hinaus in die Lande und weckte in mancher Frau die Eifersucht.«

Es ist offenkundig: Héloïse und Abaelard sind als Liebespaar nicht nur in der Öffentlichkeit bekannt, sondern sie werden sogar zum Urbild eines Liebespaars (wie später Tristan und Isolde oder Romeo und Julia – mit dem Unterschied, dass diese nur literarische Fiktionen waren). Abaelards Liebeslieder haben sich leider nicht erhalten, die Wogen der Jahrhunderte rissen auch sie ins Vergessen; einzig ein paar Klagelieder aus späterer Zeit sind überliefert – was wiederum viel über den tragischen Nimbus aussagt, den das Schicksal der beiden im Gedächtnis der Nachwelt trägt.

Das Verhältnis zeitigt bald Folgen: Während Héloïse, die ja ihr Brot nicht verdienen muss, in der Liebe aufblüht, wird Abaelard unter der verdoppelten Anstrengung als Dozent und Liebhaber immer nervöser und erschöpfter: »Je mehr mich diese Lust in Anspruch nahm, desto weniger Zeit hatte ich für die Philosophie und die Arbeit an den Vorlesungen. Es war mir überaus widerwärtig, zu den Vorlesungen zu gehen, und die dabei verbrachte Zeit wurde mir zur Qual, da ich die Nachtstunden für die Liebe brauchte und den Tag für das Studium übrig behielt. Bei der Vorlesung wurde ich zunehmend nachlässig und lau, sodass ich schon nichts mehr aus neuer Eingebung, sondern alles nur noch aus Gewohnheit vortrug. So war ich nur noch ein Herunterleierer von früher Ausgedachtem.«

Nicht nur die Studenten merken, wie unkonzentriert und fahrig ihr Meister ist. Auch Fulbert kommen die Gerüchte irgendwann zu Ohren, und er muss erkennen, dass es wenig nützt, um des Mietgeldes willen, das er bezieht, die Wahrheit weiterhin zu verdrängen. Er fühlt sich von Abaelard zutiefst enttäuscht, sein

Vertrauen missbraucht, seine Ehre als Vormund, Bürger und Kanoniker befleckt. Aber er will offensichtlich den Schaden begrenzen. Also verweist er zwar seinen Mieter des Hauses, verzichtet aber auf eine Anzeige beim Rat oder gar auf die Forderung nach Genugtuung. Abaelard bezieht wieder eine eigene Wohnung auf der Île de la Cité und unterrichtet weiter. Die Insel ist klein, und natürlich begegnen sich Abaelard und Héloïse weiterhin, und weiterhin wissen sie ihre Stelldicheins zu arrangieren. Abaelard gesteht im Nachhinein: »Der Gedanke an den erlittenen Skandal machte uns dem Skandal gegenüber unempfindlich.«

Die Sache wird offenbar: Héloïse ist schwanger und beichtet das Abaelard. Fulbert weiß noch nichts davon und unternimmt eine Reise. Dies nutzt Abaelard, um nachts heimlich bei seiner Geliebten einzusteigen. Er hat vorgesorgt: Als Mönch und Nonne verkleidet fliehen sie aus der Stadt. Beide ahnen nicht, dass sie diese Gewänder bis zum Lebensende werden tragen müssen.

Ein Ehehandel und eine grausame Rache

Sie können in die Bretagne entkommen und verstecken sich eine Weile in Abaelards Elternhaus, wo inzwischen dessen Schwester wohnt. Hier bleibt Héloïse bis zur Niederkunft. Im Jahre 1117 bringt sie einen Sohn zur Welt, der auf den Namen Astralabius getauft wird.

Fulbert im fernen Paris ist indessen über die Vorkommnisse nicht nur entsetzt, er wird aus gekränkter Ehre und verratenem Vertrauen schier verrückt. Abaelard, gerissen wie stets, nutzt den Umstand, dass Fulberts gebrochenes Herz nicht auf Rache sinnt, und bietet dem Kanoniker eine Abmachung an: Er wolle Héloïse heiraten, das Kind solle in der Bretagne aufwachsen, um so die öffentliche Schande gering zu halten. Allerdings stelle er, Abaelard, eine Bedingung: Die Ehe mit Héloïse solle mit Rücksicht auf seinen guten Ruf geheim bleiben. Fulbert ist einverstanden. Der Konvention wäre damit Genüge getan. Vor Gott stünden Abaelard und Héloïse in einer rechtmäßigen Verbindung, vor der Öffentlichkeit bliebe dies unbekannt. Die Frucht der Verbindung, Astralabius, würde als »Bankert« in der fernen Bretagne aufwachsen, man würde ihn später in ein Kloster geben und die Schande hinter hohen Mauern einschließen.

An alles ist gedacht, nur an eines nicht: Wie wird Héloïse dieses Ansinnen aufnehmen? Wird sie sich nicht in ihrer Liebe, ihrer Ehre verletzt fühlen? Die Gefühle der jungen Frau spielen bei diesem Handel keine Rolle: Abaelard und Fulbert tauschen den Friedenskuss, und alles scheint damit besiegelt. Abaelard reist in die Bretagne, um Héloïse zurück nach Paris zu holen. Deren Einverständnis setzt er wie selbstverständlich voraus und ist perplex, als sie sich diesem Vorhaben widersetzt: Nein, sie wolle Abaelard nicht heiraten. Lieber will sie auf die Ehrenhaftigkeit des Ehestandes verzichten. Ob sie ihn denn nicht liebe, fragt der überraschte Abaelard. Doch, antwortet sie, aber gerade deshalb wolle sie seine Geliebte bleiben und nicht zur Ehefrau herabgewürdigt werden. Überdies, so Héloïse, glaube sie, dass auch Abaelard nicht für die Ehe geschaffen sei:

»Denkt nur an die Lage, in die Euch eine rechtmäßige Verbindung brächte. Was für ein Durcheinander! Schüler und Kammerzofen, Schreibtisch und Kinderwagen! Bücher und Hefte beim Spinnrocken, Schreibrohr und Griffel bei den Spindeln! Welcher Mann kann sich mit der Betrachtung der Schrift oder mit dem Studium der Philosophie abgeben und dabei das Geschrei der kleinen Kinder, den Singsang der Amme, der sie beruhigen soll, die geräuschvolle Schar männlicher und weiblicher Dienstboten hören? Wer mag die Unreinlichkeit kleiner Kinder ertragen? Die Reichen tun dies wohl, werdet Ihr sagen. Ja, ohne Zweifel: Sie haben in ihrem Schloss oder ihrem geräumigen Wohnsitz eigens vorbehaltene Gemächer, das Geld kostet sie in ihrem Überfluss keine Mühe, und sie kennen die Sorgen eines jeden Tages nicht. Allein die Lage eines Philosophen ist eine andere als die der Reichen, und jene, die den Reichtum suchen oder deren Leben den Dingen dieser Welt verhaftet ist, geben sich kaum dem Studium der Heiligen Schrift oder der Philosophie hin.«

Es ist aus heutiger Sicht ein überraschend emanzipierter Ansatz, den Héloïse vertritt. Doch mit solchen Begriffen zu jonglieren hieße, die damalige Zeit nur als Widerspiegelung moderner Denkmuster zu begreifen. Ob es Héloïse bei ihrer Forderung tatsächlich mehr um Abaelards Unabhängigkeit ging oder ob ihr Gefühl überwog, als Ehefrau weniger wertgeschätzt zu werden denn als Geliebte, wissen wir nicht. Wir wissen auch nicht, was an ihrer Darlegung von Kalkül gelenkt war und was von einem spontanen Instinkt. Möglich, dass ihre Forderung vom damals aufkommenden Minneideal und dessen Darstellung der hohen, absoluten Liebe beeinflusst war, wenngleich wiederum der Verzicht auf die vollzogene Liebe, wie er bei den Trouvères und Minnesängern gepriesen wird, wenig mit dem bedingungslosen Auskosten fleischlicher Freuden zu tun hat, wie Abaelard und Héloïse sie genossen. Jedenfalls behauptet Abaelard in einem später verfassten Bericht noch: »Sie [Héloïse] stellte mir dar [...], wie viel lieber es ihr wäre, den ihr mehr zur Ehre gereichenden Namen einer Liebhaberin zu tragen als den einer Gattin, sie, die allein der freien Liebe meinen Besitz verdanken, nicht mich mit den Banden der Ehe fesseln wolle.«

Abaelard referiert dies zwar in seinem *Brief an einen Freund*, einer Bekenntnis- und Verteidigungsschrift, doch den tatsächlichen Sinn hinter Héloïses Worten scheint er zum damaligen Zeitpunkt nicht zu begreifen. Jedenfalls schert er sich wenig um die Willensäußerung seiner Geliebten und besteht darauf, sie zu seiner Ehefrau zu machen. Verzweifelt versucht Héloïse, ihren Standpunkt zu verdeutlichen, wobei sie nicht mit derben Worten spart, ja sogar das hehre Minneideal konterkariert: »Nichts – Gott weiß es – habe ich je bei Euch gesucht als Euch selbst; Euch nur begehrte ich, nicht das, was Euer war. Kein Ehebündnis, keine Morgengabe habe ich erwartet; nicht meine Lust und meinen Willen suchte ich zu befriedigen, sondern den Euren, das wisst Ihr wohl. Mag der Name Gattin heiliger und ehrbarer scheinen, ist doch ein anderer Name meinem Herzen immer süßer gewesen, der Eurer Geliebten oder sogar, lasst es mich sagen, der Eurer Konkubine, Eurer Dirne. Mir schien, je mehr ich mich um Euretwillen demütigte, desto mehr wollte ich dadurch Gnade vor Euren Augen finden, und umso weniger dachte ich, Eure ruhmreiche Bestimmung zu behindern.«

Alle klaren Worte, alle Überzeugungsversuche, alles Betteln, alle Vorhaltungen helfen Héloïse nichts: Sie hat sich nach den Konventionen und Gesetzen der Zeit ihrem Vormund Fulbert zu beugen. Und der ist, um öffentliche Schande von der Familie und seinem Namen fernzuhalten, mit dem Ehehandel einverstanden. Héloïse schwant Schlimmes: Sie kennt ihren Onkel gut, weiß um seine Unversöhnlichkeit, um sein uneingestandenes Lechzen nach Vergeltung für die erlittene Schmach, dass in seinem Hause »Unzüchtiges« geschah und Abaelard ihn vorführte. Und sie weiß auch, dass ihre Liebe und die Abaelards, die wie ein höfischer Roman begann, nun in den Schmutz der Alltäglichkeit gezogen wird. Resigniert und hellsichtig zugleich warnt sie Abaelard: »Dies ist das Einzige, was uns zu tun bleibt, wenn wir uns alle beide verlieren wollen und uns einen Kummer bereiten wollen, der unserer Liebe gleichkommt.« Abaelard wird viel später – zu spät – sich und der Welt eingestehen müssen, dass Héloïse »das Licht des prophetischen Geistes gegeben war«.

Die Trauung wird heimlich und des Nachts vollzogen, in einer ungenannten Kirche von Paris, nur im Beisein des Onkels Fulbert. Doch der hat kurz nach der Hochzeit nichts Besseres zu tun, als die Angelegenheit entgegen der mündlichen Abmachung hinauszuposaunen. Denn seiner Ansicht nach ist damit seiner verletzten Ehre Genüge getan. Die Neuigkeit verbreitet sich rasch in ganz Paris: bei den Studenten und Kanonikern, in den Bürgerhäusern, ja selbst auf den Märkten, wo die Klatschmäuler darüber lästern. Doch Fulberts Kalkül geht nicht auf: Als Héloïse vom Wortbruch ihres Onkels hört, präsentiert sie sich in der Öffentlichkeit keineswegs stolz als angetraute, ehrbare Frau des berühmten Abaelard. Nein, sie reagiert beschämt und zutiefst verletzt, behauptet, diejenigen, die behaupteten, sie sei verheiratet, lögen, ihr Onkel und Vormund Fulbert eingeschlossen. Der reagiert verständlicherweise ungehalten, droht seiner Nichte, versucht, sie einzuschüchtern. Und Abaelard? Statt seiner Frau beizuspringen, sie vor Fulbert zu schützen, mit diesem vielleicht den offenen Streit zu wagen, will er die Angelegenheit elegant vertuschen: Er bringt seine junge Frau in ein Nonnenkloster nach Argenteuil bei Paris. Sie ist dort nicht Gast auf Zeit, sondern Abaelard zwingt sie, das Nonnengewand anzulegen (den Schleier freilich, das Zeichen eines Ordensgelübdes, nimmt sie einstweilen noch nicht). So kann er sicher sein, dass sie nicht weiterhin in der Öffentlichkeit gegen Fulbert und ihn opponiert. Fulbert und seine Familie sind brüskiert: Nun glauben sie (und in gewisser Weise zu Recht), dass Abaelard Héloïse nur für eigene Zwecke missbraucht habe, um sie bei erstbester Gelegenheit in die Klausur abzuschieben (es ist damals noch kein Widerspruch, als Verheiratete das klösterliche Leben zu wählen). Die Familienehre, vor Kurzem durch die Hochzeit noch wiederhergestellt, ist nun endgültig ruiniert. In den Gassen von Paris lachen die Spötter über den gutgläubigen Fulbert, der sich von einem jungen Bretonen (die als ungehobelt gelten) so hat brüskieren lassen.

Fulbert sinnt auf Rache: Er dingt zwei grobe Handlanger und besticht Abaelards Diener. Eines Nachts, als Abaelard im Tiefschlaf ist, gehen Fulberts Schergen bewaffnet zu Abaelards Haus, der Diener öffnet ihnen bereitwillig. Sie schleichen sich in Abaelards Schlafgemach, überwältigen und kastrieren ihn. Es ist eine archaische Strafmaßnahme, und so auch versteht Abaelard sie, wenn er später schreibt: »Sie schnitten mir von meinem Leib die Teile ab, mit denen ich sie beleidigt hatte.« Abaelard ist schwer verletzt, die Täter entkommen unerkannt. Im Haus ist Geschrei, Dienstmägde eilen herbei, versuchen, die Blutung zu stillen. Wider Erwarten überlebt Abaelard. Er ist nun ein Eunuch, ein Kastrat, und nach Ansicht des Alten Testaments sind Eunuchen Jahwe ein Gräuel. Nach damaliger Vorstellung ist dies die größte Schande, die man einem Mann zufügen kann.

Doch das Mittelalter ist keine Zeit der Gesetzlosigkeit, Paris kein Ort der Anarchie. Der Rat wird auf die Gräueltat aufmerksam, der König verlangt nach Sühnung dieses Verbrechens. Man nimmt Abaelards Diener ins Kreuzverhör, der verrät die Handlanger und nennt den Auftraggeber. Die Schergen werden gefasst und mit derselben Strafe belegt, die sie an Abaelard vollzogen: Auge um Auge, Zahn um Zahn, wie das Alte Testament es verlangt. Man kastriert die Handlanger und den Diener und sticht ihnen die Augen aus. Fulbert kommt straflos davon, da er als Kanoniker einem höheren Stand angehört.

Die Tat scheint gesühnt, doch die Reaktion der Öffentlichkeit ist keineswegs von Genugtuung oder gar Häme geprägt. Im Gegenteil: Es überwiegt Mitleid für Abaelard und mehr noch für Héloïse. Bereits zum damaligen Zeitpunkt hat sich das Liebesverhältnis der beiden von einem realen Umstand entfernt und ist auf dem besten Wege zur idealisierten Legende. Die Liebe von Héloïse und Abaelard ist ein Symbol für die tragische Liebe per se. Bald entstehen erste Lieder, die durch fahrende Sänger verbreitet werden. Die Literarisierung und Romantisierung dieses Liebespaars, die bis in heutige Zeit andauern, haben ihren Anfang genommen. Fulko, Prior im Kloster von Deuil und ein Freund Abaelards, schildert Grauen und Mitleid, die die Zeitgenossen erfassten: »Fast die ganze Stadt hat sich in deinem [Abaelards] Schmerz verzehrt [...]. Die Menge der Kanoniker, der vornehmen Kleriker, sie weint; deine Mitbürger, sie weinen, es ist eine Schande für ihre Stadt; sie grämen sich, ihre Stadt durch das Vergießen deines Blutes entheiligt zu sehen. Was soll ich über die Klagen aller Frauen sagen, die – dies ist die den Frauen eigene Art – so viele Tränen darüber vergossen haben, dich, ihren Ritter, verloren zu haben, so viele Tränen, wie wenn jede von ihnen ihren Gatten oder ihren Liebsten im Krieg hätte umkommen sehen!«

Der Philosoph Gottes

Die Bestrafung, die Fulbert ersonnen hat, rettet seinen guten Ruf nicht. Im Gegenteil: Von nun an verachten alle im Land ihn als den Auftraggeber einer widerwärtigen Untat, und die Schande, die er zu tilgen trachtete, wandelte sich auf wundersame Weise zu einer von den historischen Personen losgelösten und sublimierten Liebeslegende, in der Héloïse und Abaelard die verehrten Helden darstellen, er, Fulbert, hingegen den herzlosen Bösewicht. Und dennoch: Das Leben von Héloïse und Abaelard scheint zerstört zu sein (was indes ihren legendären Nimbus als unglücklich Liebende nur noch heller erstrahlen lässt). Auch Abaelard, verstümmelt und seelisch gebrochen, zieht sich nun in ein Kloster zurück. Zum einen, um so der Welt zu entfliehen, zum anderen, um seine »Sünde« (denn als solche begreift er – im Gegensatz zu Héloïse – seine Fleischeslust) zu büßen. Der Zölibat ist in jenem Jahrhundert zwar weitgehend sanktioniert, aber keineswegs zum unumstößlichen Gebot erhoben. Und so ist es für Abaelard und Héloïse kein Widerspruch, verheiratet zu sein (eine Scheidung ist nach damaligem Recht ausgeschlossen) und zugleich die geistlichen Gelübde abzulegen. Abaelard tritt in das berühmte Kloster von Saint-Denis nördlich von Paris ein, in dessen Kathedrale die Könige Frankreichs ihre letzte Ruhestätte haben. Um zu büßen, wäre eine kleine Eremitage irgendwo in der Provinz sicherlich geeigneter gewesen, aber Abaelard will sich keineswegs von der Welt zurückziehen. Vielmehr hofft er, in der königlichen Abtei weiterhin Wissenschaft und Lehre nachgehen zu können. Er will – und das ist neu – nun nicht mehr mit virtuoser Dialektik glänzen, sondern, wie er es nennt, »aus dem Philosophen der Welt der wahre Philosoph Gottes werden«.

Abaelard schreibt in jenen Jahren einen theologischen Traktat über die Trinitätslehre. Doch seine nie aufgegebene Selbstherrlichkeit macht ihm auch Feinde. Vor allem die Wertschätzung der menschlichen, von Gott verliehenen Vernunft, der Ratio, stößt bei den Glaubenslehrern auf Skepsis und Argwohn. Sätze Abaelards wie »Man kann nur glauben, was man auch verstanden hat« tragen nach damaliger Auffassung die Häresie bereits in sich. Die Mönche von Saint-Denis sind des intellektuellen, bisweilen auch arroganten Mitbruders bald überdrüssig und legen ihm einen Fortgang nahe. Abaelard zieht sich in ein kleines Priorat in Maisoncelles in der Brie zurück. Doch seine Schrift über die Trinität ist nicht so einfach aus der Welt zu bekommen. Auf dem Konzil von Soissons im Jahre 1121 bringen seine Gegner Alberich von Reims und Lotulf von Novara Abaelards Traktat zur Prüfung ein. Anhörung und Prozess verlaufen wie erwartet: Der Traktat wird als häretisch verurteilt (von einer förmlichen Inquisition, wie drei Jahrhunderte später üblich, ist man im 12. Jahrhundert noch weit entfernt), dessen Verfasser wird gezwungen, die eigene Schrift (es gibt damals ja nur handschriftliche Unikate!) dem reinigenden Feuer zu übergeben. Zudem wird der Autor zur Strafe ins Kloster Saint-Médard gebracht und dort unter Arrest gestellt.

Abaelard tut, wie ihm geheißen, aber mund- und denktot ist er noch lange nicht. Und er findet neue Freunde, die ihn schützen und bestärken. Einer von ihnen ist der neue Abt des mächtigen Klosters von Cluny, Petrus von Montboissier, der bereits von den Zeitgenossen Venerabilis, der Verehrungswürde, genannt wird. Er bestärkt Abaelard in dessen Vorhaben, bietet ihm auch Cluny als Exil an. Abaelard indes geht seinen eigenen Weg. Er erwirbt im sumpfigen Tal von Arduzon bei Nogent-sur-Seine ein Grundstück, wo er aus Holz, Lehm und Schilf eine Hütte und eine Kapelle erbaut und diese Einsiedelei Le Paraclet nennt, was man in etwa mit »der Ort des Heiligen Geistes« übersetzen kann. Doch lange bleibt Abaelard in dieser Eremitage nicht allein: Sein Ruf als Philosoph und Theologe ist ungebrochen, und bald kommen Studenten aus Paris und anderen Städten, um ihr Idol wieder dozieren zu hören. Sie siedeln sich um den Meister an und errichten eine Kirche und ein Kloster aus Stein. Abaelard doziert nicht nur, er schreibt auch weitere wissenschaftliche Schriften, die uns überliefert sind, so eine *Einführung in die christliche Theologie* und *Sic et non* – eine Schrift, die zur Grundlage der gesamten scholastischen Philosophie wird und worin er Skepsis, Zweifel und Verstand als gültige Werkzeuge der Wahrheitssuche und Schlüssel zur Weisheit anerkennt.

Und Héloïse? Das Schicksal bindet sie bald wieder an ihren einstigen Geliebten und Meister. Im Jahre 1129 vertreibt Abt Suger von Saint-Denis, dem der Frauenkonvent von Argenteuil unterstellt ist, die Nonnen. Dessen Priorin ist seit geraumer Zeit Héloïse, und Suger wirft den Klosterfrauen einen leichtfertigen Lebenswandel vor. In Wahrheit will er, der um Héloïses einstiges Verhältnis mit Abaelard weiß, wohl eher den unbotmäßigen Philosophen von Le Paraclet treffen. Gleichwohl: Ganz zölibatär lebt

Héloïse in diesen Jahren nicht. Will man einem Brief Abaelards glauben, so kam es mehr als einmal im Kloster von Argenteuil zu heftigen leidenschaftlichen Vereinigungen. In einem Brief an Héloïse schreibt er: »Ihr wisst wohl noch, wie weit ich mich in meiner unbändigen Leidenschaft mit Euch vergaß, und zwar in einem Winkel des Refektoriums selber, da wir sonst keinen Ort hatten, wohin wir uns hätten zurückziehen können. Ihr wisst, sage ich, dass die Ehrfurcht vor einem der Heiligen Jungfrau geweihten Ort unsere Unzucht nicht aufhielt.«

Abaelard lädt die vertriebenen Nonnen von Argenteuil ein, sich auf dem Gelände von Le Paraclet niederzulassen. So geschieht es auch, und die Klosterschwestern unter ihrer Priorin (und später auch Äbtissin) Héloïse gründen dort einen neuen Konvent, der die Wirrnisse der Zeiten lange überstehen und erst 1792 in der Französischen Revolution aufgehoben wird.

Keineswegs führen Abaelard und Héloïse in den nun folgenden Jahren ein klösterliches Leben Seite an Seite auf demselben Klostergelände. Abaelard, dessen Ruhm wächst, wird in andere Konvente eingeladen, erntet für seine Schriften Lob und Anerkennung wie auch Ablehnung und Hass. Im Kloster von Saint-Gildas, wo er sich einige Zeit aufhält und zu dessen Abt er aufsteigt, wird er nach eigener Aussage beinahe Opfer eines Mordanschlags, als ihm hasserfüllte Mitbrüder Gift in den Messwein tröpfeln. Ein andermal bedroht man ihn mit einem Messer. Er übersteht alle Anschläge und Nachstellungen und dehnt seine Lehrtätigkeit, die sich auch in etlichen Briefwechseln mit gebildeten Männern seiner Zeit niederschlägt, sogar aus.

Advokatin der Liebe

Unter den Korrespondenzpartnern sticht auch eine Frau heraus: Héloïse, Äbtissin von Le Paraclet, einstige Geliebte Abaelards und noch immer dessen wissensdurstige Schülerin. In jenen Jahren nach 1129 verfasst Abaelard als Rechenschaftsbericht vor sich und der Nachwelt den *Brief an einen Freund* (auch unter dem Titel *His-*

toria calamitatum mearum/Meine Leidensgeschichte bekannt), worin er vordergründig reumütig sein Leben Revue passieren lässt und auch seine Leidenschaft zu Héloïse bekennt. Dieser Brief kursiert bald in etlichen Abschriften, und eine gelangt auch in Héloïses Hände. Es entspinnt sich eine Korrespondenz zwischen den einstigen Geliebten, die im Wesentlichen überliefert ist und selbst nach beinahe neunhundert Jahren nichts von ihrer anrührenden und erhellenden Frische verloren hat. Héloïse bekennt Abaelard, sie habe dessen *Leidensgeschichte* gelesen: »Ich bezweifle, dass irgendjemand, ohne zu weinen, den Bericht über derartige Prüfungen zu lesen oder zu hören vermag. Je lebhafter und eingehender Eure Schilderungen sind, desto lebhafter ist das Gefühl des Schmerzes, das sie aufs Neue in mir wecken.«

Abaelard hat zu jener Zeit das Kloster von Saint-Gildas verlassen und ist in die Nähe von Paris zurückgekehrt, auf den Hügel von Sainte-Geneviève, wo er wieder eine ihm ergebene Studentenschaft um sich schart. Von dort kümmert er sich auch um die geistlichen Belange des Nonnenkonvents von Le Paraclet: Er verfasst eine Ordensregel, schreibt Hymnen, Predigten und Gebete und führt eine Fassung des *Vaterunser* ein, in der nicht um das »panem quotidianum«, das »tägliche Brot« (nach dem Text des Evangelisten Lukas), gebeten wird als vielmehr um das »panem supersubstantialem«, das »zum Lebensunterhalt notwendige Brot« oder auch das »überwesentliche Brot« – ein kleiner, aber (auch theologisch) feiner Unterschied (was bald auch Abaelards Gegner wieder auf den Plan ruft).

Die Beziehung zwischen Héloïse und Abaelard bleibt also vertraulich, wenngleich nun auf einer anderen Basis, nämlich der zwischen einer Äbtissin, die für das körperliche und seelische Heil ihrer Schwestern verantwortlich ist, und ihrem gelehrten Meister, der ihr nicht nur Grundstück und Gebäude zugewiesen hat, sondern auch in theologischen Fragen mit Rat und Tat zur Seite steht. Und doch: Héloïse begreift die Liebe, die ja die Grundlage der Lehre Jesu Christi bildet, nicht nur als Nächstenliebe, als Caritas. Für sie ist wesenhafte Ausdrucksform göttlicher Liebe auch die erotisch erfüllte Liebe zweier Menschen, die sie in ihrer Liebe zu

Abaelard, der Liebe einer Frau zu einem Mann, selbst hat erfahren dürfen. Von diesem Thema ist ihr Briefwechsel mit Abaelard durchzogen und beseelt (wenngleich Abaelard in seinen Antworten immer wieder aufs Allgemeine zielt und sein ehemaliges Liebesverhältnis mit Héloïse als Fehltritt und seine eigene Leidensgeschichte als gerechte menschliche und göttliche Bestrafung eines bußfertigen Sünders interpretiert). Héloïse hat längst den gesellschaftlichen Zenit dessen, was einer Frau ihrer Herkunft zu jener Zeit zu erreichen möglich ist, erklommen, da fragt sie den berühmten Philosophen Abaelard, der sich hinter theologischen Lehrmeinungen und schönen gedrechselten Worten zu verstecken sucht, unnachgiebig nach der Art und dem Wesen ihrer beider Liebe: »Nur das Eine sagt mir, wenn Ihr es könnt, warum Ihr nach unserem gemeinsamen Eintritt ins Kloster, den Ihr allein entschieden habt, mich derart vernachlässigt und vergessen habt, dass ich weder Eure Gegenwart noch Eure Worte fand, um meinen Mut wieder zu stärken, noch einen Brief von Euch erhielt, um mich in meinem Fernsein zu trösten. Sagt es mir, ich wiederhole es, wenn Ihr es könnt, oder ich werde meinerseits sagen, was ich denke und was auf den Lippen aller Welt ist. Begierde mehr als Zärtlichkeit hat Euch mit mir verbunden, mehr die Hitze der Sinne als die Liebe, und das ist der Grund, warum alle Bekundungen der Liebe, zu denen Euch die Begierden anregten, sich plötzlich verflüchtigten, als diese erloschen.« Er, Abaelard, empfinde sich als Büßer, seine Liebe zu Héloïse als Fleischessünde? Héloïse, die Äbtissin, hat eine andere, höhere, geläuterte Ansicht von ihrer Liebe zu diesem Mann, auch jetzt, im Stande der klösterlichen Keuschheit: »Mein Herz mag nirgendwo ohne Euch sein, aber, ich bitte Euch inständig darum, lasst es bei Euch geborgen sein; und es wird wohlgeborgen bei Euch sein, wenn es Euch gütig findet, wenn Ihr Liebe mit Liebe vergeltet, Großes mit Kleinem, Opfer mit Worten.« Sie ruft sogar Gott, den Allerhöchsten, den alles Verstehenden, der seinen eingeborenen Sohn auf die Erde gesandt hat, um die Menschheit mit sich zu versöhnen, als Fürsprecher in ihrer Angelegenheit an: »Im Namen dessen also, dem Ihr Euch geweiht habt, im Namen Gottes selbst, gebt mir, ich flehe Euch an, Eure

Gegenwart zurück, so sehr es möglich ist, indem Ihr mir einige Zeilen des Trostes sendet.«

Abaelard wehrt ab, weicht aus: Er habe ihr nur deswegen nie ein Wort des Trostes und der Anteilnahme gesandt, weil er nicht gedacht habe, dass jemand wie sie, »der Gott all die Gaben seiner Gnade erwiesen hat, [...] Kleinmütige zu trösten und die Erlahmenden aufzurichten, dass jene irgendeiner dieser Hilfen bedürfe«. Und wie solle er, Abaelard, andere Menschen trösten, sieht er sich doch selbst als den Geringsten an, als Sünder unter Sündern, als einen, der für seine Freveltat Gottes Strafe zu Recht erlitten hat. Héloïse widerspricht dem, ja sie, die Äbtissin, die ein Vorbild an Glaubensstärke sein sollte, klagt Gott selbst der Ungerechtigkeit an: »Für Männer, die beim sündhaften Ehebruch überrascht werden, wäre die Marter, die Ihr erlitten habt, als Strafe hart genug gewesen, und was andere durch das Vergehen des Ehebruchs verdient hätten, habt Ihr infolge Eurer rechtmäßigen Ehe erlitten.« Solch eine Äußerung muss auf einen Menschen des Mittelalters nicht nur sündhaft wirken, sondern geradezu ungeheuerlich, außerhalb dessen, was seinem Verstand denkbar ist. Auch Abaelard ist entsetzt, und er weist Héloïse zurecht, sie werfe Gott seine, Abaelards, Bekehrung vor, »anstatt, wie es sich ziemte, ihn dafür zu preisen«.

Doch Héloïse sieht sich in ihrem Recht auf Liebe zutiefst enttäuscht und verletzt. Ja, sie sieht sich als Advokatin der Liebe, sie vertritt das Recht der bindungslosen Liebe, sie ist die Philosophin der leidenschaftlichen Liebe, des *amor*, nicht der *caritas*, von der die Lehre Jesu spricht. In ihrer maßlosen Enttäuschung geht sie für damalige Begriffe bis über die Grenzen der Häresie hinaus, wenn sie an Abaelard schreibt: »Wenn ich wirklich die Schwäche meines elenden Herzens entblößen muss, so finde ich in mir keine Reue, die geeignet wäre, Gott zu versöhnen. Ich kann mich, wegen der Schmach, die Euch zugefügt worden ist, nicht enthalten, seine unerbittliche Grausamkeit anzuklagen, und, weit entfernt von dem Versuch, seinen Zorn durch Bußfertigkeit zu besänftigen, versündige ich mich nur durch mein Murren, mit dem ich mich seinen Verordnungen widersetze.« Nein, Héloïse bereut nicht die

Liebe zu Abaelard, auch nicht die Lust, die sie empfunden hat, sie hat bis zu diesem Zeitpunkt nie aufgehört, sich nach fleischlicher Vereinigung mit Abaelard zu sehnen: »Kann man, gleichgültig, wie man den Körper kasteit, überhaupt sagen, man tue Buße, wenn die Seele an der Lust zur Sünde festhält und nach den alten Leidenschaften glühend verlangt? Es ist leicht, seine Sünden zu bekennen und sich dafür anzuklagen, leicht ist sogar, seinen Leib äußeren Bußübungen zu unterwerfen; schwer aber ist, seine Seele loszureißen von der Sehnsucht nach den süßesten Genüssen.« Sie gesteht vor sich und Abaelard, vor der Welt und vor Gott, dass sie die Liebe in all ihren Genüssen über alles andere stellt, ja, dass sie als Nonne nie die Sehnsüchte einer liebenden und begehrenden Frau abgestreift hat – und dass sie sich dessen nicht schämt: »In den Lüsten der Liebe, die wir zusammen genossen, fand ich so viel Wonne, dass ich mich weder davon abhalten kann, das Gedenken daran zu lieben, noch kann ich sie aus meiner Erinnerung auslöschen. Wohin ich mich wende: Immer stehen sie mir vor Augen und wecken sehnsüchtiges Verlangen. Ihre Truggebilde verschonen mich sogar nicht im Schlaf. Ja, während der Messfeier, wo das Gebet ganz rein sein muss, wird mein Herz so von jenen wollüstigen Bildern eingenommen, dass meine Gedanken mehr bei ihrer Lüsternheit als beim Gebet weilen. Ich sollte über die Sünden klagen, die ich begangen habe, und seufze jenen nach, die ich nicht mehr begehen kann.«

Abaelard ist über solche Worte entsetzt und befremdet. Ihm schwebt der Verzicht als Buße vor, und er kann – ganz Theologe – seiner einstigen Geliebten nur eine Art *unio mystica* anbieten, »denn in Jesus Christus sind wir nur Einer; durch das Gesetz der Ehe sind wir nur ein Fleisch«. Das mag theologisch vertretbar sein, ist für Héloïse aber nur scholastische Wortklauberei und erlöst sie nicht von ihrer quälenden Sehnsucht. Abaelard gibt ihr daraufhin in einem Brief ein Gebet mit auf den Weg und bittet sie, es für sie beide zu sprechen. Es endet mit den anrührenden Worten: »Du hast uns vereint, o Herr, und wiederum getrennt, wie und wann es dir gefallen hat. Nun, Herr, vollende in deiner großen Barmherzigkeit, was du so gnädig begonnen; die du in der Welt für kurze Zeit auseinandergerissen hast, vereinige sie mit dir im Himmel für alle Ewigkeit. Denn du bist unsere Hoffnung, unser Erbteil, unsere Sehnsucht, unser Trost, o Herr, gepriesen in Ewigkeit. Amen.«

Die Heiligen der Liebe

Damit endet der überlieferte zärtliche Briefwechsel zwischen Héloïse und Abaelard, diesen Urbildern der Liebe, die bereits zu Lebzeiten zur Legende wurden. Was noch folgt, sind seelsorgerliche Ratschläge und Hilfestellungen des Theologen an die Äbtissin. Héloïse, so viel ist durch Urkunden und Briefe von Zeitgenossen bezeugt, bewährt sich in ihrer Aufgabe als Vorsteherin eines Klosters (das in seinen Anfängen äußerst ärmlich und vielerlei Anfeindungen und Übernahmeversuchen ausgesetzt ist). Mit Umsicht, Klugheit und Disziplin leitet sie den ihr unterstellten Konvent. Ihr Ansehen wächst im Laufe der Jahre. Der König höchstselbst, Ludwig VI., gewährt im Jahre 1135 dem Kloster mehrere Schenkungen, sodass der Konvent von Le Paraclet bald aus dem Gröbsten heraus ist und für immer mehr gläubige Frauen von nah und fern zum Anziehungspunkt wird.

Abaelards späte Jahre indes sind von Anfeindungen und Unruhe geprägt: Er gerät mehrmals mit dem mächtigen Bernhard von Clairvaux aneinander, der in Abaelards Schriften Häresie entdecken will und den Autor deswegen auf dem Konzil von Sens im Mai 1141 anklagt. Abaelard kommt nach Sens und will sich in einer öffentlichen Disputation dem Ankläger mutig stellen (und vertraut dabei auf seinen theologischen Scharfsinn und seine überragenden rhetorischen Fähigkeiten). Doch Bernhard und seine Anhänger scheuen solch ein öffentlichkeitswirksames Spektakel und verfolgen eine Aburteilung ohne Anhörung, was wiederum Abaelard als ungerecht und seiner unwürdig zurückweist. Kurzerhand verlässt er das Konzil über Nacht und vermittelt seinen Kritikern damit recht schnöde, dass er sie nicht als Richter über sein freies Denken akzeptiert. Stattdessen wendet sich Abaelard an den Pontifex maximus, Papst Innozenz II. Die Finte endet für ihn tragisch, denn der höchste Glaubensrichter auf Erden verurteilt Abaelard zu »ewigem Schweigen« und zu klösterlichem Arrest. Abaelards Werke werden in Rom öffentlich als häretische Schriften verbrannt. Abaelard zieht sich ins Kloster Cluny zurück. In diesem mächtigen Mutterkloster, dem über tausend Filialklöster unterstehen und das von Abaelards Freund und Gönner Petrus Venerabilis geleitet wird, kann er sich vor Feinden und Häschern sicher fühlen. Die letzten Monate verbringt Abaelard in einem cluniazensischen Priorat in Saint-Marcel bei Chalon-sur-Saône. Dort stirbt er am 21. April 1142 im Alter von rund dreiundsechzig Jahren.

Héloïse vollbringt einen letzten Dienst für den Mann, den zu lieben sie nie aufgehört hat. In einem Brief, etliche Jahre vor seinem Tod an sie gerichtet, bat Abaelard: »Lasset meinen Leichnam – dies erbitte ich dringend von Euch –, wo er auch begraben sei oder liege, in Euren Friedhof überführen, damit der regelmäßige Anblick meiner Grabstätte unsere Töchter, vielmehr unsere Schwestern in Christo ermuntern möge, ihre Gebete öfter für mich zum Himmel emporzusenden.« Nun wendet sich Héloïse an Petrus Venerabilis mit der Bitte, den Leichnam nach Le Paraclet zu überführen. Zudem möge er, der mächtige Abt von Cluny, Abaelard post mortem die Absolution erteilen und dies in einem gesiegelten Schriftstück bestätigen. Dies wiederum wolle sie, Héloïse, an Abaelards Grab anbringen und so alle Kritiker und Feinde des Verstorbenen zum Schweigen bringen. Und zum Dritten möge Petrus Venerabilis sich um eine Pfründe für Astralabius, die Frucht ihrer Liebesverbindung mit Abaelard, bemühen. (Astralabius' weiteres Schicksal kann nicht sicher nachgezeichnet werden, doch wirkte er wahrscheinlich als Kanoniker der Kathedrale von Nantes in der Bretagne. Sein Sterbedatum ist nicht bekannt.)

Der Abt von Cluny gewährt der Äbtissin von Le Paraclet alles. Es ist für ihn mehr als eine Pflichterfüllung, eine Reverenz vor einem Toten und vor einer in Amt und Würden stehenden Amtsträgerin. Für ihn ist es ein Akt der Freundschaft, die ihn mit Abaelard verband, aber auch eine Ehrbezeugung vor Héloïse und ihrer Liebe zu Abaelard. In mehreren Briefen an Héloïse bekundet

Petrus Venerabilis seine Sympathie und seine hohe Achtung: »Ich wollte Euch zeigen, welchen Platz ich in meinem Herzen für die Zuneigung vorbehalten habe, die ich Euch in Jesus Christus entgegenbringe. Und diese Zuneigung stammt nicht erst von heute, sie reicht in meinen Erinnerungen recht weit zurück.«

Und er tröstet die ehrbare Äbtissin und große Liebende, deren Liebe zu Abaelard er hoch achtet, mit der Aussicht auf eine Wiederbegegnung bei der Wiederkunft Christi, und in der Überzeugung, dass wahre Liebe den Tod besiegt: »Jener [Abaelard], dem Ihr durch das Band des Fleisches, dann durch das festere und stärkere Band der göttlichen Liebe verbunden worden seid, jener, mit dem und unter dem Ihr Euch dem Dienste Gottes geweiht habt, jener, sage ich, wird heute statt von Euch von Gott als Eurem anderen Selbst in Liebe umfasst. Und am Tag der Ankunft des Herrn, bei der Stimme des Erzengels, beim Klang der Posaune, die den höchsten, von den Himmeln herabkommenden Richter ankündigt, wird Er ihn Euch in seiner Gnade zurückgeben. Er bewahrt ihn Euch.«

Abaelards Leichnam wird seinem und Héloïses Wunsch gemäß in der Kapelle Petit-Moustier der Klosterkirche von Le Paraclet bestattet. Als Héloïse, die Logikerin der Liebe, die die Moral der reinen Liebe über die Konventionen ihrer Zeit stellte, am 16. Mai 1164 stirbt, erhält sie ihre letzte Ruhestätte neben Abaelard. Wie Reliquien von Märtyrern werden die sterblichen Überreste verehrt, und Märtyrer der Liebe waren sie ja auch. Um ihren gesteigerten Wert zu demonstrieren, werden die Gebeine im Jahre 1497 in den Chor der Abteikirche umgebettet. 1621 erfolgt eine weitere Translation unter den Hochaltar: Jetzt ruhen Héloïse und Abaelard wie Heilige »zur Ehre der Altäre«. 1780 erfolgt auf Geheiß der letzten Äbtissin von Le Paraclet eine erneute Erhebung der Gebeine: Man untersucht vor allem die beiden Schädel und fertigt Zeichnungen an. Dann bestattet man die Überreste in einem gemeinsamen Bleisarg erneut unter dem Hochaltar. Wenige Jahre später, 1792, wird das Kloster im Zuge der kirchenfeindlichen jakobinischen Terrorherrschaft aufgelöst, die Nonnen werden vertrieben. Doch die Reliquien der großen Liebenden werden nicht wie die zahlreicher Heiliger einfach geplündert, verstreut oder verbrannt. Vielmehr überträgt man die Gebeine in die Pfarrkirche von Nogent-sur-Seine. Einige Jahre später entwickelt man in Paris den Plan, die Großen der Nation in einer »Élysée« genannten Nekropole zu bestatten. Man lagert bis zur Fertigstellung dieser Begräbnisstätte die Gebeine von Héloïse und Abaelard in einem Museum, dort kommen Teile der Reliquien abhanden. Was übrig blieb, unter anderem die Schädel, bestattet man in diesem »Élysée« unter den ebenfalls geretteten, aber stark beschädigten Kenotaphen. 1814 wird das Gelände des »Élysée« als Bauplatz benötigt, und man überträgt die Gebeine erneut. Seit 1817 ruhen sie in einem gemeinsamen monumentalen Grabmal auf dem Friedhof von Père Lachaise in Paris. Jahr für Jahr pilgern zahlreiche Menschen aus aller Welt dorthin, darunter viele Liebespaare, die sich den großen Liebenden Héloïse und Abaelard verbunden fühlen.

Mystik als Schau göttlicher Weisheit

Während die Theologie der Scholastik, im 12. Jahrhundert an der Domschule von Notre-Dame in Paris entwickelt und von dort über Klöster und die ersten Universitäten in Europa verbreitet, den Primat des Intellekts, der Ratio, der Wissenschaftlichkeit in der Glaubenslehre vertrat, gab es – wie meist in der menschlichen Kulturgeschichte – zur selben Zeit eine Gegenbewegung, die die individuelle Glaubenserfahrung betonte: die Mystik. Abaelards großer Gegenspieler Bernhard von Clairvaux postulierte: »Der Glaube der Frommen vertraut, er diskutiert nicht.«

Mystische Bewegungen gibt es in allen Weltreligionen. Die christlich-jüdische Tradition kennt früh den Begriff des inneren Sinns der Heiligen Schrift. Demnach hält sich der göttliche Geist in den körperlichen Buchstaben verdeckt, ihr mystischer Sinn offenbart sich nicht dem menschlichen Verstand, sondern dem Herzen. Das Wort Mystik ist mit »Mysterium« (Geheimnis) verwandt. Es geht also um die Enthüllung des Geheimnisses und damit der inneren Botschaft des Heilsplans Gottes für seine Schöpfung. Dies geschieht nach frühchristlicher Auffassung in den drei Sakramenten der Einweihung (Initiation): Taufe, Firmung und Eucharistie. Höchstes Ziel der Einweihung ist nach Bernhard von Clairvaux die *unio mystica*, die mystische Liebesvereinigung mit Gott.

So, wie im jüdischen Gottesdienst die Thora enthüllt wird, in der die körperlichen Buchstaben das Wort Gottes bewahren – ein Symbol für die Enthüllung des mystischen Sinns von Gottes Wort –, so strebt auch die christliche Mystik nach der »unverhüllten Schau« Gottes. Dies ist verbunden mit einem »Entzündet werden«: Das Motiv des Feuers steht als Symbol für die Erleuchtung, das Zündende, Befeuernde des göttlichen Wortes, das die Herzen der Menschen entfacht. In der Erzählung der Jünger von Emmaus kommt dies zum Ausdruck: Zwei Jünger treffen am Tag nach Pessach auf ihrem Weg nach Emmaus auf einen Mann, der sie begleitet. Unterwegs sprechen sie über ihren Glauben und ihre Bestürzung, denn wenige Tage zuvor ist ihr Rabbi, Jesus von Nazareth, am Kreuz gestorben. In Emmaus angelangt, speisen sie mit dem Fremden. Als der das Brot bricht, wie Jesus beim letzten Abendmahl, erkennen die Jünger in dem vermeintlich Fremden den auferstandenen Christus. Hinterher sagen sie bekräftigend zueinander: »Brannte uns nicht das Herz in der Brust, als er unterwegs mit uns redete und uns den Sinn der Schrift erschloss« (Lk 24,32). Sie haben also das göttliche Wort im Herzen erfahren, eine, wie in der Mystik erstrebt, »Einwohnung« Christi.

Auch die christliche Mystik hat ihre Deuter, Interpreten und Gelehrten. Der frühchristliche Theologe Origenes (185–254) verwendet ebenfalls das Motiv des göttlichen Feuers, das die menschliche Schuld verzehrt, sie ausbrennt und den Menschen reinigt. Ein namentlich nicht bekannter syrischer Mönch, der um 500 lebte, man nennt ihn hilfsweise Pseudo-Dionysius Areopagita, prägte den Begriff der »mystischen Theologie«: Ziel ist die mystische »Einigung mit dem Einen«, die Erleuchtung mittels der drei Wege der Reinigung des Gewissens, der Erleuchtung des Verstandes und der Vereinigung des menschlichen Willens mit dem göttlichen Willen.

Im Hochmittelalter schließlich erlebte die mystische Bewegung einen ersten Höhepunkt als Gegenreaktion auf die Scholastik. Neben *affektiven* Tendenzen der mystischen Theologie (Hugo von St. Victor) gibt es eine breite Strömung *intellektueller* Tendenzen, die durchaus das Verstandesmäßige der göttlichen Erleuchtung betonen und keineswegs ein bloßes Schwärmertum darstellen. Vertreter dieser intellektuellen Mystik sind Nikolaus von Kues und Meister Eckhart, in späterer, barocker Zeit vor allem die Spanier Ignatius von Loyola, Johannes vom Kreuz und Teresa von Ávila, in Deutschland Jakob Böhme und Angelus Silesius.

Unter den Mystikern des Hochmittelalters tritt uns indes erstmals eine Frau entgegen: Hildegard von Bingen. Die Benediktinerin, nicht nur mit der »Gottesschau«, der *unio mystica* begnadet, sondern auch mit immenser Tat- und Durchsetzungskraft und einem scharfen Verstand, wurde bereits von den Zeitgenossen verehrt. Hildegard sprengt wortwörtlich alle Dimensionen: Sie hat ein breites schriftstellerisches Werk hinterlassen, als Natur- und Heilkundlerin, als mystische Seherin, aber auch als Briefeschreiberin, die sich nicht nur seelsorgerisch äußerte, sondern sich auch politischen Fragen der Zeit stellte. Gerade die Diffusität ihrer vielfältigen theologischen, naturwissenschaftlichen und politischen Facetten öffnete jedoch im späten 20. Jahrhundert Tendenzen Tür und Tor, die die gelehrte Äbtissin Hildegard zur Kronzeugin meist recht verworrener esoterischer und abergläubischer Ansichten missbrauchten.

In drei Büchern hat Hildegard ihre mystischen Visionen niedergeschrieben, in der Absicht, den gläubigen Leser an dieser Gnade der göttlichen Einswerdung teilhaben zu lassen. Historisch-emanzipatorisch ist interessant, dass sich Hildegard um die Deutungshoheit der Schrift durch den Klerus nicht scherte. Den Vorwurf der Häresie (der sie und spätere Mystikerinnen bisweilen traf – einige gerieten auch in die Mühlen der Inquisition) entkräftete Hildegard stets mit dem Hinweis, sie habe ihre Erkenntnis ja nicht aus dem eigenen Verstand heraus erdacht, sondern von Gott selbst als Gnade empfangen. In Ihrem Buch *Scivias (Wisse die Wege)* heißt es gleich zu Beginn: »Und augenblicklich begriff ich die Bedeutung der heiligen Bücher – des Psalters, der Evangelien und der katholischen Schriften des Alten und Neuen Testaments.« Diesem gewagten Anspruch traute sich die Amtskirche nichts entgegenzusetzen. So steht Hildegard von Bingen nicht nur für die Gründung der weiblichen Mystik im Hochmittelalter (nach ihr traten Mystikerinnen wie Mechthild von Magdeburg, Gertrud von Helfta und Katharina von Siena hervor), sondern – in der Verbindung mit ihrem breiten naturkundlichen Wissen – auch für eine Vereinigung von Theologie und Wissenschaft und damit für eine Erweiterung der Philosophie, der Liebe zur (auch göttlichen) Weisheit.

Hildegard von Bingen (1098–1179)

»Scivias – Wisse die Wege«

Im 12. Jahrhundert sorgt eine Benediktinerin vom Mittelrhein bei Geistlichen und Laien gleichermaßen für Furore: Hildegard von Bingen, Nonne und Äbtissin, früh als Heilige verehrt (und bis heute von der katholischen Amtskirche nicht kanonisiert), Seherin, Seelsorgerin, pragmatische Gründerin und Leiterin zweier Frauenklöster, Heilkundige, Erforscherin der belebten und unbelebten Natur, der Flora und Fauna, Dichterin und Komponistin, viel beschäftigte Korrespondenzpartnerin. Sie steht im Briefwechsel mit gekrönten und ungekrönten Häuptern, mit Königen und dem Kaiser, mit Äbten und Äbtissinnen, Gelehrten und Laien, Mönchen und Nonnen, Würdenträgern und sogenannten einfachen Leuten, die alle sich von ihr Rat, Zuspruch und Hilfe erhoffen. Nicht allzu oft spricht Hildegard über sich selbst. Wo sie es aber tut, tritt sie uns als zwar kluge, aber nicht akademisch gebildete Frau entgegen. Mit einem gewissen Understatement schreibt sie ihrem langjährigen Sekretär und Beichtvater Wibert von Gembloux (nicht zu verwechseln mit dem gleichnamigen heiligen Abt des 10. Jahrhunderts) über ihre visionäre Begabung: »Denn ich werde in der Schau nicht gelehrt, wie die Philosophen zu schreiben. Die Worte in dieser Schau klingen nicht wie die aus Menschenmund, sondern sie sind wie eine blitzende Flamme und wie eine im reinen Äther sich bewegende Wolke.«

War Hildegard also keine Philosophin? Ja und nein. Sie besaß keine akademische Ausbildung, war keine Verfechterin eines philosophischen Systems geschweige denn die Begründerin einer philosophischen Schule. Zur scholastischen Richtung ihrer Zeit (etwa der des Pierre Abaelard) stand sie mit ihren Ansichten und Äußerungen sogar im produktiven Widerspruch. Hildegard lief in vielem den Denkmustern ihres Jahrhunderts zuwider, sie war unangepasst, kaum einzuordnen, eigenständig, bisweilen auch hartnäckig und aufmüpfig. Sie sah sich in erster Linie als Medium, ausersehen, die Visionen, die ihr vom »lebendigen Licht« gezeigt wurden, in Worte zu fassen und so der Mit- und Nachwelt mitzuteilen. Doch in dieser »Schau« göttlicher Wahrheit und Weisheit (und um nichts anderes handelt es sich nach Hildegards Überzeugung) und deren Verbreitung in Wort und Tat war die »Prophetin Deutschlands« (so titulierte man sie alsbald) eben doch eine Philosophin im ureigentlichen Sinn: Eine Person, der die Liebe zur Weisheit am Herzen lag, die dies aber nicht in vertrackte Systeme fasste, sondern in gewaltige poetische Bilder, die bis heute nichts von ihrer beklemmenden Unmittelbarkeit verloren haben. Und sie versuchte, als Seelsorgerin den zahlreichen Menschen, die an sie um Hilfe und Rat herantraten, etwas von dem inneren Licht, das sie schauen durfte, weiterzugeben, im Wort und in der tätigen Liebe. Insofern hat ihre »Philosophie« der göttlichen Barmherzigkeit vielleicht tiefere Spuren in Zeit und Welt hinterlassen als manches hochfahrende System eines Kathederphilosophen.

Zu Beginn ihrer seherischen Begabung steht die Aufforderung des »lebendigen Lichts«: »Scribe, quae vides et audis.« »Schreib auf, was du siehst und hörst.« Dieser Weisung kam die Seherin Hildegard treu nach. In drei prophetischen Büchern hat sie ihre Visionen detailliert in Worte zu fassen versucht. Sie hat dies mithilfe wechselnder Sekretäre getan, die des Lateinischen besser mächtig waren als sie, die akademisch ungebildete Nonne. Dennoch hat Hildegard darauf bestanden, dass die Unmittelbarkeit ihrer Worte (und damit ihrer Visionen) nicht durch ein elegantes Gelehrtenlatein verschliffen und verwässert wurde. Ihre Bücher (und mehr noch die Briefe) zeugen von einer ungewöhnlichen metaphorischen Kraft, vom geradlinigen Denken einer pragmatischen Frau, der »das Herz auf der Zunge« lag – in ihren Visionen, aber auch im Alltag. Natürlich stand auch Hildegard nicht außerhalb von theologischen Richtungen und gesellschaftlichen Strömungen. Dennoch zeigen ihre drei visionären Bücher – *Scivias/Wisse die Wege, Liber vitae meritorum/Das Buch der Lebensverdienste, Liber divinorum operum/Das Buch der Gotteswerke* –, dass sie trotz einiger gedanklicher Anleihen, vor allem bei den alten Kirchenvätern, weitgehend auf eigenständigem intellektuellem Terrain steht, in vielem ihrer Zeit voraus. Oder hat tatsächlich Gott selbst, wie Hildegard es stets betont hat, in ihren Visionen zu ihr gesprochen? Dies zu entscheiden ist keine Sache des kühlen Verstandes, sondern des heißen Glaubens: Darin mögen sich die Geister scheiden. Tatsache ist, dass Hildegard durch ihre Schriften wie auch durch ihr tätiges Wirken zu einer Glaubenserneuerin des 12. Jahrhunderts wurde und dass die ihr geoffenbarten Visionen wie auch die von ihr verfassten Schriften zur Natur und Heilkunde für viele Generationen bis auf den heutigen Tag hilfreich und wegweisend waren. Und wie immer man auch zu den von Hildegard niedergeschriebenen Visionen steht: Sie haben nichts mit den subjektiven Versenkungen späterer Mystiker und Mystikerinnen zu tun, es gibt bei Hildegard keine ekstatischen Verzückungen, keine Levitationen (geistkörperliche Zustände, in denen der Körper unter Aufhebung der physikalischen Gesetze zu schweben scheint), keine Glossolalie (ein »Lallen« in fremden, ungekannten Sprachen), keine erotischen oder gar hysterischen Projektionen. Das ihr geoffenbarte Wort des »lebendigen Lichts« ist klar, hart, bildreich, aber eindeutig, in einem bisweilen etwas geradlinigen, ungekünstelten Latein abgefasst, einer Sprache, die offenbaren will und nicht verschleiern. Insofern hat sich das »lebendige Licht« tatsächlich einer Frau bedient, die nur »Medium«, also Mittlerin war, nicht eigenständige Seherin oder Denkerin. Und doch: Welch individuelle, starke, charismatische Person war dieses Medium!

Hildegards erste Lebenshälfte weist in keiner Weise auf ihre spätere Bedeutung hin. Es ist ein Leben in Abgeschiedenheit, in Klausur, in Demut, Askese und Selbstverleugnung – bevor das »lebendige Licht« in ihr leuchtet und sie aus der körperlichen wie geistigen Verdunkelung herausführt, hinein ins Licht der Öffentlichkeit.

Hildegard wird im Jahre 1098 geboren. Es ist eine Zeit gesellschaftlicher Umbrüche und Verunsicherungen. Im selben Jahr belagert ein Kreuzfahrerheer das syrische Antiochia. Im Jahr darauf erobern die Ritter die Stadt Jerusalem und errichten in Palästina ein christliches Königreich. In den Städten des Abendlandes entstehen die ersten Handwerkerzünfte. Der Handel nimmt immer mehr zu, auch der Fernhandel mit entlegenen Ländern. Durch den Kontakt mit anderen Kulturen (vor allem Siziliens, Granadas und des Orients) werden die Naturwissenschaften gefördert. Der Rationalismus treibt eine erste Blüte, und auch die Theologie wird von ihm berührt: Im fernen Paris lehrt der Frühscholastiker Pierre Abaelard, dass Vernunft und Verstand glaubensweisend seien. Dem gegenüber steht die zisterziensische Bewegung unter ihrem großen Prediger Bernhard von Clairvaux, die Glauben als Gottvertrauen predigt und zu neuer Selbstbescheidung, zu Armut und Askese aufruft. Es ist der Beginn bürgerlicher Emanzipation und des Aufstiegs der freien Reichsstädte in Konkurrenz zum Adel, dessen staatstragende Bedeutung im Schwinden ist. In der Literatur blüht der Minnesang auf (ausgehend von der französischen und provenzalischen Dichtung der Trouvères und Troubadours). Die ersten Universitäten entstehen, allen voran die Sorbonne in Paris (und lösen damit nach und nach die Kloster- und Kathedralschulen als alleinige Hüter des akademischen Wissens ab). Und in der Architektur wagt man den Bau der ersten himmelstürmenden gotischen Kathedralen.

Hildegard freilich bekommt von solchen Neuerungen wohl kaum etwas mit. Und das Geschrei der Wanderprediger, die durch die Städte ziehen und dazu aufrufen, Schwert und Kreuzbanner zu nehmen und gegen die muslimischen Feinde zu ziehen, dürfte ebenfalls an ihr vorübergehen. Sie wächst behütet auf, als Tochter aus adligem Hause, auf einem Herrenhof im ländlichen Bermersheim bei Alzey in Rheinhessen. Ihre Eltern heißen Hildebert und Mechthild. Es ist den Zeitumständen entsprechend eine kinderreiche Familie: Hildegard ist das zehnte und letzte Kind. Sie ist ein zartes, wohl etwas kränkliches Mädchen. Da der Herrenhof nicht genügend abwirft, um allen Sprösslingen eine angemessene Mitgift zukommen zu lassen, werden mehrere Söhne und Töchter dem geistlichen Stand zugeführt: Ein Bruder Hildegards namens Hugo wird später Kantor am Mainzer Dom und Lehrer an der dortigen Kathedralschule. Ein anderer Bruder namens Rorich wird Kanonikus in der alten Abtei Tholey im heutigen Saarland. Eine Schwester, Clementia ist ihr Name, wird Nonne (später wird sie in dem von Hildegard gegründeten Kloster Rupertsberg leben).

Für Hildegard ist früh eine besondere geistliche Lebensform ausersehen: Sie soll Inkluse werden, Eremitin in einem – der Begriff deutet es an – »verschlossenen«, also zugemauerten Haus. Zu jener Zeit breitet sich zu beiden Seiten des Rheins die Kunde von einer frommen Inkluse namens Jutta von Sponheim aus. Sie wohnt im Schutze des Benediktinerklosters Disibodenberg, das sich auf einem Hügel über dem Nahetal, unweit der Mündung in den Rhein, befindet. Als Hildegard acht Jahre alt ist, bringen die Eltern sie als Oblatin zum Disibodenberg, sechs Jahre später wird Hildegard nach dem Willen der Eltern der frommen Frau Jutta übergeben. Es ist ein Abschied auf immer. Hildegard wird ihre Eltern nicht wiedersehen.

Hildegard ist ein besonderes Kind. Glaubt man der von ihren Schülern Gottfried und Theoderich um 1180 verfassten Lebensbeschreibung, so habe sie bereits in jungen Jahren erste Visionen gehabt: »Kaum war sie imstande, die ersten Worte zu stammeln, da gab sie ihrer Umgebung durch Worte und Zeichen zu verstehen, dass sie geheime Gesichte hatte, die sie in einer außergewöhnlichen Gabe des Schauens wahrnahm, ohne dass andere den Anblick teilten.« Diese Sätze, nach Hildegards Tod entstanden, sind bereits von der Absicht durchdrungen, die Heiligkeit und Außerordentlichkeit der großen Meisterin herauszustellen. Ob die Visionen bereits das kleine Mädchen heimsuchten, ist fraglich. Dass Hildegard jedoch eine besondere Gabe besaß, die nicht erst in ihrer Lebensmitte einsetzte, steht außer Zweifel.

Die Übergabe des Kindes an die fromme Klausnerin wird am Allerheiligentag 1112 in einer feierlichen, von Gebeten und Gesängen bestimmten Zeremonie vollzogen, die dem Begräbnisritual nachempfunden ist. Und um ein Begrabensein bei lebendigem Leibe handelt es sich in gewisser Weise auch: Nachdem Hildegard von ihrer Meisterin in Empfang genommen worden ist, wird die einzige Tür des kleinen Hauses zugemauert. Jutta und ihre Schülerin werden mit Lebensmitteln der Benediktiner und frommer Pilger, die mehr und mehr auf den Disibodenberg wallfahrten, versorgt, hineingereicht durch eine Luke. Ansonsten gelten das Leben, Denken und Beten der beiden ganz der jenseitigen Welt und dem Empfang des himmlischen Brotes, der konsekrierten Hostie, des Leibes Jesu Christi, dem die Inklusen ihr irdisches Dasein geweiht haben.

Es fällt schwer, sich diese Existenz vorzustellen: Jutta von Sponheim, selbst aus gräflichem Haus, muss eine gebildete und charismatische Frau gewesen sein. Sie ist nur wenige Jahre älter als Hildegard. Beim Eintritt des Mädchens in die Klause ist sie zwanzig. Insofern dürfte das Verhältnis zwischen beiden eher geschwisterlicher Art gewesen sein. Zwei weitere Mädchen treten hinzu, und im Laufe der Jahre bringen immer mehr adlige Familien ihre (überzähligen) Töchter zu Juttas Klause. Die Inkluse bringt ihren »Töchtern« nicht nur Lesen und Schreiben bei, sondern vor allem die Kenntnis des Psalters und der biblischen Geschichten und Gleichnisse, Gebete, Hymnen und das Choralsingen. Insofern erhält Hildegard eine Ausbildung, die – Zeitumständen und Standes- und Geschlechtergrenzen entsprechend – überdurchschnittlich ist. Auch wird sie im Lateinischen unterwiesen, in dem sie so sattelfest ist, dass sie theologische Schriften und Kommentare der alten Kirchenväter mühelos lesen kann und sogar in dieser Sprache der Gelehrten selbst Briefe (und später ihre Visionen) schreiben kann (wenngleich ihr Latein immer etwas grobschlächtig bleiben wird).

Hildegard legt in jungen Jahren die zeitlichen und ewigen Gelübde ab und tritt ganz formell – als Inkluse – dem Orden der Benediktinerinnen bei – wie auch die anderen Schülerinnen Juttas. So entsteht auf dem Gelände des Männerklosters vom Disibodenberg ein benediktinisches Frauenkloster, nicht eigenständig und diesem unterstellt, das gleichwohl nach den Grundsätzen des heiligen Benedikt betet und arbeitet *(ora et labora)*.

Ein Tod und das »lebendige Licht«

Vielleicht hätte Hildegard ihr Leben hinter den Mauern der Klause beschlossen, ohne dass jemals ihr Name auf uns gekommen wäre, hätte es nicht zwei Ereignisse gegeben, die ihr Dasein wie ein Blitzschlag erhellten und durcheinanderwirbelten: Juttas früher Tod und Hildegards große Erweckungsvision.

Jutta von Sponheim stirbt fünfundvierzigjährig am 22. Dezember 1136 in ihrer Klause. Als man den Leichnam entkleidet und wäscht, entdecken die Schülerinnen eine Eisenkette, die Jutta als Buße seit vielen Jahren eng um ihren Leib trug und die sich im Laufe der Zeit tief ins Fleisch eingeschnitten hat und der Asketin furchtbare Schmerzen bereitet haben muss – Schmerzen, die sie um der Leiden Christi willen und zum Zeichen der Buße gerne erlitt. Hildegard ist hiervon entsetzt. Später wird sie sich in ihren Visionen und den naturkundlichen Darstellungen zur Schönheit des von Gott erschaffenen menschlichen Leibes bekennen und einen gesunden, starken, unversehrten Körper preisen. Der Anblick des von den selbstverachtenden Bußpraktiken entstellten Leichnams Juttas mag ihr ein prägendes Erlebnis gewesen sein.

Seit dreißig Jahren ist Hildegard auf dem Disibodenberg, davon vierundzwanzig in der Klause. Nach Juttas Tod wird die Klause geöffnet – ein Akt der Vernunft und der Notwendigkeit. Denn der Raum für die Nonnen ist längst zu eng geworden. Hildegard ist bereits achtunddreißig, für damalige Verhältnisse eine reife Frau an der Schwelle zum Alter. Sie war Juttas Lieblingsschülerin, gilt bei den Schwestern als die klügste, umsichtigste, begabteste, und so wird sie von den Nonnen zu ihrer »Magistra« gewählt. Sie wollen auf dem Disibodenberg, in unmittelbarer Nachbarschaft zum Männerkloster, einen eigenen Konvent gründen. Doch vom Bischof steht die Anerkennung aus. Und vonseiten der Disibodenberger Benediktiner werden die Schwestern inzwischen als Belästigung und Konkurrenz empfunden. Das unklare Verhältnis bleibt mehrere Jahre lang bestehen.

Zu jener Zeit ereignet sich in Hildegards Dasein etwas, das ihr ganzes Leben verändern und für die gesamte Christenheit von Bedeutung werden wird: Im Jahre 1141 hat sie ihre »Berufungsvision«. Es ist der Auftakt zu einer ganzen Reihe gewaltiger, wort- und bildreicher Schauen, die bis zu Hildegards Lebensende andauern und von ihr sukzessive zu Papier gebracht und veröffentlicht werden. Dies erfolgt nicht aus Eitelkeit oder persönlichem Interesse, sondern weil die Stimme des »lebendigen Lichts«, die sie als Gottes Stimme ausmacht, ihr diesen Auftrag erteilt. Zehn Jahre lang, von 1141 bis 1151, arbeitet Hildegard am ersten Band ihrer Visionen, dem sie den Titel *Scivias, Wisse die Wege*, gibt. Von vielen wird *Scivias* als das Hauptwerk der seherischen Klosterfrau betrachtet. Es ist eine große Verkündigungsschrift, eine Verheißung Gottes an die Menschheit, dass sie seines Erbarmens und der Erlösung sicher sein kann.

Zu Beginn der Visionen ergeht vom »lebendigen Licht«, das auf Hildegard fällt, der göttliche Auftrag, das Geschaute zu verinnerlichen, es in Worte zu fassen und der Menschheit mitzuteilen. Hildegard wird zur Prophetin erkoren, auch wenn sie selbst sich zeitlebens scheut, diesen Begriff, der sie in die Nähe der alttestamentarischen Väter rückt, selbst zu verwenden. Anfangs steht sie ihrer Aufgabe eher skeptisch, mit Hemmungen und Ängsten gegenüber, fügt sich aber der Weisung. Sie selbst datiert die Eröffnungsvision auf das »dreiundvierzigste Jahr« ihres Lebens, also auf das Jahr 1141:

»Und siehe! Im dreiundvierzigsten Jahre meines Lebenslaufes schaute ich ein himmlisches Gesicht. Zitternd und mit großer Furcht spannte sich ihm mein Geist entgegen. Ich sah einen sehr großen Glanz. Eine himmlische Stimme erscholl daraus. Sie sprach zu mir: ›Gebrechlicher Mensch, Asche von Asche, Moder von Moder, sage und schreibe, was du siehst und hörst! Doch weil du schüchtern bist zum Reden, einfältig zur Auslegung und ungelehrt, das Geschaute zu beschreiben, sage und beschreibe es nicht nach der Redeweise der Menschen, nicht nach der Erkenntnis menschlicher Erfindung noch nach dem Willen menschlicher Abfassung, sondern aus der Gabe heraus, die dir in himmlischen Gesichten zuteilwird: wie du es in den Wundern Gottes siehst und hörst. So tu es kund wie der Zuhörer, der die Worte seines Meisters erlauscht und sie ganz, wie der Meister es meint und will, wie er es zeigt und vorschreibt, weitergibt [...].‹ Und wieder hörte ich die Stimme vom Himmel zu mir sagen: ›So tue denn diese Wunder kund! Und schreibe sie, also belehrt, und sprich: Im Jahre 1141 der Menschwerdung Jesu Christi, des Gottessohnes, als ich zweiundvierzig Jahre und sieben Monate alt war, kam ein feuriges Licht mit Blitzesleuchten vom offenen Himmel hernieder. Es durchströmte mein Gehirn und durchglühte mir Herz und Brust gleich einer Flamme [...]. Nun erschloss sich mir plötzlich der Sinn der Schriften [...].‹«

»Scivias«

In der Eröffnungsvision von *Scivias* offenbart sich Gottvater selbst dem Medium Hildegard und durch sie der Menschheit. Diese Zeilen sind ein gutes Beispiel für den hohen, bilderreichen Ton und die dichterische Gabe der Visionärin, die ja das Geschaute erst in Worte fassen musste:

»Ich schaute – und sah etwas wie einen großen, eisenfarbigen Berg. Darauf thronte ein so Lichtherrlicher, dass seine Herrlichkeit meine Augen blendete. Von beiden Schultern des Herrschers ging, Flügeln von wunderbarer Breite und Länge gleich, ein matter Schatten aus. Vor Ihm, zu Füßen des Berges, stand ein Wesen, das über und über mit Augen bedeckt war – so sehr, dass ich wegen der Augen nicht einmal die menschlichen Umrisse erkennen konnte. Vor diesem Wesen stand ein anderes, im Kindesalter, mit mattfarbenem Gewand und weißen Schuhen. Über sein Haupt ergoss sich von dem, der auf dem Berge saß, solchen Lichtes Fülle, dass ich des Mägdleins Antlitz nicht zu schauen vermochte. Auch gingen von dem, der auf dem Berge saß, viele lebendige Funken aus, die die Gestalten mit sanftem Glühen lieblich umflogen. Der

Berg selbst hatte sehr viele kleine Fenster, in denen Menschenhäupter, teils bleich, teils weiß, erschienen. Und siehe, der auf dem Berge saß, rief mit starker, durchdringender Stimme und sprach: ›Gebrechlicher Mensch, Staub vom Staub der Erde, Asche von Asche, rufe und sage, wie man in die Erlösung, die alles wiederherstellt, eingeht, damit die unterrichtet werden, die, obgleich sie den innersten Gehalt der Schriften kennen, ihn dennoch nicht aussprechen oder verkünden wollen.‹«

Hildegard ist nicht nur Medium, Widerhall und »Lautsprecher« der göttlichen Eingebungen, sie ist auch deren Kommentatorin. Die zitierte Eingangsvision von *Scivias* etwa deutet sie so: Der Berg stellt die Beständigkeit des Reichs Gottes dar. Der Lichtherrliche ist Gottvater, die Flügel, die von seinen Schultern ausgehen, symbolisieren Gottes milden Schutz, der seine Geschöpfe umhegt. Das Augenwesen zu Füßen des Herrschers stellt die Gottesfurcht dar, die kindliche Gestalt davor die Armut im Geiste, die Christi Spuren folgt. Die lebendigen Funken, die vom Herrscher ausgehen, stärken und schützen die Menschen, die auf dem Weg zu ihm sind. Die Köpfe in den Fenstern des Berges versinnbildlichen, dass Gott alle menschlichen Handlungen kennt und weiß, wer in seinen Bemühungen ermattet (die bleichen Gesichter) und wer wachsam den Weg der Wahrheit geht (die weißen Köpfe).

In einer weiteren Vision, in *Scivias* mitgeteilt, wird die göttliche Dreifaltigkeit in Bilder gefasst, eine Dreifaltigkeit, die allein die Menschheit erlösen kann und wird: »Alsdann sah ich ein überhelles Licht und darin eine saphirblaue Menschengestalt, die durch und durch im sanften Rot funkelnder Lohe brannte. Das helle Licht durchflutete ganz die funkelnde Lohe und die funkelnde Lohe das helle Licht. Und das helle Licht und die funkelnde Lohe durchfluteten ganz die Menschengestalt, als ein Licht wesend in einer Kraft und Macht […], das bedeutet, dass der Vater, die gerechteste Gerechtigkeit, nicht ohne den Sohn und den Heiligen Geist, dass der Heilige Geist, der Herzensentzünder, nicht ohne den Vater und den Sohn, und dass der Sohn, die Fülle aller Fruchtbarkeit, nicht ohne den Vater und den Heiligen Geist ist.«

Doch das Heilsgeschehen ist mit Tod und Auferstehung Jesu

Christi, des Gottessohnes, nicht vollendet. Es vollzieht sich vielmehr ein letzter Kampf mit dem Antichristen (wie es ja auch der Evangelist Johannes in seiner Offenbarungsschrift geweissagt hat). Über diesen Schlusspunkt des irdischen Panoramas weiß Hildegard zu berichten, Satan werde auf dem Marktplatz des Lebens seine Laster anpreisen, die Welt werde ihren Halt verlieren und die Hölle sich ein letztes Mal aufbäumen. Dann aber werde Jesus Christus wiederkehren, mit offenen Wunden, auf einer Flamme thronend, ohne zu brennen, von den Engelschören begleitet, und werde Gericht über jeden einzelnen Menschen halten. Dann werden alle Elemente heiter und klar leuchten, »als wenn ihnen eine schwarze Haut abgezogen worden wäre«. Die Erde werde gesunden und zur Harmonie gelangen: »Es war nicht mehr Nacht, es war Tag. Das Ende war gekommen.«

Scivias ist ein großer Lobpreis auf das göttliche Heilsgeschehen, das durch Gottes Ratschluss von Anbeginn der Tage festgelegt ist: durch das Auftreten des Gottessohnes Jesus Christus, durch sein Wirken unter den Menschen, seinen Kreuzestod und seine Auferstehung und durch seine Wiederkehr am Ende aller Tage, um die Menschen zu richten. Das Gericht vollzieht sich aber nicht als Rache- und Vergeltungstat eines zürnenden Gottes, sondern als Liebes- und Gnadenakt an den Menschen. Insofern sind die Hildegard geoffenbarten Visionen keine Schreckensnachrichten, sondern sie sollen (und so hat die »Übersetzerin« Hildegard es auch kommentiert) die Menschen freudig stimmen, ihnen Mut zusprechen, sie bestärken auf ihrem Weg der Erlösung im Glauben an Jesus Christus.

»Liber vitae meritorum«

Es ist erstaunlich, dass Hildegard im Gegensatz zu anderen Frauen, die über die seherische Gabe verfügten – etwa die im 16. Jahrhundert lebende Teresa von Ávila –, sich nie ernsthaften Anfeindungen oder gar Bedrohungen ausgesetzt sah. Nie gab es schwerwiegende Versuche, die »Prophetin« mundtot zu machen, sie mithilfe amtskirchlicher Dekrete zum Schweigen zu bringen oder sie gar der Häresie zu bezichtigen. Erst spätere Jahrhunderte kannten solche Druckmittel zum Erhalt kirchlicher Machtstrukturen, und die eben erwähnte Teresa von Ávila konnte ein Lied davon singen: Ihre Klöster wurden immer wieder aufgelöst, die von ihr verkündeten Offenbarungen kamen auf den Index, ihr wurde wiederholt das Schreiben verboten, sie selbst musste zeitweise mit der Verfolgung durch die Inquisition rechnen, und nur die Rückendeckung durch den einen oder anderen wohlmeinenden Bischof oder Ordensoberen bewahrte sie vor Verhaftung, Folter und Autodafé.

Bei Hildegard liegt die Sache anders: Bereits 1147/48 – *Scivias* ist noch gar nicht erschienen, aber die Kunde von ihrer visionären Begabung verbreitet sich bereits im ganzen Land – wird auf der Reformsynode zu Trier von Papst Eugen III. persönlich die unverfälschte Authentizität ihrer seherischen Gabe anerkannt. Mit diesem höchstinstanzlichen Permit in der Tasche kann sie nun ihre zu Pergament gebrachten Offenbarungen veröffentlichen und muss sich um das zum Teil haarspalterische Gerede der akademischen Neider (vor allem der Scholastiker) nicht scheren.

Hildegards wachsende Autorität zeigt sich auch in ihrem gesellschaftlichen Rang: Da die Reibereien zwischen den Hildegard-Nonnen und den Disibodenberger Mönchen anhalten, beschließt Hildegard, ihr Kloster auf den nahen Rupertsberg zu verlegen. Es ist nicht ihr persönlicher Einfall, sondern eine göttliche Weisung, empfangen in einer Vision. Der Rupertsberg ist damals von unwegsamem Wald überzogen. Die Nonnen müssen erst die Bäume roden, Wege anlegen, Baumaterialien hinaufschleppen lassen. Auch das Trinkwasser muss nach oben getragen werden. Das alles kostet viel Geld, und trotz der Rücklagen durch die Mitgift der Schwestern und mancher Spende von frühen Hildegard-Verehrern gerät das Projekt mehr als einmal an den Rand des Ruins. Schließlich jedoch können sie die neuen Gebäude – allen Unkenrufen zum Trotz – um das Jahr 1150 herum beziehen. Wenige Jahre später – der Konvent wächst und wächst – ist Hildegard gezwungen, ein Filialkloster oberhalb von Eibingen (heute ein Ortsteil von Rüdesheim) im Rheingau zu errichten. Von nun an hat sie sich als Äbtissin – denn beide Klöster sind inzwischen durch bischöfliche Bestätigung eigenständig – gleich um zwei Konvente links- und rechtsrheinisch zu kümmern, und mehrmals die Woche lässt sie sich auf einem Nachen von einem Ufer des Stroms zum anderen hinüberrudern, um ihren vielfältigen Aufgaben – neben denen der Buchautorin, Seelsorgerin und Briefeschreiberin sind es auch ganz gewöhnliche in Verwaltung und Haushaltsführung – nachzukommen.

Die Korrespondenz mit Rat- und Hilfesuchenden – Landesfürsten, geistlichen Würdenträgern, aber auch »einfachen« Bürgern – wächst stark an (es haben sich trotz vieler Verluste rund dreihundert Briefe erhalten). Vor allem aber: Die Visionen stellen sich kurze Zeit nach Beendigung von *Scivias* wieder ein und kosten die Seherin viel Zeit und Kraft. In den Jahren 1158 bis 1163 stellt sie – inzwischen immerhin eine Frau von Mitte sechzig – diese neuen Offenbarungen mithilfe eines Sekretärs zusammen und nennt sie *Liber vitae meritorum/Das Buch der Lebensverdienste*.

Es ist ein groß angelegtes, fünfunddreißig Dialoge umfassendes Streitgespräch zwischen Tugenden und Lastern. Natürlich greift die Kompilatorin auf die gängigen Tugenden-Kompendien der mittelalterlichen Literatur zurück. Gleichwohl: Hildegard will eben nur die »Zusammenstellerin« sein, nicht die Autorin. Denn die Aussagen selbst, so betont sie, sind ihr erneut aus Gottes Mund übermittelt worden. Selbstbewusst stellt sie am Ende des Buches unumstößlich fest: »Und all dies ist die Wahrheit [...]. Wer daher im überheblichen Geist der Gelehrsamkeit oder in seiner Selbstherrlichkeit etwas Gegensätzliches hinzufügen wollte, der wäre wert, unter die hier beschriebenen Strafen zu fallen. [...] Und ich hörte die Stimme der Menge aus den Geheimnissen der Himmelshöhe antworten: ›Es sei so! Amen! Und so soll es sein!‹« Gott selbst spricht durch den Mund der Seherin in der abschließenden Vision, wenn er nach dem Widerstreit von Gut und Böse den Sieg des Göttlichen am Ende der Tage prophezeit: »Der gewaltig starke Gott, der Macht über alles hat, wird Seine Gewalt am Ende der Welt zeigen, wenn Er diese Welt zu einem neuen Wunderwerk wandeln wird.« *Das Buch der Lebensverdienste* ist eine Mahnung an die Lebenden, den Pfad des Guten nicht zu verlassen. Aus diesem Grunde auch werden ihnen die Streitgespräche zwischen Tugenden und Lastern vor Augen geführt. Es ist aber kein Kompendium der Schrecken und der Qualen, wie sie uns in den Totentänzen und Höllendarstellungen des Mittelalters bildlich vor Augen geführt werden. Vielmehr wird diskursiv das Für und Wider der Argumente der auftretenden Personifikationen vorgestellt und erläutert. Es bleibt also letztlich dem Leser überlassen, seinen (von Gott ihm verliehenen) Verstand zu gebrauchen und sich wie in einem Gerichtssaal die Aussagen beider Parteien anzuhören, abzuwägen und schließlich frei und ohne Angst und Zwänge sein abschließendes Urteil zu fällen. Über Tugenden wie Fehler aber wacht Gottes *amor saeculi*, die Liebe zur Welt. So, wie der Mensch das Abbild Gottes ist, so entspricht auch seine Entscheidung für das Gute der Liebe Gottes. Es liegt in des Menschen freiem Entschluss; sein Für oder Wider einer geläuterten Lebensweise ist auch eine Entscheidung für oder wider Gott. Hildegards *Buch der Lebensverdienste* richtet sich an einen mündigen, vernunftbegabten Leser. Und wenngleich Hildegard der spitzfindigen Vernünftelei der Scholastik ihrer Zeit wenig abzugewinnen weiß und vielmehr im Letzten auf die Gnade und das Erbarmen Gottes baut, so entlässt sie den Menschen doch nicht aus seiner selbst getroffenen Willensentscheidung und Verantwortung vor sich, Gott und der Welt. Insofern ist Hildegard auch eine überzeugende und überzeugte Repräsentantin des 12. Jahrhunderts, der »Staufischen Renaissance«, die als Ära einer neuen Wissenschafts- und Kulturblüte gilt.

Heilkunde, Naturkunde, Dichtung und Musik

Die Jahre von Hildegards mittlerer Schaffensphase sind zudem geprägt von der intensiven Beschäftigung mit Heilkunde, Zoologie und Mineralogie. Es entstehen die Bücher *Physica (Naturkunde)* und *Causae et curae (Krankheitsursachen und Heilmethoden)*. Darin erweitert Hildegard die in den Schriften von Galenos und

Avicenna überlieferte Säfte- und Elementenlehre um wegweisende »naturwissenschaftliche« Erkenntnisse auf der Grundlage eigener Beobachtungen: Sie beschreibt eigene Erfahrungen bei der Diagnose und Behandlung von Krankheiten, teilt ihre Erkenntnisse aus dem Anbau und der Verwendung von Heilkräutern mit (Hildegard pflegt einen eigenen Klostergarten mit vielen Heilkräutern, Gemüse- und Obstsorten) und begibt sich auch auf das etwas fragwürdig anmutende Terrain der Wirkkraft von (Edel-) Steinen. Aber es geht ihr nicht nur um die Diagnose und Therapie von Krankheiten; vielmehr liegt ihr daran, die Menschen zu einer gesunden, positiven Lebensweise zu erziehen. Damit ist sie in ihrer Zeit, die aus theologischer wie auch aus sozialer und hygienischer Sicht körperscheu, ja körperverachtend ist, geradezu revolutionär. Der Körper wird damals vielfach nur als ein sündhaftes Gefängnis der Seele betrachtet, dessen Lustbedürfnisse es mit Mitteln der Askese und der Bestrafung (etwa der Geißelung) abzutöten gilt. Hildegard hingegen betrachtet den menschlichen Körper, vor allem den gesunden, als ein wertvolles Geschenk Gottes, dessen man sich nicht zu schämen braucht, zumal Gott selbst den Menschen nach seinem Abbild erschaffen hat. Selbst um die sexuelle Lust macht die forschende Äbtissin keinen Bogen. Vielmehr beschreibt sie die Libido des Menschen als vollkommen natürlich, gesund und gottgewollt, die sexuelle Vereinigung von Mann und Frau als »coniunctio caritatis«, eine »Verbindung in der Nächstenliebe«, die sittlich gut ist.

Kann sich Hildegard in der Pflanzenkunde weitgehend auf eigene Anschauungen stützen, so ist sie in der Zoologie auch auf überlieferte Berichte angewiesen. Insofern verwundert es nicht, dass sie bisweilen den Irrtümern älterer Autoren aufsitzt und etwa den Greif als real existierendes Wesen in ihr Kompendium aufnimmt. Andererseits ist erstaunlich, wie gut sie sich in der Fauna ihrer mittelrheinischen Heimat auskennt: So zählt sie Dutzende Fischarten auf und beschreibt deren Äußeres und Lebensweise. Sie mag sich hier auf die Erkenntnisse der Fischer von Rhein und Nahe gestützt haben, die das Kloster belieferten, vielleicht auch auf eigene Beobachtungen aus dem klösterlichen Fischteich. Heutigen Forschern liefert Hildegard Hinweise auf den Artenreichtum des 12. Jahrhunderts und auf die zoologischen Verluste in der gegenwärtigen Zeit.

Aber Hildegard ist nicht nur eine Seherin und Naturkundlerin, sie befasst sich auch eingehend mit der Musik, nach antiker Lehre eine der sieben freien Künste, verwandt mit der Astronomie (in der kosmischen, Gottes Schöpfung widerspiegelnden »Sphärenmusik«) und der Mathematik (im komplizierten Verhältnis der Klänge und Harmonien untereinander). Aus ihrer Feder stammen rund achtzig Kompositionen für die Feiern und Stundengebete im Kloster: Hymnen, Sequenzen, Antiphone, das geistliche Singspiel *Ordo virtutum (Der Reigen der Tugenden)* und ein Festspiel zu Ehren des heiligen Rupert. Wie auch ihre Offenbarungsschriften besitzen ihre Liedtexte eine metaphorische Sprache, ihre melismenreichen Melodien zeugen von einer großen Erfindungsgabe und einem gediegenen Sinn für musikalische Ausdrucks- und Entfaltungsmöglichkeiten.

Gefragte Briefpartnerin und unbestechliche Predigerin

Dass Hildegard nicht nur mit ihren Offenbarungsschriften und ihren praktischen Anweisungen zu einer gesunden Lebensführung Erfolg hatte, sondern auch mit ihrer pragmatischen Art, Menschen zuzuhören und ihnen Ratschläge zu erteilen, beweisen ihre zahlreichen Briefe. Könige, Kaiser, Päpste, Bischöfe, Äbte und Äbtissinnen, Mönche und Nonnen, fromme und weniger fromme Laien gehören zu ihren Korrespondenzpartnern, denen sie mit Rat und Tat beisteht oder ihnen auch mal recht offen und barsch ins Gewissen redet. Ihren Vorgesetzten Erzbischof Heinrich von Mainz etwa staucht sie in einer Auseinandersetzung zusammen: »O du Asche, warum schämst du dich nicht, dich so hoch zu erheben, da du doch wissen solltest, dass du im Sumpf liegst.« Und den Erzbischof Philipp von Köln fordert sie auf, er solle seine Untertanen nicht »gleich einem räuberischen Habicht« einschüchtern. Den englischen König Heinrich II. lässt sie unumwunden wissen:

»Durch Regieren, Schirmen, Beschützen, Vorsehen sollst du deinen Himmel haben.« Er solle sich vor dem »pechschwarzen Vogel« hüten, der ihm einflüstere, sich nicht zum Sklaven der Gerechtigkeit zu machen. Leider verhallen in diesem Fall Hildegards Ermahnungen ungehört: Heinrich II. wird später die Macht der englischen Kirchengerichte beschneiden und den Erzbischof von Canterbury, Thomas Becket, der dagegen protestierte, im Jahre 1170 vor dem Hochaltar der Kathedrale ermorden lassen.

Dem Kaiser Friedrich Barbarossa, der eigentlich ein Sympathisant der Klöster Hildegards ist und diesen auch einen Schutzbrief ausgestellt hat, kündigt Hildegard die Freundschaft kurzerhand auf, als dieser sich im Konflikt mit dem Papst befindet. Als Barbarossa nach dem Tod Papst Hadrians IV. im Jahre 1159 und der Wahl von Orlando Bandinelli zum Papst (Alexander III.) mit seinen Parteigängern Ottaviano di Monticelli und Guido von Crema gleich zwei Gegenpäpste lanciert, verliert die Äbtissin vom Rupertsberg die Contenance. Dem selbstherrlichen Kaiser droht sie in einem geharnischten Brief: »Gib acht, dass der höchste König dich nicht zu Boden streckt wegen der Blindheit deiner Augen, die nicht richtig sehen, wie du das Zepter zum rechten Regieren in deiner Hand halten musst.« Als im Juli 1167 des Kaisers Truppen in Rom einmarschieren und der rechtmäßige Papst Alexander in einem Nachen aus der Stadt fliehen muss, schreibt Hildegard zornbebend an Barbarossa: »Der da ist, spricht: Die Widerspenstigkeit zerstöre Ich, und den Widerstand derer, die Mir trotzen, zermalme Ich durch Mich selbst. Wehe, wehe diesem bösen Tun der Frevler, die mich verachten! Das höre, König, wenn du leben willst! Sonst wird Mein Schwert dich durchbohren!« Friedrich Barbarossa antwortet auf diesen Fluch einer Äbtissin nicht. Auf dem Dritten Kreuzzug ertrinkt der Kaiser am 10. Juni 1190 im Fluss Saleph in Kleinasien. Das freilich war elf Jahre nach Hildegards Tod.

Nicht nur brieflich redet die Rupertsberger Äbtissin ihren Zeitgenossen ins Gewissen. Sie macht sich im Laufe ihres langen Lebens auch zu vier aufreibenden Pilgerreisen auf, die sie nach Franken, Trier und Metz, an den unteren Mittelrhein und nach

Schwaben führen. Sie predigt nicht nur in Klöstern und Kirchen, sondern auch auf Marktplätzen oder auf offenem Feld: Von überallher kommen die Menschen gelaufen, Geladene und nicht Geladene, um die Berühmtheit vom Rupertsberg, der Gott selbst seine Geheimnisse anvertraut hat, zu sehen und zu hören. Wenngleich Hildegards Schriften damals nur in Klöstern und an Adelshöfen verbreitet sind und nur von relativ wenigen Lesekundigen studiert werden können, so hat sich doch ihr Nimbus einer heiligmäßigen Prophetin und kundigen Heilerin von Mund zu Mund über die deutschen Länder, bei Adel und Klerus, bei Bürgern und Bauern verbreitet.

»Liber divinorum operum«

Zu diesem Nimbus trägt schließlich auch die dritte Offenbarungsschrift bei, die Hildegard, nachdem sie erneut mit Visionen beschenkt worden ist, in den Jahren 1163 bis 1174 ausarbeitet. Dem Buch gibt sie den Titel *Liber divinorum operum, Das Buch der Gotteswerke.* Wie auch *Scivias* ist das letzte Buch der inzwischen sechsundsiebzigjährigen Prophetin eine große Kosmologie. Und wie auch in ihren vorhergehenden Offenbarungsbüchern betont Hildegard, sie sei weniger die Autorin als nur das Medium, durch das die Stimme Gottes unleugbare Wahrheiten ausspreche: »Es geschah im sechsten Jahr, nachdem ich mich fünf Jahre hindurch mit wunderbaren, wahren Visionen abgemüht hatte [...]. Der Anfang dieses Jahres war der Beginn der vorliegenden Visionen. [...] Als ich fünfundsechzig Jahre alt war [1163], hatte ich eine so geheimnisvolle und überwältigende Schau, dass ich am ganzen Leib zutiefst erbebte und bei der Gebrechlichkeit meines Leibes zu erkranken begann. [...] Ich armseliges, schwaches Wesen habe, wenn auch durch sehr viele Krankheiten erschöpft, dennoch zitternd mich schließlich ans Schreiben gemacht.«

Ihre Visionen sind, wie Hildegard betont, »niemals eine mich erschöpfende Ekstase, sondern ich sah es wach, Tag und Nacht«. Mehr noch: Ihr liegt am Herzen, festzustellen, dass all ihre prophetischen Bücher seit *Scivias* ein einziges großes, kontinuierliches Werk darstellen, keine Schrift ohne die andere zu denken ist, eine auf der anderen aufbauend, jede in sich stimmig und wahr, und doch alle zusammen erst die ganze göttliche Offenbarung darlegend: »Denn alles, was ich von Beginn meiner Visionen geschrieben hatte oder was ich später zu wissen bekam, das sah ich in den himmlischen Geheimnissen; ich war wach am Leib und bei Bewusstsein und sah mit den inneren Augen meines Geistes und hörte mit den inneren Ohren, nicht im Schlaf, noch in Ekstase, wie ich es schon bei meinen früheren Visionen im Vorwort sagte.« Sie wagt es sogar, sich an die Seite des anderen großen Offenbarungspropheten zu stellen: Johannes, der auf Patmos seine Apokalypse empfangen und niedergeschrieben hat: »Denn der Heilige Geist hat so auch den Evangelisten Johannes getränkt, als er die tiefste Offenbarung aus der Brust Jesu sog, wo sein Sinn von der heiligen Gottheit so berührt wurde, dass er ihre verborgenen Geheimnisse und Werke offenbarte, als er sprach: ›Im Anfang war das Wort‹ und so weiter.«

Nachdem im Prolog die Präliminarien abgehandelt sind, beginnt die eigentliche Offenbarungsschrift wieder mit einer Gottesvision. Doch ist der Schöpfer nun nicht ein riesenhafter König auf dem Weltenthron, sondern ein schöner junger Mann, der die *vita integra*, das heile Leben, personifiziert, die durch die Fleischwerdung Jesu Christi in die Welt gekommen ist: »Im gesamten Planen und Vorherwissen Gottes war das der Gipfel der höchsten Liebe, dass der Sohn Gottes in Seiner Menschheit die verlorenen Menschen heimführte in das himmlische Reich.« Die Liebe Gottes selbst offenbart sich der Seherin Hildegard, sie hält – in Menschengestalt – mit weit ausgebreiteten Feuerarmen das Weltenrad umfangen, in dessen Mitte wiederum der Mensch, das Abbild Gottes, steht, die Arme wie sein Schöpfer ausgebreitet (und somit wie sein Schöpfer die Kreuzesform darstellend), und hält in einem Netz die Elemente der Erde. Hildegard, die nicht nur das empfangende Medium ist, sondern auch die von Gott ausersehene Kommentatorin, erklärt diese Szene so: »Solcherart ist [...] des Menschen Gestalt: Der Mensch ist ein Wesen mit Leib und Seele, und er existiert als *opus Dei cum omni creatura*, als das Werk Gottes mitsamt aller Kreatur.«

Eben weil der Mensch Gottes Kreatur ist, von ihm zu seiner Freude erschaffen und zum Heil ausersehen, darf auch der Mensch Freude empfinden, auch an dem, was das irdische Dasein ihm Schönes, Lustvolles, Gutes bietet. Wieder wendet sich Hildegard damit gegen Askesevorstellungen und Lustfeindlichkeiten ihrer Zeit und die frühchristlicher Kirchenlehrer. Und wieder darf man darin – abseits des Offenbarungscharakters der Schrift – auch den Widerhall ihrer eigenen, teils abstoßenden Erfahrungen als Schülerin in der Klause der Jutta von Sponheim sehen. Vielmehr hat Gott ja den Menschen nach seinem Abbild erschaffen und gestaltet, ihn geliebt und durch die Menschwerdung Jesu Christi erlöst, und deshalb ist es nicht nur erlaubt, dass er Gefallen am Menschsein und den irdischen Freuden finde, sondern es ist sogar Ausdruck der Dankbarkeit dem liebenden Gott gegenüber – freilich immer unter Beachtung der Verantwortung vor Gott, den Mitmenschen und der Schöpfung, denn Freiheit ist nie entbunden, sondern eingefasst in Rücksichtnahme und Verpflichtung. Und wenn auch der Mensch auf Erden noch unvollkommen und schuldbeladen ist, so ist er als Gottes Abbild doch zu dessen Freude erschaffen: »Gott hat die Gestalt des Menschen nach dem Bauwerk des Weltgefüges, nach dem ganzen Kosmos gebildet, so wie ein Künstler seine Formen hat, nach denen er seine Gefäße macht. Und wie Gott das riesige Instrument des Weltalls nach ausgewogenen Maßen gemessen hat, so hat er dementsprechend den Menschen in seiner kleinen, kurzen Gestalt abgemessen [...]. Gott schuf ihn so, dass Glied an Glied gefügt, keins das rechte Maß, das richtige Gewicht überschreite, außer nach Gottes Bestimmung.«

Der Mensch lebt zwar in ständiger Revolte (ein Gedanke, den im 20. Jahrhundert die Existenzialisten wieder aufgreifen werden), aber dennoch liebt Gott seine Schöpfung, er hat aus Liebe seinen eigenen Sohn auf die Erde gesandt, und er wird nach der kosmischen Endkatastrophe, ausgelöst durch des Menschen Versagen und Rebellion, ihn wieder schicken, um die von Anbeginn nach göttlichem Ratschluss geplanten Geschicke der Welt zu ihrem guten Abschluss und zur Vollendung zu führen. *Das Buch der Gotteswerke,* der Abschluss von Hildegards Offenbarungen, dieses große, umfassende Kompendium der Weltgeschicke von der Erschaffung bis zum erlösenden Endgericht, schließt mit der Stimme des »lebendigen Lichts«, das Hildegard über dreißig Jahre zuvor zum ersten Mal erleuchtet hat: »Und wiederum hörte ich eine Stimme vom Himmel, die mich diese Worte lehrte: ›Nun sei Gott Lob in Seinem Werke, dem Menschen! Um seiner Erlösung willen hat Er die gewaltigsten Kämpfe auf Erden gefochten.‹«

Die Weisheit der Barmherzigkeit

Hildegard, bereits zu Lebzeiten von vielen als Prophetin, Stimme Gottes und heilige Frau verehrt und geachtet, scheut sich nicht, Kritikern ihrer Person und engherzigen, selbstgefälligen Glaubenswächtern die Leviten zu lesen. Mit dem von vielen als unbeugsamem Eiferer angesehenen Bernhard von Clairvaux führt die Äbtissin vom Rupertsberg eine kurze Korrespondenz, von der sich mehrere Schreiben erhalten haben. Bernhard zeigt sich in einem undatierten Brief zwar von der Seherin Hildegard beeindruckt, kann aber eine gewisse Reserviertheit gegenüber der (noch dazu akademisch ungebildeten) Nonne nicht verhehlen, die zum Werkzeug von Gottes Offenbarungen geworden sein soll. Bernhard äußert recht unumwunden seine Skepsis und glaubt, die Seherin vom Rupertsberg ermahnen zu müssen:

»Wir gratulieren Dir zu der Gnade Gottes, die in Dir ist, und wir ermahnen Dich, sie als Gnade zu haben und danach zu streben, ihr mit Deiner ganzen Gesinnung der Demut und Frömmigkeit zu antworten, in dem Bewusstsein, dass Gott den Hochmütigen widersteht, den Demütigen aber Gnade gibt. [...] Man sagt nämlich, dass Du die himmlischen Geheimnisse erforschst und das, was die menschliche Fassungskraft übersteigt, mithilfe der Erleuchtung durch den Heiligen Geist erkennst. [...] Auch wir beten beständig für Dich, dass Du gestärkt werdest zum Guten, gelehrt werdest zum Inneren, gelenkt werdest zum Bleibenden, damit nicht diejenigen, die ihre Hoffnung auf Gott gesetzt haben, Deinetwegen verzweifeln und ins Stolpern geraten [...].«

Darauf antwortet Hildegard freimütig und in dem Bewusstsein, alles, was sie ist und darstellt, nicht aus eigener Kraft und eigenem Intellekt erreicht zu haben, sondern lediglich durch die Gabe und Gnade Gottes, die an ihr offenbar geworden ist:

»Mit dem nämlich, was Dir über mich gesagt wurde, verhält es sich folgendermaßen: Ich weiß nämlich bei einem Text die innere Bedeutung der Auslegung des Psalters, des Evangeliums und der anderen Bücher, die mir in dieser Vision gezeigt werden; sie berührt meine Brust und verbrennt meine Seele wie eine Flamme, indem sie mich diese tiefen Bedeutungen lehrt; doch lehrt sie mich die Texte, die ich nicht verstehe, nicht in deutscher Sprache. Ich kann nur in Einfalt lesen, nicht in der Einteilung des Textes in Abschnitte, weil ich ein ungelehrter Mensch bin in jeglicher Beherrschung eines äußerlichen Stoffes. Aber drinnen in meiner Seele bin ich gelehrt. So spreche ich denn auch zu Dir, indem ich an Dir nicht zweifle, sondern aus Deiner Weisheit und Frömmigkeit empfange ich Trost dafür, dass viele Spaltungen bei den Menschen sind, wie ich die Menschen erzählen höre.«

Ihre Unangepasstheit und ihr Selbstbewusstsein äußern sich nicht nur im ganz alltäglichen, praktischen Leben – sie besitzt zugleich eine »innere Gelehrtheit«, von der sie in ihrem Brief an Bernhard von Clairvaux schreibt. Es ist die Gelehrtheit der Barmherzigkeit, die tiefer in die Menschen blickt als alle Gelehrtheit der Studierstube und des Katheders. Dies zeigt sich noch kurz vor ihrem Tod, im Jahre 1178: Ein junger Adliger, der wegen uns unbekannter schlimmer Verfehlungen exkommuniziert worden ist, stirbt, nachdem er noch auf dem Totenbett seine Untaten einem Priester gebeichtet hat. Der Priester spricht ihn von seinen Sünden los. Doch die Exkommunizierung besteht als Strafe des kanonischen Rechts fort. Gemäß dem letzten Willen des reuigen Sünders wird er auf dem Klosterfriedhof der Abtei Rupertsberg in geweihter Erde bestattet. Hildegard selbst sorgt für ein würdiges Begräbnis. Sie sorgt auch dafür, dass keine Spuren eines Grabes sichtbar sind, denn sie will den Kirchenrechtlern und Glaubenseiferern keinen Anlass zur Kritik liefern. Gleichwie, die Nachricht wird dem Mainzer Domkapitel hinterbracht, das daraufhin die Exhumierung des Leichnams und dessen Verscharrung in ungeweihter Erde fordert und dem Kloster die kirchliche Strafe des Interdikts, des Verbots gottesdienstlicher Handlungen, androht. Doch die hartherzigen Kirchenmänner in Mainz haben nicht mit der Streitlust der berühmten Äbtissin Hildegard gerechnet: Die weist das Ansinnen brüsk zurück und schreibt dem mächtigen Erzbischof von Mainz, der sich gerade in Rom aufhält, einen flammenden Brief, worin sie darauf verweist, Gott selbst sei ihr in einer Vision erschienen und habe das unbarmherzige Ansinnen des Domkapitels verworfen: »[…] da blickte ich, wie ich zu tun pflege, zum wahren Licht auf. In ihm wies mich Gott an, ich dürfe niemals freiwillig meine Einwilligung dazu geben, dass der hinausgeworfen würde, den er selbst aus dem Schoße der Kirche aufgenommen habe, um ihn zur Glorie des Heils zu bestimmen. Denn es wäre uns daraus eine große, dunkel drohende Gefahr entstanden, weil die Handlung gegen den Willen seiner Wahrheit erfolgt wäre. Wenn mir nämlich diese Furcht vor dem allmächtigen Gott nicht entgegengestanden hätte, hätte ich ihnen demutsvoll gehorcht.«

Dem Erzbischof bleibt nichts anderes übrig, als klein beizugeben – schließlich will er sich nicht den Vorwurf zuziehen, er handle gegen Gottes Anweisungen, und schon gar nicht will er es sich mit der glaubensstarken Rupertsberger Äbtissin, die in ganz Europa eine geachtete Person ist, verscherzen.

War Hildegard eine Philosophin? An Bernhard von Clairvaux schreibt sie, sie sei »drinnen« in ihrer Seele gelehrt. Dies trifft den Kern ihres Wesens: Sie war eine Frau, der – man mag dazu stehen, wie man will – nach eigener Überzeugung die Gabe zuteilwurde, Gottes Offenbarungen zu empfangen. Sie selbst sah sich stets nur als Medium, als Mund, aus dem Gott spricht. Aber sie hat darüber hinaus als eine unerschrockene, pragmatische Frau zahlreichen Menschen, die zu ihr kamen, mit Rat und Tat beigestanden und geholfen. Sie empfand eine unmittelbare Liebe zur Weisheit, eine

Weisheit, die auf Barmherzigkeit und Hingabe beruhte und sich weniger aus dem Intellekt speiste als aus einem wachen Herzen.

Hildegard stirbt am 17. September 1179 im hohen Alter von einundachtzig Jahren in ihrem Kloster Rupertsberg bei Bingen, betrauert von zahllosen Menschen in ganz Deutschland und darüber hinaus. Bereits wenige Jahre nach ihrem Tod verfassen ihre Schüler Gottfried und Theoderich eine Biografie der Hildegard von Bingen und kommen damit einem dringenden Bedürfnis der Zeitgenossen nach einer Lebensbeschreibung nach. Die Autoren dieser Vita wissen auch von einem wundersamen Himmelszeichen in Hildegards Sterbestunde zu berichten. Man mag dies als fromme Legende betrachten, und doch sagt es viel darüber aus, wie sehr man die eben erst Verstorbene als Heilige sah:

»Über dem Gemach, in dem die heilige Jungfrau [Hildegard] bei der ersten Dämmerung der Nacht am Sonntag ihre glückliche Seele Gott zurückgab, erschienen zwei überaus helle Bögen von verschiedener Farbe am Himmel. Sie nahmen eine große, weite Strecke ein und dehnten sich nach den vier Weltgegenden aus, der eine zog von Norden nach Süden, der andere von Osten nach Westen. Im Scheitelpunkt, wo die zwei Bögen sich kreuzten, strahlte ein helles mondförmiges Licht. Es leuchtete weithin und schien die nächtliche Finsternis vom Sterbehaus zu vertreiben. [...] Wir müssen wohl glauben, dass Gott durch dieses Zeichen offenkundig machte, mit welcher Lichtfülle er seine Geliebte im Himmel verherrlicht hat.«

Das Interesse an Hildegard ließ nach ihrem Tod nicht nach. Es gab im 12. Jahrhundert noch keinen Buchdruck; umso erstaunlicher ist es, mit welcher Geschwindigkeit sich Hildegards Ruf festigte und ihre Schriften sich verbreiteten. Mühevoll wurden ihre Bücher in den Skriptorien der Klöster abgeschrieben und mit zum Teil prachtvollen Miniaturen und Einbänden versehen – denn schon die Zeitgenossen wussten, dass es sich nicht um theologische »Gebrauchsliteratur« handelte, sondern vielmehr um göttliche Offenbarungen aus dem Munde einer heiligmäßigen Nonne, Offenbarungen, die man ihrem Wert entsprechend auch wertvoll ausstattete. So haben sich bis heute allein von Hildegards Erstlingswerk *Scivias* trotz der Verluste infolge von Kriegen, Revolutionen, Klosteraufhebungen, Schimmel- und Pilzbefall immerhin zehn Handschriften aus dem Mittelalter erhalten, sechs aus der Zeit Hildegards. Die originale Handschrift, der *Rupertsberger Kodex,* der um 1165 in Hildegards Kloster auf dem Rupertsberg entstand, wurde bis zum Zweiten Weltkrieg in der Hessischen Landesbibliothek Wiesbaden gehütet, dann aber an einen vermeintlich sicheren Ort im Osten Deutschlands verbracht. Was damit zum Ende des Kriegs geschah, ist unbekannt. Die Handschrift ist verschollen. Eine große Sensation und ein »Wunder« wäre es, wenn sie doch noch in einem Archiv oder bei einem Privatsammler auftauchte. Immerhin haben die Nonnen der Abtei St. Hildegard oberhalb von Eibingen im Rheingau in den 1930er-Jahren mit hoher Kunstfertigkeit ein Faksimile auf Pergament angefertigt, was den Verlust des Originals etwas verschmerzen lässt.

Die beiden originalen Hildegard-Klöster existieren indes nicht mehr. Das Kloster auf dem Rupertsberg wurde 1632 im Dreißigjährigen Krieg von den Schweden zerstört und nicht wiederaufgebaut. Architektonische Reste, darunter die Krypta der zerstörten Basilika, wurden 1857 beim Bau der Nahetal-Eisenbahn gesprengt. Kloster Eibingen bei Rüdesheim, das die Reliquien der Hildegard hütete, wurde bei der Säkularisation 1802 aufgehoben, man trug die Klostergebäude teilweise ab, auf den Resten wurde 1831 die neue katholische Pfarrkirche von Eibingen erbaut. Zu Beginn des 20. Jahrhunderts errichteten Benediktinerinnen aus Prag mithilfe großzügiger Stiftungen des Fürsten Karl zu Löwenstein-Wertheim-Rosenberg eine neue Klosteranlage samt Basilika im neoromanischen Stil, ein paar Hundert Meter oberhalb des ehemaligen Klosters Eibingen, mitten in den Weinbergen des Rheingaus gelegen. Die Kirche wurde von Mönchen der Beuroner Kunstschule ausgemalt. Dort wird bis heute das benediktinische Leben in der Tradition Hildegards weitergeführt, ihr geistiges Erbe gepflegt und vermittelt; es werden Pilger empfangen, Heilmittel auf der Grundlage von Hildegards Rezepten hergestellt und verkauft. Ein Begegnungs- und Schulungszentrum öffnet das Kloster auch nach außen hin und beherbergt heute Gäste aus der ganzen Welt. Seit 2002 ist die Abtei St. Hildegard Teil des UNESCO-Welterbes Oberes Mittelrheintal.

Die sterblichen Überreste Hildegards indes ruhen in der Pfarrkirche des Dorfes Eibingen, dem einstigen Standort ihrer zweiten Klostergründung. Und bis heute kommen Menschen aus der ganzen Welt hierher, weil sie sich der frommen und menschenfreundlichen Verkünderin eines seelischen und körperlichen Heils verbunden und zu Dank verpflichtet fühlen.

Die »Querelle du Roman de la Rose«

Zu den meistgelesenen und meistverbreiteten Büchern des französischen Mittelalters gehörte der *Roman de la Rose*. Eigentlich handelt es sich bei dem knapp 22000 Verse umfassenden epischen Gedicht um eine Kompilation *zweier* Autoren: Guillaume de Lorris verfasste den ersten, kürzeren Teil um 1235, Jean de Meung den zweiten, weitaus längeren, vierzig Jahre später, um 1275. Beide Werke wurden in zahlreichen Handschriften verbreitet (man schätzt rund dreihundert) und mit Aufkommen des Buchdrucks gegen Ende des 15. Jahrhundert fleißig weiter reproduziert.

Doch nicht nur dem Umfang nach waren beide Teile unterschiedlich, auch in ihrer Aussage könnten sie gegensätzlicher nicht sein: Der allegorische Roman handelt von einem jungen Mann »Amant« (der Liebhaber), der den Garten der Liebe betritt. Dort will er die Rose, Symbol der Liebe, pflücken. Amant, von Amor, dem Gott der Liebe, mit Pfeilen verwundet (also zum Liebesdrang angestachelt), begegnet nun mehreren allegorischen Figuren, die sein Begehren unterstützen oder aber es zu verhindern suchen: Bel Accueil (der Willkomm) und Franchise (Freimut) sind Amants Helfer, Danger (Gefahr), Jalousie (Eifersucht) und Male Bouche (das Lästermaul, die Verleumdung) seine Gegner. Doch während bei Guillaume de Lorris die didaktische Absicht verhandelt wird, das Minneideal der Trouvères zu beschwören und wieder in seine alten Rechte zu setzen – ein Ideal, wonach die edle Minne des Dichters zur verheirateten adligen Frau stets unerfüllt, unerreicht und »rein«, also keusch bleiben muss –, zieht Jean de Meung das höfische Minneideal in die Niederungen fleischlicher Lust. Seiner

Ansicht nach sind die Frauen keineswegs keusche, anbetungswürdige Geschöpfe, sondern schlicht geile Dirnen, die nichts anderes im Sinn haben, als ihrer Lust zu frönen und darüber hinaus die Männer moralisch zu korrumpieren. Oder, recht drastisch in Jean de Meungs Worten: »Toutes estes, sereiz e fustes / De fait ou de volenté putes.« (»Ihr seid, werdet oder wart alle Huren, durch die Tat oder durch den bloßen Willen.«) Der literarische Mythos der »Femme fatale«, in der Literatur der Décadence um 1900 häufig beschworen (etwa in Oscar Wildes *Salome*), klingt da bereits an.

Nicht Salome aber wird von Jean de Meung ins Feld geführt, sondern ausgerechnet zwei historisch ihm noch relativ nahe Personen: Héloïse und Abaelard. Deren Liebesbeziehung (die ja auch eine intellektuelle Begegnung war) zieht Jean heran, um daraus die Affäre zweier nur sexuell geleiteter Menschen zu machen. Vor allem Héloïse wird in ein schlechtes Licht gerückt. Pikant ist für Jean der Umstand, dass Héloïse in ihren späteren Jahren Äbtissin war. Das Klischee der geilen Nonne (später noch von Boccaccio in seinem *Decamerone* weidlich ausgebreitet) wird hier mit männlichen Sexualfantasien (die Eroberung des Unerreichbaren, des »Verschlossenen« – eben der klösterlichen Klausur) symbolisch recht fadenscheinig in Verbindung gebracht. Für Jean de Meung, der sich als ein rechter Misogyn erweist, sind die Frauen auf ihren Geschlechtstrieb reduziert, während die Männer diesem (als starke Eroberer und Prahlhanse) gerne erliegen. Von einem hohen, reinen Minneideal, wie es die Trouvères (und in Deutschland die Minnesänger) verkünden, bleibt da nichts mehr übrig. Jean de Meung predigt stattdessen sexuelle Libertinage, moralischen Eskapismus, Zynismus und amourösen Kommunismus, wenn er etwa die Liebe als Gemeingut, nur auf den Vollzug des Geschlechtsakts hin ausgelegt, anpreist und im Übrigen leugnet, dass es in der Liebe so etwas wie Bestimmung füreinander gibt. So versucht die Allegorie des Genius, der männlichen Potenz, den verwirrten Amant zu überzeugen: »Vielmehr hat sie [die Liebe] uns, zweifle nicht daran, lieber Sohn, alle [Frauen] für alle [Männer] und alle [Männer] für alle [Frauen] geschaffen, jede für jeden und jeden für jede gemeinsam.« Anders gesagt: Nach Jean de Meung sind christliche Tugenden in der Liebe unnötig. Es gibt keine jenseitige, sondern nur eine diesseitige Glückseligkeit. Und geschlechtliche Enthaltsamkeit ist sittlich und körperlich schlecht. Das Naturgesetz will es anders.

Kein Wunder, dass der viel gelesene *Roman de la Rose* – noch dazu in seiner zweiteiligen Widersprüchlichkeit – viele Bewunderer wie Gegner auf den Plan rief. Vor allem Jean de Meungs Version ließ die Debatte (»Querelle«) hitzig werden. Die einen sahen in dem Roman eine Verunglimpfung der christlichen Tugenden und eine Leugnung des alten höfischen Minneideals, die anderen (vor allem Kleriker und Adlige) kaprizierten sich auf Jeans Frauenbild und zementierten eigene misogyne Vorstellungen und Klischees, indem sie ein »Naturgesetz« zum Zeugen für ihre moralische Verurteilung der vermeintlich lustgesteuerten Frauen anführten (und zugleich nicht ohne verhohlene Begehrlichkeit ebendiesen Frauentypus in ihrer Fantasie erst erstehen ließen).

Die Debatte hielt ein ganzes Jahrhundert in Atem – ein Jahrhundert, in dem das höfische Ritter- und Minneideal ohnehin im Schwinden war und der bürgerliche Stand in den Städten mehr und mehr die kulturelle Hoheit errang. Die Frauen fanden indes gegen Jean de Meung nicht nur »heldenhafte« männliche Verteidiger (etwa Martin Le Franc), sondern zum Ende des 14. Jahrhunderts auch eine eigene Stimme: Christine de Pizan. Die mit fünfundzwanzig Jahren Witwe gewordene Pariser Bürgerin war die erste Frau, die sich und ihre Familie mit ihrer Schriftstellerei ernährte. Sie veröffentlichte im Jahre 1399 die Versdichtung *Epître au dieu d'Amour (Brief an den Gott der Liebe)*, worin sie die Tugendhaftigkeit der Frauen verteidigte und ihre Geschlechtsgenossinnen in Schutz nahm. Aber es ging ihr nicht um eine künstliche Wiederbelebung eines im Grunde abgestorbenen höfischen Minneideals, sondern um ein neues, zeitgemäßes Frauenbild: Die Frau sollte nicht mehr nur die hohe, besungene, edle, reine (und passive) Angebetete sein, sondern eine gleichberechtigte, mündige Freundin des Mannes, seine Geliebte, Gefährtin und Mutter der gemeinsamen Kinder. Es ist ein Verhältnis auf Augenhöhe, das Christine de Pizan postulierte (bis zur Realisierung dieser Utopie sollten freilich noch etliche Jahrhunderte vergehen). Aber die Forderung war gestellt, das neue Ideal ausgesprochen. Es ist ein Zeugnis des Humanismus, der, ausgehend von den städtischen Gesellschaften (dabei vor allem von den Städten Italiens), sich in dem nun anbrechenden 15. Jahrhundert (an dessen Schwelle die *Epître au dieu d'Amour* ja entstand) unaufhaltsam ausbreitete. Christine de Pizan hatte einen Stein ins Rollen gebracht. Ein weiterer literarischer Stein, der eine Bresche in die Mauer misogyner Vorurteile schlug, war ihr Buch *Die Stadt der Frauen* (1405).

Christine de Pizan (um 1364–um 1430)

»Die Stadt der Frauen«

In der Nacht des 16. September 1380 stirbt in Schloss Beauté-sur-Marne der französische König Karl V. mit nur zweiundvierzig Jahren. Tags darauf bringen Boten die Nachricht nach Paris. Die Bevölkerung stürzt in tiefe Trauer und großes Entsetzen; Trauer über den Verlust des viel geliebten Königs aus dem Hause Valois, der als »der Weise« in die Geschichtsbücher eingehen wird und heute als einer der großen Könige des französischen Mittelalters gilt; Entsetzen, da der Tod des Königs in eine Zeit äußerster staatlicher Bedrängnis fällt: Seit Jahrzehnten herrscht Krieg zwischen Frankreich und England. Die englische Krone erhebt Anspruch auf den französischen Thron, englische Truppen und Söldnerheere durchziehen das Land, erobern, plündern, brandschatzen, morden. Immerhin verstand es Karl V. während seiner Regierungszeit von 1364 bis 1380, die Engländer weitgehend in Schach zu halten und so dem Land, das noch dazu durch die große Pestepidemie Mitte des 14. Jahrhunderts ökonomisch und demografisch zurückgeworfen wurde, eine Erholungsphase zu verschaffen. Doch diese Atempause ist mit einem Schlag beendet. Noch während der König im Sterben lag, verwüstete der Earl of Buckingham mit seinem Heer weite Gegenden Nordfrankreichs. Das große Schisma, das seit Beginn des Jahrhunderts die katholische Christenheit spaltet und bis zu drei Gegenpäpste zeitigt, die sich um die rechtmäßige Nachfolgerschaft Petri befeinden und bekriegen, schwächt und verunsichert überdies eine Gesellschaft, deren Gemeinsinn stark auf dem religiösen Selbstverständnis gründet.

Des Königs Sohn und Nachfolger ist noch ein Kind: Karl VI.,

ein kränklicher Knabe von erst elf Jahren. Zwar wird er noch im selben Jahr zum König gekrönt, aber er steht unter der Vormundschaft der drei jüngeren Brüder seines Vaters, die ihre Regentschaft für eigene machtpolitische Zwecke missbrauchen und dabei nicht einmal vor der Konspiration mit dem englischen Feind zurückschrecken. Einige Jahre später wird der junge König epileptische und paranoide Anfälle erleiden und immer tiefer in eine Welt des Wahns versinken – während um ihn her das französische Königreich in einen Strudel von Gewalt und Auseinandersetzungen mit inneren und äußeren Feinden gerät und beinahe daran zerbricht.

Doch von dieser schrecklichen Wendung des Schicksals von König und Königreich ahnt man im Spätherbst 1380 noch nichts. Feierlich wird der kindliche König am 4. November in der Kathedrale zu Reims gekrönt und gesalbt. Unter dem Jubel der Bevölkerung zieht er eine Woche später in Paris ein und nimmt Wohnung in den königlichen Appartements des Louvre. Doch es gibt durchaus Menschen, für die der Tod Karls V. einen Schicksalsschlag darstellt. Zu ihnen gehört die Familie des königlichen Astrologen und Arztes Thomas de Pizan. Der aus Pizzano bei Bologna stammende Italiener ist ein »homo novus«, ein bürgerlicher Aufsteiger, ein Selfmademan, der unter der Protektion des Monarchen stand (damals ist die Astrologie noch nicht von der mit ihr verwandten Astronomie getrennt) und für sich, seine Frau und seine drei Kinder zu sorgen hat. Der Hofastrologe bekommt ein üppiges Gehalt und sonstige Zuwendungen und kann nicht nur einen Wohnturm samt Garten in Paris beziehen (dort, wo sich heute das Anwesen Nr. 32 Quai des Célestins befindet), sondern sogar das Schloss Mémorant bei Melun erwerben. Doch mit der Übernahme der Regentschaft durch die drei Herzöge im Jahre 1380 verliert Thomas de Pizan seine Stellung bei Hofe, die Zahlungen werden eingestellt, und der Paterfamilias muss seiner Frau und den Kindern eingestehen, dass er in all den »fetten« Jahren nicht nur kein Geld für schlechte Zeiten beiseitegelegt, sondern sogar infolge seines aufwendigen Lebensstils einen Berg Schulden angehäuft hat.

Zunächst nur indirekt betroffen ist die Tochter des Hofastrologen, Christine. Die junge Frau hat im Jahr zuvor, 1379, gut geheiratet, den königlichen Notar Étienne du Castel. Insofern ist sie finanziell abgesichert und muss sich – so könnte man vermuten – um den gesellschaftlichen Sturz des Vaters wenig scheren.

Doch weit gefehlt: Wenige Jahre später werden Krankheit und Tod Christines Familie heimsuchen und sie als Witwe mit drei Kindern und einem Berg Schulden zurücklassen. Aber für Christine wird dieses existenzielle Desaster unerwartet zu einer Selbstbesinnung auf ihre Fähigkeiten und zu einer Wieder- und Neugeburt ihrer Person führen: nicht als Ehefrau und Mutter, sondern als Autorin. Es ist die Geburt der Schriftstellerin und Philosophin Christine de Pizan, der bedeutendsten französischen Literatin des Spätmittelalters, der ersten Femme de lettres, die von ihrem Schreiben leben kann, der bedeutenden Humanistin und Kommentatorin der gesellschaftlichen und politischen Veränderungen ihrer Zeit. Die Geschichte der Christine de Pizan ähnelt einem Märchen: grausam, zauberhaft und mit einem versöhnlichen Ende. Ihr wohl bedeutendstes und bekanntestes Werk wurde wegweisend für den Feminismus und nicht von ungefähr erst in den letzten Dekaden des 20. Jahrhunderts einem breiten Publikum bekannt: *Das Buch von der Stadt der Frauen*.

Erfolgsgeschichte einer italienischen Einwandererfamilie

Christines sozialer und intellektueller Aufstieg ist eng mit dem des Vaters verbunden: Thomas oder Tommaso, geboren zwischen 1315 und 1320, stammt aus Pizzano bei Bologna. Nach dem Herkunftsort (es gibt noch keine Familiennamen im heutigen Sinne) nennt er sich »de Pizzano« (oder in Frankreich »de Pizan«). Und nach ihrem Vater, nicht nach ihrem Ehemann, wird sich Christine später ebenfalls »de Pizan« nennen – als Bürgerin und Autorin. Thomas studiert an der bekannten Universität Bologna (es ist die älteste des Abendlandes) Medizin und andere Fächer. Um 1335 heiratet er die (namentlich uns nicht bekannte) Tochter eines Freundes, des Arztes Tommaso Mondino aus Forli. Das Paar zieht nach Venedig. Bald schon genießt Tommaso de Pizzano einen hervorragenden Ruf als Arzt, aber auch als Astrologe, zudem gehört er dem Rat der Serenissima an. Sein Ansehen strahlt weit über die Grenzen seines Heimatlandes hinaus. Fast zeitgleich erreichen ihn um 1365 Angebote des ungarischen Königs Ludwig I. und des französischen Monarchen Karl V., in deren Dienst zu treten. Tommaso entscheidet sich für Paris. Seine Familie schickt er nach Bologna zurück. Offensichtlich will er die Lage im Königreich Frankreich, das seit fast dreißig Jahren in kriegerische Auseinandersetzungen mit England verstrickt ist, erst erkunden. Etwa ein Jahr zuvor, 1364, haben Tommaso und seine Frau ihr erstes Kind, ihre Tochter Christine, bekommen, in den nächsten Jahren werden noch zwei Söhne, Aghinolfo und Paolo, folgen.

Die Umstände in Paris erweisen sich für den neu bestallten Hofastrologen und Berater als sehr zufriedenstellend und zukunftsträchtig, sodass er um 1368 Frau und Kinder nach Frankreich kommen lässt. Und wirklich: König Karl V., ein aufgeschlossener, gebildeter, menschenfreundlicher Monarch, empfängt im Louvre die gesamte Familie. Christine, die zu jenem Zeitpunkt vier oder fünf Jahre alt ist, hat später in einem ihrer Bücher in einem fiktiven Gespräch mit der Allegorie der Frau Philosophie darüber berichtet (und wohl die Erinnerungen von Vater und Mutter wiedergegeben): »Die Frau und das Kind deines geliebten Meisters Tommaso, meines Vaters, wurden gleich nach ihrer Ankunft in Paris mit allen Ehren empfangen. Der mildtätige, gütige und weise König begehrte sie zu sehen und in Freuden zu empfangen. Dies geschah gleich nach ihrer Ankunft in all ihren reich verzierten, kostbaren lombardischen Gewändern, die Frauen und Kindern von Stand angemessen sind. Der König hielt sich im Monat Dezember im Schloss Louvre zu Paris auf, als die besagte Familie in Begleitung ansehnlicher und ehrenwerter Verwandter vor seinen Augen erschien. Er empfing die Frau und Familie mit großer Freude und beschenkte sie reich.«

Tatsächlich ist Karl V. großzügig: Er gewährt der Familie seines Beraters und Astrologen etliche Dotationen und Vergünstigungen, sodass Tommaso für sich und die Seinen bald ein kleines Schloss bei Melun erwerben kann. Im Jahr seines Todes schenkt der Monarch der Familie aus Pizzano sogar noch ein Haus, den sogenannten Barbeau-Turm neben der Stadtbefestigung, samt zugehörigem Garten. Nun ist Tommaso Herr über Grund und Boden in der Hauptstadt des französischen Königreichs, und offensichtlich erwirbt er für sich und die Seinen auch das Bürgerrecht.

Christine selbst wird später ihre Kindheit und Jugend »glücklich« nennen. Ihr Vater lässt ihr eine gute Bildung zukommen, was im Mittelalter wesentlich öfter vorkommt als in späteren Jahrhunderten, als vor allem das protestantisch geprägte bürgerliche Denken junge Frauen auf eine Rolle als Haus- und Ehefrau reduziert. Christine hingegen wird von ihrem Vater nicht nur im Lesen und Schreiben unterrichtet, sie erhält durch ihn auch Einführungen in die Philosophie und Theologie, in griechische und lateinische Literatur, und sie erlernt neben dem Italienischen und Französischen auch das Lateinische, die Sprache der Gelehrten. Zu jener Zeit richtet sich der bildungshungrige König in einem der Türme des Louvre eine private Bibliothek ein, die schließlich zu den umfangreichsten ihrer Zeit gehört und (in der Zeit vor der Erfindung des Buchdrucks) rund zwölfhundert Handschriften aus allen Wissensgebieten umfasst. Der König selbst liest täglich mehrere Stunden lang (oder lässt sich vorlesen), und auch seine engen Vertrauten, darunter Tommaso de Pizzano, erhalten Zutritt zu der wertvollen Sammlung. Ob auch Christine über ihren Vater Bände aus der königlichen Bibliothek zu lesen bekam, bleibt Spekulation. Wir wünschen es ihr. Fakt ist, dass sie später als Autorin über ein breites Wissen verfügt und darüber hinaus auch umfassende Kenntnisse über die Herstellung von Büchern (die Schreibkunst, die Kunst des Illustrierens und das Buchbindergewerbe) besitzt.

Christine selbst freilich hat ihr Wissen vor der Nachwelt als eher klein bezeichnet – vielleicht aus anerzogener Bescheidenheit, vielleicht, weil sie sich nicht mit Männern messen wollte, die an der Universität eine systematische Ausbildung erhielten. Ihr Understatement ist dem Vater und den privilegierten Umständen gegenüber gleichwohl ein wenig ungerecht, wenn sie in ihrem *Buch von der unbeständigen Fortuna* (1403) schreibt:

»Aber da ich nun einmal als Mädchen das Licht der Welt erblickt hatte, war es nicht vorgesehen, mich von den Wissensschätzen meines Vaters profitieren zu lassen. Wenn ich dieses Erbe nicht antreten konnte, so hatte dies weniger mit Recht als mit einem alten Brauch zu tun. Wenn das Recht regierte, so verlöre das Mädchen ebenso wenig wie der Junge. Aber ich bin sicher, dass vielerorts eher Gewohnheit als Recht herrscht; aus diesem Grund konnte ich nichts lernen und versäumte es also, aus diesem reichen Schatz zu schöpfen. Deshalb missfällt mir diese Gewohnheit, denn wie überreich hätte mich der väterliche Schatz gemacht! Aber es hilft alles nichts, es darf nicht sein wegen dieser Sitte, von der ich eben sprach – und die Gott verfluchen möge! […] Und obgleich mir als Frau dies alles nicht zustand, ging meine Neigung doch in diese Richtung, weil ich eben so veranlagt war und ich meinem Vater nacheifern wollte. Ich konnte also nicht umhin, winzige Teilchen, Hälmchen, Pfennige und kleine Münzen [des Wissensschatzes] zu stehlen, die für mich von seinem unermesslichen Reichtum abfielen, über den er im Übermaß verfügte. Und obwohl ich im Verhältnis zu meinem Heißhunger nur weniges und alles nur durch Diebstahl bekam und auf diese Weise ein bescheidenes Gut erwarb, so zeigt doch mein Werk deutliche Spuren davon.«

Ganz so gering dürfte die geistige Nahrung, die Christine als Kind und Jugendliche aus dem Wissensschatz des Vaters bezog, nicht gewesen sein. Allerdings ist ihre Jugend nur von sehr beschränkter Dauer. 1379 – sie ist fünfzehn – heiratet Christine den Sohn eines Kammerdieners: Der vierundzwanzigjährige Étienne de Castel ist der Spross eines niederen Adelsgeschlechts aus der Picardie. Er ist Sekretär und Notar am königlichen Hof und kann seiner Frau ein sicheres Auskommen bieten.

Alle sind über die Hochzeit glücklich. Thomas de Pizan sieht seine Tochter in guten Händen. Die Ehe von Christine und Étienne ist harmonisch. Nach Christines wiederholtem Zeugnis lieben die Partner einander sehr. In den kommenden Jahren kommen drei Kinder zur Welt, zwei Söhne und eine Tochter. Christine freut sich bereits darauf, ihren Kindern eine ähnlich gute Bildung zu vermitteln, wie sie sie erfahren hat. – Da greift unvermittelt und hart »Frau Fortuna«, über deren blindes Wirken Christine später ein Buch schreibt, in die Geschicke des Landes und der Familie ein.

Fortunas Schicksalsrad

Im September 1380 geht es mit dem guten und weisen König Karl V. zu Ende. Während er noch auf dem Sterbebett einen Erlass unterzeichnete, die »Herdsteuer« (eine Art Kopfsteuer, die jeder Haushalt zu zahlen hatte) komplett abzuschaffen, pressen die Regenten in den folgenden Jahren das Volk mit neuen Steuern und Abgaben aus, um ihre aufwendige Hofhaltung, vor allem aber den Krieg finanzieren zu können. Denn die Kämpfe zwischen Engländern und Franzosen brechen mit aller Gewalt wieder los. Frankreich steht an allen Enden in Flammen, und auch im Innern toben blutige Aufstände der verschiedenen Parteien um die Macht.

Auch die Familie Pizan gerät in Bedrängnis: Der Patriarch Thomas verliert seine Ämter und Dotationen, für den Barbeau-Turm, ein Geschenk des verstorbenen Königs, muss mit einem Mal Steuer entrichtet werden. Recht und Gesetz scheinen außer Kraft gesetzt, Willkür und Unrecht herrschen. Thomas de Pizan ist verbittert. Er stirbt um das Jahr 1385 und hinterlässt seiner Witwe einen Berg Schulden. Christine nimmt die Mutter bei sich auf (ihre Brüder haben bereits das Elternhaus verlassen). Noch glaubt sie, das Schicksal fest in der Hand zu halten, zumal ihr Mann eine gute und gesicherte Stellung bei Hofe hat. Doch Fortuna dreht ihr Schicksalsrad unentwegt: Kaum glaubt man sich auf der Höhe, schon schwingt das Rad weiter und reißt einen in den Abgrund.

1388 übernimmt der zwanzigjährige Karl VI. offiziell die Regierungsgeschäfte. Aber er ist ein schwacher und kaum durchsetzungsfähiger Monarch, ein Spielball seiner Berater und der Ex-Regenten. Am 29. Oktober 1389 verabschiedet sich Étienne de Castel von seiner Frau, um im Gefolge seines Königs nach Beauvais zu reisen. In der Picardie wütet eine Epidemie – ob es ein

Wiederaufflackern der Pest ist, wissen wir nicht. Jedenfalls kehrt Étienne nicht zurück, er wird mit zahlreichen anderen ein Opfer der Seuche. Auch der König erkrankt an einem mysteriösen Fieber. Die Haare fallen ihm vollständig aus. Er überlebt zwar, ist aber von da an schwächer denn je. Und er zeigt erste Symptome einer Geisteskrankheit, die sich im Laufe der nächsten Jahre in mehreren Schüben verschlimmert und ihn schließlich zur Ausübung seiner Amtsgeschäfte unfähig macht.

Christine ist mit fünfundzwanzig Jahren Witwe. Sie hat nicht nur für sich zu sorgen, sondern auch für drei Kinder, neun, sieben und fünf Jahre alt, für ihre betagte Mutter und für zwei weitere Verwandte, die bei ihr Unterschlupf gefunden haben. Ihre Brüder sind bereits vor einiger Zeit nach Italien zurückgekehrt, um in Pizzano die ererbten Güter zu bewirtschaften. Christine ist also mit einem Mal Oberhaupt einer Familie, ohne männlichen Schutz, ohne »Ernährer«. Es gibt keine Witwenrente, keine Fortzahlung von Étiennes Einkünften. Trotz allen Schmerzes, aller Trauerarbeit versucht Christine so rasch wie möglich, sich in Étiennes schriftlichen Nachlass einzuarbeiten. Bald wird ihr in dem Wust von Dokumenten klar, dass etliche Kunden des Notars mit der Begleichung von Rechnungen säumig sind. Aber nicht alles ist so eindeutig, zumindest nicht für eine Frau, die sich bis dahin nie mit geschäftlichen oder juristischen Belangen hat befassen müssen. Bitter beklagt sie diesen Umstand: »Denn leider ist es gemeinhin nicht üblich, dass Ehemänner ihre Frauen in all ihre Geschäfte einweihen und sie ihnen offenlegen. Die eigene Erfahrung hat mich gelehrt, dass diese Regelung – die bei klugen, umsichtigen Ehefrauen völlig unsinnig ist – oft schlimme Folgen hat, und ich weiß noch sehr wohl, dass ich mir keine Klarheit über seine Vermögensverhältnisse verschaffen konnte.«

Christine strebt gegen säumige Klienten Prozesse an (während die Gläubiger aus den Geschäften ihres verstorbenen Vaters die »Erbin« weiter juristisch verfolgen) und verwickelt sich in vier parallel laufende, langwierige Verfahren, die sich zum Teil über zehn Jahre dahinschleppen. Ein paar Mal gibt es Männer, die sich (wohl unwissend über deren Schulden) für die hübsche junge

Witwe interessieren. Doch Christine weist jedes Heiratsangebot freundlich zurück: Sie hat ihrem geliebten Mann einst die Treue geschworen und will diese auch über seinen Tod hinaus wahren. Bis zu ihrem eigenen Ableben wird sie Étiennes Andenken hochhalten und ihr Dasein als »ehrbare« Witwe beschließen.

Drei Jahre nach dem Tod ihres Mannes ist Christine gesundheitlich und materiell am Ende: Sie wird krank, hat Erschöpfungszustände, vermutlich auch Depressionen. In ihrer Not verkauft sie alles, was noch an Besitz da ist: Schloss Mémorant und weitere Besitzungen, die der Vater in seinen guten Zeiten in der Nähe von Melun erworben hat. Mit dem Erlös begleicht sie die Prozesskosten und einen Teil der Schulden. Ihr Schicksal bringt sie erneut in Verbindung mit der Allegorie der Fortuna, die von Christine gleichwohl nicht mehr als »Dame« bezeichnet wird, sondern als Parasit: »So ließ der Blutegel Fortuna nicht ab, an meinem armseligen Vermögen zu saugen.«

In jenem Unglücksjahr 1392 dringen auch erste Nachrichten über Karls Krankheit an die Öffentlichkeit. Bereits die Königinmutter Johanna von Bourbon hatte Eintrübungen ihres Geistes, vermutlich eine erbliche Veranlagung, die nun beim Sohn allerdings weit schlimmer ausfällt. Bald ist klar: Das Königreich kann von ihm nicht gelenkt werden. Er versinkt immer mehr in der Finsternis einer verdunkelten Psyche, während die diversen Parteien offen oder verdeckt um die Macht kämpfen und von außen die Engländer wieder das Land überfallen. Frankreich ist wie ein schöner Garten, dessen Mauern zerborsten sind, dessen Eigentümer krank daniederliegt, dessen Gärtner bestochen sind und der nun von Dieben und Gesindel geplündert und zerwühlt wird.

Christine, das wissen wir aus ihren Schriften, sieht die Umbrüche und Veränderungen durchaus mit wachem Interesse und tiefer Sorge – nicht nur aus ganz persönlichem Belang, sondern auch aus bürgerlicher Anteilnahme um das Gemeinwesen. In jenem Jahr ist sie nicht nur am Ende ihrer finanziellen Möglichkeiten, nicht nur körperlich und geistig erschöpft, sie empfindet auch eine tiefe seelische Angst. Dennoch bemüht sie sich, das äußere Bild zu wahren, wenngleich der Stoff ihres bürgerlichen Gewandes längst fadenscheinig geworden ist – im übertragenen wie im wortwörtlichen Sinn:

»Von meinem Äußeren und meiner Kleidung konnte man nur schwerlich auf die Last meiner Sorgen schließen; unter meinem pelzgefütterten Mantel und meinem abgeschabten, scharlachfarbenen Überwurf verspürte ich jedoch nur allzu oft Angst und zitterte sehr und verbrachte in meinem schönen, wohlgeordneten Bett viele schlaflose Nächte. Schmalhans war Küchenmeister, wie das bei einer alleinstehenden Witwe so üblich ist. Gott allein weiß, wie sehr ich litt, wenn in meinem Hause Zwangsvollstreckungen durchgeführt wurden und mir die Schergen der Justiz mein jämmerliches Hab und Gut davontrugen. Das war an sich schon schlimm genug, aber noch mehr machte mir meine Scham zu schaffen, wenn es darum ging, mir von jemandem Geld zu leihen, um noch größerem Ungemach zu entgehen. […] Ach mein Gott, wenn ich daran denke, wie viele Morgen ich im königlichen Gericht vergeudet habe und wie ich dabei im Winter vor Kälte fast starb – das alles nur, um meinen Gönnern aufzulauern, sie an meine Anliegen zu erinnern und um Unterstützung zu bitten. Wie oft vernahm ich dort Beschlüsse, die mir die Tränen in die Augen trieben, und wie viele höchst befremdliche Antworten musste ich mir anhören! O Gott, wie viele Belästigungen und widerliche Blicke, wie viel Spott aus dem Munde angetrunkener Männer, die selbst im Überfluss lebten, musste ich mir dort gefallen lassen! Aus Angst, meinen Belangen zu schaden, ließ ich mir aber nichts anmerken und antwortete nicht, oder ich wandte mich an eine andere Person, oder ich tat, als hätte ich nicht verstanden.«

Ein zweites Leben

In dieser Zeit innerer und äußerer Bedrängnis trifft Christine de Pizan eine Entscheidung, deren Tragweite ihr sicherlich nicht bewusst ist: Sie hat schon immer gern gelesen, in ihrer Jugend, als sie über ihren Vater wohl Zugang zur königlichen Bibliothek besaß, aber auch in der Zeit ihrer Witwenschaft, als die Lektüre der antiken Autoren, vor allem der Dichter und Philosophen, ihr inneren Halt und eine gewisse Distanz zu den Sorgen des Alltags verschaffte. Ihre Liebe gilt insbesondere der lateinischen und französischen Poesie, und so beginnt sie eines Tages, ohne noch auf eine Veröffentlichung zu spekulieren, mit einem Klagelied, einer Ballade, worin sie das Leid der Witwen allgemein (und natürlich auch ihre eigenen Erfahrungen) zu Papier bringt: »Aber ach – wo finden jene Witwen Trost, / Die man um ihr Hab und Gut gebracht? / Denn in Frankreich, der einstigen Zuflucht / Der Vertriebenen und der Ratsuchenden, / Gewährt man ihnen heute keinen Beistand mehr. / [...] / Helft den Witwen, schenkt diesem Gedicht Glauben: / Ich sehe niemanden, der Mitgefühl mit ihnen hätte, / Und die Ohren der Fürsten sind taub für ihre Klagen.«

Es bleibt nicht bei diesem *einen* Gedicht. Ein Damm ist gebrochen: Christine schreibt und schreibt. Sie schreibt sich ihren Kummer von der Seele, sie fasst ihre Hoffnung wider alle Vernunft in Worte. Im Jahre 1399 hat sie einhundert Gedichte beisammen, Balladen, Lais, Virelais, Rondeaus – Gedichtformen, die sie bei den mittelalterlichen Trouvères abgeschaut hat und die sie bald beherrscht. Sie erstellt eine saubere Handschrift der Gedichte, lässt das Skript binden und übergibt es der Widmungsträgerin, Königin Isabeau, der aus Bayern stammenden Ehefrau des kranken Königs Karl VI. Die nimmt das Widmungsgeschenk nicht nur gnädig an, sie findet sogar ehrliches Gefallen an den Versen und lässt sich daraus vorlesen. Bald sind die *Hundert Balladen* am Hofe in aller Munde, es werden Abschriften angefertigt, die als Lese- und Leihexemplare in den überschaubaren adeligen und bürgerlichen Kreisen kursieren und den Namen der jungen dichtenden Witwe in Paris und darüber hinaus bekannt machen.

Christines Ehrgeiz ist angestachelt. Sie beschreibt jene Geburt als Schriftstellerin, jenen Schöpfungsakt des sich formenden Selbstverständnisses als weibliche Stimme ihrer Zeit und ihrer Nation, in der Anrede an sich selbst: »Ich will, dass aus dir neue Bände entstehen, die für kommende Zeiten und für ewiglich der Welt deine Erinnerung an die Fürsten dartun [...]. Mit Freuden wirst du aus deinem Gedächtnis gebären, ungeachtet der Mühe und Arbeit, und so wie die Frau, die niedergekommen ist, ihre Schmerzen vergisst, wenn sie den Schrei des Kindes vernimmt, wirst auch du die Mühe und Arbeit vergessen, sobald du die Stimme deiner Bücher hörst.« In der Ich-Person fährt sie fort: »Also begann ich, hübsche Dinge zu schmieden, anfangs leichtere; und ebenso wie der Handwerker, der mit der Zeit immer geschickter wird, so nahm mein Geist durch meine Beschäftigung mit den verschiedensten Themen eigenartige Dinge auf, wobei sich mein Stil verfeinerte und anspruchsvolleren Bereichen zuwandte.«

Es gibt wohl kaum einen Autor des Spätmittelalters, dessen Werk so umfassend und zugleich so gut überliefert ist. Christine de Pizan schreibt in den dreißig Jahren von 1399 bis 1429 knapp dreißig zum Teil umfangreiche Bände, insgesamt über zwölftausend Seiten. Aus der Zeit ihrer Entstehung oder unmittelbar danach haben sich allein achtzig Autografe erhalten, von Christine de Pizan nachweislich selbst geschrieben, dazu noch etliche Folianten von anderer Hand. Christines Bücher wurden im Laufe der Jahrhunderte in etliche Sprachen übersetzt, vor allem im späten 20. Jahrhundert setzte im Zuge feministischer Strömungen ein erneutes starkes Interesse an Christine de Pizan und ihrem Werk ein. Auch formal und inhaltlich deckt ihr Werk ein breites Spektrum ab: Es finden sich darunter Gedichte, didaktische Abhandlungen über Philosophie und Politik, Biografien und Heldengedichte, Zeitkritik und Utopien.

»Das Buch von der Stadt der Frauen«

Vor allem *ein* Werk ist untrennbar mit der Person und dem Wirken Christine de Pizans verbunden, es erhebt sie in den Rang einer bedeutenden Sozialethikerin, Frühfeministin und Philosophin: die 1405 in drei Teilen erschienene Utopie *Das Buch von der Stadt der Frauen*. Das Buch hat als Klassiker so sehr seine Strahlkraft, seine Aktualität bewahrt, dass es noch in den 1980er- und 1990er-Jahren in mehrere europäische Sprachen übertragen wurde. Christine selbst hat dieses Werk sehr geschätzt, fertigte sie doch mehrere kostbar illuminierte (von Hand bebilderte) Handschriften an, die sie den mächtigen Herzögen von Berry und Burgund überreichte. Selbstverständlich erhoffte sie sich Protektion und auch finanzielle Zuwendungen, doch ist auch bemerkenswert, dass zwei hochstehende (also politisch einflussreiche) Männer Widmungsträger der ersten Exemplare dieser frühemanzipatorischen Gesellschaftsutopie waren.

In ihrem Buch schildert die Autorin den Bau einer Stadt für Frauen. Die Stadt ist nach mittelalterlichem Verständnis Spiegelbild einer Gesellschaft, in ihrer Umgürtung mit Mauern wird ein festes, funktionstüchtiges soziales Gefüge nach Regeln, Konventionen und Gesetzen abgebildet. Doch gemäß dem Wort »Stadtluft macht frei« genießen die Bewohner auch verbriefte Rechte und Freiheiten. Während die mittelalterliche Stadt gewöhnlich zwischen Freien und Unfreien, Menschen mit und ohne Bürgerrecht, Adel, Klerus, Patriziat und Arbeiterschaft unterscheidet, kennt Christine de Pizans Utopie von einer Stadt der Frauen diese Bewertung nach sozialer Herkunft und ererbtem Stand nicht. Vielmehr sind die Bürgerinnen ihrer Stadt Auserwählte auf der Grundlage ihrer moralisch-ethischen Verdienste und ihres persönlichen Leumunds. Die Autorin will nicht im Sinne revolutionärer Weltverbesserer zu einem Sturm auf das geschlechterdifferenzierte Machtgefüge aufrufen, wohl aber im Geiste die Grundlagen für eine selbstbewusstere, selbstvergewisserte weibliche Sicht auf sich selbst und die gesellschaftlichen Zusammenhänge eröffnen. Die Stadt der Frauen, so Christine de Pizan, ist dazu ausersehen, »künftig allen hochherzigen und rechtschaffenen Frauen einen Ort der Zuflucht, eine umfriedete Festung gegen die Schar der boshaften Belagerer zu bieten«. Das Buch ist die Erzählung der Errichtung eines Ideals, nicht einer Realität. Aber wie jeder Gedanke, der, einmal formuliert, nicht mehr aus der Welt zu schaffen ist, so ist auch das Ideengebäude der *Stadt der Frauen* durch den Umstand seiner geistigen Errichtung und handschriftlichen und drucktechnischen Verbreitung eine Marke auf der Landkarte der menschlichen Kultur geworden.

Christine bedient sich eines literarischen Tricks, um den Bau ihrer Stadt der Frauen vor der Leserschaft zu inszenieren und gleichermaßen gegen Kritik in Schutz zu nehmen. Die Autorin selbst bringt sich zu Beginn ein, indem sie der Leserschaft berichtet, drei Hohe Frauen, die Allegorien von Vernunft, Rechtschaffenheit und Gerechtigkeit, seien ihr in ihrer Schreibstube erschienen und hätten sie in Selbstzweifel, Tatenlosigkeit und Melancholie versunken vorgefunden: »Als ich eines Tages meiner Gewohnheit gemäß, die meinen Lebensrhythmus bestimmt, umgeben von zahlreichen Büchern aus verschiedenen Sachgebieten in meiner Klause saß und mich dem Studium der Schriften widmete, war mein Verstand es einigermaßen leid, die bedeutenden Lehrsätze verschiedener Autoren, mit denen ich mich seit Längerem auseinandergesetzt hatte, zu durchdenken. Ich blickte also von meinem Buch auf und beschloss, diese komplizierten Dinge eine Weile ruhen zu lassen [...] und mich stattdessen bei der Lektüre heiterer Dichtung zu zerstreuen.« Die drei Hohen Damen sehen diesen Rückgriff auf die reine Unterhaltung jedoch nicht gerne. Sie verlangen von der Femme de lettres literarisches und emanzipatorisches Engagement und trösten die verzagte Intellektuelle: »Du aber, teure Freundin, verdienst es, in deiner Verwirrung und Traurigkeit von uns aufgesucht und getröstet zu werden. Dies verdankst du deiner leidenschaftlichen Liebe zur Ergründung der Wahrheit durch langes und beharrliches Studium, um dessentwillen du dich aus der Welt hierhin in die Einsamkeit zurückziehst.«

Die Femme de lettres Christine, nicht nur eine begnadete Stilistin, sondern auch eine fundierte Kennerin antiker, biblischer und historischer Figuren und Stoffe, macht sich also gehorsam ans Werk, auf dem Papier die Stadt der Frauen zum Schutze ihrer verdienten, aber auch verfolgten Geschlechtsgenossinnen zu erbauen. In drei Büchern (oder Bauabschnitten) wird das Werk mithilfe der drei weiblichen Tugenden vollbracht. Das wichtigste Instrument bei der Errichtung des Frauenstaats ist indes weder Hammer noch Lot, weder Säge noch Elle, sondern die Vernunft selbst. Die Allegorie der Vernunft fordert die Baumeisterin Christine dazu auf, sich der eigenen Ratio zu bedienen und voller Mut und Zuversicht frisch ans Werk zu gehen: »Jetzt fang an, Tochter. Lass uns, ohne noch mehr Zeit zu verlieren, hinausgehen aufs Feld der Literatur: Dort soll die Stadt der Frauen auf einem fetten, fruchtbaren Boden errichtet werden, dort, wo alle Früchte wachsen, sanfte Flüsse fließen und die Erde überreich ist an guten Dingen jeglicher Art. Nimm die Spitzhacke deines Verstandes, grabe tief und hebe überall dort einen tiefen Graben aus, wo es mein Lot dir anzeigt [...].«

Frau Vernunft

Christine tut, wie ihr geheißen. Und bald erstehen auf dem genannten Baugrund der Literatur die ersten Gräben und Mauern, denn die Stadt der Frauen will gut gegen Feinde befestigt sein. Die Bausteine aber stellen einzelne Lebensgeschichten von Frauen dar, die Christine erzählt. Im ersten Buch werden die Schicksale, Heldentaten und Lebensmaximen großer Herrscherinnen vorgeführt, darunter Semiramis, die Amazonenkönigin Tamaris, Penthesilea, Zenobia und Artemisia. Aber auch literarisch, philosophisch, künstlerisch und wissenschaftlich tätige Frauen stellen Bausteine der neuen Stadt dar: Sappho, die mythischen Frauen Minerva, Ceres und Arachne, die antiken Königinnen Lavinia, Ops und Dido und etliche andere. Freilich, systematisch oder auch streng zwischen Realität und Mythologie geschieden geht es auf Christines Baustelle nicht zu: Hierin ähnelt sie anderen Architekten ihrer Zeit, die das Bauen als einen organischen Prozess begriffen, unter Einbezug des »Learning by Doing«, auch des Irrtums, ja sogar des Verwerfens einzelner Bauabschnitte und des Neubeginns. Doch in Christines Stadt der Frauen gibt es – anders als bei mancher mittelalterlichen Kathedrale – keinen Einsturz von Mauern und Gewölben, denn Frau Vernunft steht der Baumeisterin stets beratend zur Seite und erörtert mit ihr Fragen zur Auswahl der künftigen Bewohnerinnen, zur Wertigkeit des weiblichen Geschlechts und wappnet sie gegen mögliche Angriffe und Verunglimpfungen seitens der übelwollenden und missgünstigen Männerwelt. Frau Vernunft schärft der Baumeisterin Christine ein:

»Aber gesetzt den Fall, einige wollten behaupten, die weibliche Intelligenz reiche nicht aus für das Studium der Gesetze – so hat die Erfahrung das Gegenteil bewiesen; sie lehrt, dass es, wie im Folgenden erläutert werden wird, mehrere Frauen gegeben hat, die bedeutende Philosophinnen waren und wesentlich kompliziertere und wichtigere Wissenschaften erlernt haben, als es das geschriebene Gesetz und menschliche Institutionen sind. Und außerdem: Wenn jemand vorgeben sollte, sie seien von Natur aus weder zur Staatskunst noch zu Regierungsgeschäften begabt, so werde ich das Beispiel verschiedener großer Herrscherinnen vergangener Zeiten dagegenhalten. Damit du umso deutlicher die Wahrheit meiner Worte erkennst, werde ich dich des Weiteren an einige Frauen aus deiner eigenen Zeit erinnern, die Witwen geblieben sind und deren überlegte Verwaltung, in Gegenwart und Vergangenheit, all ihrer Angelegenheiten nach dem Tod ihrer Männer eindeutig beweist, dass eine kluge Frau zu allen Dingen befähigt ist.«

Unzweifelhaft ist die Niederschrift des *Buchs von der Stadt der Frauen* auch ein Selbstgespräch der Autorin, eine Reflexion über ihr eigenes Schicksal, ihren Stand in der Gesellschaft als Witwe, Materfamilias, engagierte Autorin, Intellektuelle, Unternehmerin, aber auch als aktive Mitgestalterin der zeitgenössischen französischen Gesellschaft. Selbstverständlich ist Christine in die geistigen und konventionellen Gegebenheiten ihrer Zeit eingebunden. Sie ist nicht eine »Feministin« im Sinne des 20. oder 21. Jahrhunderts (weshalb eine Beurteilung ihrer Schriften und Meinungen nach den Voraussetzungen und dem Konsens der heutigen Zeit unangemessen wäre). Christine ist eine bürgerliche Frau mit guten Kontakten zur höfischen Gesellschaft. Sie ist gläubige Christin und treue Untertanin eines gesalbten Königs von Gottes Gnaden. Daher nimmt es auch nicht wunder, dass sich ihr der Zweifel aufdrängt, ob ihr Tun, eine (geistige) Stadt der Frauen zu errichten, vereinbar ist mit der durch Gottes Ratschluss legitimierten weltlichen Hierarchie. Frau Vernunft hingegen zerstreut Christines Bedenken und Ängste, indem sie darauf verweist, dass es kein göttlicher Ratschluss, sondern die soziale Benachteiligung ist, die Frauen scheinbar zu schwächeren und weniger befähigten Mitgliedern der Gesellschaft stempelt:

»Noch einmal sage ich dir mit allem Nachdruck: Wenn es üblich wäre, die kleinen Mädchen eine Schule besuchen und sie im Anschluss daran, genau wie die Söhne, die Wissenschaft erlernen zu lassen, dann würden sie genauso gut lernen und die letzte Feinheit aller Künste und Wissenschaften ebenso mühelos begreifen wie jene. Zudem gibt es ja solche Frauen. Wie ich dir weiter oben erläutert habe, verhält es sich folgendermaßen: Je stärker die Frauen den Männern an Körperkraft unterliegen, je schwächer und je weniger geschickt sie zu gewissen Dingen sind, desto größere Klugheit und desto mehr Scharfsinn entfalten sie überall dort, wo sie sich wirklich ins Zeug legen. [...] das hängt mit der Struktur der Gesellschaft zusammen, die es nicht erfordert, dass Frauen sich um das kümmern, was [...] den Männern aufgetragen wurde. Es reicht, wenn sie den gewöhnlichen Pflichten, zu denen sie erschaffen wurden, nachkommen. Und so schließt man vom bloßen Augenschein, von der Beobachtung darauf, Frauen wüssten generell weniger als Männer und verfügten über eine geringere Intelligenz. [...] Und dennoch kann es nicht den geringsten Zweifel geben: Die Natur hat sie mit ebenso vielen körperlichen und geistigen Gaben ausgestattet wie die weisesten und erfahrensten Männer, die in den Städten und Kommunen leben. Dies alles ist jedoch mit mangelnder Bildung zu erklären, auch wenn ich dir gesagt habe, unter den Männern und Frauen seien manche eben klüger als andere.«

Es geht Frau Vernunft also nicht um die Behauptung, alle Männer und Frauen seien gleich befähigt und begabt, sondern um die Forderung, Frauen sollten dieselben Bildungschancen wie Männer erhalten, da es – wie unter den Männern – auch unter den Frauen mehr und weniger Begabte gibt und jeder nach seinen ererbten Möglichkeiten gefördert, nicht nach sozialen und geschlechtsspezifischen Gegebenheiten behindert und verunglimpft werden sollte. Zu ebendiesem Zweck lässt Frau Vernunft das Medium Christine de Pizan auch die Schicksale befähigter Herrscherinnen, Künstlerinnen, Literatinnen und Philosophinnen beispielhaft erzählen. Als Christine diese Arbeit vollbracht hat, ist gleichsam die Befestigung der Stadt der Frauen fertig, und Frau Vernunft verabschiedet sich von der Baumeisterin mit den Worten:

»Ich habe, so scheint es mir, genügend Beweise für mein Vorhaben geliefert. Es bestand darin, dir durch lebensnahe Argumentation und Beispiele zu zeigen, dass Gott das weibliche Geschlecht ebenso wenig wie das männliche zu irgendeinem Zeitpunkt mit einem Fluch belegt hat, wie du in aller Deutlichkeit erkennen kannst und wie es aus den Aussagen meiner beiden Schwestern hier hervorgeht und noch zu vernehmen sein wird. Ich meine, dies müsste genügen, habe ich dir doch bei der Errichtung der Mauern, die die Stadt der Frauen umschließen, geholfen. Nun sind sie fertig und auch schon mit Farbe verputzt. Meine anderen Schwestern mögen hervortreten, und mit ihrer Hilfe und ihrem Rat sollst du den Bau vollenden.«

Frau Rechtschaffenheit

Als Beraterin des zweiten Bauabschnitts der Stadt der Frauen tritt nun Frau Rechtschaffenheit an Christines Seite. Wieder lässt die Hohe Dame ihre Bauleiterin die Schicksale bedeutender Frauen exemplarisch darstellen, um so ihre Argumente für die Gleichberechtigung und besondere Befähigung von Frauen in allen Bereichen des tätigen Lebens zu dokumentieren. Zu den angeführten Vorbildern gehören diesmal in erster Linie Prophetinnen, so die Sibyllen, die Seherin Kassandra oder die Kaiserin Antonia (die Frau des Kaisers Justinian). Nach ihrem Vorbild und mithilfe der Frau Rechtschaffenheit wird auch das Innere der Stadt der Frauen vollendet, mit breiten Straßen, Palästen, Wehrtürmen und anderem. Nun erteilt Frau Rechtschaffenheit der Bauleiterin Christine de Pizan den Auftrag zur Besiedelung: »Aber jetzt ist es höchste Zeit, diese großartige Stadt zu bevölkern, damit sie nicht wüst und leer steht, sondern mit den vortrefflichsten Frauen (andere Bewohner dulden wir dort nicht) bestückt wird.« Ihre Schwester Frau Gerechtigkeit werde dann als Königin in Begleitung von Fürstinnen in die Stadt einziehen und für ein friedliches, freies und gerechtes Miteinander sorgen: »Oh, wie glücklich werden die Bewohnerinnen unserer Stadt sein! Sie müssen nicht ständig fürchten, von fremden Eindringlingen verjagt zu werden, weil es eine Eigentümlichkeit dieser Stadt ist, dass ihre Bevölkerung nicht verjagt werden kann. Dies ist der Beginn eines neuen Reichs der Frauen. Seine Würde ist allerdings ungleich höher als die des Frauenreichs früherer Zeiten [etwa der Amazonen], denn seine Frauen werden nicht gezwungen sein, ihr Territorium zu verlassen, um Nachfolgerinnen zu empfangen und zu gebären und so ihren Besitz über die Zeiten hinweg, von einem Geschlecht zum anderen, zu erhalten: Die Frauen, die wir jetzt dort ansiedeln, werden alle Zeiten überdauern.«

Doch bevor die ersten Bewohnerinnen der neuen Stadt eintreffen, lässt Christine auf Geheiß der Frau Rechtschaffenheit etliche Frauen aus der Historie Revue passieren, die durch ihr Tun und Wirken wie auch durch ihre Tugend und ihre Klugheit vorbildlich auf ihre Ehe, die Familie und das Gemeinwesen wirkten, darunter wieder Kaiserinnen und Königinnen, aber auch Bürgersfrauen, bekannte und weniger bekannte, die öffentlich oder im Verborgenen ihre Redlichkeit und ihre Weisheit unter Beweis stellten, ja sogar, wie etwa Judith oder Esther, zu Retterinnen ihres Volkes wurden. Es folgt noch eine Reihe biografischer Porträts über tugendsame Frauen der Mythologie, der Antike und des Mittelalters. Die Ekloge mündet in den Lobpreis der zeitgenössischen Hohen Damen Frankreichs – von denen Christine de Pizan einige persönlich kennt und um deren Gunst sie nicht zuletzt mit ihrem *Buch von der Stadt der Frauen* buhlen wird: Genannt wird zunächst die französische Königin selbst, Isabeau de Bavière, dann aber auch die Gemahlinnen der Prinzen und Herzöge aus den Häusern Valois, Orléans und Burgund und anderer, kleinerer Herrscherhäuser Frankreichs. Die »Freiberuflerin« sichert sich dadurch die Gunst möglichst vieler hochstehender Gönnerinnen und Protektorinnen – dies alles unter dem Deckmantel der Weisungen durch Frau Rechtschaffenheit höchstselbst. Diese ist mit ihrer Baumeisterin Christine sehr zufrieden und entlässt sie mit den Worten:

»Liebe Freundin, mir scheint, ich habe nun hinreichend meines Amtes in der Stadt der Frauen gewaltet: Ich habe dort prächtige Paläste und manch stattliches Wohnhaus und Gebäude errichtet, sie mit edlen Frauen bevölkert und mit breiten Straßen jeder Art versehen, sodass sie nun schon voller Leben ist. Nun möge meine Schwester, Frau Gerechtigkeit, kommen, um die Dinge zu einem Abschluss zu bringen, und das soll dir dann genügen.«

Frau Gerechtigkeit

Es folgt der dritte und letzte Bauabschnitt der Stadt der Frauen, und diesmal steht Frau Gerechtigkeit an der Seite Christines. Nachdem bereits lauter tugendhafte, kluge und gerechte Frauen aus der Mythologie und der Geschichte von den Anfängen bis zur Gegenwart die fast fertige Stadt bezogen haben, fehlt nun noch die höchste Zierde des weiblichen Geschlechts. Es sind nach der Vorstellung des Spätmittelalters die heiligen Frauen, allen voran die Jungfrau Maria höchstselbst. Wieder lässt die Chronistin der Stadt der Frauen die Schicksale und Verdienste einiger Vorbilder im Wort lebendig werden, und jede Biografie wird gleichsam zum Baustein bei der Vollendung dieses weiblichen Utopia. Die Heiligen, die die Stadt beziehen, zeichnen sich nicht nur durch ihren tiefen Glauben und ihre große Tugendhaftigkeit aus, sondern auch durch ihre Klugheit: Katharina von Alexandria ist unter ihnen, die der Legende nach fünfzig Philosophen in einem theologischen Streitgespräch in die Schranken verwies. Aber auch die heilige Maria Magdalena (die erste Apostelin), die heilige Margareta von Antiochia, die heilige Barbara (auch sie eine gelehrte Frau, die sich mit ihren Richtern siegreich auf einen Disput einließ) und weitere fromme und gelehrte Frauen. Auch Christine de Pizans Namenspatronin ist unter den erwählten Neubewohnerinnen der Stadt: die heilige Christina von Tyrus (nach der Überlieferung auch »von Bolsena« genannt), die ebenfalls ihre Häscher und Richter durch ihre Glaubensstärke, ihre Standhaftigkeit unter der Folter, aber auch durch kluge Worte beschämte und der Lächerlichkeit preisgab. Keineswegs waren alle heiligen Frauen von Anbeginn an fromm und makellos. Auch geläuterte Sünderinnen sind darunter, etwa die büßende Maria Magdalena oder die heilige Afra von Augsburg (die einst ihren Lebensunterhalt als Dirne verdiente). Auch sie halten Einzug in der vollkommenen Stadt der Frauen, denn diese Utopie kennt zwar dem Namen nach noch eine Hierarchie (Heilige, Königinnen und Fürstinnen), aber nicht mehr eine ständische Unterscheidung: All diese Frauen haben sich ihr Wohnrecht durch ihre Tugenden und ihre ethische Vorbildlichkeit verdient (auch wenn einige als Sünderinnen einen Weg der Reue und Buße gingen), sie alle sind gleichwertige und gleichberechtigte Schwestern im Geiste und genießen daher das Privileg, in Sicherheit, Frieden und Freiheit in der Stadt der Frauen auf unbegrenzte Dauer leben und wirken zu können.

Schließlich sind alle Frauen nach dem Willen der drei allegorischen Tugenden Vernunft, Rechtschaffenheit und Gerechtigkeit in der Stadt der Frauen versammelt, und Frau Gerechtigkeit verabschiedet sich zufrieden und mit einem Lob von der Baumeisterin Christine de Pizan und von deren Stadt der Frauen, »eine Stadt, von der sich sagen lässt: *Gloriosa dicta sunt de te, civitas Dei* [›Ruhmreich ist das über dich, o Gottesstaat, Gesagte.‹]. Ich übergebe sie dir hiermit also wie versprochen, in gut befestigtem und vollendetem Zustand, und sage dir Lebewohl: Der Friede Gottes sei stets mit dir.« Die Autorin Christine gestaltet dieses Ende wie eine sakrale Offenbarung, und nicht von ungefähr verweist sie mit dem letztgenannten lateinischen Zitat auf das im 5. Jahrhundert entstandene Buch *Vom Gottesstaat* des Kirchenvaters Augustinus, eines der zentralen und wirkmächtigsten Dokumente der christlichen Theologie.

Doch Christine wäre nicht »Autorin«, »Urheberin«, bliebe ihr nicht das letzte Wort: Sie richtet es an die Leserinnen ihres Buches, das nun in die Welt hinausgeht. Es ist eine Einladung an die klugen und ehrbaren Frauen ihrer Gegenwart, ebenfalls Wohnstatt in der Stadt der Frauen zu nehmen, aber auch eine Mahnung, ein Auftrag zur Wahrung und zum Erhalt des wertvoll Erreichten: »Sie soll Euch allen, die Ihr die Tugend liebt, nicht nur als Zufluchtsort dienen, sondern auch – vorausgesetzt, Ihr verteidigt sie gut – als Hort und Zufluchtsort gegen Eure Feinde und Angreifer. Denn Ihr seht, dass sie ganz und gar aus dem Material Tugend besteht, einer strahlenden Tugend, in der Ihr Euch alle spiegeln könnt.« Doch alle Tugend, so Christine, basiere nicht nur auf eigenem Willen, auf eigenem Verdienst, sondern auch auf Gottesfurcht und Gnade: »Und deshalb, Ihr meine lieben Frauen, übt Euch in den Tugenden der Demut und der Geduld, auf dass die Gnade Gottes in Euch wachse, auf dass Euch Ehre und der Zugang zum himmlischen Reich geschenkt werden; [...] Kurz und gut, Ihr Frauen aller Stände, ob vornehmer, bürgerlicher oder niedriger Herkunft, seid stets äußerst wachsam und auf der Hut gegen die Feinde Eurer Ehre und Eurer Unbescholtenheit! [...] Lasst es Euch also angelegen sein, Ihr meine hochverehrten Frauen, durch Eure Tugendhaftigkeit anziehend zu wirken, flieht das Laster in all seinen Erscheinungsformen, betreibt den Ausbau unserer Stadt, vermehrt die Anzahl ihrer Bewohnerinnen und übt Euch in Heiterkeit und Rechtschaffenheit! Ich aber, Eure getreue Dienerin, empfehle mich Euch nun und bete zu Gott, damit Seine Gnade es mir gestatte, weiterhin in dieser Welt zu leben und Ihm zu dienen [...].«

Die Utopie wird Wirklichkeit

Christine de Pizans *Stadt der Frauen* ist eine Utopie, und die Realität, die sich nach der Fertigstellung des Skripts wieder in das Leben der Autorin drängt, kennt Unfrieden und Unrecht mehr denn je. Karl VI. ist inzwischen weitgehend umnachtet, seine Ehefrau Isabeau de Bavière mag auf dem Papier Christines Stadt der edlen und tugendhaften Frauen bewohnen, doch Paris ist ein härteres Pflaster. Isabeau ist als Frau zu schwach, um die Regentschaft zu übernehmen. Der machthungrige und skrupellose Herzog Johann Ohnefurcht von Burgund versucht, sich und seine Partei in Frankreich an die Macht zu bringen. Bürgerkriege erschüttern das Land. Englische Truppen überqueren erneut den Kanal und brandschatzen weite Teile des Reichs. Der Bürgerkrieg zwischen den Parteien der Armagnacs und Burgunder und der blutrünstige Aufstand der Cabochiens (abgeleitet von den Abdeckern des Pariser Schlachthofs) verwüsten Paris, entfesselte Rotten begehen Gräueltaten an der Bevölkerung. 1415 schlagen die Engländer das französische Heer in der Schlacht bei Azincourt vernichtend. Zwar wird Herzog Johann Ohnefurcht im Jahre 1419 ermordet, doch findet das Königreich Frankreich keine Ruhe. Der englische König Heinrich V. erhebt Anspruch auf Frankreichs Krone, ist er doch mit Karls und Isabeaus Tochter Katharina verheiratet und nach dem erhofften Ableben des französischen Königs rechtmäßiger Thronerbe. Seine Truppen haben bereits rund die Hälfte des Landes erobert. Am 31. August 1422 stirbt Heinrich V. an der Ruhr, sieben Wochen später, am 21. Oktober, sein Kontrahent, der kranke, vom Volk aber geliebte König Karl VI. Die Todesfälle bringen Frankreich keinen Frieden, nicht einmal eine Atempause. Englands neuer König Heinrich VI. ist ein einjähriges Kind. Für ihn regieren mächtige Adlige, die den Krieg gegen Frankreich weiterführen, unter ihnen Herzog Johann von Bedford, der seinen Herrn in Paris zum französischen König ausrufen lässt und in Nordfrankreich als eine Art Statthalter regiert. In Mehun-sur-Yèvre wird der von seinem Vater enterbte neunzehnjährige Dauphin Karl zum König, dem siebten seines Namens, ausgerufen. Der Krieg geht weiter, nun als Thronfolgekrieg zweier Monarchen, die beide Anspruch auf Frankreichs Krone erheben. Karl VII. und sein Hof residieren in Bourges. In mehreren Schlachten und Feldzügen unterliegen seine Truppen dem englischen Heer, Karls Einflussgebiet wird hinter die Loire zurückgedrängt. Im Sommer 1428 setzt Bedford zum vernichtenden Schlag gegen den Gegenkönig an: Er lässt die Königsstadt Orléans an der Loire einschließen und belagern. Fällt diese Schlüsselposition, steht den Engländern der Süden Frankreichs offen, und Englands Truppen können das ganze Reich besetzen und unter die Herrschaft des Kindkönigs Heinrich VI. zwingen. Karl VII. verbringt unterdessen die Zeit untätig und lethargisch im nahen Chinon im Kreise seiner Mätressen. Da taucht wie aus dem Nichts ein sechzehnjähriges Bauernmädchen auf. Ihr

Name: Johanna. Man wird die »Jungfrau Johanna« später als Heldin verehren, ihr Auftreten als Wunder deuten, ihren untadeligen Ruf mit der Heiligsprechung untermauern. Johanna überzeugt den zögerlichen Karl VII. davon, dass man Orléans nicht fallen lassen dürfe. Sie selbst erlangt die Erlaubnis, als Mädchen in Rüstung an der Befreiung der Stadt teilzunehmen. Das Charisma der Jungfrau in Waffen reißt die französischen Truppen mit: Im Mai 1429 gelingt es ihnen, den Belagerungsring zu durchbrechen, die Engländer zu schlagen und Orléans auszulösen. Die französischen Truppen eilen von Sieg zu Sieg und befreien weite Teile des besetzten Nordfrankreichs. Am 17. Juli 1429 wird Karl VII. in der Kathedrale zu Reims zum legitimen König von Frankreich gekrönt und gesalbt.

Christine de Pizan hat all diese Krisenjahre Frankreichs bewusst miterlebt und als Literatin kommentiert. Sie hat sich in Gedichten, Dialogen und Denkschriften mit den Missständen ihrer Zeit befasst und ihre Zeitgenossen zu moralischer Umkehr und zu patriotischer Treue ermahnt. Freilich, ihre Bücher, meist als Widmungsexemplare am Hofe verteilt und in etlichen Abschriften auch nach und nach unter den lesekundigen Bürgern verbreitet, können nichts gegen Krieg und Not ausrichten. Christine bleibt die einsame Ruferin in der Wüste, deren Anhänger und Anhängerinnen sich meist ins Privatleben zurückziehen und so hoffen, Tod und Verderben zu entkommen. Auch Christine selbst geht diesen Weg: Um 1418 verlässt sie das von Bürgerkrieg und Anarchie gebeutelte Paris und geht zu ihrer Tochter, einer Nonne, ins Kloster Saint-Louis in Poissy. Hier verbringt sie die letzte Lebensdekade bis zu ihrem Tod um 1430. Eine letzte große Freude und Bestätigung wird ihr noch zuteil: Sie erlebt die Befreiung Frankreichs von der englischen Fremdherrschaft und das Wunder des Auftretens der Jungfrau Johanna. Es ist für Christine, als würde die von ihr errichtete geistige Stadt der Frauen endgültig Realität werden und als zöge Johanna im Triumph in deren Mauern ein.

In Christines großem Gedicht auf Johanna von Orléans, das sie am 31. Juli 1429, zwei Wochen nach König Karls VII. Salbung in Reims, vollendet, heißt es voll emphatischem Jubel: »Ein junges

Mädchen von sechzehn Jahren / (Ist das nicht ganz unfassbar?), / Für das die Waffen nicht zu schwer sind / [...] / Und vor ihr fliehen die Feinde, / Keiner vermag ihr standzuhalten. / Dies alles vollbringt sie / Vor den Augen vieler Zeugen. / [...] / Oh! Welche Ehre widerfährt der Krone Frankreichs / Durch ein göttliches Zeichen! / Wer erlebte je etwas Ungewöhnlicheres / [...] / Dies verdient sehr wohl, überliefert zu werden. / Dass Gott sich einer zarten Jungfrau bediente, / Um Frankreich von Stund an / Einer so großen Gnade teilhaftig werden zu lassen. / [...] / Gelobt sei Gott, denn Er erwählte / Die kluge Jungfrau zu seiner Gehilfin.« Ja, Christines Utopie von der Stadt der Frauen ist Wirklichkeit geworden. Johanna von Orléans ist die vielleicht unscheinbarste, zugleich aber eine der strahlendsten Bewohnerinnen ihrer Stadt. Und wie der Weltenerlöser Jesus Christus durch die Jungfrau Maria geboren wurde, so wurde die Erlösung Frankreichs durch die Jungfrau Johanna wahr.

Christine stirbt um das Jahr 1430 im Kloster in Poissy, das Gedicht über Johanna ist das letzte überlieferte Werk. Johannas Verhaftung, ihre Auslieferung an die Engländer, den kirchlichen Prozess gegen die »Häretikerin« und ihren gewaltsamen Tod auf dem Scheiterhaufen in Rouen am 30. Mai 1431 freilich muss Christine nicht mehr miterleben. Johanna jedoch, bereits zu Lebzeiten eine Legende, wird im Laufe der Jahrhunderte zur Nationalheldin. Bereits 1455 wird das Urteil gegen sie von der Kurie in Rom aufgehoben, sie selbst rehabilitiert und zur Glaubensmärtyrerin erhoben. 1909 wird sie selig-, 1920 heiliggesprochen.

Christine de Pizans Werk indes lebt weiter und erfährt im 20. Jahrhundert neue Aktualität, erlebt eine Renaissance und gewinnt zahlreiche begeisterte Leserinnen auf der ganzen Welt.

Die Aufklärung

Im Jahre 1755 erschütterte ein gewaltiges Erdbeben Lissabon und Umgebung. Zahlreiche Gebäude stürzten ein und begruben die Menschen unter sich. Feuer brachen aus, eine riesige Lohe fegte über die Stadt. Was noch nicht zertrümmert und verbrannt war, wurde kurze Zeit darauf durch eine Tsunami-Welle, die sich die Tejo-Mündung hinaufschob, ergriffen und fortgespült. Bei der Katastrophe kamen nach Schätzungen bis zu hunderttausend Menschen ums Leben. Die Nachricht von der Zerstörung Lissabons, Stolz einer einst weltumspannenden kolonialen Macht, verbreitete sich innerhalb weniger Wochen über ganz Europa. Die Menschen waren von Mitleid und Entsetzen erfüllt. Unter den Theologen und Philosophen aber entbrannte von Neuem ein alter wissenschaftlicher Streit: die Frage der Theodizee, der Gerechtigkeit Gottes: Weshalb kann Gott, der allmächtige Schöpfer, der auch in der Gegenwart in dieser Welt waltet, es zulassen, dass solche Katastrophen geschehen und unschuldige Menschen ums Leben kommen?

Sicherlich eine der amüsantesten und auch bekanntesten Reaktionen auf die Theodizee-Frage stellt der satirische Roman *Candide oder Der Optimismus* (1759) des französischen Aufklärers Voltaire dar. Ausgehend von Leibniz' »prästabilierter Harmonie«, der These, die Welt sei von einem allmächtigen und guten Gott erschaffen und deswegen lebe der Mensch in der besten aller Welten, treibt der Spötter Voltaire diese Sentenz in einer grotesken Verdrehung auf die Spitze. Es ist die Geschichte des jungen Mannes Candide (vom Lateinischen »candidus«: weiß gewandet, unschuldig), der in die Welt hinausgeworfen wird und dort all seine Naivität, Unschuld, körperliche und seelische Unversehrtheit verliert: Er, seine Geliebte und seine Weggefährten erleiden Naturkatastrophen, Schiffbruch, Entführung, Folter und Trennung. In der Begegnung mit dem Manichäer Martin lernt Candide schließlich einzusehen, dass alle Spekulationen um die Theodizee, um Metaphysik und Heldentum frucht- und nutzlos sind und es allein darauf ankommt, dem Schicksal durch unbeirrtes Handeln und unentwegte Arbeit etwas entgegenzusetzen. Am Ende stehen Candide und seine übrig gebliebenen Freunde in einem Garten bei Konstantinopel und räsonieren über ihr Schicksal. Auf die wiederholten Auslassungen von Pangloss, einem dilettierenden Philosophen, wie dankbar sie alle doch ihrem Fatum und dessen Vorsehung sein dürfen, dass es sie durch alle Gefahren und Katastrophen nun an diesen Ort und zu diesen Lebensumständen getragen habe, antwortet Candide mit dem berühmten Satz: »Wohl gesprochen. Nun aber müssen wir unsern Garten bestellen.« Über diese Schlusspointe des Romans ist viel gerätselt und gestritten worden: Ist sie resignativ gemeint? Hat sich Candide in sein Schicksal ergeben? Meint er es spöttisch-ironisch? Glaubt er nach all dem erlittenen Leid wirklich noch an den »Unsinn« seines schwadronierenden Freundes Pangloss von der »besten aller Welten«? Oder sollte man im Gegenteil den Schlusssatz als Aufforderung an die Nachgeborenen lesen, das Schicksal selbst in die Hand zu nehmen, ungeachtet aller Katastrophen den eigenen Garten (im wörtlichen wie übertragenen Sinne) weiter zu bestellen, um die Früchte eigener Arbeit (also nicht die Gaben Gottes) zu ernten?

Candide wurde und wird als der (skeptische) Höhepunkt der Aufklärung in Frankreich gewertet, als ein Erschrecken über das Einbrechen fremder, blinder (Natur-)Gewalten in die Sphäre des Menschen, eines Menschen, der nach Auffassung der christlichen Theologie doch Abbild Gottes und nach Meinung der religionskritischen (oder gar atheistischen) Aufklärer doch immerhin ein Prometheus ist, ein Wesen, das sich gegen das blinde Schicksal aufbäumt und darin (selbst im Scheitern) seine Würde findet (ein Aspekt, den zweihundert Jahre später der Existenzialist Albert

Camus in seinem Essay *Der Mythos des Sisyphos* wieder aufgreifen wird).

In jedem Fall war das Vertrauen der Aufklärer in die Bestimmung des Menschen als eines Wesens, das zur Freiheit strebt und sich den Weg durch die Finsternis zum Licht, *per aspera ad astra*, erkämpfen muss und kann, erschüttert. Die Aufklärung, jene Zeit, die sich selbst als »le siècle des lumières« feierte, als »Epoche des Lichts«, deren Repräsentanten in einen guten Kampf gezogen waren, um dem Menschen die Erleuchtung in den Kopf zu tragen, ihn aufzufordern, sich aus der selbst verschuldeten Unmündigkeit mithilfe der Vernunft und seiner Verstandesbegabung zu befreien, diese Aufklärung hielt weiter an ihrem Optimismus fest, aber nicht mehr mit naiver Selbstverständlichkeit, sondern mit dem Trotz der Revolte. Weiterhin propagierten Literaten und Philosophen wie Voltaire, Denis Diderot, Jean-Jacques Rousseau, Gotthold Ephraim Lessing, Immanuel Kant und andere den Primat des menschlichen Verstandes vor den überkommenen Mächten des Aberglaubens, der Unwissenheit, der Unvernunft, der Konvention, und glaubten – trotz alledem – an eine Läuterung des Menschen und der Welt hin zum Guten, Schönen und Wahren. Erst die Französische Revolution mit der jakobinischen Schreckensherrschaft, die Napoleonischen Kriege mit der Verwüstung eines ganzen Kontinents und – auf philosophischer Ebene – das Zeitalter der Romantik sollten diesem bedingungslosen Glauben an den Aufstieg des Menschen zum überirdischen Licht und zur gottgleichen Wesenhaftigkeit ein Ende bereiten (wenngleich die neue gesellschaftstragende Schicht des Bürgertums die aufklärerischen Werte im 19. und frühen 20. Jahrhundert noch eine Zeit lang als teils entleerte Versatzstücke weiter »repräsentierte«).

Ein zentraler Begriff der Aufklärung wurde indes das »Glück«. Bereits antike Philosophen wie Aristoteles (Streben nach *Eudaimonia* in der *Nikomachischen Ethik*), Seneca *(De vita beata/Das glückliche Leben)* und Cicero *(De finibus bonorum et malorum/Das höchste Gut und das größte Übel)* hatten dem Glück Abhandlungen gewidmet. Und der spätantike Kirchenlehrer Augustinus trug den Glücksbegriff als Teil der Gottesbegegnung in die Theologie hinein *(De beata vita)* und damit auch in ein Jahrtausend der mittelalterlichen christlichen Welt. Und noch am Ende des Zeitalters der Aufklärung wurde das Streben nach Glück (»pursuit of happiness«) als ein von Gott verliehenes, unveräußerliches Recht des Menschen in der Unabhängigkeitserklärung (1776) der Vereinigten Staaten von Amerika verankert.

Dass ausgerechnet die Geliebte und Gesprächspartnerin Voltaires, die auf vielen Gebieten im besten Sinne dilettierende Literatin, Philosophin, Mathematikerin und Physikerin Émilie du Châtelet, sich im Jahre 1746, also wenige Jahre vor der Katastrophe von Lissabon und vor Voltaires bitterer Satire *Candide,* in ihrem *Discours sur le bonheur (Rede vom Glück)* mit Fragen nach dem Glück befasst, ist wenig verwunderlich. Der Glaube der Aufklärung an sich selbst war noch nicht erschüttert, und überdies war die Marquise selbst in einem Rausch des persönlichen Glücks: Voltaire und sie bewohnten gemeinsam ein Schloss in Cirey in der Champagne, abseits der lauten Welt von Paris und der Schmähungen durch böse Lästerzungen. Dieses Glück – ein geduldetes Liebesverhältnis außerhalb von Châtelets Ehe und eine ideale Arbeitsgemeinschaft zweier genialer Geister – stand dennoch auf tönernen Füßen. Die Marquise ahnte dies: Jederzeit konnte sich das Rad der Fortuna wieder drehen und das zuoberst Stehende nach unten stürzen. Dunkle Ahnungen erfüllten das Gemüt der aufgeklärten Femme de lettres, Ahnungen, die sich letztlich bewahrheiten sollten. So ist ihre *Rede vom Glück* mehr als ein beredtes und von Esprit funkelndes Zeugnis der Aufklärung von der Suche des Menschen nach dem besseren Leben und dem Glauben an sich selbst. Es ist auch das Zeugnis einer lebenserfahrenen, vom Glück verwöhnten, andererseits aber auch leidgeprüften Frau, die *eines* mit Sicherheit wusste: dass man das Glück nicht festhalten kann.

Émilie du Châtelet (1706–1749)

»Rede vom Glück«

Im Frühjahr 1733 lernen sich in einem Pariser Kaffeehaus zwei Literaten kennen, die nicht nur wegen ihres messerscharfen Verstandes in der Intellektuellenszene bekannt und geachtet sind, sondern die man auch wegen ihrer Spottlust, ihrer provokanten Ansichten und ihres extravaganten Auftretens fürchtet: François-Marie Arouet, genannt Voltaire, und Émilie du Châtelet. Eigentlich ist Frauen damals der Zutritt zu den neuartigen Restaurationen, wo der heiße türkische Trank ausgeschenkt wird, verboten, da die Konvention dies als unschicklich betrachtet. Doch die sechsundzwanzigjährige Marquise du Châtelet, deren Mann, ein hochrangiger Offizier, meist im Kriegsdienst irgendwo in Deutschland ist, ist es gewohnt, eigenständig zu denken und zu handeln. Bereits als junges Mädchen fiel sie dadurch auf, dass sie am Königshof von Versailles beim Kartenspiel durch mathematisches Kalkül die Schranzen ihres Geldes erleichterte; Geld, das sie im Übrigen nicht in den Kauf von Schmuck oder Kleidern investierte, sondern von Büchern. Jetzt, im Jahre 1733, schert sich die emanzipierte Marquise wenig um irgendwelche Konventionen des Anstands und erscheint in der Kleidung eines jungen Kavaliers im Café Gradot, um das schwarze Getränk aus dem Orient zu genießen. Der Wirt und die Gäste sind zunächst verunsichert. Doch dann nimmt man den Mummenschanz achselzuckend hin, bedient den Kunden höflich und beginnt sogar, sich mit ihm angeregt zu unterhalten.

Unter den Gästen ist der achtunddreißig Jahre alte Voltaire, ein Meister der spitzen Feder, ein glühender Verfechter der Freiheit des Gedankens, ein gnadenloser Spötter, der die Schwächen und Eitelkeiten seiner Umwelt in geschliffenen Satiren bloßstellt. Äußerlich ist er kein schöner Mann: Er ist dürr, hat ein spitzes Gesicht, einen zu großen, stets grinsenden Mund. Dennoch fühlen sich die Marquise in Männerkleidern und der spöttelnde Philosoph magisch voneinander angezogen. Doch für intensive Gespräche scheint das Kaffeehaus nicht geeignet – zu viele Ohren hören mit. Also kündigt Émilie du Châtelet brieflich ihren Besuch in Voltaires Dachwohnung nahe der Kirche von Saint Gervais an. Doch wieder kommt es nicht zu einem tiefschürfenden Gespräch: Die Kirchenglocken läuten so laut, dass sich die beiden anschreien müssen, bis ihnen die groteske Komik der Situation bewusst wird und sie lauthals loslachen.

Sie finden andere Treffpunkte, an denen sie sich ungestört austauschen können: über Literatur und Philosophie, über Physik und Mathematik. Denn beide haben einen universalen geistigen Horizont, und vor allem die Marquise beschäftigt sich gleichermaßen mit der Philosophie von Gottfried Wilhelm Leibniz wie mit der Physik Isaac Newtons, ja, experimentiert sogar selbst mit mechanischen Versuchsanordnungen. Bald verlieben sich die beiden ineinander. Voltaire schwärmt: »Alles an ihr ist edel. Ihre Haltung, ihr Geschmack, ihr Briefstil, ihre Reden, ihre Höflichkeit. Sie wählt ihre Worte ohne Affektiertheit, ihre Konversation ist angenehm und interessant. Nichts hat sie vergessen, und sie hat viel gesehen. Doch stets bemisst sie die Länge ihrer Rede nach den Wünschen anderer. Sie lässt nichts Wesentliches aus, und doch bedauert man die Kürze ihrer Rede. Wären Bücher so gut geschrieben, wie sie spricht, so würde man in der ganzen Welt mit Freude lesen. Ihre Freunde wählt sie mit bewundernswert feinem Geschmack, und ihre Freundschaft ist mutig und festgefügt. Kurz: Sie ist ein Mensch, zum Glanz geboren in einer Welt, in der wenige glitzern.« Aber auch Émilie ist von ihrem geistigen Pendant hingerissen. Ihrem einstigen Geliebten (es ist in Kreisen des Adels eine allgemein übliche Konvention, dass Männer wie Frauen neben ihrem Ehepartner auch Amouren unterhalten dürfen), dem Herzog Louis François von Richelieu, macht sie gelinde Vorwürfe:

»Warum haben Sie mir niemals gesagt, dass Monsieur de Voltaire der Inbegriff des idealen Mannes ist?«

Beide haben das Gefühl, einen Partner gefunden zu haben, der intellektuell ebenbürtig und von gleicher aufklärerischer Gesinnung ist. Beide haben bislang ein Dasein in Salons und bei Hofe geführt, sie geißeln die Eitelkeit und führen selbst ein Leben voller Glamour und Selbstdarstellung. Was beide zu jenem Zeitpunkt nicht wissen können: Ihre Beziehung wird vierzehn Jahre lang währen, mit allen Höhen und Tiefen, Hingabe und Streit, Liebesglück und Eifersucht, Hochstimmung und Elend. Es werden Jahre des äußeren Glanzes ebenso wie des inneren Exils sein, man wird sie bewundern und anfeinden, umwerben und verfolgen. Sie werden gemeinsam ihre Studien betreiben, gemeinsam Bücher verfassen und doch auch Konkurrenten sein. Die Liebe wird schließlich verblassen, aber die kameradschaftliche Freundschaft zwischen beiden wird fortbestehen bis zu Émilies frühem Tod – und noch an ihrem Sterbebett wird Voltaire treu wachen. Voltaire und Émilie du Châtelet sind wie Yin und Yang: zwei Ornamente, die sich zusammen zu einem vollkommenen Kreis verbinden, einem Kreis, der einer Sonne gleicht, einer Sonne, die einen Namen trägt, den ihrer Epoche, des »Jahrhunderts des Lichts«, wie die Franzosen jene Zeit der Aufklärung nennen. Ohne beider Existenz, ohne ihre Arbeiten, ihre Bücher, ihre Briefe, ihre geistige Ausstrahlung ist diese Aufklärung nicht zu denken. Doch wenngleich Émilie du Châtelet von Zeitgenossen als den größten Intellektuellen ebenbürtig angesehen wurde, hat man sie im 19. Jahrhundert doch weitgehend vergessen und lediglich noch als Geliebte Voltaires im Andenken bewahrt. Erst gegen Ende des 20. Jahrhunderts wurde sie wiederentdeckt und neu bewertet: als Übersetzerin und Propagatorin Newtons und Leibniz', aber auch als eigenständige Mathematikerin und Philosophin. Ihre Arbeiten zur Physik und Mathematik sind heute nur wenigen Fachleuten ein Begriff. Ihre *Rede vom Glück* hingegen machte sie auch einem breiteren Leserkreis bekannt. Es ist ein Traktat, der sie in die Nähe der Lehre des Epikur rückt und doch neue, zeitgemäße Gedanken und Erkenntnisse darbringt und der auch von der erstaunlichen Fähigkeit seiner

Autorin zu heiterer Gelassenheit und distanzierter Zuwendung zur Welt zeugt. Voltaire, der seine Geliebte bisweilen »die Göttliche« nannte, rühmte damit nicht nur ihre Schönheit und ihren scharfen Intellekt, sondern auch eine tiefe Lebensweisheit, die von einem Menschen, der gerade einmal zweiundvierzig Jahre alt werden durfte, nicht unbedingt zu erwarten gewesen wäre.

Fechtkunst, Kartenspiel und Bücherlust

Émilies Vater, der Baron Louis-Nicolas Le Tonnelier de Breteuil, ist ein Vertreter des unter Ludwig XIV. »domestizierten« und zu Höflingen herabgesunkenen Adels am Hof zu Versailles. Louis-Nicolas hat die Aufgabe, ausländische Gesandte zur Audienz beim König vorzubereiten und sie dem Monarchen vorzustellen. Die Breteuils wohnen in einem Stadthaus in Paris. Der Baron hat vier Kinder aus zwei Ehen. Das jüngste, aus der Verbindung mit Gabrielle Anne de Froulay, ist die am 17. Dezember 1706 geborene Gabrielle Émilie. Sie ist der Liebling des Vaters, wird verhätschelt und verzogen, und man sieht dem heranwachsenden Mädchen manche Flause und Laune gutmütig nach. Zu den Launen Émilies gehört auch ihr extravaganter Wissensdrang – eigentlich ungehörig für ein Mädchen aus dem Adel, das letztlich dazu ausersehen ist, eine gute Partie zu finden, Kinder zu bekommen oder als Hofdame in Versailles die Honneurs zu machen. Émilie zeigt sich auf ihre Weise früh »emanzipiert«: Kleider, Schmuck und Schminke langweilen sie, ebenso die leeren, eitlen Soireen und Damenkränzchen. Einen ihrer Liebhaber, den Herzog von Richelieu, wird sie später barsch zurechtweisen: »Geld langweilt mich fast ebenso sehr wie Ihr ewiges Nörgeln.« Freilich, sie erkennt früh, dass Geld nicht nur ein Selbstzweck sein kann, sondern auch unabdingbare Voraussetzung, um ein freies, unabhängiges Leben von eben diesen höfischen und familiären Abhängigkeiten zu führen. Zudem ist sie – das scheint sie lange Zeit als selbstverständlich zu erachten – durchaus privilegiert: Im Hause de Breteuil wartet eine Riege von siebzehn Dienern und Hausmädchen darauf, den

Herrschaften jeden Wunsch von den Augen abzulesen und den »Betrieb« am Laufen zu halten. Dennoch ist Émilie von der Leere und Nichtigkeit des Daseins der Frauen ihres Standes abgestoßen. Bestes Beispiel hierfür ist ihre Mutter, die jeden Tag mehrere Stunden lang vor dem Spiegel zubringt. Émilies ganze Lust und Leidenschaft hingegen gehört den Büchern, umso mehr, als sie ein hässliches Kind ist, groß, etwas tollpatschig und ungeschickt, und sich offensichtlich damit abfindet, keine Chancen auf dem Heiratsmarkt zu haben. Das Bücherlesen ist vielleicht ein wenig auch Flucht und Kompensation, und der Vater, vernarrt in seine jüngste Tochter, gewährt ihr eine außergewöhnliche Ausbildung. Émilie beherrscht als erwachsene Frau, wie Voltaire voller Staunen berichtet, fließend Latein, Englisch, Italienisch, Spanisch und Deutsch. Sie übersetzt Aristoteles' Schriften *Politik* und *Ästhetik* aus dem Altgriechischen, aus dem Lateinischen Vergils Versepos *Aeneis* (eine Fassung, die bis ins 20. Jahrhundert hinein in Frankreich Referenzcharakter hat), sie kann lange Passagen aus Werken von Lukrez, Horaz und Ovid auswendig, sie liest Cicero im Original, erhält eine gute Ausbildung in höherer Mathematik, befasst sich mit Metaphysik und Philosophie, spielt passabel das Spinett und hat eine angenehme Singstimme, die es ihr ermöglicht, Opernarien darzubringen. Zudem wird sie, als sie heranwächst, eine geübte Reiterin und gefürchtete Fechterin, die es am Hof zu Versailles sogar mit altgedienten Offizieren aufnimmt. Ihr Liebhaber Richelieu wird später bewundernd feststellen: »Sie ist eine fabelhafte Person. […] Sie reitet und schwingt den Degen wie ein Husar, und wenn ein Liebender sie reizt, kann sie so heftig werden, dass sie ihn ohne Zögern durchbohren würde. Hoffentlich gelingt es mir, unsere Verbindung so zu beenden, dass der Abschied von ihr, nicht von mir kommt. Ich habe keine Lust, mit ihr die Klingen zu kreuzen, denn die ihre wäre sicher ebenso tödlich wie ihre Zunge.«

Émilies Zunge: Sie weiß nicht nur ihre Rede rhetorisch-stilistisch zu drechseln, sie hat auch die Neigung und Fähigkeit, über Gegner mit beißendem Spott herzuziehen – und die Schärfe ihres Verstandes liefert dazu die Munition. Nicht von ungefähr wird sie sich später in das wohl größte Spottmaul des Ancien Régime, Voltaire, verlieben. Aber so sehr sie das Geld und die damit verbundene Eitelkeit verachtet, merkt sie doch bald, dass es größerer Ressourcen bedarf, um ihren Wissenshunger zu sättigen. Also verfällt sie auf ein probates Mittel: Sie schließt sich bei Hof einem spielwütigen Zirkel an und setzt bei Vingt-et-un. Sie wagt viel, hat das Glück auf ihrer Seite, und vor allem: Sie setzt mit stochastischem Kalkül. So gewinnt sie größere Summen, die sie in den Erwerb gelehrter Bücher zum systematischen Aufbau ihrer privaten Bibliothek investiert. Ihr Vater, der letztlich nie über den geistigen Horizont eines Höflings hinauskommt, klagt denn auch fassungslos: »Meine Tochter ist wahnsinnig. In der letzten Woche hat sie mehr als zweitausend Louisdor am Kartentisch gewonnen. Die eine Hälfte wurde für neue Kleider ausgegeben, die andere Hälfte für neue Bücher. Vergeblich trat ich ihr entgegen. Sie wollte einfach nicht einsehen, dass kein Edelmann eine Frau heiraten wird, die man jeden Tag lesen sieht.« Auch Émilies Mutter ist ratlos: »Meine Jüngste prahlt mit ihren Geistesgaben und verschreckt damit die Bewerber, die von ihren übrigen Exzessen noch nicht verscheucht wurden. Wir werden sie vielleicht in ein Kloster geben müssen, doch keine Äbtissin würde sie nehmen. Wir wissen nicht mehr, was wir mit ihr anfangen sollen.«

Ein Ehemann und drei Liebhaber

Doch diese Sorge nimmt Émilie ihren Eltern schließlich ab. Denn aus dem hässlichen Entlein wird im Laufe der Pubertät zu aller Erstaunen ein schöner Schwan, und sehr bald ist sie es, die anderen ihre Gunst gewährt, nicht umgekehrt. Sie begreift jedoch auch, dass sie sich bei allen Freiheiten ihres Standes den gesellschaftlichen Konventionen fügen muss. Ein Leben als »Privatgelehrte« ist damals undenkbar. Ehe oder Kloster lautet die Wahl, und Émilie entscheidet sich für Ersteres – unter der Bedingung, unter dem Dach des Ehestandes ihren Neigungen und Leidenschaften unvermindert nachgehen zu dürfen. Bald findet sich ein geeigneter Kandidat: der zehn Jahre ältere Marquis Florent-Claude du Châtelet. Er ist ein hoher Offizier (wird im Laufe der Jahre sogar zum Generalleutnant der königlichen Armee und Marschall Frankreichs befördert), besitzt mehrere Adelstitel, ein heruntergekommenes Stadtpalais in Paris und ein noch desolateres Landgut in Cirey in der Champagne, an der Grenze zu Lothringen. Émilie ahnt zum damaligen Zeitpunkt nicht, welche Rolle Cirey in ihrem Leben spielen und welche kulturhistorische Bedeutung das Schloss erlangen wird …

Der Ehevertrag mit dem Marquis ist rasch ausgehandelt. Émilie erhält eine gute Mitgift, Florent-Claude eine hübsche und gebildete junge Frau (und die Aussicht, seine maroden Finanzen sanieren zu können). Der Bräutigam interessiert sich außer fürs Kriegführen eigentlich nur für die Jagd, fürs Essen und Trinken. Die intellektuelle Welt seiner Frau wird ihm stets verschlossen bleiben. Aber er ist gutmütig, in gewisser Weise großzügig, wird sich nie darum scheren, dass seine Frau andere Liebhaber hat (umgekehrt nimmt auch er sich einige Amouren heraus), und ist in gewisser Weise sogar stolz darauf, mit einer so gebildeten, bald berühmten und von vielen hochgeschätzten Literatin, Philosophin und Mathematikerin verheiratet zu sein. Am 12. Juni 1725 werden Émilie und Florent-Claude in der Kathedrale von Notre-Dame in Paris getraut. Die Legende will wissen, die sprachbegabte und etwas vorlaute Braut habe den Bischof während der Liturgie unterbrochen und ihn auf einen Fehler in dessen Latein hingewiesen.

Bald nach der Eheschließung bricht der Marquis du Châtelet wieder zum Kriegsschauplatz in Deutschland auf. Émilie beginnt sich ihr Leben möglichst bequem einzurichten. Jetzt ist sie den Eltern gegenüber keine Rechenschaft mehr schuldig, und ihr Ehemann lässt sie ohnehin gewähren. Sie bringt in den kommenden Jahren drei Kinder zur Welt – damit hat sie ihre Pflicht als Gattin getan und kann sich wieder den eigentlichen Interessen und Leidenschaften widmen. Zunächst richtet sie das heruntergekommene Stadtpalais der Châtelets in Paris neu ein, mit teuren und geschmackvollen Möbeln, Teppichen, Bildern und Tapeten. Auch ihre große Bibliothek bekommt endlich angemessen Platz. Und:

Endlich kann sie als Dame der Pariser Gesellschaft ein öffentliches Leben führen. Abends sieht man sie oft im Theater oder in der Oper, am späten Vormittag empfängt sie, bereits frisiert und zurechtgemacht (sie beschäftigt allein für ihre persönlichen Zwecke zwei Kammerzofen), Herren des geistigen Lebens in ihrem Schlafzimmer. Dort, noch im Bett sitzend, unterhält sie sich angeregt über Philosophie und Literatur, bevor sie sich gegen Mittag erhebt und sich nach einem kurzen Imbiss an ihre Studien und Übersetzungen macht, um am späten Nachmittag literarische Salons zu besuchen, bevor sie wieder in die Oper geht und hinterher noch ein Nachtmahl zu sich nimmt. Die Marquise – das haben Zeitgenossen mehrfach bezeugt – gehört zu den beneidenswerten Naturen, die mit drei bis vier Stunden Schlaf auskommen und dennoch ausgeruht wirken und leistungsfähig sind. Nachdem Émilie in ihrer Jugend die Kleiderfrage vernachlässigt hat, findet sie nun immer mehr Gefallen an teuren und vor allem extravaganten Roben mit weit ausgeschnittenen Dekolletés, die ihre makellosen Brüste recht freizügig sehen lassen, was in der Pariser Gesellschaft für Empörung und Bewunderung gleichermaßen sorgt. Selbstverständlich sehen die Herren in den Salons die junge Marquise du Châtelet nicht nur als geschätzte, intelligente Konversationspartnerin, sondern auch als begehrenswerte Frau. Und während Florent-Claude im Kriege weilt und sich dort das eine oder andere Liebchen hält, sieht es Émilie als ihr gutes Recht an, sich ebenso einen Galan zu erwählen. Zunächst geht sie eine Liaison mit dem Marquis Robert de Guébriant ein, der zwar etwas einfach gestrickt, aber von blendendem Äußeren ist. Die Beziehung währt nicht lange. Émilie springt mit ihrem Galan recht launisch um, was dieser zunächst hinnimmt. Als sie aber in einem theatralischen Eifersuchtsanfall vor den Augen ihres Geliebten Gift nimmt (oder es zu nehmen vorgibt), reagiert Guébriant recht pragmatisch und holt sich beim Koch ein Brechmittel, das er Émilie einflößt. Die Wirkung ihrer Opernposse ist jedoch anders als von ihr kalkuliert: Der Schönling zeigt sich, als Émilie sich übergeben hat, recht unbeeindruckt und verlässt das Haus, ohne auf ihre Nötigungsversuche einzugehen.

Der nächste Liebhaber ist der kleine, rundliche Comte Pierre de Vincennes. Er hat zwei Leidenschaften: Essen und die Metaphysik. Immerhin kann sich die wissensdurstige Marquise du Châtelet mit ihm geistig gut austauschen – sollte man meinen. Doch beide Partner sind zu sehr von sich selbst eingenommen und reden die ganze Zeit nur aneinander vorbei. Bald lästert man in der Pariser Gesellschaft: »Was sie wohl miteinander anfangen? Sie reden einander tot.« Das kommt Émilie zu Ohren, und sie kontert selbstbewusst: »Der Graf und ich unterhalten uns über die Natur des Menschen und seine Beziehung zu sich selbst und zum Universum. Was können die Leute, die über uns spotten, schon reden, ohne dass ihre abgrundtiefe Ignoranz zutage tritt?«

Doch von Metaphysik allein kann keine Liebschaft gedeihen. Der nächste Galan ist der Herzog Louis François von Richelieu, ein Großneffe des berühmten französischen Kardinals und Kanzlers und seinerseits ein fähiger Offizier und Staatsmann, der auch einen Ruf als Frauenheld genießt. Doch gerade die scharfsinnige, gebildete Émilie du Châtelet scheint dem Don Juan, der sonst bei Frauen auf reine Äußerlichkeit achtet, zu imponieren. Sie werden ein Liebespaar. Beide verbindet das ehrliche, tiefe Interesse für Philosophie und Literatur, und auf Anregung Richelieus wird Émilie du Châtelets Beschäftigung mit der Mathematik ernsthafter und systematischer. Nun lädt sie nicht mehr die eitlen und im Grunde seichten Salonlöwen in ihr Haus, sondern sie unterhält Jours fixes mit berühmten Professoren von der Sorbonne, mit denen sie ihre Ansichten und Arbeiten zur Mathematik und Physik, zur Literatur und Philosophie diskutiert. Immer seltener sieht man die Marquise in den Salons oder der Oper, immer mehr zieht sie sich in ihr Studierzimmer zurück. Besucher bemerken die Tintenflecke an ihren Fingern und auf den teuren Kleidern. Das Liebesverhältnis zu Richelieu indes wandelt sich bald zu einer tiefen Freundschaft, die von gegenseitiger Achtung und intellektuellem Interesse geprägt ist. Émilie schreibt in einem Brief an Richelieu voller Wärme und Aufrichtigkeit: »Es ist eins der Vorrechte der Freundschaft, dass man jede Seelenregung des anderen wahrnimmt. Ich liebe Sie, mögen Sie frohgemut, traurig, heiter oder bedrückt sein; ich wünschte, meine Freundschaft könnte Ihre Freuden verstärken, Ihre Sorgen teilen und mindern. [...] Ich weiß nicht, ob es Ihnen schmeichelt, wenn ich sage, Sie sind mir geradeso angenehm in der Ferne wie in der Nähe; [...] Ich entdecke in Ihrem Geist allen Reiz und in Ihrer Gesellschaft alle Freuden, welche die ganze Welt dort findet, doch gewiss hat niemand den Wert Ihrer Freundschaft mehr als ich zu schätzen gewusst. Ihr Herz hat das meine in Besitz genommen.«

Das fidele Exil von Cirey

Émilies Herz – und Verstand – wird bald von einem anderen Mann in Besitz genommen: Im Jahre 1733 lernt sie im Café Gradot Voltaire kennen. Bald sind sie ein Liebespaar, ja mehr noch: ein Team. Gemeinsam (und auch in Konkurrenz zueinander) werden sie in den nächsten vierzehn Jahren ihre Studien betreiben und ihre Arbeiten und Ergebnisse publizieren. Doch das Liebesverhältnis wird von außen bald bedroht; nicht von Émilies Mann – der freundet sich mit seinem Nebenbuhler sogar an –, sondern von den politischen Umständen: Voltaire macht sich bei Hofe und beim Adel durch kritische und satirische Gedichte und Glossen unbeliebt und muss immer befürchten, von den Agenten des Königs verhaftet und in die Bastille verschleppt zu werden. Eine Zeit lang taucht er in England unter, doch in seinen bald publizierten *Lettres philosophiques sur les Anglais (Philosophische Briefe über die Engländer)* lobt er das liberale System auf der Insel und übt Kritik an den absolutistischen Zuständen in der Heimat. Auch werden Teile aus seinem satirischen Epos *La Pucelle* bekannt – kein Wunder, denn Voltaire ist so eitel, bei jeder Gelegenheit aus dem Skript vorzulesen, und Zuhörer mit gutem Erinnerungsvermögen können nach und nach Teile des Werks aus dem Gedächtnis niederschreiben und sie den darin verhöhnten Persönlichkeiten des öffentlichen Lebens zuspielen. Die französischen Behörden stellen einen Haftbefehl gegen Voltaire aus. Dessen Schriften können seit einiger Zeit ohnehin nur noch im liberalen England und in Holland publiziert werden. Nun aber ist er persönlich bedroht. Émilie verfällt auf eine Idee: Ihr Mann besitzt das von Wäldern und Hügeln umgebene Schloss Cirey in der Champagne, in unmittelbarer Nähe der Grenze zu Lothringen, damals noch ein Herzogtum des Heiligen Römischen Reiches, und nahe der Landstraße, die nach Holland führt. Sie bietet Voltaire an, dort sein ländliches Exil zu beziehen. Voltaire nimmt die Einladung an. Hier verbringt er die nächsten Jahre, und bald zieht auch Émilie nach Cirey. Die französischen Behörden nehmen es mit dem Haftbefehl nicht so ernst, solange der Gesuchte sich nicht in Paris aufhält und die von ihm verspottete Gesellschaft nicht weiter provoziert. Was am Rand des Königreichs, hinter dicken Schlossmauern in einer verlassenen Gegend geschieht, ist ihnen relativ gleichgültig.

Voltaire findet ein unwirtliches, halb verfallenes Gemäuer vor: Überall regnet es herein, die Möbel sind ramponiert und wurmstichig, die Betten verrottet, die Böden voller Löcher, die Fenster undicht, Vorhänge und Teppiche von Mäusen und Motten zerfressen. Dem Marquis hat es bislang an Geschmack, vor allem aber an Geld gefehlt, um sein abgelegenes Gut zu sanieren. Das übernimmt nun mit einer Verve, die man dem Philosophen gar nicht zugetraut hätte, Voltaire. Er ist nämlich ein begüterter Mann, reich geworden nicht durch seine Schriften, sondern durch Spekulationen mit Aktien und Immobilien. In den kommenden Monaten heuert er eine ganze Mannschaft von Arbeitern aller Gewerke an und lässt das Schloss innen und außen grundlegend renovieren. Er bestellt bei Tischlern und Polsterern neue Möbel, lässt Schornsteine und Kamine einbauen, um die feuchtkalten Räume heizen zu können, stellt Dienstmädchen, Knechte, Lakaien, Köchinnen und Gärtner ein. Bald übersiedelt auch Émilie nach Cirey und wird ihrerseits von der Renovierungs- und Einrichtungswut gepackt. Voltaire beweist viel Geschick und Geschmack, Émilie nicht minder (hat sie doch bereits das Stadtpalais in Paris wohnlich gestaltet). Nicht immer freilich sind sich die Liebenden einig – aber sie nehmen es mit sportlichem Ehrgeiz und Humor. Voltaire berichtet amüsiert: »Madame du Châtelet will das Fenster einsetzen, wo ich Türen gesetzt habe. Sie macht aus Treppen Schornsteine und aus Schornsteinen Treppen. Wo ich die Zimmerleute angewiesen habe, die Bibliothek einzurichten, lässt sie einen Salon erstehen. Mein Salon wird zum Badezimmer. Limonen will sie pflanzen, wo ich Ulmen vorgesehen habe [...]. Und trotzdem versichere ich Ihnen, sie ist einfach eine Zauberin, die Wunder vollbringt in diesem schrecklich unfertigen Haus.«

Herzstück des Schlosses wird die Bibliothek, oder besser: die Bibliotheken. Denn Voltaires und Émilies Bücherbestände füllen bald mehrere große Räume. Schließlich zählen die vereinigten Bibliotheken von Cirey – so schätzt man – rund 23 000 Bände, einer der größten privaten Buchbestände in ganz Frankreich.

Cirey wird ein idealer Rückzugsort zum gemeinsamen Leben und Lieben, aber auch für ungestörte akademische Studien. Aber es ist kein Ort der Traurigkeit und des abgeschiedenen, einsamen Exils. Denn die gelehrte Welt kommt bald nach Cirey, um den berühmten Bewohnern die Aufwartung zu machen. Der Alltag im Schloss hat allerdings seine eigenen Gesetze, und nicht alle Besucher halten denen kräftemäßig stand. Ein Beispiel von mehreren ist der Besuch eines Herrn von Villefort, der Anfang 1736 nach Cirey kommt und darüber in Briefen ausführlich berichtet: Es ist ein bitterkalter Winter mit viel Schnee. Die Kutsche des Gastes kämpft sich durchs Gelände, es ist so einsam, dass man glauben könnte, im tiefsten Russland zu sein. Endlich – es ist heller Nachmittag – erreichen sie das Schloss. Der angemeldete Gast betrachtet die Fassade: Alle Fensterläden sind geschlossen, nirgends ein Zeichen von Leben. Er zieht an der Türglocke, keiner öffnet. Er hämmert mit der Faust an das Portal. Endlich erscheint ein Diener mit einer Kerze. Villefort nennt seinen Namen und fügt hinzu, dass er angemeldet sei. Der Diener bittet ihn herein und führt ihn durch das abgedunkelte Schloss. In der großen Halle hängen und stehen allerlei physikalische Versuchsapparaturen, deren Sinn und Zweck Villefort unerklärlich sind. Der Besucher wird ins Arbeitszimmer der Schlossherrin geführt: Émilie du Châtelet sitzt bei Kerzenschein an ihrem Schreibtisch, in voller Garderobe, mit Diamanten behangen, als ginge sie auf einen Ball bei Hofe. Nur die tintenverschmierten Finger passen nicht dazu. Auf dem Tisch liegen Bücher und Manuskripte. Sie ist höflich und zuvorkommend, schenkt dem Gast ein Glas Wein ein, plaudert ein wenig mit ihm, dann führt sie Villefort zu Voltaires Arbeitszimmer. Auch der sitzt gebeugt über seinen Skripten, ist aber ebenfalls dem Gast gegenüber höflich und betreibt ein paar Minuten lang Konversation. Dann wird das Gespräch abrupt beendet, Émilie und Voltaire kehren an ihre Arbeit zurück, Villefort wird von dem Diener in sein Zimmer geführt und mit Portwein und einem heißen Bad versorgt.

Es wird Abend, was Villefort nur daran sehen kann, dass er auf seine Taschenuhr blickt, denn die Fensterläden sind ja verschlossen. Er hat Hunger. Endlich ertönt ein Gong, das Zeichen zum Diner. Ein Lakai geleitet ihn ins Speisezimmer. Dort ist für drei gedeckt. Doch es sind keine Aufwartediener zu sehen. Da öffnet sich wie von Geisterhand eine Luke im Boden und eine Etagere fährt nach oben, auf der die Speisen unter großen Warmhalteglocken stehen. Émilie fordert Villefort auf, sich selbst zu bedienen. Es werden mehrere Gänge kredenzt, das Essen währt Stunden. Die abgeräumten Teller und Gläser werden auf einen anderen Servierwagen gestellt, der ebenso wie von Geisterhand bewegt in einer Luke im Boden verschwindet. Das, so die Hausherrin, sei ihre Erfindung. So werde man bei der Unterhaltung vom Personal weder gestört noch belauscht. Die Gespräche bei Tisch sind angeregt, aber anspruchsvoll und kreisen um allerlei Themen. Leichte Konversation wird vermieden. Im Anschluss an das mehrstündige Mahl – Villefort freut sich bereits auf die Nachtruhe – fordern Émilie und Voltaire ihn auf, ihnen in den angrenzenden Salon zu folgen. Dort lesen sie dem Gast abwechselnd aus philosophischen Texten – eigenen und solchen anderer Autoren – vor. Endlich, es ist schon spät in der Nacht, erheben sich die Gastgeber und verkünden die Schlafenszeit. Villefort begibt sich erschöpft in sein Zimmer und fällt ins Bett.

Doch bereits um vier Uhr morgens wird er von einem Diener geweckt: Madame sei schon wach und lasse fragen, ob er Voltaires Gedichte-Lesung beiwohnen wolle? Villefort erhebt sich pflichtschuldig und begibt sich in den Salon, wo Voltaire recht angeregt aus seinen Werken liest und die Marquise ihm hoch konzentriert zuhört. Nach einer Stunde erheben sich die beiden und begeben sich in ihre Arbeitszimmer, Villefort bleibt übernächtigt zurück. Eigentlich möchte er wieder schlafen, aber um acht Uhr erscheint erneut ein Diener und bringt ihm ein reichhaltiges Frühstück ans Bett. Villefort langt hungrig zu, danach fühlt er sich etwas gestärkt. Der Diener öffnet die Fensterläden, erklärt, es sei ein zwar frostiger, aber klarer Tag, die Herrschaften würden dies zu einem Ausflug nutzen, Villefort werde gebeten, ihnen Gesellschaft zu leisten. Villefort zieht sich eilends an. Vor dem Schloss warten bereits die Herrschaften ungeduldig auf den verspäteten Gast. Sie sind wiederum in edle Gewänder und Pelze gekleidet, als wären sie in Versailles und würden eine Audienz beim König abstatten. Drei Wagen stehen fertig gepackt da, die Pferde sind angeschirrt, die Kutscher sitzen auf den Böcken, mehrere Lakaien neben ihnen. Émilie du Châtelet, Voltaire und Villefort besteigen die erste Kutsche. Die zweite ist vollgepackt mit Speisen und Getränken, die dritte angefüllt mit einer kleinen Bibliothek. Der Ausflug geht in den Wald. Eine Lichtung öffnet sich. Die Sonne scheint, der Schnee glitzert wie die Diamanten an Émilies Dekolleté. Die Marquise befiehlt anzuhalten und mitten im Schnee die Decken und Kissen für ein Picknick auszubreiten. Es gibt ein üppiges Mahl mit Fisch, Fleisch, Huhn, Gemüse, dazu Käse und Wein. Den Gastgebern, in Pelze gehüllt, scheint die klirrende Kälte nichts anzuhaben. Sie langen mit Appetit zu. Villefort isst artig mit. Endlich ist das Mahl im Schnee zu Ende, und Villefort freut sich bereits auf sein geheiztes Zimmer im Schloss – da verkündet Émilie, dass man jetzt zum eigentlichen Zweck des Ausflugs komme: der Unterhaltung über diverse wissenschaftliche Themen. Émilie und Voltaire werfen einander im Disput die Bälle zu: Es geht um das englische Drama, um holländische Finanzpolitik, um die schwedische Geschichte und manch anderes. Villefort hat von all diesen Themen keine Ahnung und schweigt. Doch es ist keine bloß gelehrte Konversation, die die beiden da führen, sondern ein wissenschaftlicher Disput. Jede geäußerte Meinung, jede These muss belegt werden. Voltaire und Émilie schicken abwechselnd einen Diener zu der wenige Schritte entfernt wartenden Bibliothekskutsche, um ein bezeichnetes Buch zu holen, anhand dessen eine Aussage verifiziert werden kann. Es ist ein intellektueller Wettstreit, und beiden, Émilie wie Voltaire, bereitet das großen Spaß. Endlich, nach mehreren Stunden, gibt die Marquise das Zeichen zum Aufbruch. Angeregt parlierend besteigen Voltaire und sie die Kutsche, Villefort, der halb erfroren ist, stolpert hinterher.

Zurück im Schloss eilt der Gast auf sein Zimmer, während die Herrschaften, kein bisschen müde, sich in ihre Arbeitszimmer begeben. Wenige Stunden später wird Villefort bereits wieder geweckt: Er möge in den Speisesaal kommen. Es seien mehrere Gäste eingetroffen, das Diner werde im größeren Rahmen serviert. Tatsächlich haben sich, ohne dass Villefort etwas bemerkte, rund zwanzig Gäste eingefunden, die ein reichhaltiges Menu in neun Gängen genießen, wieder serviert über die Etagere, die durch die Bodenluke nach oben gekurbelt wird. Auch jetzt kommt es nicht zu leichter Konversation, denn die Anwesenheit so vieler Menschen stachelt Émilie und Voltaire zu möglichst geistreichen Bemerkungen und Thesen an – sodass sich beide vor den Gästen in die Haare geraten, dann aber – kurz bevor die Teller fliegen – plötzlich in Lachen ausbrechen und sich, als sei nichts geschehen, wieder blendend vertragen.

Die Tafel wird aufgehoben, die Gäste werden in die große Halle geführt, wo allerlei Rohre, Seile, Ketten, Apparaturen und Phiolen hängen und stehen. Es ist die physikalische Werkstatt der Schlossherrin, hier forscht sie zu den Thesen Isaac Newtons und anderer – aber so genau weiß das keiner. Villefort fühlt sich, als hätte er sich in einer Folterkammer verirrt. Die Gäste werden geheißen, auf Stühlen unterhalb der Apparate Platz zu nehmen, und Émilie nimmt wieder das Gespräch auf, das mehr und mehr zum Monolog wird. Endlich, nach mehreren Stunden, werden die Gäste in ihre Zimmer entlassen, nicht ohne die Ermahnung der Hausherrin, dass man anderntags wieder zeitig aufstehen wolle.

Villefort hat eine kurze Nacht, wird vom Diener früh geweckt, steht auf, schlendert durchs Schloss und den Garten: Doch es ist alles wie ausgestorben, die Läden sind geschlossen. Madame und

Monsieur, so heißt es, seien bei der Arbeit und wollen nicht gestört werden. Villefort ist einem Nervenzusammenbruch nahe, bestellt eine Kutsche und verlässt panisch das Anwesen, um sich nie wieder dort blicken zu lassen.

»Emilia Newtonmania«

Émilie du Châtelet arbeitet sich in jenen Jahren systematisch in das Werk und Denken der großen Philosophen und Mathematiker ihrer Zeit ein. Sie studiert unter anderem John Locke und Gottfried Wilhelm Leibniz, den Mathematiker Pierre Louis Maupertuis (er lebt sogar eine Zeit lang als Gast in Schloss Cirey), vor allem aber die Schriften und Theorien Isaac Newtons. Sie ist wie kein anderer in Frankreich mit dem Werk des englischen Physikers und Mathematikers vertraut und nennt sich selbst in Briefen scherzhaft, doch voller Stolz »Emilia Newtonmania«. 1738 publiziert Voltaire, der sich eher philosophisch mit Newtons Ideen befasst, seine und Émilies Studien unter dem Titel *Élements de la philosophie de Newton* – allein unter seinem Autorennamen. Noch zum damaligen Zeitpunkt ist es eher unüblich, dass eine Frau eigenständig unter ihrem Namen veröffentlicht. Dies ändert sich jedoch in den nachfolgenden Jahren; 1740 publiziert Émilie du Châtelet eigenständig (und nicht mehr unter Voltaires Autoren-Obhut) ihre Studien *Institutions de Physique (Grundlagen der Physik)*, die auch metaphysische Fragen, etwa das Problem der Theodizee, behandeln – noch die große *Encyclopédie* wird Jahrzehnte später ganze Artikel aus diesem Werk übernehmen –, im selben Jahr ihre *Analyse de la philosophie de Leibniz*, posthum werden im Jahre 1759 noch die von ihr aus dem Lateinischen übersetzten Werke Newtons *Les Principes de Newton* veröffentlicht. Zudem erscheinen kleinere Schriften, so 1744 auf Empfehlung der französischen Akademie der Wissenschaften ihr Essay *Dissertation sur la nature et la propagation du feu* – eine Studie über die Natur des Feuers, die sie bei einem Wettbewerb der Akademie einreicht (auch Voltaire beteiligt sich daran, kommt zu anderen Ergebnissen als seine Geliebte, keiner von beiden erhält den Preis, doch beider Essays werden von der Akademie, die sich beeindruckt zeigt, publiziert). Zudem entstehen ein kritischer Kommentar zur Bibel und der Essay *Discours sur le bonheur (Rede vom Glück)*. Ebenfalls posthum erscheint im Jahre 1792 (also mitten in der Phase der religionsfeindlichen Französischen Revolution) Émilies kritische komparatistische Schrift über die Heilslehren der Weltreligionen *Doutes sur les religions révelées*.

Émilie du Châtelets und Voltaires Auseinandersetzung mit Newtons Erkenntnissen ist zugleich eine kritische Aufarbeitung der Physik des René Descartes (1596–1650), der zur damaligen Zeit in Frankreich noch als unanfechtbare Größe gilt. Émilies Übersetzung (gemeinsam mit dem befreundeten Mathematiker Alexis-Claude Clairaut) von Newtons bereits 1687 erschienenem Hauptwerk *Philosophiae Naturalis Principia Mathematica (Die mathematischen Grundlagen der Naturphilosophie)* macht die Erkenntnisse des Engländers in Frankreich bekannt und setzt sie endgültig gegen die veralteten cartesianischen Theorien durch. Vor allem aber gelingt es ihr in den ihrer Übersetzung angefügten kritischen Kommentaren, Newtons mathematisch-geometrische Erkenntnisse mit der von Leibniz entwickelten Differential- und Integralrechnung zusammenzuführen und die mechanistischen Newton'schen Begriffe von Erfahrung und Veränderung mit Leibniz' metaphysischer Monadenlehre zu verbinden. Überdies korrigiert Émilie du Châtelet Newtons Formel von der *vis viva*, der lebendigen Kraft, wonach die kinetische Energie proportional zur Geschwindigkeit des Körpers sein müsse: Vielmehr, so die Marquise (und hierin kommt sie zum selben Schluss wie Leibniz), müsse die kinetische Energie *zum Quadrat* der Geschwindigkeit proportional sein.

Neben diesen großen wissenschaftlichen Abhandlungen erscheint Émilie du Châtelets Essay *Rede vom Glück* vielleicht als randständig, bei genauerer Betrachtung ist er jedoch ein sehr persönliches und intimes Vermächtnis einer Philosophin und großen Liebenden. Sie steht darin in der Tradition der hedonistischen Lehre Epikurs, verfeinert durch die christliche Tugendlehre, aber auch erweitert und bereichert durch ganz persönliche Glücks- und Verzichtserfahrungen. Der Essay ist um 1744 entstanden, zu einer Zeit, als ihr Liebesverhältnis mit Voltaire sich dem Ende zuneigt (wenngleich an dessen Stelle eine geläuterte Freundschaft tritt – ähnlich wie Jahre zuvor in der Beziehung zu Richelieu).

In ihrem Essay vertritt Émilie du Châtelet diverse Thesen zur Erlangung persönlichen Glücks. Sie ist eine Vertreterin der Aufklärung, und entsprechend ist ihrer Ansicht nach das Glück weitgehend eine bewusste Entscheidung, keine Laune eines blinden Schicksals oder des Zufalls. Umso erstaunlicher ist es, dass sie davon abrät, bei der Suche nach dem Glück die Vernunft über alles zu stellen. Vielmehr misst sie der scheinbar »unvernünftigen« Illusion eine große Bedeutung für ein glückliches Dasein bei: »Um glücklich zu sein, ist es nötig, frei von Vorurteilen, tugendhaft und bei guter Gesundheit zu sein, Neigungen und Leidenschaften zu haben und für Illusionen empfänglich zu sein, denn den Großteil unserer Vergnügen schulden wir der Illusion, und unglücklich ist, wer sie verliert. Weit entfernt von dem Versuch, sie mit der Fackel der Vernunft zu vertreiben, versuchen wir lieber, den Lack zu verstärken, mit dem sie die meisten Dinge überzieht.«

Wie sind diese Ansichten vereinbar mit der aufklärerischen Forderung *sapere aude*, »wage es, deinen Verstand zu gebrauchen«? Sind Illusion und Vernunft nicht gegensätzlich und unvereinbar? Émilie du Châtelet geht prinzipiell von der antiken Lehre des Epikur aus, wenn sie eine hedonistische, also lustbetonte Lebensauffassung als Voraussetzung persönlichen Glücksempfindens propagiert. Träger dieser Lust sind Leidenschaften und Neigungen, Passionen, die für die Autorin nichts mit Amoralität gemein haben.

Den selbst ernannten Sittlichkeitswächtern und Tugendaposteln schleudert sie entgegen: »Die Moralisten, die den Menschen sagen: ›Wenn ihr glücklich sein wollt, unterdrückt eure Leidenschaften und beherrscht eure Gelüste‹, kennen den Weg zum Glück nicht. Glücklich ist man nur durch befriedigte Leidenschaften und Neigungen.« Denn, so folgert sie, es trage am meisten zu unserem Glück bei, »wenn wir mit unserer Lage zufrieden sind und eher darauf sinnen, wie sie glücklich einzurichten statt wie sie zu verändern sei«. Diese Zufriedenheit aber entstehe am leichtesten, wenn man seinen Leidenschaften und Neigungen nachgehen und sie erfüllen könne – vorausgesetzt (und hier spricht eine mit durch das Christentum geformte Post-Epikureerin), man füge niemandem anderen Schaden zu, handle nicht gegen Gewissen, Tugend und Anstand oder die Konvention der Schicklichkeit, denn man könne nur für sich und vor sich glücklich sein, wenn man ein reines Gewissen habe und nicht gegen die Regeln der Gesellschaft lebe, in die man naturgemäß eingebunden ist, und deren Konventionen nicht verletze, die sich im Laufe der Geschichte und des Zusammenlebens als unumstößliche Wahrheiten erwiesen haben.

Was aber sind nun die »Quellen« dieses Glücksstroms? Émilie du Châtelet nennt zunächst die Eigenschaft, von Vorurteilen frei zu sein, »es liegt nur an uns, sie abzulegen. Wir alle haben die nötige Portion Verstand, um die Dinge, die man uns glauben machen will, zu überprüfen.« Sie liefert auch eine Definition des Vorurteils: »Ein Vorurteil ist eine Meinung, die man ungeprüft übernommen hat, die sich sonst nicht halten ließe.« Dies ist ein aufklärerisches Postulat, die Aufforderung, Vernunft und Verstand zu gebrauchen. Freilich gebe es auch Grenzen des freien Urteils, nämlich die »Regeln der Schicklichkeit«, sie »haben die Wahrheit des Herkömmlichen für sich«, und ebenso die Tugend: »Unter *Tugend* verstehe ich alles, was zum Glück der Gesellschaft beiträgt und infolgedessen zu dem unsrigen, denn wir sind Mitglieder der Gesellschaft.« Einfacher ausgedrückt: Die Freiheit des Einzelnen endet immer bei der Freiheit des anderen. Kein Mensch ist autark, es gibt kein Leben außerhalb der Gesellschaft, kein Glück jenseits des Lebens mit anderen. Die epikureische Lehre des Hedonismus, der Lusterfüllung, hat nichts mit Amoralität zu tun. Jeder Mensch ist an sein Gewissen und an gesellschaftliche Konventionen gebunden, ein glückliches Leben kann nur der führen, der sich nicht dem »Laster« ergibt. Der kalte Verstand der Aufklärung allein wäre anarchistisch. Émilie du Châtelet sieht ihre Welt- und Lebenshaltung eingebunden in die christliche Tugendlehre: »Ich bezweifle, dass es ein köstlicheres Gefühl gibt als jenes, das man empfindet, wenn man ein Werk der Tugend vollbracht hat, dem die Achtung der rechtschaffenen Menschen gebührt.«

Eine andere Quelle des Glücks – Émilie du Châtelet hat dies bereits zu Beginn erwähnt – ist die Illusion. Sie führt aus: »Schließlich, sage ich, muss man, um glücklich zu sein, empfänglich sein für Illusionen [...]; aber, werden Sie einwenden, Sie haben gesagt, der Irrtum sei immer schädlich: Ist denn die Illusion nicht auch ein Irrtum? Nein: In Wahrheit lässt uns die Illusion die Dinge nicht ganz so sehen, wie sie wohl sein müssen; sie passt sie unserer Natur an, um sie unseren Empfindungen angenehm zu machen.« Die Autorin führt auch einen Vergleich aus der Naturwissenschaft an, um ihre These als »natürlich« gewollt und notwendig zu untermauern: »So ist es mit den optischen Täuschungen: Die Optik täuscht uns nicht, obwohl sie uns die Dinge nicht so sehen lässt, wie sie sind, sondern so, wie es zu unserem Nutzen notwendig ist.«

Eine weitere Quelle entspringt rein aus dem menschlichen Willen und der menschlichen Vernunft: »Allen voran ist die Entscheidung zu nennen, was man sein will und was man machen möchte, und sie fehlt bei fast allen Menschen; dabei ist dies die Bedingung, ohne die es Glück gar nicht gibt.« Die Erfüllung der Leidenschaften ist eine wichtige Voraussetzung dieser Selbstverwirklichung. Émilie nennt unter den Leidenschaften, die Menschen glücklich machen können, das Spiel (sie selbst ist ja eine begeisterte Kartenspielerin!), mahnt ihre Leser aber: »Die Weisheit sollte das Spiel stets beherrschen: denn wer *weise* sagt, sagt *glücklich*.« Es geht also um eine gemäßigte Erfüllung der Leidenschaften, ein Zuviel kann schädlich sein und abhängig machen. Eine andere schädliche Leidenschaft sieht Émilie du Châtelet im Ehrgeiz, da er die Seele schädige und den Menschen anderen ausliefere: »Je weniger unser

Glück von anderen abhängig ist, desto leichter gelingt es uns, glücklich zu sein.« Eine der größten Quellen des Glücks – auch hier spricht die Autorin aus eigener Erfahrung – ist hingegen die Liebe zur Wissenschaft. Besonders Frauen, so die überraschend emanzipierte Ansicht einer Dame des 18. Jahrhunderts, fänden in der Wissenschaft Erfüllung, da ihnen andere Leidenschaften, etwa die nach Macht und Ruhm, versagt blieben. Ja, sie stellt die Liebe zur Wissenschaft sogar über alle anderen Mittel, Glück zu erlangen, da sie im Gegensatz zu anderen Leidenschaften – etwa die Liebesleidenschaft – mit Alter und Krankheit nicht abnimmt, sondern sogar wachsen könne.

Verzicht und freiwillige Bescheidung schließlich gehen Hand in Hand mit der Erfüllung von Leidenschaften: Hier schließt Émilie du Châtelet, die aufklärerische Hedonistin, einen Kompromiss mit der Daseinswirklichkeit: Alter und Krankheit machen vor keinem halt, und es ist sinnvoller, sich frühzeitig in der Erfüllung von Leidenschaften realistische Ziele und Grenzen zu setzen, als dass sie einem vom Schicksal oder dem Nachlassen der Kräfte und der Erlebnisfähigkeit brutal vor Augen gestellt werden: »An unserem Geist und unserer Vernunft ist es, diese weise Mäßigung der Natur zu befestigen; glücklich ist man nur durch erfüllte Wünsche; also darf man sich nur den Wunsch nach Dingen erlauben, die man ohne allzu viel Anstrengung und Arbeit erreichen kann, und in diesem Punkt vermögen wir viel für unser Glück.«

Schließlich kommt die Autorin auf einen Sonderfall der Erfüllung von Leidenschaften zu sprechen: Während fast *alle* Leidenschaften, die Lust bereiten und glücklich machen können, ganz von uns selbst abhängen, so gibt es doch eine, die die größte Lust und das größte Glück bereiten kann, bei deren Erreichung wir ganz von anderen abhängig sind: die Liebe. Existiert eine wechselseitige Zuneigung, »so ist alles gesagt, man braucht nichts weiter zu tun, um glücklich zu sein, alles andere ist gleichgültig«. Schwieriger verhält es sich, wenn die Zuneigung einseitig ist oder eine Liebe abnimmt oder abstirbt. Auch hier plädiert die Autorin für eine vernunftgesteuerte Bescheidung, für die Akzeptanz eines Kompromisses: »Jedoch behaupte ich: Auch wenn unsere Vorstellungen vom Glück sich durch die Liebe des Geliebten nicht ganz erfüllen, so kann die Lust, die wir empfinden, wenn wir uns unserer ganzen Zärtlichkeit hingeben, ausreichen, um uns glücklich zu machen; und wenn diese Seele noch das Glück hat, für Illusionen empfänglich zu sein, so ist es unmöglich, dass sie sich nicht mehr geliebt glaubt, als sie es vielleicht tatsächlich ist.«

Vernunft ist in der Liebe wie auch bei anderen Leidenschaften stets angeraten: Denn liebt man übermäßig leidenschaftlich, losgelöst von Vorsicht und Vernunft, führt dies leicht »zu einer Selbstaufgabe, die unfähig macht zu aller Kunst«. Hier wird Émilie du Châtelet persönlich und offenbart den Lesern gleichsam zum Beweis ihr eigenes Liebesleben mit Voltaire, dies zu einem Zeitpunkt (1744), da die Leidenschaft zwischen beiden nachlässt und an die Stelle einer Liebesbeziehung eine achtungsvolle Seelenfreundschaft tritt: »Aber ich war zehn Jahre lang in glücklicher Liebe mit dem verbunden, der meine Seele bezwungen hatte; diese zehn Jahre habe ich Seite an Seite mit ihm verbracht, ohne irgendeinen Anflug von Überdruss oder Langeweile [...]. Ich liebte für zwei, ich teilte mein ganzes Leben mit ihm, und mein Herz, von trüben Ahnungen verschont, genoss das Vergnügen zu lieben und die Illusion, sich geliebt zu glauben. Es stimmt, ich habe diesen so glücklichen Zustand verloren, und es hat mich viele Tränen gekostet.« Sie, Émilie, habe schließlich jedoch die unumkehrbare Tatsache des Abblühens der Liebesleidenschaft akzeptiert, diese Selbstüberwindung habe ihr »Herz unmerklich zum Gefühl der Freundschaft geführt, und dieses Gefühl, verbunden mit der Leidenschaft für die Wissenschaft, machte mich glücklich genug«.

Die heutige Psychologie würde wohl von Kompensation und Sublimierung einer Leidenschaft durch eine andere sprechen. Émilie du Châtelet kannte diese Begrifflichkeiten freilich noch nicht, hat aber sehr wohl den seelischen Überlebensmechanismus richtig erspürt. Die Liebe zur Wissenschaft, so resümiert sie, sei für sie persönlich die höchste Leidenschaft, da sie die Liebe zu einem anderen Menschen überdauere, aber auch von den Einschränkungen des Alters und der Krankheit weitgehend unabhängig sei. Freilich ist auch der willensstärkste, weiseste, vernünftigste Mensch letztlich ein Spielball des Lebens. Dennoch denkt Émilie du Châtelet ganz im Sinne eines positiv besetzten Jahrhunderts, des »Jahrhunderts des Lichts«, das den Menschen trotz aller Beschränkungen von innen und außen in den Mittelpunkt stellt, ihn nicht mehr von den Launen eines Gottes oder eines blinden Fatums abhängig macht, und selbst wenn es diesen Gott und das Schicksal als gegeben anerkennt, ihm doch nicht die alleinige Macht über sich selbst einzuräumen gewillt ist: »Man kann sich bis zu einem gewissen Punkt beherrschen; wir vermögen zweifellos nicht alles, doch wir vermögen viel.« Dies ist in nuce das »Glaubensbekenntnis« einer aufgeklärten, emanzipierten, vernunftgeleiteten Frau des 18. Jahrhunderts, die gelernt hat, ihr Leben selbst in die Hand zu nehmen und es sich nicht mehr von anderen vorgeben und leiten zu lassen – mit allen Konsequenzen, auch auf die Gefahr hin, sich zu irren oder gar zu scheitern. »Und ich gehe«, führt sie weiter aus, »ohne Angst, mich zu täuschen, noch weiter und sage, dass es keine einzige Leidenschaft gibt, die man nicht überwinden könnte, wenn man sich einmal davon überzeugt hat, dass sie nur unserem Unglück dient.« Der Schluss ihres Essays über das Glück wirkt mahnend und versöhnlich zugleich. Es ist das Resümee einer klugen, erfahrungsgesättigten, aber auch weisen und weichherzigen Frau, ein Aufruf direkt an ihre Leser, ein Ratschlag einer menschenliebenden Autorin, der das Glücksbegehren ihrer Mitmenschen keinesfalls gleichgültig ist: »Versuchen wir also, es uns gut gehen zu lassen, keinerlei Vorurteile zu hegen, Leidenschaften zu haben und sie unserem Glück dienlich zu machen, unsere Leidenschaften durch Neigungen zu ersetzen, mit größter Sorgfalt unsere Illusionen zu bewahren, tugendhaft zu sein, niemals zu bereuen, uns von traurigen Vorstellungen fernzuhalten und unserem Herzen nie zu erlauben, auch nur ein Fünkchen Neigung für jemanden zu bewahren, dessen Neigung schwindet und der aufhört, uns zu lieben. Da man altert, muss man auf die Liebe eines Tages verzichten, und dieser Tag sollte der sein, an dem sie uns nicht mehr glücklich macht. [...] und vor allem seien wir uns im Klaren, was wir sein wollen; entscheiden wir uns für den Weg, den wir für unser Leben einschlagen wollen, und versuchen wir, ihn mit Blumen zu säumen.«

Das Glück, das Émilie du Châtelet an der Seite des von ihr bewunderten und geliebten Voltaire in Cirey genießt, ist von begrenzter Dauer. Mehrfach fürchtet sie, ihn an das äußere Leben, den Ruhm oder an andere Menschen zu verlieren. Ihr am meisten verhasster Widersacher ist der junge Kronprinz Friedrich von Preußen, der sich selbst als Aufklärer sieht und ein frankophiler Schwärmer ist. Mehrmals lädt Friedrich sein Idol nach Potsdam ein – ihn allein, denn der Kronprinz, das wissen die Zeitgenossen nur zu genau, liebt die Frauen nicht und fürchtet sich sogar vor der geistig wachen, umfassend gebildeten und vor allem auch scharfzüngigen Marquise du Châtelet. Émilie reagiert eifersüchtig: eifersüchtig, weil sie von Friedrich so ignoriert wird; eifersüchtig aber auch, weil sie um ihren Geliebten fürchtet, er könne ihr an Friedrichs Hof »ausgespannt« und abspenstig gemacht werden. So versucht sie alles, um Voltaire von der Idee abzubringen, nach Preußen zu reisen, und scheut nicht davor zurück, den Kronprinzen im schlechtesten Lichte darzustellen. Voltaire gibt Émilies Drängen zunächst nach und schreibt Friedrich einen umständlichen, hinhaltenden Brief, doch der preußische Kronprinz lässt nicht locker. 1740 stirbt sein Vater, der verhasste Friedrich Wilhelm, und der aufgeklärte, homosexuelle, früh zu Menschenscheu und Sarkasmus neigende Friedrich besteigt den Königsthron. Wieder schickt er dringliche Briefe nach Cirey, worin er Voltaire mit Komplimenten überschüttet und ihn an dessen Eitelkeit zu packen hofft. Friedrich versucht sogar, Émilie mit geheucheltem Lob zu blenden, um deren Widerstand aufzuweichen. Über deren Essay zur Natur des Feuers, der von der Akademie der Wissenschaften publiziert wurde, schreibt er: »Ich war sehr erstaunt, als ich die Schrift las. Nie würde man vermuten, dass ein solcher Essay von einer Frau geschrieben sein könnte.« Anders gesagt: Friedrich verachtet die Frauen und hält sie keiner eigenen geistigen Leistung für fähig. Das Lob, das er ausspricht, ist mit Gift durchtränkt. Émilie begreift das durchaus und zieht im Hintergrund weiterhin die Fäden. Lange kann sie Voltaire von einer Reise an den Hof des preußischen Königs abhalten, schildert ihm in schwärzesten Farben das dortige gleichsam sibirische Klima und die drohenden Gefahren für seine Gesundheit. Doch Friedrich gibt nicht auf, und er findet recht klare Worte, dass er die gelehrte Marquise in Potsdam nicht zu sehen wünsche: »Hinsichtlich Madame du Châtelets Reise möchte ich Ihnen ganz offen sagen: Sie sind es, Voltaire, mein Freund, den ich zu sehen wünsche. Die himmlische Émilie mit allem himmlischen Zubehör ist doch nur ein Accessoire des Newton'schen Apoll.« Schließlich kommt Friedrich dem französischen Philosophen sogar entgegen – wortwörtlich: Er reist nach Moyland in der Nähe von Kleve, das zu Preußen gehört, und lädt Voltaire dorthin ein. Voltaire macht sich tatsächlich auf den Weg, und Émilie bleibt nichts anderes übrig, als ihrem Freund, dem Mathematiker Maupertuis, grollend ihre »Niederlage« zu berichten: »Es ist mir schwergefallen, Monsieur de Voltaire gehen zu sehen; und der König sollte dieses Opfer anerkennen. Ich hoffe, er schickt mir bald denjenigen zurück, mit dem ich den Rest meines Lebens zu verbringen gedenke und den ich ihm nur für wenige Tage geliehen habe.«

Voltaire kommt tatsächlich wohlbehalten zurück. Das Treffen mit dem aufgeklärten Monarchen verlief harmonisch, Friedrich versteht den Franzosen zu umgarnen und in seine Pläne einzubeziehen, indem er ihm das Skript seines Buchs *Anti-Machiavel* anvertraut und ihm den Auftrag erteilt, die Drucklegung in Holland zu beaufsichtigen. Doch Friedrich hat nicht mit Émilies Winkelzügen gerechnet: Die reist nach Fontainebleau, wo der französische Hof residiert, und erreicht im engen Umkreis des Königs, dass der Haftbefehl gegen Voltaire endlich aufgehoben wird – dem wird stattgegeben unter der Bedingung, dass Voltaire, der ja offensichtlich ein Vertrauensverhältnis zu dem preußischen König aufgebaut hat, sich nach Potsdam begibt und dort als Diplomat tätig ist. Man will auf diese Weise den jungen preußischen König geschickt ausforschen, da man sich über dessen politische Ziele nicht im Klaren ist. Zwar »verliert« Émilie auf diese Weise den Geliebten für geraume Zeit an Friedrich, aber immerhin hat sie dazu beigetragen, dass er nicht mehr von der Geheimpolizei verfolgt wird und auf französischem Boden jederzeit seine Verhaftung befürchten muss. So kehrt sie nach ein paar Wochen – sie hat unterdessen beim Kartenspiel in Fontainebleau wieder hoch gesetzt und viel gewonnen – befriedigt und in jedem Sinne bereichert nach Cirey zurück.

Voltaires zweiter Aufenthalt bei Friedrich verläuft nicht so harmonisch wie der erste. Zwar bemüht sich Friedrich um den Gast, doch all das kann nicht eine wachsende Entfremdung verbergen. Abends spielt der König die Flöte, und Voltaire applaudiert pflichtschuldigst. Man zeigt dem Franzosen die königliche Sammlung französischer Gemälde (doch Voltaire berichtet nach Hause, sie seien nur billige und schlechte Kopien der alten Meister). Er lässt sich sogar zu ein paar gereimten Huldigungen an den König herab, was Friedrich, der seine poetischen und linguistischen Fähigkeiten überschätzt, mit einer holprigen Gegenhuldigung in französischer Sprache beantwortet. Es ist nicht zu leugnen: Voltaire ist bald gelangweilt, ihn öden die weibischen Höflinge an, die preußische Küche verursacht ihm Bauchgrimmen, überall erblickt er Talmiglanz und schlecht getünchte Kultur statt französischer Raffinesse, und nach und nach dämmert es ihm, dass Friedrichs aufgeklärte Gesinnung nur dessen misanthropische Verbitterung verbergen soll. Tatsächlich ist der kulturell so interessierte König kein edler Menschenfreund, der nur das Gute, Schöne und Wahre verfolgt, sondern ein absolutistischer Machtmensch. Am 16. Dezember 1740 überfallen des Königs Truppen die österreichische Provinz Schlesien. Drei Kriege wird Friedrich um die reiche Region führen. Der Apoll von Sanssouci hat sich als grausamer Kriegsgott Mars entpuppt – und Voltaire, geblendet und angeödet von Friedrichs leeren Komplimenten, hat die Anzeichen eines schlesischen Krieges nicht erkannt und als französischer »Geheimdiplomat« gründlich versagt. Er verlässt Potsdam und reist nach Cirey zurück, was Émilie du Châtelet mit Freude und etwas hämischer Genugtuung kommentiert: »Der Honigmond des kleinen Friedrich und Monsieur de Voltaires ist nun zu Ende, und wir werden nichts weiter erfahren von den herrlichen literarischen Dialogen, mit denen seine Majestät sich unsterblich zu machen hoffte.« Voltaire sind –

spät, aber nicht zu spät – die Augen aufgegangen: »Der König von Preußen hält sich für einen zivilisierten Mann, doch unter der dünnen Außenhaut des Ästheten liegen das Fell und die Seele eines Schlachters.« Émilies Reaktion auf den preußischen Überfall auf Schlesien ist lapidar: »Was zählt es schon, wie viele Provinzen Friedrich einnimmt, solange er mich nicht meines Glücks beraubt?«

»Die Hälfte meiner selbst«

Nicht lange kann sich Émilie ihres Sieges freuen. Es kommt zu Spannungen zwischen ihr und Voltaire. Der verkehrt wieder öfter in Paris, er braucht die Anregungen (und literarischen Fehden) der Großstadt, während Émilie weiter diszipliniert an ihrer Newton-Übersetzung arbeitet. 1744 – es ist die Zeit, als sie an ihrem Essay über das Glück schreibt – verbringt Voltaire wieder einmal längere Zeit in der Hauptstadt, wo er sich in seine Nichte, eine junge Witwe, verliebt. Émilie erfährt davon, will aber das Ende der Beziehung zu Voltaire zunächst nicht recht wahrhaben. Auch sie verlässt Cirey, geht nach Paris und frönt wieder ihrer Leidenschaft, dem Kartenspiel (das sie in ihrer *Rede vom Glück* wie auch andere Passionen gegen den Vorwurf der Unmoral verteidigt hat). Wieder gewinnt sie hohe Summen. Voltaire erkennt ihre Taktik, nämlich den Einsatz mathematisch-stochastischer Überlegungen, wenn er schreibt: »Madame du Châtelets Partner beim Spiel machen sich nicht klar, dass sie im Kopf erhebliche Rechnungen anstellt und angeblich immer weiß, welche Karten die Gegner in der Hand halten. Dass sie verliert, liegt, wie man annehmen muss, am Zufall.«

Der Zufall, den Émilie du Châtelet durch ihr mathematisches Kalkül umgehen zu können glaubt, tritt doch noch in ihr Leben: scheinbar beglückend und letztlich zerstörerisch. Im Jahre 1748 lernt sie am lothringischen Hof in Lunéville den Marquis Jean-François de Saint-Lambert kennen. Émilie ist einundvierzig, Saint-Lambert, ein gut aussehender Frauenheld und Dandy, zehn Jahre jünger. Émilie, sonst so von ihrem Verstand geprägt und geleitet, verliebt sich Hals über Kopf. Die Enttäuschung über Voltaires

Untreue mag dabei eine Rolle spielen. Saint-Lambert fühlt sich geschmeichelt, von einer so berühmten Frau umworben zu werden, und geht eine Affäre mit ihr ein. Émilie wird nochmals schwanger. In glühenden Briefen bekundet die Marquise dem jungen Gecken ihr Verlangen – und bemerkt nicht, wie sie ihre Würde aufgibt, wie sie ihre Vernunft belügt und welch launischer, charakterloser Windhund Saint-Lambert im Grunde ist.

»Wenn Sie mich nicht mehr mit jenem Feuer lieben«, klagt sie in einem Brief, »das auch die Erfüllung nie besänftigte, so ist mein Leben vergiftet durch Sie; lieben Sie mich aber, so wie Sie zu lieben verstehen, werde ich sehr glücklich sein. Ich habe auf dieser Reise meine Vernunft auf die Probe gestellt, ich besitze davon weit weniger, als ich dachte, ohne Sie zu leben ist mir unmöglich, und wenn Sie diesen Winter nicht nach Paris kommen, wird mir das Dasein zur Qual; um solch grausame Entbehrungen zu erdulden, lohnt es sich nicht zu leben. Heute empfinde ich Widerwillen gegen alles, bis zum Widerwillen gegen mich selbst, aber ich stelle mir vor, dass Sie mich vielleicht noch lieben, und das gibt mir den Geschmack am Leben wieder.«

Saint-Lambert verlässt sie so rasch, wie er in ihr Leben eingetreten ist. Émilie, zu Gast beim letzten Herzog von Lothringen, dem abgedankten polnischen König Stanislaus Leszczyński, bringt am 3. September 1749 ein Mädchen zur Welt. Sie ist geschwächt, hat bis kurz vor der Niederkunft an der Übersetzung von Newtons *Principia* gearbeitet, als habe sie ihr Ende geahnt. Voltaire berichtet später: »Das kleine Mädchen wurde geboren, als seine Mutter an ihrem Schreibtisch war, Newton'sche Theorien schreibend. Das Neugeborene wurde auf ein Geometriebuch gelegt, während die Mutter ihre Papiere einsammelte und zu Bett gelegt wurde.« Es ist, als habe Émilie die Niederkunft nur als einen etwas störenden Zwischenfall betrachtet, dem man nicht zu viel Beachtung schenken solle. Doch das Schicksal greift unbarmherzig in die Geschehnisse ein: Émilie erkrankt an Kindbettfieber. Es besteht keine Hoffnung mehr. An ihrem Bett versammeln sich ihr nachsichtiger Ehemann Florent-Claude du Châtelet, ihr untreuer Geliebter Saint-Lambert und ihr Geistes- und Herzensfreund Voltaire. Sie stirbt am 10. September 1749 im Alter von nur zweiundvierzig Jahren in Schloss Lunéville. Herzog Stanislaus Leszczyński lässt der Verstorbenen ein Staatsbegräbnis ausrichten. Das Kind, das auf den Namen Stanislas-Adélaïde getauft wird, stirbt achtzehn Monate später.

In der französischen Gesellschaft, die stets neidisch auf Émilies Unabhängigkeit, ihre Bildung, ihr wissenschaftliches Werk, ihren freien Willen und starken Charakter war, hat man nach ihrem Ableben nur Spott übrig. »Hoffen wir«, so kalauert man, »dass dies die letzte ihrer Posen ist. In ihrem Alter im Kindbett sterben – das tut nur jemand, der um jeden Preis anders sein will als alle anderen.«

Voltaire hingegen betrauert seine Geliebte und Freundin ehrlich und voller Hochachtung: »Ich habe nicht nur eine Geliebte, ich habe die Hälfte meiner selbst verloren – eine Seele, für welche die meine gemacht war.«

Romantik und Neuromantik

Das schier grenzenlose Vertrauen der Aufklärer in ein Fortschreiten der Menschheit und deren Befreiung aus prometheischen Fesseln wurde nicht nur durch das große Erdbeben von Lissabon im Jahre 1755 erschüttert, sondern mehr noch durch die jakobinische Schreckensherrschaft. War das eine Ereignis noch dem blinden Fatum oder einer nicht näher greifbaren Laune von »Mutter Natur« zuzuschreiben (oder eben auch einem übelwollenden Schöpfer, was die Frage der Theodizee, der Gerechtigkeit Gottes, neu aufwarf), so war das andere doch einzig den dunklen Trieben der Menschen zu schulden, ihrem bösen Willen, ihrer Mordlust und ihrem Hang zur Perversion, kurz: ihrer Verstocktheit, sich durch die Instrumente der Aufklärung – Wissensvermittlung und Appell an die Vernunft – aus der selbst verschuldeten Unmündigkeit herausführen zu lassen. Hatten viele europäische Intellektuelle die Erstürmung der Bastille, die Absetzung des französischen Königs und die Ausrufung der Französischen Republik noch begeistert begrüßt, so kippte die Stimmung rasch, als die Revolution ihre eigenen Kinder fraß und die Guillotine auf der Place de la Concorde in Paris nicht mehr stillstand.

Ein korsischer Artillerieoffizier namens Napoleon Bonaparte machte diesem Terror wenige Jahre später ein Ende – um ein anderes, viel größeres Elend über die Menschheit zu bringen: Der Potentat überzog fünfzehn Jahre lang halb Europa mit Krieg und Ausplünderung, neu errichtete Satrapenreiche wurden von Angehörigen seines Familienclans regiert, die junge Republik war von einem General usurpiert worden.

Die Menschen in den unterworfenen und besetzten Ländern Europas reagierten mit Ablehnung und Widerstand: im Guerillakrieg, in nationalem Erwachen, aber auch in geistiger Besinnung und Erneuerung. Ein gutes Beispiel hierfür ist Ludwig van Beethoven, ein Philosoph der Musik, dessen Kunst von echtem und tiefem Humanismus durchdrungen ist und der anfänglich auch die Begeisterung für die revolutionären Ideen in Frankreich teilte. Doch schon wenige Jahre später wechselte die Haltung des Komponisten, der miterlebte, wie napoleonische Truppen, die einst die Republik verteidigt hatten, die deutschen Länder eroberten und verwüsteten und im November 1805 Wien, Beethovens Wohn- und Wirkungsort, besetzten und Requirierungen und Reparationen auferlegten. War Beethovens Dritte Sinfonie (1803), wegen ihres auftrumpfenden Charakters die »Eroica« genannt, noch dem mutigen Verteidiger der republikanischen Werte Napoleon Bonaparte gewidmet, so wandte sich der Komponist enttäuscht von seinem »Heros«, der sich 1804 selbst zum Kaiser von Frankreich gekrönt hatte, ab: Die Widmung auf dem Deckblatt wurde ausradiert, stattdessen erhielt der preußische Prinz Louis Ferdinand, der im Oktober 1806 im Befreiungskampf gegen Napoleons Truppen gefallen war, das sinfonische Werk posthum dediziert.

Die Jahre vor und nach der Wende um 1800 waren eine Epoche drückendster Sorgen, aber auch des emphatischen und pathetischen Aufbruchs: An die Stelle der Aufklärung trat die Romantik, »eine deutsche Affäre«, wie der Philosoph Rüdiger Safranski sie nennt, eine Epoche, die dem Geist des deutschen Idealismus entspross (und in ihrer frühen Phase nur ungenau vom Idealismus der Weimarer Klassik zu unterscheiden ist), unter dem Eindruck der nationalen Erhebung gegen Napoleon und einer geistigen Restauration nach 1815 aber bald im Biedermeierlichen verflachte.

In ihrem Ursprung ist die romantische Idee hingegen nicht nur international (und als Bewegung hat sie sich tatsächlich, mit zeitlicher Verzögerung, von Deutschland aus über fast alle Kulturnationen Europas verbreitet), sondern in ihrem metaphysischen Universalanspruch geradezu übernational: Die Romantik, entstanden in einer Abkehr vom Rationalismus der Spätaufklärung, erweitert die exakte Vorstellungs- und Formenwelt der Klassik und öffnet den Blick für das Irrationale, Metaphysische, Fantastische; in ihrer dunklen Kehrseite, der »schwarzen Romantik«, allerdings auch für das Unheilvolle, Unheimliche und Verborgene. Auch die Tiefen und Untiefen der menschlichen Psyche werden zum Brunnen, aus dem die Romantik schöpft. Als »romantische Universalpoesie« (Friedrich Schlegel) will die Romantik nicht nur alle getrennten Gattungen der Kunst wieder vereinen und mit Philosophie und Metaphysik ins Gespräch bringen. Sie will auch den Riss, der durch »Zahlen und Figuren« (Novalis), durch die Hegemonie der kalten Vernunft, in der Welt und den Menschen entstanden ist, kitten und die geschlagenen Wunden heilen. Damit erhält die romantische Kunsttheorie einen utopischen, welterlösenden Charakter. Das macht ihren diffusen Reiz aus, lässt ihr metaphysisches Ideal aber auch anfällig für ideologische Verdrehung und Missbrauch werden.

Trotz der »Verwässerung« des idealischen romantischen Gedankens in Nationalismus und Restauration zeigte sich »das Romantische« als erstaunlich lebendig und widerstandsfähig, ja sogar als verführerisch, ein süßes Gift, das auf politischer Ebene leider auch in die Irrationalität der nationalsozialistischen Bewegung mündete.

Davon freilich ist die »Neuromantik« genannte Wiederbelebung der romantischen Idee um 1900 in ihren besseren Repräsentanten und Werken weit entfernt, zeichnet sie sich doch durch eine apolitische Haltung aus, die die *vita activa* der *polis*, des öffentlichen Lebens, als unkreativ, fantasielos und unedel verurteilt und scheut (noch Thomas Mann vertritt diese Haltung in seinen 1918 veröffentlichten *Betrachtungen eines Unpolitischen*). Die Neuromantik knüpft Verbindungen zu den zahlreichen, wie Pilze aus dem Boden schießenden Reformbewegungen, die sich gegen Materialismus und Rationalismus wenden und das Leben, besonders die Jugend, ekstatisch feiern: Naturheilkunde, Ernährungsreform (Vegetarier, Frutarier, Vollwertkost etc.), Kleidungsreform, Reformpädagogik, Freikörperkultur, alternative Siedlungsexperimente wie Künstlerkolonien, Gartenstädte, anarcho-religiöse Landkommunen in der Mark Brandenburg oder im schweizerischen Monte Verità, die Pfadfinder- und Wandervogelbewegung, in der Literatur die mystisch gefärbten Gedichte des jungen Rainer Maria Rilke und des Gymnasiasten Hugo von Hofmannsthal, oder die nebulöse männerbündische Utopie einer neuen Gesellschaft von Erwählten, die sich als Jünger um den »Meister« Stefan George scharen – sie alle sind Ausdruck einer neuromantischen Suche nach der Universalpoesie, der Versöhnung von Ideal und Wirklichkeit.

Zu den prägnantesten und farbigsten Vertretern der Neuromantik indes gehört die Dichterin, Historikerin und Kulturphilosophin Ricarda Huch, die nicht nur in ihrer Lyrik den romantischen Geist beschwor, sondern auch als umfassend gebildete Chronistin der Romantik hervortrat und deren Ideen in ihre Gegenwart zu übersetzen versuchte.

Ricarda Huch (1864–1947)

Der Mensch der Zukunft aus dem Geiste der Romantik

Man kann sie sich kaum jung vorstellen: Ricarda Huch galt schon zu Lebzeiten als die große alte Dame der Literatur und Geschichtsschreibung. Dieses Image wurde bereits von den Zeitgenossen geprägt. Als der ins Exil gezwungene Klaus Mann unmittelbar nach dem Zweiten Weltkrieg Deutschland in amerikanischer Uniform bereiste, besuchte er auch die »Ikone« Ricarda Huch, die – inzwischen achtzigjährig – im Philosophenweg in Jena wohnte. Bereits als Kind hatte Klaus Mann Ricarda Huch in seinem Elternhaus kennengelernt. Jetzt, fünfunddreißig Jahre später, schrieb er in seinem Aufsatz *Die literarische Szene in Deutschland* über diese Begegnung: »Ihr Gesicht mit der bewundernswert gewölbten Stirn strahlt eine Heiterkeit aus, die mit Weisheit und innerer Freiheit einhergeht; es zeigt jedoch auch die Spuren des Leidens.«

Die Bilder, die man von ihr kennt, zeigen sie als imposante Erscheinung mit hochgestecktem, grauem Haar, etwas hängenden Augenlidern, einem gütigen und zugleich wissenden Gesichtsausdruck. Eine alte Frau, die noch ganz in der bürgerlichen, spätromantischen Tradition des 19. Jahrhunderts zu Hause war, deren geistige Wurzeln aber viel tiefer reichten, bis hinab in das Alte Reich, das Heilige Römische Reich Deutscher Nation. Sie hat den Talmiglanz des Zweiten Kaiserreichs ebenso durchlebt und kommentiert wie die erste deutsche, »Weimarer« Republik. Und sie wurde als eine der damals bekanntesten Dichterinnen Zeugin des »Dritten« Reichs, dem sie – ins innere Exil zurückgezogen – mit Abscheu gegenüberstand, aber auch mit offenen Augen und klarem Verstand. Denn in ihr reifte der Wille, als Chronistin auch diese Barbarei vor den Blick der Nachgeborenen zu bringen. Die Repräsentanten des äußeren Exils haben sie darin unterschätzt. Klaus Mann etwa führte nach seinem Besuch von 1945 – nicht wissend, welche Pläne Ricarda Huch hegte – das Vorurteil an: »Aber so wie es stimmt, daß sich ihre strenge moralische Gesinnung als beeindruckend stabil und verläßlich erwiesen hat, so ist es auch wahr, daß sie heute eine sehr alte Frau ist, die sich mehr für ethische und metaphysische Fragen interessiert als für Politik oder Soziologie.«

Nach dem Zweiten Weltkrieg begann Ricarda Huch mit einem Buch über den deutschen Widerstand. So wurde die Wanderin zwischen den Jahrhunderten, die Historikerin des Alten Reichs, am Ende auch noch zur Chronistin der dunkelsten Zeit der deutschen Geschichte und legte vor der Welt Zeugnis ab von der Existenz des »anderen«, besseren Deutschland, eines Deutschland, das sie zeitlebens als *Idee* begriff.

Zwischen allen Stühlen

Ricarda Huch wird am 18. Juli 1864 in Braunschweig in eine wohlhabende, den Künsten aufgeschlossene Kaufmannsfamilie hineingeboren. Sie besucht eine Privatschule. 1879 heiratet ihr Vetter Richard Huch Ricardas ältere Schwester Lilly. Der gut aussehende, musisch interessierte Mann ist ein gern gesehener Gast. Doch Ricarda verliebt sich in den Cousin und Schwager – es ist eine verzehrende Passion, die beide füreinander empfinden. Später bekennt sie: »Es gab nichts mehr als diese Leidenschaft. Ihr Recht war ihre Gewalt.« Die Liaison wird offenkundig. Um dem untragbaren Zustand zu entfliehen, entschließt sich Ricarda zu einem Studium an der Universität Zürich, eine der ersten Hochschulen Europas, die Frauen zulassen. Die Fernbeziehung zu Richard währt indessen noch Jahre. In Hunderten von Briefen beschwören sie ihre Liebe.

Im April 1888 immatrikuliert sich Ricarda Huch in den Fächern Geschichte, Philologie und Philosophie. Der Vater ist im Jahr zuvor gestorben, das Elternhaus wurde verkauft. Aus ihrem Erbteil bestreitet die junge Frau ihren Lebensunterhalt. Sie studiert zielstrebig und kann bereits 1891 das Examen für das höhere Lehramt ablegen. Sie ist gewillt, ihren Lebensunterhalt selbst zu verdienen und sich nicht auf dem »Heiratsmarkt« feilzubieten. Ein Jahr später erlangt sie den Doktortitel mit einer Dissertation über die Neutralität der Eidgenossenschaft während des Spanischen Erbfolgekriegs. Mit der Promotionsurkunde in Händen steht die Siebenundzwanzigjährige ratlos da. Eine Hochschulkarriere ist Frauen noch verwehrt. Es gelingt ihr, in der Zürcher Stadtbibliothek als »Bibliothekssekretärin« zu arbeiten, eine Stelle, für die die junge Frau weit überqualifiziert ist.

Immer stärker fühlt sie sich zur Literatur hingezogen. Bereits 1891 veröffentlicht sie einen Lyrikband – noch unter dem männlichen Pseudonym »Richard Hugo«. Darin feiert sie in unverhüllt erotischen Gedichten ihre Leidenschaft für Richard: »Wo hast du all die Schönheit hergenommen, / du Liebesangesicht, du Wohlgestalt! / Um dich ist alle Welt zu kurz gekommen. / Weil du die Jugend hast, wird alles alt, / weil du das Leben hast, muß alles sterben, / weil du die Kraft hast, ist die Welt kein Hort, / weil du vollkommen bist, ist sie ein Scherben, / weil du der Himmel bist, gibt's keinen dort!« Sie schreibt Erzählungen, die in Zeitschriften gedruckt werden, und verfasst ihren ersten Roman *Erinnerungen von Ludolf Ursleu dem Jüngeren*, der 1893 in Berlin erscheint. Es ist die Geschichte des Verfalls einer hanseatischen Kaufmannsfamilie und einer tragischen, unmöglichen Liebe. Ricarda Huch hat darin auch den ökonomischen Untergang ihrer eigenen Familie und ihre Beziehung zum Cousin porträtiert. Die Familie reagiert entsetzt.

Doch Ricarda Huch lässt sich nicht beirren. Für sie hatte der Roman auch den Zweck der Selbstbefreiung. Im November 1894 wagt sie den Schritt zur Lösung aus den Schweizer Verhältnissen und kündigt die Stelle an der Zürcher Stadtbibliothek. Doch an ein Auskommen als »freie« Schriftstellerin ist noch nicht zu denken. Sie tritt eine Stelle als Lehrerin an einem privaten Lyzeum in Bremen an, lernt bei einem Ausflug nach Worpswede den Maler Heinrich Vogeler kennen und ist von dessen Bildern tief beeindruckt. In ihren kommenden Arbeiten wendet sie sich selbst dem Jugendstil und der Neuromantik zu.

Während eines Aufenthalts in Wien im September 1897 begegnet sie einigen Literaten der Wiener Moderne, darunter Peter Altenberg und Hermann Bahr. Wegen eines kranken Zahns begibt sie sich in ärztliche Behandlung zu Doktor Ermanno Ceconi. Sie verlieben sich, heiraten. 1898 folgt Ricarda ihrem Mann in dessen Heimatstadt Triest. Im Jahr darauf kommt die Tochter Marietta zur Welt.

Ricarda Huch beginnt im Süden ein vielfältiges Werk: 1902 erscheint der in Triest spielende Roman *Aus der Triumphgasse*, der das bedrückende Leben der Bewohner des Altstadtviertels erzählt.

Ein romantisches Glaubensbekenntnis

Der romantischen Epoche gilt die große Arbeit jener Jahre, die zweibändige kulturgeschichtliche Studie *Die Romantik* (1899/1902). Es ist eines der Hauptwerke Ricarda Huchs und hat ganz unmittelbar die neuromantische Richtung in Dichtung und Malerei beeinflusst. Hugo von Hofmannsthal schreibt beglückt: »Das Buch fiel mir im geisterhaften richtigen Augenblick in die Hände, wie ein Zauberschlüssel. Ich sperre damit mehr unterirdische Säle auf, als ich zählen kann.« Aber auch die zeitgenössische Germanistik hat für das Werk großes Lob übrig. Der Literaturwissenschaftler Oskar Walzel rühmt es: »Dem rascheren Leser ein blütenreicher Garten, zeigt das Buch nur dem tiefer Nachgrabenden den komplizierten Apparat, den jene Blüten verhüllen. Ein romantisches Glaubensbekenntnis, seinem Inhalte, seiner Form nach; jede Seite, von der aus wir in das Buch einzudringen suchen, weist romantisches Gepräge. Ein Denkmal der Neuromantik aufgebaut auf dem stolzen Bewußtsein, daß Neuromantik eine neue, aber auch eine höhere Evolution der alten Romantik ist.« Und der große Germanist Fritz Strich urteilt enthusiastisch: »Denn ein Bruch ist es, den sie – mit vollstem, objektivstem Recht – als den wesentlichen Zug der Romantik erschaut hat. Die Romantik, so ist die leitende Idee des Buches, beruht auf einem bis in die letzten Tiefen des Menschen gehenden Bruch, einer Zerspaltung menschlicher Einheit. Es ist der Bruch zwischen Bewußtheit und Unbewußtheit, dem Geist und der Natur […].«

Ihren eigenen Antrieb zur Auseinandersetzung mit einer der wichtigsten geistigen Epochen Deutschlands benennt Ricarda Huch so:

»Ich hatte den Plan dazu gefaßt, da ich den Eindruck hatte, alles, was über die Romantiker geschrieben wurde, […] habe sie und ihre Werke nicht entsprechend gewürdigt, habe ihre Bedeutung nicht tief genug erfaßt. Was mir in ihren Briefen und Schriften entgegentrat, überraschte mich: ich hatte das in der Literatur über die Romantiker nicht gefunden. Aus dem Gefühl einer Vertrautheit mit den Personen und ihrem Denken und Empfinden schrieb ich das Buch, ohne mich um das zu kümmern, was mir fehlte. Von der Philosophie ihrer Zeit hatte ich nur eine allzu oberflächliche Kenntnis, so daß ich vom Vergleich des Einflusses auf diesem Gebiet absehen mußte; aber das schien mir nicht wichtig, denn ich hielt ohnehin vom Ausgraben von Vorbildern und Einflüssen gar nichts […].«

Diesem Understatement zum Trotz ist Ricarda Huchs Buch über die Romantik eine gewaltige literarhistorische und literarische Leistung, mehr noch: ein geistiger Nährboden für die neuromantische Strömung der Künste um 1900. Dies macht die Autorin recht selbstbewusst bereits im Vorwort zur ersten Auflage deutlich: »Deshalb dürfte in unserer Zeit, wo man nach einer vorangegangenen gänzlichen Abwehr der romantischen Ideen sie um sich herum von neuem aufleben sieht, ein größeres Verständnis dafür möglich sein, als eine frühere Generation haben konnte. In dieser Meinung habe ich das vorliegende Buch geschrieben […].«

Als eine wesentliche Errungenschaft der Romantik macht Ricarda Huch die Entdeckung des Unbewussten als Quell künstlerischer Inspiration aus – auch hier drängt sich eine Verbindung zur eigenen Gegenwart der Autorin auf, nicht von ungefähr erscheint im selben Jahr wie Ricarda Huchs Buch Sigmund Freuds Abhandlung *Die Traumdeutung*, die den Beginn und den Durchbruch der wissenschaftlichen Psychoanalyse markiert. Ricarda Huch konstatiert: »Die Romantiker waren die Entdecker des Unbewußten. Indiensuchende Träumer, sandten sie ihre Seele aus nach dem uralten Wunderlande, von dem die Märchen der Vorzeit erzählten. Düfte, Blumen, die abgerissen im Wasser flossen, verkündeten den einsamen Schiffern oft die Nähe der blühenden Küste. Wie Kolumbus wußten sie nicht, was sie gefunden hatten. Denn nicht das entfernte Mittelalter oder irgendein wunderbares Traumland war es, sondern in ihnen selbst öffnete sich das unendliche Nachbarland ihres Geistes, die entgegengesetzte Scheibe des beseelten Planeten, wie einer von ihnen die verhüllte Hälfte des mit sich selbst unbekannten Menschen nennt, hatte sich ihnen zugewendet.« Doch nicht Gespaltenheit ist das Charakteristikum des romantischen Menschen, sondern Ganzheit in der Doppelung: »Auf einer inneren Zweiheit beruht die Möglichkeit des Selbstbewußtseins überhaupt; je deutlicher sich jene ausprägt, desto schärfer kann auch dieses werden.« Der romantische Mensch sucht die Wiedervereinigung mit sich selbst und der Natur: »Die Romantiker hatten das Verdienst einzusehen, daß die Erkenntnis, die die Einheit der Natur zerstörte, dennoch ihr Heil und das Mittel zu einer Wiedervereinigung auf höherer Stufe ist. Das bedeutet wohl die flüchtige Notiz von Novalis: ›Adam und Eva. Was durch eine Revolution bewirkt wurde, muß durch eine Revolution aufgehoben werden (Apfelbiß).‹« Diese Vision, nicht den Geist gegen das Gefühl auszuspielen, nicht die Kultur gegen die Natur, sondern in der romantischen Universalpoesie die Wiedervereinigung des unnatürlich Getrennten zu erwirken, stellt für Ricarda Huch, die ganz ein modernder Mensch des wissenschaftsgläubigen, positivistischen, technisierten bürgerlichen Zeitalters ist, eine Herausforderung, eine Aufgabe und eine Verheißung dar. Es ist der Versuch des (neu)romantischen Menschen, die Moderne nicht zu leugnen, sie vielmehr einzubinden in ein romantisches Weltverständnis, eine Welt, die höchste Geistesleistung und tiefstes Empfinden erfordert und in der »Zahlen und Figuren«, von denen Novalis spricht, in dem »einen geheimen Wort« des Romantikers vereint und aufgehoben sein werden. Der romantische Mensch ist nach

Ricarda Huchs Ansicht insofern der wahre Mensch der Zukunft, als er Bewusstsein und Unbewusstsein harmonisch verknüpft und austariert: »Dem bewußten Menschen, der seine Gefühle im Lichte zersetzt, fehlt leider oft die Formel, sie wieder ganz und lebendig zu machen, so daß man sagen kann: Der unbewußte Mensch hat die Gefühle, aber kennt sie nicht, der bewußte Mensch kennt sie zwar, aber hat sie nicht, der harmonische Zukunftsmensch hat und kennt sie.« Dieser künftige Mensch, so Ricarda Huch, wird des Rausches, des Alkahests, nicht mehr bedürfen, er wird, nach einem Aphorismus von Novalis, immer zugleich wachen und schlafen.

Allerdings warnt Ricarda Huch vor einem haltlosen Sich-Öffnen dem Unbewussten gegenüber, wie sie es vor allem in der Kunst des Fin de Siècle, der Décadence zu erkennen glaubt. Dies habe nichts mit dem romantischen Ganzheitsideal zu tun, auch nichts mit einem Schaffen aus den Tiefen der Seele, vielmehr öffne man damit die Pforten der Finsternis und so auch der Krankheit: »Es ist der Irrtum der meisten modernen Künstler, daß sie, weil sie ihr Bewußtsein mit den Gestalten der Unterwelt zu bevölkern begonnen haben, nun aus der Oberwelt ein Reich der Finsternis zu machen suchen, während sie gerade des Lichtes am meisten bedürfen. Ihre Unterwelt entvölkert sich, ein Schaffen im Unbewußten ist für sie unmöglich geworden, aber sie könnten dasselbe im Bewußtsein erreichen; denn, sagt Novalis, der vollkommen Besonnene heißt der Seher.« Das Ideal des romantischen Menschen, also des Menschen der Zukunft, sei vielmehr eine »Vereinigung von Fühlen und Wissen« – so, wie es Friedrich Schlegel 1798 im 116. *Athenäum*-Fragment als romantische Poesie definiert hat, die eine »progressive Universalpoesie« ist, zum Zwecke, »alle getrennten Gattungen der Poesie wieder zu vereinigen und die Poesie mit der Philosophie und Rhetorik in Berührung zu setzen. Sie will und soll auch Poesie und Prosa, Genialität und Kritik, Kunstpoesie und Naturpoesie bald mischen, bald verschmelzen, die Poesie lebendig und gesellig und das Leben und die Gesellschaft poetisch machen.«

Die Prinzipien des Apollinischen und Dionysischen, des Klassischen und des Rauschhaften, des Bewussten und Unbewussten werden im Tag und der Nacht versinnbildlicht, doch die Zeit der Dämmerung, des von den Dichtern so oft besungenen Zwielichts des Nordens sei, so Ricarda Huch, vollendeter Ausdruck des romantischen Menschen: »Und die Gefahr des modernen Künstlers liegt darin, daß er, von der Dämmerung verzärtelt, den Tag nicht mehr ertragen kann. Er vergißt, daß rüstiges Schaffen nur am Tage möglich ist. Immer stärkungsbedürftig, schließt er vor dem Tage die Augen im Wahne, daß dann Nacht sei. Aber die balsamischen Quellen des Sternenhimmels betauen ihn nicht; schlaff und verdrossen erwacht er aus seiner künstlichen Nacht und findet sich unfähiger als zuvor. Wie die Nacht Trösterin und zugleich Entsetzen der Menschen ist, so ist es mit dem Unbewußten. Das Unbewußte ist das Dämonische. Man kann einen klassischen und einen modernen Dämonismus unterscheiden: der bewußte Mensch ist dämonisch, wenn das Unbewußte in ihm erscheint, der unbewußte, wenn es in ihm wirkt.« Der romantische Mensch der Zukunft hingegen werde allbewusst sein, »kein Strahl geht vom Unendlichen aus, keiner vom Ich, der nicht nach hier und dort reflektiert würde«. Das romantisierte Universum, so Ricarda Huchs positive Utopie, werde ein Universum »des bewußten Chaos« sein. Der romantische Charakter ist der eigene Doppelgänger, »der bewußtwerdende, der moderne, in dem Geist und Natur, voneinandergerissen, sich immer wieder berühren und zu vermischen streben, um heftiger auseinanderzufliehen«. Somit ist der Romantiker der moderne Mensch oder vielmehr der, der zu werden er trachten sollte. Ihm eingepflanzt ist – anders als dem Menschen der Antike – die »zehrende Sehnsucht«. Während der Mensch der Antike dieses Sich-Verzehren nicht kannte, was seine Größe, Schönheit und Vollendung ausmachte, sei sie dem modernen Menschen inhärent, die Zerrissenheit wachse aus ihm heraus wie »eine Marterblume mit tiefem, blutendem Kelche, aus dem sich seelenberauschende Düfte unablässig in die Unendlichkeit ergießen«.

Literarisch sieht Ricarda Huch den Neuromantiker am besten in Jens Peter Jacobsens Roman *Niels Lyhne* (1880) porträtiert. Die

Hauptfigur sei ein ewig Reisender voll unstillbarer Sehnsucht, wie überhaupt der Romantiker alter und neuer Zeit ein ewig nach Reizen dürstender, ewig jünglingshafter Mensch sei, schwankend zwischen Hingabe und Ekel, zwischen Selbstverachtung und Menschenverachtung. Er ist der noch unfertige Mensch des Zwielichts, der aber zur Vollendung in der Liebe gelangen wird: »Wir sehen den Dämmermenschen, das Chaos, in dem die Massen trübe durcheinanderschwanken. Das Licht ist eingedrungen und sucht sie zu teilen – noch wird es nur als die scheidende Macht empfunden, die auseinanderschneidet, was mit dumpfem Wohlgefühl in eins verschwommen war. [...] Wenn die dämmernden Massen des Chaos in Tag und Nacht geschieden sind, dann erst kann die Liebe sie harmonisch verbinden.«

Die große Vision aber, die von der Romantik auf die Moderne ausstrahlt, ist die Hoffnung auf eine Zusammenführung von Ich und Welt, nach Novalis »integrante Hälften«, die nur zeitweise geschieden sind, aber erst verbunden Sinn ergeben. War das Mittelalter die Zeit, da man in mystischer Schau das Ganze noch erblickte, die Verschmelzung von Sinnlichem und Übersinnlichem, so ist die Romantik dessen Weiterführung und Vollendung: »Sie hörten die stammelnden philosophischen Träume der mittelalterlichen Mystiker mit derselben Teilnahme wie die strahlenden Entdeckungen moderner Naturforscher. Einem späteren Geschlecht [der Neuzeit] wurde der Trieb, alles im ganzen zu betrachten und von jeder Einzelheit auf das Allgemeine zu gehen, unverständlich. Friedrich Schlegels Bemerkung, es sei wunderbar, wie man von der Physik sofort auf Kosmogonie, Astrologie, Theosophie, kurz auf die mystische Wissenschaft vom Ganzen gerate, da man noch kein Experiment machen könne ohne Hypothese und jede konsequent gedachte zu einer Hypothese über das Ganze führen müsse, wäre ihnen [den neuzeitlichen Menschen] lächerlich und verderblich – romantisch – erschienen.« Dem gegenüber steht die Weisheitssuche der Romantiker: »Diese strenge Selbsteinschränkung hatte die neue Philosophie von sich getan und gab die Menschen ihrem angeborenen Triebe zur Allwissenheit wieder.« Stellvertretend für diese Vision steht ein Traum Ludwig

Tiecks von der Erlösung des Menschen und der Welt durch die romantische Universalpoesie, der in einem gewaltigen Bild kulminiert: »[…] endlich sprang die Knospe der Zeit und gab die eingefesselte Ewigkeit mit einem gewaltigen Klange frei, das verhüllte Feuer brach aus allem Irdischen hervor und das ewige uralte Element des Lichts herrschte wieder über der Tiefe, und alle Geister rannen in Einen Geist zusammen.«

Was bedeutet es angesichts dieser Vision, dieser Verheißung, dass sie noch nicht Wirklichkeit geworden, ja vielleicht nie Wirklichkeit werden wird, immer im eigentlichen Sinne Utopie, also Erhofftes bleiben wird? Der Weg als solcher ist romantisch, es ist der Fortschrittsglaube, der die Romantiker erfüllt und antreibt. Kein positivistischer Fortschritt, der messbar in Zahlen ist, sondern einer der inneren Vervollkommnung des Menschen, der Eins*werdung*, nicht des Eins*seins*, mit sich selbst und der Welt – selbst in der bitteren, paradoxen Einsicht, persönlich gescheitert zu sein, aber in der Hoffnung, dass das große Ganze, die vom Romantisieren beseelte Gemeinschaft, doch auf dem richtigen Wege ist: »Auch die Geschichte der Romantik selbst deutet auf ein Weiteres, auf ein Fortschreiten. Daß sie weder in der Kunst noch im Leben Vollendetes erreicht hatten, wußten die Romantiker. Es finden sich Zeugnisse genug dafür, daß sie mit sich und ihren Erzeugnissen nicht zufrieden waren, und verloren sie sich auch mit trotzigem Behagen in die Irre, so deuteten sie um so wissender nach den höchsten Zielen.«

Ricarda Huch gibt dies den Lesern ihrer Zeit wie auch denen der Zukunft mit auf den Weg. Es ist eine Verheißung, eine Heilsbotschaft aus dem Geist der Romantik an die Adresse der Moderne: »Von allen Seiten deutet es darauf, daß auch die Kunst dem großen Zweck, gottähnliche Menschen zu bilden, sich nicht entziehen dürfe. Kaum wird jemals eine Romantik, welche die Kunst vom Leben ablösen, wie eine selige Luftinsel darüber schweben will, lange gedeihen. Je mehr sie Kraft hat, desto besser wird es ihr gelingen, das Innere mit dem Äußeren zu verbinden, in das große Räderwerk einzugreifen, ohne der Zweckmäßigkeit ihre Schönheit, ohne der Berechnung ihre Mysterien aufzuopfern.«

Ricarda Huch versteht sich zeitlebens als Bewahrerin des Alten und als Interpretin des erhofften Neuen (und sich Erneuernden), sowohl in ihren Dichtungen als auch in ihren historischen und kulturhistorischen Büchern. Die Verbindung von Intellekt und Gefühl, von Verstand und Anempfindung, von kritischer Quellenkunde und Nachschöpfung und das produktive Neben- und Ineinander von wissenschaftlicher Forschung und fiktionaler Ausdeutung machen den Reiz und das Wesen Ricarda Huchs und ihrer Bücher aus. Ihr Werk ist riesig. Ihr Œuvre umfasst in den *Erst*ausgaben fünf Bände Gedichte, fünfundzwanzig Bände Romane und Erzählungen, etwa fünfunddreißig Bände historischen, kulturhistorischen, philosophischen, religionsphilosophischen, biografischen, kunstgeschichtlichen und soziologischen Inhalts, außerdem mehrere Bände mit Dramen, Märchenstücken, zahlreiche editorische Einleitungen zu Werkausgaben, autobiografische Schriften, Aufsätze, Artikel, Rezensionen und (aus dem Nachlass herausgegeben) mehrere Bände mit Briefen.

Ihr Schicksal und Wirken ist von 1900 bis 1927 eng mit München verbunden. Hier lebt sie – von einem dreijährigen Aufenthalt in Braunschweig abgesehen – und verkehrt mit den geistigen Größen der »leuchtenden« Stadt. Thomas Mann, Karl Wolfskehl, Annette Kolb, Rainer Maria Rilke, Hugo von Hofmannsthal und Erich Mühsam gehören zu ihren Bewunderern. 1924 wird sie sogar zur Ehrenbürgerin der Universität München ernannt.

Zu den Hauptwerken der Münchner und Braunschweiger Jahre zählt der Roman *Vita somnium breve* (1903), ein neuromantisches Buch mit autobiografischer Färbung, das als resignativer Abgesang auf die Liebe zu Richard Huch gelesen werden kann. 1908 veröffentlicht sie *Risorgimento*, eine Reihe von Studien über Persönlichkeiten der italienischen Vereinigungskriege. 1912 bis 1914 erscheint in drei Bänden ihre breite Darstellung des Dreißigjährigen Krieges unter dem Titel *Der große Krieg in Deutschland*, ihr vielleicht größter Bucherfolg. Dem akademischen Publikum war die Darstellung bisweilen zu persönlich und poetisch. Von dem Historiker Alfred Stern auf den »Konflikt« zwischen Geschichtsschreibung und Poesie angesprochen, betont Ricarda Huch ihren aus dem 18. Jahrhundert herrührenden Anspruch eines Universalgelehrtentums: »Die Geschichtswissenschaft ist für die Poesie ungefähr so vernichtend geworden wie die Photographie für die Malerei. Der Poet sollte gar keinen Respekt vor der Geschichte haben; andererseits muß er im Besitz der Kenntnisse seiner Zeit sein, also ein, wie mir scheint, unlösbares Problem, das mich aber doch immer wieder anzieht.« 1923 erscheint ihre Studie *Michael Bakunin und die Anarchie*, was wenige Jahre nach der gescheiterten Räterevolution zum Teil Befremden hervorruft. Für Ricarda Huch aber ist Bakunin der kraftvolle Empörer, der romantische Idealist, der Kämpfer gegen Despotismus. Den Anarchismus als Geistesform stellt sie in die Nähe des urchristlichen Kollektivismus, ohne die Forderung nach der Wahrung persönlicher Freiheiten fallen zu lassen.

Ricarda Huchs Privatleben bleibt romantisch-aufgewühlt: Bereits 1905 trennt sie sich von ihrem ersten Mann Ceconi. Die Liebe zur ihrem Vetter Richard hat sie nie losgelassen – trotz des fiktionalen Abschieds in *Vita somnium breve*. Als sie ihm wiederbegegnet, fallen alle Vorsätze: »Auf einmal bin ich wieder lebendig, wieder jung, es braust in meinem Körper, die Tränen fließen ständig aus meinen Augen, wie aufgetaute Ströme ist es.« Ricardas Schwester Lilly willigt endlich in die Scheidung ein. Im Juli 1907 – nach fünfundzwanzig Jahren quälender Sehnsucht – heiraten Ricarda und Richard. Anrührend wirkt das Vermählungsbild: Zwei Menschen mittleren Alters, mit angegrautem Haar, blicken in die Kamera. Doch sie haben sich – ohne es zu ahnen – auseinanderentwickelt. Bereits drei Jahre später trennen sie sich.

Politische Lehrjahre

So intensiv sich Ricarda Huch in ihrer Darstellung des Dreißigjährigen Krieges mit Politik beschäftigt hat, so wenig ist sie beim Ausbruch des Ersten Weltkriegs von der gegenwärtigen Politik berührt.

Sie reagiert mit seltsamem Befremden: »Ich hatte mich nicht im geringsten um Politik bekümmert. Es gab kaum etwas, was mich weniger interessierte.« Als deutsche Truppen im September 1914 die gotische Kathedrale zu Reims bombardieren, kommt es in der Weltöffentlichkeit zu heftigen Vorwürfen gegen diese kulturelle Barbarei. Seltsamerweise verteidigt jetzt ausgerechnet die Wahrerin des Alten, die eine ihrer Wurzeln im Mittelalter sieht, diese Tat mit recht verblendeten Floskeln. In der *Frankfurter Zeitung* vom 16. Oktober 1914 schreibt Ricarda Huch: »Der Krieg ist auf Gewalttätigkeit und Zerstörung begründet [...]. Zwischen Kunst und Leben abzuwägen ist außerordentlich schwer; sicher ist aber, daß nur ein Volk, das instinktiv Leben und Menschen für wichtiger hält als Kunst, fähig ist, Kunst hervorzubringen.« Es ist die nicht untypische Haltung deutscher Intellektueller jener Zeit, die aus dem Verständnis ihrer noch aus dem 19. Jahrhundert herrührenden Bürgerlichkeit Politik als das Geschäftsfeld einer Kaste (des Adels und des Militärs) betrachten, als etwas Anrüchiges, dessen man sich als Bürger zu enthalten hat.

Ricarda Huch pflegt auch Kontakt zu pazifistischen Exilanten. Im November 1917 schickt ihr Annette Kolb ihre Streitschrift *Briefe einer Deutsch-Französin* zu. Die beiden Frauen sind quasi Nachbarinnen: Ricarda Huch lebt mit ihrer Tochter Marietta seit Juli 1916 ebenfalls in Bern. Es ist kein Exil im eigentlichen Sinne. Vielmehr muss Ricarda Huch wegen einer chronischen Erkrankung des Darms ausgewogene Diät halten, was in Deutschland wegen der mangelhaften Versorgung nur schwer möglich ist.

Kurz vor Kriegsende kehrt sie nach München zurück. Erst jetzt erkennt sie das wahre Gesicht der militärischen Gewalt: »Wenn ich vorher nicht tief durch den Krieg berührt worden war, erlebte ich ihn jetzt als bitterste Qual.« Der Räterevolution steht sie verstört gegenüber. Die Geschehnisse fügen sich nicht in ihr evolutionäres Geschichtsbild. Gewalt ist für sie kein politisches Mittel. Wie andere konservative Schriftsteller jener Zeit gewöhnt sie sich nur langsam an die Weimarer Republik. Vor allem den linken Kräften (bis hin zur Sozialdemokratie) steht sie ablehnend gegenüber. Die Neuromantikerin, die wenig später den Anarchisten Michael

Bakunin als romantischen Utopisten verklärt, fordert zwar etwas ungenau einen Sozialismus, doch müsse »aus neuer freiwilliger Gemeinsamkeit« irgendwann »wieder kräftiges individuelles Leben erblühen«.

Altes und Neues

Im Oktober 1926 wird Ricarda Huch in die neu gegründete Sektion Dichtkunst der Preußischen Akademie der Künste berufen. Sie ist die erste und einzige Frau in der damals siebenundzwanzigköpfigen elitären Runde. Im Frühjahr 1927 verlässt sie München und zieht nach Berlin. Jetzt steigt sie endgültig zur Großdichterin Deutschlands und zur Repräsentantin der Weimarer Republik auf. Es erscheinen breit angelegte historische und kulturgeschichtliche Studien: 1927 bis 1930 (und in veränderter Ordnung 1933/34) zwei (bzw. drei) Bände *Im alten Reich. Lebensbilder deutscher Städte*, die die alten, beinahe unverändert seit dem Mittelalter bestehenden Städte deutscher Regionen porträtieren. Im Vorwort fasst Ricarda Huch ihre Einstellung zum Verhältnis von Altem und Neuem zusammen: »Sie [die alten Städte] hatten drei Feinde: das Feuer, die Franzosen und die Zerstörungswut und den Ungeschmack der neuen Zeit. [...] Indessen könnte der Zeitgeist, der über menschlichem Willen und menschlicher Einsicht ist, auch einmal zur geschlossenen, organischen Form zurückkehren; tut er es nicht, so muß es doch erlaubt sein, des Schönen, Großen und Merkwürdigen, was unsere Vorfahren hervorgebracht und erlebt haben, mit Anteil und vielleicht mit Wehmut zu gedenken.« Und sie schließt mit einer Sentenz, die die Quintessenz ihres Wesens ausdrückt: »Man braucht nicht ohne Sinn für die Gegenwart zu sein, wenn man die Vergangenheit und ihre Werke schätzt.«

1930 veröffentlicht sie *Alte und neue Götter. Die Revolution des neunzehnten Jahrhunderts in Deutschland*, eine kaleidoskopartige, stilistisch funkelnde Darstellung der Revolution von 1848, ihrer Ursachen und ihrer Ausläufer. Das Buch endet mit dem »Neuen Reich« Bismarcks, das für Ricarda Huch ein kleingeistiges, materialistisches, ideenloses Konglomerat darstellt und das sie ebenso verachtet wie das »Dritte Reich«: »Macht«, so schließt *Alte und neue Götter*, »Gewalt, Geld, Masse, das waren die Prinzipien des neuen Reiches, auch der Opposition; [...] Gemessen an den immer mehr sich zentralisierenden Verhältnissen wurde alles Kleine und Kleinstädtische lächerlich, verächtlich; der Großstaat, die Großstadt, der Großbetrieb konnten allein im allgemeinen Wettbewerb bestehen. Wie die Denkmäler größer werden mußten, um die großen Plätze zu dekorieren, veränderte sich in allen Verhältnissen das Maß; überall herrschten aufgeblasene, hohle, auf künftigen Inhalt berechnete Formen. [...] Sie wollten nicht das Volk der Denker und Dichter noch die Schwärmer für Freiheit und Recht mehr heißen, sie wollten Macht haben und Macht als Prinzip bekennen.«

Es folgt das Gegenbild zu Bismarcks Reich – und auch zum »Dritten Reich« der Nationalsozialisten –, die Beschwörung des »Alten Reichs«, des Heiligen Römischen Reiches Deutscher Nation: die drei Bände *Deutsche Geschichte: Römisches Reich Deutscher Nation* (1934), *Das Zeitalter der Glaubensspaltung* (1937), *Untergang des Römischen Reiches Deutscher Nation* (1949). Es ist ihr umfangreichstes und vielleicht bedeutendstes Werk.

Die drei Bände sind keine historisch »autarke« Darstellung des Alten Reichs, vielmehr wird das Staatssystem des Römischen Reiches Deutscher Nation als positives Gegenbild zu späteren materialistischen, glaubenslosen, von Konfessionsstreitigkeiten und Ideologien zerrütteten Epochen gesetzt. Die Botschaft der Autorin ist klar: Sie will der gegenwärtigen Zeit, dem »Dritten Reich«, den Spiegel der Geschichte vorhalten, worin sich die Gegenwart als hässliches, lächerliches Zerrbild erkennen soll. Die NS-Kritik versteht diese Botschaft. Ohne dass es einen triftigen Grund gibt, das Buch zu verbieten, ist der »Subtext« doch zu entschlüsseln. Die NS-Ideologin Anne Marie Koeppen, Chefredakteurin der nationalsozialistischen Zeitschrift *Die deutsche Landfrau*, empört sich 1935 in ihrer Rezension in den *Nationalsozialistischen Monatsheften*: »Diese Ricarda Huch hat [...] ein Buch herausgegeben, gegen das sich jeder freiheits- und ehrliebende Deutsche mit leidenschaftlicher Empörung zur Wehr setzen muß.« Die Rezensentin schließt mit hämischen, halb drohenden Worten: »Wir zweifeln nicht daran, daß die Huch für dieses Werk ultra montes [jenseits der Berge; gemeint ist der katholisch-konservative Süden] höchstes Lob ernten wird. Mag sie dann auch getrost ganz jenseits der Berge bleiben und dort die Blüten ihres Geistes verstreuen. Im Deutschland Adolf Hitlers ist für Magierinnen dieser Art heute kein Platz mehr.«

Inneres Exil und Widerstand

Beim Machtantritt der Nationalsozialisten lebt Ricarda Huch nicht mehr in Berlin, sie ist wenige Monate zuvor nach Heidelberg gezogen. So erlebt sie auch die Gleichschaltung der Preußischen Akademie der Künste nur aus der räumlichen Ferne. Gleichwohl mischt sie sich ein. Bereits im Februar 1933 tritt Heinrich Mann, der Vorsitzende der Sektion Dichtkunst, aus Protest gegen den nationalsozialistischen Kurator des preußischen Kultusministeriums Bernhard Rust aus der Akademie aus. Die verbliebenen Akademiemitglieder werden aufgefordert, eine Loyalitätserklärung für die neuen Machthaber zu unterzeichnen. Gottfried Benn tut sich hervor und entwirft einen Text, worin die mit Ja oder Nein zu beantwortende Frage lautet: »Sind Sie bereit, unter Anerkennung der veränderten geschichtlichen Lage weiter Ihre Person der Preußischen Akademie der Künste zur Verfügung zu stellen? Eine Bejahung dieser Frage schließt die öffentliche politische Betätigung gegen die Regierung aus.«

Es kommt zur – beabsichtigten – Spaltung der Akademiemitglieder: Mit Nein votieren Thomas Mann, Alfons Paquet, Alfred Döblin, René Schickele und Jakob Wassermann. Ricarda Huch lehnt eine Entgegnung ab. Der Präsident der Akademie Max von Schillings interpretiert daraufhin in einem Brief an die Dichterin deren Schweigen als Einverständnis. Am 9. April 1933 schreibt Ricarda Huch einen Brief an den Präsidenten, worin sie ihren Austritt aus der Akademie erklärt: »Daß ein Deutscher deutsch empfindet, möchte ich fast für selbstverständlich halten; aber was deutsch ist, und wie Deutschtum sich betätigen soll, darüber giebt es verschiedene Meinungen. Was die jetzige Regierung als nationale Gesinnung vorschreibt, ist nicht mein Deutschtum.« Während die meisten ihrer Kollegen, die mit Nein gestimmt haben, ins Ausland gehen, bleibt Ricarda Huch im Land. Das hat verschiedene Gründe. Wie viele andere Gegner der Nationalsozialisten glaubt auch sie nur an einen kurzen »Spuk«. Zudem ist sie bereits beinahe siebzig Jahre alt, eine Eingewöhnung in eine fremde Kultur fiele ihr schwer. In einem Brief an den exilierten Alfred Döblin vom Oktober 1933 schreibt sie: »Sollten Sie in Palästina sein? Wenn ich ein Jude wäre und jung, ginge ich hin […].«

Obgleich nach dem Zweiten Weltkrieg das innere Exil vielfach diffamiert wurde – von Vertretern des äußeren Exils und von Nachgeborenen, die sich ein vorschnelles Urteil erlaubten –, gehört Ricarda Huch doch zu den integren Persönlichkeiten, die sich furchtlos und öffentlich gegen das Regime stellten. Sie besaß im In- und Ausland einen solchen Nimbus, dass die Nationalsozialisten es nicht wagten, gegen sie vorzugehen. Die Ansicht, sie habe nicht zu den verbotenen Dichtern gehört, ist nur teilweise richtig. Zwar konnten noch bis Ende der Dreißigerjahre weitere historische Werke von ihr in Deutschland erscheinen, doch wurden andere Bücher verboten, so ihre Abhandlung über Michael Bakunin und das 1932 erschienene Buch *Gerechtigkeit!* von Friedrich von Oppeln-Bronikowski, zu dem Ricarda Huch ein Geleitwort beigesteuert hatte und das eine Versöhnung zwischen Deutschen und Juden forderte.

Im Herbst 1934 zieht Ricarda Huch zu ihrer Tochter Marietta, dem Enkelsohn Alexander und dem Schwiegersohn Franz Böhm nach Freiburg im Breisgau. Im September 1936 wechselt die ganze Familie nach Jena, wo der Jurist Böhm eine Professur erhalten hat. Hier überdauert Ricarda Huch NS-Zeit und Krieg. In jenen Jahren hat sie Kontakt zu Widerstandskreisen, so zu dem jungen Theologen Helmut Gollwitzer. Auch mit den Regimegegnern Ernst von Harnack und Elisabeth von Thadden ist sie persönlich bekannt. Um Ricarda Huch bildet sich ein Kreis Jenaer Gleichgesinnter, die sich regelmäßig zum Jour fixe treffen und Neuigkeiten aus dem Sender BBC austauschen.

Immer noch versuchen die Nationalsozialisten, die international berühmte Autorin zu vereinnahmen. 1940 wird ihr eine »Ehrengabe« angeboten. Sie lehnt stolz ab: »Da ich aber noch durchaus arbeitsfähig bin und genügend verdiene, so habe ich keinen Anlaß zu klagen und bedarf ich keiner Unterstützung.« Zu einem Eklat kommt es, als Ricarda Huch im Mai 1937 bei einer Gesellschaft im Hause des Jenaer Nationalökonomen Walter Weddigen unvermittelt auf den »Blutordensträger« Richard Kolb trifft. Als der behauptet, Juden könnten nicht organisch denken und seien nicht produktiv, kommt es zwischen beiden zum Wortgefecht. Kolb wirft ihr an den Kopf: »Ich sehe, Sie sähen lieber das deutsche Volk vernichtet und die Juden herrschen.« Ricarda Huch entgegnet offenherzig: »Ich habe die Deutschen sehr geliebt, bin allerdings sehr davon zurückgekommen, seit ich so viel Gemeinheit mitanzusehen habe.« Auch der Schwiegersohn Franz Böhm schaltet sich leichtfertig offen in das Gespräch ein. Tags darauf denunziert Richard Kolb Ricarda Huch und Franz Böhm beim Dekan der Universität und beim zuständigen Ministerialrat der Hochschulverwaltung und verlangt von Böhm eine schriftliche Distanzierung von seinen Äußerungen. Böhm reagiert nicht. Anfang 1938 wird gegen Böhm und Ricarda Huch ein Ermittlungsverfahren »wegen Vergehens gegen das Heimtückegesetz« eingeleitet. Beide werden verhört. Franz Böhm wird der Lehrstuhl entzogen, ein Disziplinarverfahren gegen ihn eröffnet. Richard Kolb stellt zudem einen Antrag bei der Staatspolizei in Weimar, Böhm in ein Konzentrationslager einzuliefern. Dieser Antrag wird gleichwohl zu den Akten gelegt. Doch damit nicht genug. Im Januar 1939 wird Ricarda Huch nochmals verhört. Jetzt helfen ihr alte Beziehungen: Reichsjustizminister Franz Gürtner, der die Literatin 1934 in München an ihrem siebzigsten Geburtstag kennengelernt hat, lässt das Ermittlungsverfahren stillschweigend einstellen.

Weiterhin wird Ricarda Huch von den deutschen Behörden und der Gestapo kritisch beobachtet, und doch scheut man sich, sie als Gefangene im eigenen Land zu behandeln. So genehmigt man ihr im März 1942 sogar eine Reise nach Zürich. Die dortige Philosophische Fakultät veranstaltet ein Fest zu Ricarda Huchs fünfzigjährigem Doktordiplom. Zwei Jahre später, im Juli 1944, begeht sie im Kreis von Verwandten und Freunden ihren achtzigsten Geburtstag. Nachdenklich schreibt sie: »Aber wir haben trotz allem wieder rauschend gefeiert – ich glaube, es ist wie in Pestzeiten –, am Rande des Abgrunds sind die Feste am lautesten.« Zu dem Jubiläum erhält sie von ihrer Vaterstadt Braunschweig den Wilhelm-Raabe-Preis zuerkannt.

Sie hat für das Regime nur Spott übrig. Ihrem Enkel Alexander schenkt sie zu Weihnachten 1943 einen Kalender für das folgende Jahr. Darin klebt sie eine Fotografie von Hitler ein, wie er in peinlicher Positur vor einem scheußlichen NS-Propaganda-Gemälde steht, die Beine gegrätscht, die Hände vor dem Geschlecht gefaltet. Darunter schreibt sie einen Spruch von Friedrich Schiller: »Es ist zu verwundern, daß manche Menschen nicht im Gefühl ihrer Nichtswürdigkeit augenblicklich verwesen.«

Als Ricarda Huch über Mittelsleute von der am 3. August 1941 gehaltenen Predigt des Münsteraner Bischofs Clemens August Graf von Galen erfährt, worin er die »Euthanasie« an Behinderten als Mord verurteilte, sendet sie dem Kirchenmann einen Dankesbrief: »Erfahren zu müssen, daß unserm Volk das Rechtsgefühl zu fehlen scheint, war wohl das Bitterste, was die letzten Jahre uns gebracht haben. Die dadurch verdüsterte Stimmung erhellte sich, als Sie, hochverehrter Herr Bischof, dem triumphierenden Unrecht sich entgegenstellten [...].« Sie verliert in jenen Jahren Freunde aus dem Kreis der Widerstandsbewegung: 1943 wird die evangelische Pädagogin Elisabeth von Thadden in Paris festgenommen und im September 1944 im Gefängnis Berlin-Plötzensee hingerichtet. 1944 inhaftiert die Gestapo den sozialdemokratischen Widerstandskämpfer Ernst von Harnack; er wird im März 1945 ebenfalls in Plötzensee ermordet. Nach der Aufdeckung der Verschwörung vom 20. Juli 1944 schreibt Ricarda Huch das Gedicht *An unsere Märtyrer*, das in Abschriften bei den Verwandten der Ermordeten kursiert.

Das Thema des Widerstands lässt Ricarda Huch nicht los. Das Kriegsende erlebt sie in dem Dorf Tautenburg bei Jena. Nach der Kapitulation kehrt sie in das unversehrte Haus im Philosophenweg in Jena zurück. Der Verdrängungshaltung vieler Deutscher steht sie unduldsam gegenüber. Bereits im Dezember 1945 äußert sie sich in einem Interview für die in Ostberlin erscheinende *Zeitung für Politik, Wirtschaft und Kultur*: »Wichtig erscheint mir vor allem, daß im deutschen Volke das Rechtsgefühl wieder gefestigt wird [...]. Die Gewaltakte Hitlers, angefangen bei der Röhm-Affäre 1934 bis zu den Barbareien in den Konzentrationslagern, haben merkwürdigerweise in breiten Schichten des deutschen Volkes kein Schaudern ausgelöst.«

Die sowjetischen Besatzungssoldaten haben Anweisung, respektvoll mit ihr umzugehen. Sie erhält von den Russen sogar Heizmaterial und Lebensmittel. Was Klaus Mann bei seinem Besuch nicht weiß: Die alte Dame bereitet eine umfangreiche Studie über den deutschen Widerstand vor. Im Mai 1946 erscheint in den *Hessischen Nachrichten* und in der New Yorker *Neuen Volks-Zeitung* ein Aufruf Ricarda Huchs, ihr Briefe, Tagebücher und andere Quellen des deutschen Widerstands zukommen zu lassen. Viele Menschen vertrauen ihr persönliche Dokumente an. Sie erhält aber auch beleidigende Briefe, worin sie als »Vaterlandsverräterin« verunglimpft wird. Die Zweiundachtzigjährige sitzt vor einem Berg von Materialien. Von einer Reise zurückgekehrt, klagt sie: »Ich fand hier einen Chimborasso oder Popocatepetl von Briefen vor, den ich nun abtragen muß.« Das große Projekt bleibt Fragment. Doch die Porträts der Geschwister Scholl und deren Freunde Christoph Probst, Alexander Schmorell, Willi Graf und Kurt Huber kann sie im Manuskript noch abschließen.

Anfang Oktober 1947 übernimmt Ricarda Huch auf dem Ersten Deutschen Schriftstellerkongress in Berlin das Ehrenpräsidium. Dort lernt sie auch den Schriftsteller Günther Weisenborn kennen und übergibt ihm wenige Tage später ihr Material zu dem Gedenkbuch über den deutschen Widerstand. 1953 gibt Weisenborn die ihm anvertrauten Texte, versehen mit einer Einleitung von Martin Niemöller, unter dem Titel *Der lautlose Aufstand* heraus. Weitere Porträts über die Widerstandskämpfer Elisabeth von Thadden, Nikolaus Christoph von Halem, Klaus Bonhoeffer, Ernst von Harnack, Julius Leber, Theodor Haubach und Hans Paul Oster finden sich in Ricarda Huchs Nachlass und werden 1971 veröffentlicht.

Der Schwiegersohn Franz Böhm verließ Jena noch im April 1945 Richtung Westdeutschland. Nach dem Krieg erhält er eine Professur an der juristischen Fakultät der Universität Frankfurt am Main, in der amerikanischen Zone. Ricarda Huch und ihre Tochter Marietta bemühen sich vergeblich um einen Passierschein. Die Sowjets wollen die berühmte Frau nicht ziehen lassen. Als sie im Oktober 1947 auf dem Schriftstellerkongress in Berlin ist (hier begegnet sie auch dem aus dem Exil zurückgekehrten Freund Alfred Döblin), nutzt sie ein paar Tage später die Gelegenheit und fährt zusammen mit ihrer Tochter in einem Taxi in den Westteil der Stadt. Sie verkauft ihren letzten Schmuck, um ein Hotelzimmer zu bezahlen. Durch Vermittlung einer Bekannten können Ricarda Huch und Marietta Böhm am 25. Oktober 1947 Berlin in einem verschlossenen britischen Militärzug Richtung Hannover verlassen. Die spätherbstliche Fahrt in dem Waggon ist lang. Ausgefroren kommen sie nachts in Hannover an, sitzen sechs Stunden in einem zugigen Wellblechraum, bis ein Anschlusszug nach Frankfurt fährt. Als sie endlich im zerstörten Frankfurt anlangen, ist keiner da, der sie abholt. Hotelzimmer sind nicht zu bekommen. Erschöpft sitzt die Dreiundachtzigjährige auf ihrem Koffer. Der Zufall kommt zu Hilfe: Der ehemalige Bürgermeister von Jena, Heinrich Mertens, hat von Ricarda Huchs Flucht erfahren und ist zum Bahnhof geeilt. Er bringt die beiden Frauen nach Schönberg im Taunus und quartiert sie im Gästehaus der Stadt Frankfurt ein. Doch die Strapazen der Reise haben die alte Dame geschwächt. Sie erkrankt an einer Lungenentzündung. Penicillin wäre die Rettung, ist aber in deutschen Apotheken nicht erhältlich. Der behandelnde Arzt hat Verbindungen zum Vatikan. Doch das Medikament trifft nicht mehr rechtzeitig ein. Ricarda Huch stirbt am 17. November 1947 und wird auf dem Frankfurter Hauptfriedhof beigesetzt.

Bereits zu Lebzeiten galt Ricarda Huch als Legende, hinter deren Flor ihr literarisches Werk jedoch verschleiert und vergessen zu werden drohte. In diesem Sinn schrieb auch Ernst Wiechert im Nachruf: »Was wir an ihr liebten, war, daß sie Adel hatte, den Adel der Nachhut, die seit einem Menschenalter das Versinkende gegen Lärm und Anspruch der Zeit verteidigte. Sie löste nicht auf, sie band noch einmal zusammen, was zerfallen wollte und zerfiel. Aber ihr Haupt beugte sich weder vor den Diktaturen der Vergangenheit noch vor den Anarchien der Gegenwart.«

Die Phänomenologie

Die gesamte Romantik und Neuromantik ist vom deutschen Idealismus geprägt. Ausgerechnet ein Spross der wohl bekanntesten deutschen Familie der Romantik hat hingegen das Fundament zu einer völlig neuen philosophischen Lehre gelegt: Franz Brentano (1838–1917, ein Neffe von Clemens und Bettine Brentano), der seine Missio als katholischer Priester verlor, als er das Unfehlbarkeitsdogma des Papstes verwarf und sich stattdessen als Philosophieprofessor an der Universität Wien einen Namen machte, brach mit etlichen Traditionen der Philosophiegeschichte und entdeckte die zeitgenössische Psychologie (aus der sich später Sigmund Freuds Psychoanalyse entwickeln wird) als Quelle der philosophischen Erkenntnis.

Einer von Brentanos Schülern war Edmund Husserl, der dessen Lehre weiterentwickelte und daraus eine neue Methode kreierte, die durch die gesamte erste Hälfte des 20. Jahrhunderts weiterwirken sollte, auch über den engen Kreis der Husserl-Schüler hinaus, bis hinein zu Martin Heideggers Philosophie von *Sein und Zeit* und Karl Jaspers' Existenzphilosophie, ja noch darüber hinaus zu den Philosophen des Existenzialismus Jean-Paul Sartre, Simone de Beauvoir, Emmanuel Lévinas und anderen.

Edmund Husserl (1859–1938), aus einfachen jüdischen Verhältnissen im mährischen Proßnitz stammend, als Schüler eher ein Spätentwickler, erwachte zu geistiger Regsamkeit, als er die Mathematik und mehr noch die Philosophie als Feld des menschlichen Denkens entdeckte. Er ging nach Wien, konvertierte zum Protestantismus und studierte bei Franz Brentano, dem geschassten katholischen Priester. Dessen Lehre von der »Aktpsychologie« (die psychische Phänomene als Akte, absichtsbezogenes Handeln, die auf Objekte gerichtet sind, interpretierte) entwickelte Husserl weiter zur »Phänomenologie«, die er in zwei Werken (*Logische Untersuchungen*, 1900/1901, und *Ideen zu einer reinen Phänomenologie und phänomenologischen Philosophie*, 1913) darlegte. Nach vielen Jahren eines ärmlichen Daseins als Privatdozent verhalfen ihm diese Publikationen zu Ruhm und Ansehen. 1916 erhielt er den Lehrstuhl für Philosophie an der Universität Freiburg/Breisgau. Bis zu seiner Emeritierung 1928 machte Husserl Freiburg zum wichtigsten Zentrum seiner Schule (zum »phänomenologischen Kindergarten«, wie seine Schülerin und Assistentin Edith Stein leicht spöttelnd bemerkte) und zum Mittelpunkt der Philosophie in Deutschland. Es wurde ein Jahrzehnt der Phänomenologie mit daraus hervorgehenden oder dadurch beeinflussten Philosophen wie Martin Heidegger, Edith Stein, Eugen Fink, Max Scheler, Jean-Paul Sartre, Maurice Merleau-Ponty und Emmanuel Lévinas. Letzterer bezeichnete Freiburg als »Stadt der Philosophie« und Husserls Phänomenologie als »ein neues Lebensideal, eine neu aufgeschlagene Seite in der Geschichte, ja fast eine neue Religion«.

Husserls Phänomenologie ist mehr Methode als System – vielleicht auch deshalb hat sie so viele Anhänger gefunden und eine so breite Wirkung ausgeübt, weil sie das Denken befreite und nicht in traditionelle Schemata und Schulen presste. Namensgebend ist der Begriff des »Phänomens«: Husserls Methode will die »Phänomene«, die Dinge des Alltags und der menschlichen Erfahrungswelt, beschreiben. Dazu ist es nötig, alle Klischees, Mutmaßungen, Gewohnheiten und Ablenkungen beiseitezuschieben und vielmehr alle Aufmerksamkeit auf den Gegenstand, »die Sachen selbst« zu richten. Diese »Reduktion« nennt Husserl »Epoché«, eine Methode der antiken Skeptiker, die versuchten, jegliches vorgefasstes Urteil über die Welt zu vermeiden.

Was aber ist ein Phänomen? Alles, was sich unserer Erfahrung präsentiert (also nicht nur die haptischen Gegenstände, sondern auch Erinnerungen, Fantasien, gedankliche Vorstellungen, religiöse oder mystische Erfahrungen etc.). Wenn zum Beispiel ein Sommelier ein Glas Wein kostet, so ist er ein Phänomenologe par excellence: Es geht bei diesem Akt der Weinverkostung darum, durch »Reduktion« oder »Epoché« alles auszuklammern, was nicht zu ebendiesem Glas Wein gehört: Das Phänomen ebendieses Tröpfchens offenbart sich nicht in der Geschichte des Weinbaus, nicht in der Lage, der Weinsorte, dem Ernte- und Kelterprozess, auch nicht in der Wirkung des Alkohols, sondern einzig und allein darin, wie das Phänomen sich durch Reduktion den individuellen Erfahrungen, in diesem Fall der Geschmackserfahrung des Sommeliers, präsentiert.

Die Phänomenologie stellte eine Befreiung innerhalb der Philosophie dar: Endlich wurde der philosophische Blick frei für die Phänomene, ohne den Ballast der Tradition, der Schulen und Richtungen. Es war kulturgeschichtlich betrachtet ein Aufbruch in die Moderne, die neue Erfahrungswelten erschließen wollte. Die Phänomenologie gibt dem Denken die Welt zurück, die bislang bereits »besetzt« gewesen ist. Sie birgt revolutionäres Potenzial, weil sie alle Ideologien, die das Denken besetzt haben (etwa Marxismus, Faschismus, religiöser Fundamentalismus, Positivismus etc.) in der Epoché ausklammert, sie gleichsam neutralisiert. Aber nicht nur über die Phänomene außerhalb unserer selbst denkt die Phänomenologie nach, sondern auch über das eigene Bewusstsein: Nicht, was das Bewusstsein *ist*, sondern wie es *tätig* ist und seine Erfahrungen festhält, ist die Frage. Husserl greift in diesem Punkt eine Überlegung Franz Brentanos auf: Das Bewusstsein solle im Hinblick auf seine »Intentionalität«, sein Hinausgreifen auf einen Gegenstand, betrachtet werden. Gedanken denken stets *von* oder *über* etwas, das Bewusstsein stellt sich also etwas vor, selbst wenn dieses etwas nicht existiert. So gesehen sind die Phänomene auch außerhalb der wirklichen Welt, ja die Frage »Was ist real?« wird von der Phänomenologie gar nicht gestellt. Es ist die falsche Frage schlechthin. Denn das menschliche Bewusstsein *ist* nicht, es *hat in seiner Intentionalität einen Gegenstand*.

Freilich schlug Edmund Husserl im Laufe seines Gelehrtenlebens als Begründer der Phänomenologie ähnlich einem Hasen ein paar Haken: Ausgehend von Descartes' »Ich denke, also bin ich« forderte Husserl in einem Vortrag von 1929 (also bereits nach seiner Emeritierung), »jeder, der ernstlich Philosoph werden« wolle, müsse »einmal im Leben« tun, was Descartes getan hat: »sich auf sich selbst zurückziehen und in sich den Umsturz aller ihm bisher geltenden Wissenschaften und ihren Neubau versuchen«. Wenige Jahre später kehrte Husserl vom Innen ins Außen zurück und forderte, der Mensch solle sich in der »Welt« umtun, in dem Bereich, den er mit anderen Menschen teilt, denn nur in ihr mache er Erfahrungen.

Dieses Hin und Her erschien manchen Weggenossen dann doch als Salto mortale: Karl Jaspers, einer von Husserls Schülern, der über ihn von der Psychologie zur Philosophie kam, meinte einmal, Husserl wisse selbst nicht, was Phänomenologie ist. Und Edith Stein, Husserls geniale Schülerin und treue Assistentin, zeigte sich enttäuscht, als sie einmal mit Husserl zwei Stunden lang auf dessen altem Ledersofa über die in ihrer Dissertation dargelegte »Phänomenologie der Empathie« zu diskutieren versuchte – ohne mit ihm zu einem Konsens zu gelangen. Sie hatte sich einfach schon zu weit von der Methode ihres Doktorvaters entfernt.

Edith Stein (1891–1942)

Philosophin der Phänomenologie, Märtyrerin, Heilige

Edith Stein ist spätestens seit ihrer Heiligsprechung durch Papst Johannes Paul II. im Jahre 1998 für viele Gläubige eine Ikone, vergleichbar allenfalls mit Hildegard von Bingen, die in den letzten dreißig Jahren auch innerhalb feministischer und ökologischer Bewegungen jeglicher Ausrichtung eine wahre Renaissance erfahren hat. Bei Edith Stein freilich ist die Sachlage ungleich komplizierter. Im Gegensatz zu der Äbtissin des Mittelalters lässt bei der Kölner Karmelitin die geringe historische Distanz noch keine Freiflächen zur Neubesetzung zu. Im Gegenteil: Gerade seit der offiziellen Kanonisation durch den Vatikan ist Edith Stein immer wieder Anlass für religiös-ideologische Positionierungen, die nicht immer konfliktfrei sind, an denen sich vielmehr die zivilisationsgeschichtliche Wunde des 20. Jahrhunderts zeigt: Von jüdischen Kreisen wurde der katholischen Kirche die Vereinnahmung der gebürtigen Jüdin Edith Stein unterstellt. Von katholischer Seite wurde Schwester Teresia Benedicta vom Kreuz (so ihr Ordensname) als Beispiel der Aussöhnung von Judentum und Christentum bisweilen vereinfachend dargestellt. Feministische Bewegungen haben der Karmelitin einen Verrat an der Emanzipationsbewegung vorgeworfen, weil sie den klösterlichen Gehorsam dem selbstbestimmten Leben und der beruflichen Karriere vorgezogen hat. Und im universitären Bereich hat man erst in den letzten Jahrzehnten begonnen, das anspruchsvolle philosophische Werk Edith Steins in seiner Gesamtheit zu würdigen und aus dem Schatten ihres Lehrers Edmund Husserl zu lösen.

In der Tat entzieht sich Edith Stein einer eindeutigen Festlegung oder gar kultischen Verehrung. Ihr Leben und Denken zeigen die Verwerfungen und Widersprüche der Moderne, auch in den Bereichen, die nicht fremdbestimmt waren. Gerade diese Authentizität macht sie für viele heutzutage so interessant. Edith Stein scheint – auch abseits ihres Lebens als Nonne und ihres tragischen Endes als Opfer des Holocaust – selbst für viele Menschen, die sich nicht zu einer Religion bekennen, Anziehungskraft zu besitzen, so etwas wie eine Heilige in einer zunehmend säkularisierten Welt zu sein.

Begegnung mit Husserls Phänomenologie

Edith Stein wird am 12. Oktober 1891 in Breslau als elftes und jüngstes Kind einer jüdischen Kaufmannsfamilie geboren. Die Steins sind assimiliert, die jüdischen Riten werden eher lax eingehalten. Man empfindet in erster Linie liberal und national. Als Edith zwei Jahre alt ist, stirbt der Vater. Die Mutter übernimmt den Handel mit Kohlen und Baumaterial. Mit strenger Hand führt sie Unternehmen und Familie. Edith wird als ein intelligentes, bisweilen auch altkluges, verwöhntes und trotzköpfiges Kind beschrieben. Sie besucht die Höhere Töchterschule und das Realgymnasium in Breslau und fällt durch ihre rasche Auffassungsgabe und ihren überdurchschnittlichen Fleiß auf. Ihr schriftliches Abitur ist so hervorragend, dass die Kommission auf die mündlichen Prüfungen verzichtet.

1911 beginnt Edith Stein ein Studium der Germanistik, Philosophie, Geschichte und Psychologie an der Universität Breslau. Vor allem von der Psychologie erhofft sich die junge Frau Einblicke in das Wesen des Menschen. Doch wird sie von den Vorlesungen William Sterns bitter enttäuscht, der die Psychologie als einfache naturwissenschaftliche Mechanik versteht und vermittelt, anstatt auf das Wesenhafte des betrachteten Individuums einzugehen. Bald wendet sich Edith Stein von der Psychologie ab und ganz der Philosophie zu. Hier findet sie von Anfang an die klare Begrifflichkeit, die sie von der Wissenschaft einfordert und die ihrem strukturierten Denken entspricht. Aber noch hat sie nicht das zeitgemäße philosophische Gebäude gefunden, das ihrem Intellekt Heimstatt werden kann.

Der Zufall kommt ihr zu Hilfe: In einer Zeitung entdeckt sie eine Notiz über eine preisgekrönte Philosophiestudentin. Ein Foto ist beigefügt: Hedwig Martius heißt die junge Frau, die bei Edmund Husserl in Göttingen studiert. Edith Stein ist von dem Gesicht magisch angezogen. Noch weiß sie nicht, dass sie beide einmal eine enge, auch wissenschaftlich fruchtbare Freundschaft schließen werden. Noch mehr aber wird sie auf die philosophische Methode neugierig, mit der Husserl damals Aufsehen erregt: die Phänomenologie.

Die Phänomenologie sucht ein Manko zu überbrücken, das die Philosophie seit Immanuel Kant auszeichnet: die Fokussierung auf das Ich und die Abkehr von den Dingen. Stattdessen will die Phänomenologie durch Intuition und Anschauung zu den Dingen selbst vordringen, ihrem Wesen auf den Grund gehen. Ziel ist es, den unsicheren Boden der subjektiven Erfahrung zu verlassen, Vorurteile zu vermeiden und im Vertrauen auf die strenge und klare Begrifflichkeit der Vorgehensweise die Wirklichkeit verlässlich anschauen und beschreiben zu können. Die Phänomenologie will – daher leitet sich der Name ab – die Dinge der Außenwelt als Phänomene betrachten, ohne subjektive Interpretation, gleichsam als eine bloße Spiegelung auf der Netzhaut des Bewusstseins. Somit wird die vorurteilsfreie, nüchterne Betrachtung der Dinge – obgleich vom Subjekt Mensch ausgehend – zur objektiven Schau. Das Emotionale, Vorurteilsbehaftete wird in der phänomenologischen Betrachtung ausgeklammert, ebenso angelernte Erkenntnisse und Sichtweisen. Die Dinge werden wieder auf sich selbst reduziert, frei vom tradierten Ballast der Überlieferung, und intuitiv erfasst. Anstelle der Sachen, die wir erfahren, wird das Erfahren der Sachen eingeübt. Das Ding an sich wird gesucht, nicht mehr – wie bei Kant – das Ding für uns. Freilich geht Husserls Phänomenologie optimistisch a priori davon aus, dass es eine objektive Wirklichkeit gibt. Nur unter dieser Voraussetzung steht seine Erkenntnistheorie überhaupt auf gesunden Beinen.

Edith Stein beschafft sich sofort Edmund Husserls Hauptwerk *Logische Untersuchungen* und ist wie vom Blitz gerührt: »[...] die *Erkenntnis* schien wieder ein *Empfangen*, das von den Dingen sein Gesetz erhielt, *nicht* – wie im Kritizismus – ein *Bestimmen*, das den Dingen sein Gesetz aufnötigte.« Sie bricht ihr Studium in Breslau ab und fährt nach Göttingen, wo sie sich dem »Meister«, wie sie ihn von da an bewundernd nennen wird, vorstellt. Husserl empfängt die hübsche, etwas streng wirkende Frau und stellt ihr die »Gretchenfrage«, ob sie denn seine Publikationen gelesen habe? Edith Stein antwortet wahrheitsgemäß: »Die *Logischen Untersuchungen*.« Alle zwei Bände?, will Husserl wissen. Edith Stein: »Den ganzen II. Band.« »Nun«, sagt Husserl, »das ist eine Heldentat.« Damit ist Edith Stein als seine Studentin angenommen.

Sie stürzt sich in Husserls Methode. Ihre Kommilitonin Hedwig Martius – beide freunden sich rasch an – sagt über die neue Studentin: »Ihr nüchterner, objektiver Geist, ihr unverstellter Blick, ihre absolute Sachlichkeit prädestinierten sie dazu.« Erst seit 1908 stehen Frauen in Preußen die Universitäten aller Fachrichtungen offen. Noch bilden Studentinnen die Ausnahme, noch sitzen sie in den Hörsälen in kleinen Grüppchen beisammen und werden oft wie exotische Wesen angestaunt. Immer noch legt man bei Studentinnen höhere Leistungsmaßstäbe an als bei den männlichen Kommilitonen. Von der Möglichkeit gar, eine akademische Laufbahn einzuschlagen, sind Frauen noch weit entfernt.

Edith Stein vergräbt sich in Studium und Wissenschaft. Aber sie ist keineswegs einzelgängerisch. Recht selbstbewusst schließt sie sich einer Gruppe junger Philosophiestudenten an, die sich etwas großspurig »Göttinger Schule« nennt. Sie ist nicht die einzige Frau: Ihre Freundin Hedwig Martius ist mit dabei, die sich aber bei den Gesprächen eher im Hintergrund hält. Husserls begabter Schüler Adolf Reinach (er fällt als Soldat im Ersten Weltkrieg) ist ebenfalls mit von der Partie, ebenso der Pole Roman Ingarden (er wird später einer der führenden Philosophen seines Heimatlandes). Edith Stein verliebt sich in den gut aussehenden Ingarden, der ihr allerdings lediglich eine Kameradschaft anbietet, ist er doch bereits anderweitig gebunden. Edith Stein gilt bald als ebenbürtige Diskutantin in dem Philosophenzirkel. Von weiblicher »Selbstbescheidung« oder »Zurückhaltung« der neu Hinzugekommenen kann bei ihr nicht die Rede sein. Sie selbst bemerkt schmunzelnd, wenn man neu in die Gruppe aufgenommen wurde, »dann hörte man monatelang ehrfürchtig schweigend zu, ehe man es wagte, selbst den Mund aufzumachen. Ich aber sprach sofort keck mit.«

Dienst für das Vaterland und den »Meister«

Das Studium in Göttingen wird durch den Ausbruch des Ersten Weltkriegs unterbrochen: Der Krieg fegt die Hörsäle leer. Viele Studenten ziehen als Soldaten an die Front, etliche von ihnen werden nicht zurückkehren, oder wenn doch, dann oft verkrüppelt. Auch Frauen werden zum Dienst herangezogen, in Hospitälern und Munitionsfabriken. Edith Stein ist vom Geist der Gemeinschaft, der damals viele Menschen beflügelt und stärkt, angesteckt. Begeistert schreibt sie: »[…] heute hat mein individuelles Leben aufgehört und alles, was ich bin, gehört dem Staat; wenn ich den Krieg überlebe, dann will ich es als neu geschenkt wieder aufnehmen.« Sie will sich am großen Ganzen beteiligen, ihrem Leben, das bislang nur die Bücher kannte, einen anderen Sinn geben, das Außensein anders als durch die Sichtweise der Phänomenologie kennenlernen, es sinnlich erspüren …

Im Januar 1915 legt sie noch das Staatsexamen in Philosophischer Propädeutik, Geschichte und Deutsch ab. Dann meldet sie sich für den Lazarettdienst. In Breslau, ihrer Heimatstadt, absolviert sie rasch einen Krankenpflegekurs, dann arbeitet sie im städtischen Hospital in diversen Abteilungen. Schließlich wird sie ins Hinterland der Front geschickt, nach Mährisch-Weißkirchen, in ein Soldatenlazarett. Hier liegen die Versehrten der Karpatenfront, mit Schuss- und Sprengverletzungen, aber auch mit infektiösen Erkrankungen: Cholera, Ruhr, Flecktyphus. Einige haben durch die Schrecken der Front den Verstand verloren, sie schreien und toben, und man muss sie zu ihrer und der anderen Sicherheit ans Bett fesseln. Edith Stein tut ihren Dienst geduldig, ohne zu klagen, mit Ausdauer und starken Nerven, die man dieser scheinbar so zerbrechlichen Frau gar nicht zutrauen würde. Fotos zeigen die Krankenschwester im weißen Kittel, mit weißer Haube, in einer Pause an einem Tisch sitzend, vor sich einen Becher Kaffee, Zigaretten liegen daneben. Mit Nikotin und Koffein berauscht sie sich, hält sich wach und bei Laune, um den schweren Dienst durchstehen zu können. Doch so professionell Edith Stein nach außen wirken mag: Im Innern wird sie von den Schicksalen der Patienten tief berührt. Als ein junger Typhuskranker an Herzschwäche stirbt, räumt die Krankenschwester dessen wenige Besitztümer zusammen: »Als ich die paar Habseligkeiten ordnete, fiel mir aus dem Notizbuch des Verstorbenen ein Zettelchen entgegen: es stand ein Gebet um Erhaltung seines Lebens darauf, das ihm seine Frau mitgegeben hatte. Das ging mir durch und durch.«

Nach wenigen Monaten wird das Lazarett aufgelöst, da sich die Frontlinie verschiebt. Edith Stein wird entlassen. Sie kehrt zur Mutter nach Breslau zurück und nimmt die Arbeit an einer Dissertation wieder auf, mit der sie vor dem Krieg begonnen hat. Es ist ein phänomenologisches Thema, das ihr Edmund Husserl gestellt hat, ein bis dahin fehlender Baustein in dessen Gedankengebäude: Husserl verwendet den Begriff der »Einfühlung« für den Umstand, dass die objektive Außenwelt nur intersubjektiv, also durch Wechselverständigung erkennender Individuen miteinander, erfahren werden kann. In ihrer Arbeit differenziert und definiert Edith Stein Husserls Terminus: Einfühlung sei »eine Grundart von Akten, in denen fremdes Erleben erfaßt wird«. Einfühlung sei nicht das Erfassen fremder Argumente, sondern das Erfühlen des inneren Erlebens anderer Personen.

Husserl verwendet – das entspricht damaligem Usus – die Erkenntnisse seiner Doktorandin (Edith Stein promoviert mit »summa cum laude«) im zweiten Teil seiner wenige Jahre später veröffentlichten Schrift *Zur Phänomenologie der Intersubjektivität*: »Die Einfühlung schafft die erste wahre Transzendenz. [...] Hier überschreitet das Bewußtsein zum ersten Mal wirklich sich selbst, und das überschreitend Gegebene ist das fremde Ich und Ichbewußtsein.«

Nicht nur Husserl ist sich der wissenschaftlichen Bedeutung von Edith Steins Dissertation bewusst. Auch Roman Ingarden, Edith Steins von ihr zärtlich umworbener Kommilitone, erkennt deren Stellenwert: Edith Stein habe Husserls Phänomenologie vor der gedanklichen Verengung, vor dem Rückfall durch die Reduktion ins Ego bewahrt, während hingegen Edith Steins Sichtweise ein wirkliches Verstehen zwischen Ich und fremdem Sein ermögliche.

Husserl ist ein scharfsinniger Kopf, aber in seiner Arbeitsweise fahrig und unorganisiert. Umso mehr bedarf er einer bienenfleißigen, blitzgescheiten neuen Assistentin: Die frisch promovierte Edith Stein erhält die Position (sie ist die erste Assistentin an einem deutschen Lehrstuhl überhaupt). Sie verehrt ihren »Meister«, arbeitet sich für ihn auf und bemerkt lange nicht, dass er sie – wohl ohne böse Absicht – schlicht ausnutzt. Husserl notiert auf zahllosen Zetteln seine Einfälle, meist in der bereits damals ungebräuchlichen Gabelsberger'schen Stenografie, die er zu einem späteren Zeitpunkt zu ordnen gedenkt. So sammeln sich wortwörtlich Papierberge an, die die fleißige Assistentin zu ordnen, zu transkribieren, auszuwerten und in ein logisches System zu bringen versucht. Erst posthum, 1950/52, wird der zweite Band von Husserls Werk *Ideen zu einer reinen Phänomenologie* veröffentlicht – ein Werk, für das Edith Stein knapp zehntausend, oft zweiseitig beschriebene Blätter transkribiert und ausgewertet hat. Auch für zahlreiche andere Skripte Husserls, Aufsätze und Artikel, hat Edith Stein die ordnende und lektorierende Arbeit geleistet.

Über all ihrer aufreibenden und hingebungsvoll dienenden Arbeit für den »Meister« droht die eigene Forschungsarbeit zu stocken. Mit einer Habilitationsschrift kommt sie aus Zeitmangel kaum voran, im universitären Betrieb darf sie nur die Proseminare für Studienanfänger halten. 1919, der Krieg ist vorbei, schreibt Husserl seiner Assistentin eine Empfehlung: Er befürworte ihre Zulassung zur Habilitierung, sofern Frauen der Zugang zur akademischen Karriere eröffnet werden sollte. Zwar werden Frauen durch die neue Weimarer Verfassung den Männern politisch endlich gleichgestellt, doch im universitären Leben werden sie oberhalb des akademischen Mittelbaus von den allgewaltigen Herren Professoren noch immer blockiert. So ist Edmund Husserls »Empfehlung« ein Danaergeschenk: Eine Belobigung, die nicht mehr wert ist als das Papier, auf dem sie steht. Edith Stein wird in ihrem Leben vier Habilitationsschriften verfassen und verschiedenen Fakultäten vorlegen. Viermal wird ihr Antrag abgelehnt werden – mit zum Teil recht fadenscheinigen Begründungen fachlicher oder sozialpolitischer Art. Husserls ebenso bekannte Schülerin Hedwig Conrad-Martius wird erst 1949 mit einundsechzig Jahren einen unbesoldeten Lehrauftrag erhalten und mit siebenundsechzig eine ebenso unbesoldete Honorarprofessur. Erst 1950 wird zum ersten Mal in Deutschland ein philosophischer Lehrstuhl von einer Frau übernommen: Katharina Kanthack an der Freien Universität Berlin. Doch zu jenem Zeitpunkt lebt Edith Stein schon längst nicht mehr.

Innere Krise und die Begegnung mit dem Katholizismus

In jenen Jahren ist Edith Stein durch ihre vielfältigen Pflichten überlastet. Auch unglückliche Liebeleien setzen ihr zu. Mehrere Männer, denen sie ihre Gefühle offenbart, weisen sie als Frau zurück, wollen sie jedoch als Freundin behalten. Der von ihr umworbene Kommilitone Hans Lipps fällt im Ersten Weltkrieg an der Front. Roman Ingarden hat sein Herz bereits einer anderen versprochen. Edith Stein reibt sich brieflich in einem Widerstreit ihrer Gefühle und im Paradoxon auf, diesen Mann wider alle Vernunft und besseres Wissen zu begehren. Was ihr in der Phänomenologie so klar und eindeutig erscheint, verwirrt sich ihr im Irrgarten heftiger Emotionen, in einem Knäuel aus Schuld- und Reuekomplexen. In einem Brief an Ingarden bekennt sie: »Mein Liebling, diesen Abend möchte ich noch einmal bei Dir sein und Dir manches sagen, was ich Dir schuldig geblieben bin. […] Unter allem, was mich gegenwärtig bedrückt, steht an 1. Stelle, daß ich nicht die Kraft hatte, Dir mein Leid zu verbergen, und so einen Schatten mehr in Dein Leben gebracht habe statt ein wenig Sonnenschein. Was ich jetzt suche, ist Ruhe und Wiederherstellung meines völlig gebrochenen Selbstbewußtseins. [...] Und ich wünsche Dir ein Leben mit aller Fülle und allem Reichtum, den die Welt zu bieten hat.«

In dieser emotionalen Spannung kommt es zur Krise: Edith Stein hat depressive Anwandlungen, ihre Lebenskraft lässt nach. Ihre philosophischen Studien begreift sie einerseits als ganz subjektiven Drang nach Klärung ihres Denkens, andererseits aber auch als Flucht vor ureigenen Problemen, als Kompensation für verwehrte und nicht beschiedene Erfüllung: »Bücher nützten mir nichts, solange ich mir die fragliche Sache nicht in eigener Arbeit zur Klarheit gebracht hatte. Dieses Ringen nach Klarheit vollzog sich nun in mir unter großen Qualen und ließ mir Tag und Nacht keine Ruhe. Damals habe ich das Schlafen verlernt, und es hat viele Jahre gedauert, bis mir wieder ruhige Nächte geschenkt wurden. Nach und nach arbeitete ich mich in eine richtige Verzweiflung hinein. Es war zum erstenmal in meinem Leben, daß ich vor etwas stand, was ich nicht mit meinem Willen erzwingen konnte. [...] Das brachte mich so weit, daß mir das Leben unerträglich schien.«

Die Krise legt sich wie ein schwarzer Schatten über ihr Denken und Fühlen und droht, sie zu zerbrechen. »Ich konnte«, so schreibt sie später in ihrer Autobiografie, »nicht mehr über die Straße gehen, ohne zu wünschen, daß ein Wagen über mich hinwegführe. Und wenn ich einen Ausflug machte, dann hoffte ich, daß ich abstürzen und nicht lebendig zurückkommen würde. Es ahnte wohl niemand, wie es in mir aussah.«

In jenen Jahren kommt Edith Stein wiederholt mit dem Katholizismus in Berührung. Als sie einmal bei einem Besuch in Frankfurt den Dom betritt, beobachtet sie die wie selbstverständlich geäußerte Frömmigkeit der Betenden: »Wir traten für einige Minuten in den Dom, und während wir in ehrfürchtigem Schweigen dort verweilten, kam eine Frau mit ihrem Marktkorb herein und kniete zu kurzem Gebet in einer Bank nieder. Das war für mich etwas ganz Neues. In die Synagogen und in die protestantischen Kirchen, die ich besucht hatte, ging man nur zum Gottesdienst. Hier aber kam jemand mitten aus den Werktagsgeschäften in die menschenleere Kirche wie zu einem vertrauten Gespräch. Das habe ich nie vergessen können.«

Prägend und wegweisend wird für sie auch die Freundin Anne Reinach, Witwe ihres 1917 gefallenen Göttinger Kommilitonen Adolf Reinach. Sie fasziniert und überzeugt Edith Stein in jenen Jahren der Krise durch ihren starken, gelebten Glauben und die ergebene und gefasste Fügung in ihr Schicksal. Einem ersten Wiedersehen nach Adolfs Tod sieht Edith Stein voller Bangen entgegen. Sie fürchtet, eine verzagte, vom Schmerz gebeugte Witwe vorzufinden. Doch wider Erwarten kommt es ganz anders: Anne Reinach zeigt sich als stark, vom Glauben gestützt, bei aller Trauer zuversichtlich und ergeben zugleich. Von ihr erhält Edith Stein auch die Autobiografie der Mystikerin Teresa von Ávila geliehen. Später gesteht Edith Stein, die Lektüre habe ihrem »langen Suchen nach dem wahren Glauben ein Ende gemacht«. Ihre Freundin Hedwig Martius zitiert einen Ausspruch Edith Steins aus jener Zeit: »Im Protestantismus ist der Himmel geschlossen, im Katholizismus ist er offen.«

Unter diesen Eindrücken lässt sich Edith Stein am 1. Januar 1922 in Bergzabern taufen. Sie verlässt damit den Glauben ihrer Ahnen und weiß, dass sie nach jüdischer Vorstellung damit für Gott im wortwörtlichen Sinne »gestorben« ist. Die Reaktion der Mutter ist dementsprechend kaum verwunderlich: Sie verweist ihre Tochter des Hauses. Erst Monate später kommt es zur Versöhnung. Auch Ediths ältere Schwester Rosa konvertiert einige Zeit später. Sie wird Ediths Weg persönlich und spirituell begleiten – bis in den Tod hinein. Das Verhältnis der Verwandten zu Edith Steins Konversion bleibt indessen angespannt: Noch nach ihrer Heiligsprechung durch Papst Johannes Paul II. im Jahre 1998 wird eine Nichte Edith Steins dies bitter kommentieren, die katholische Kirche habe ihrer Tante, als sie zur Ermordung ins Konzentrationslager verschleppt wurde, auch nicht geholfen …

Wie eine Fügung erscheint Edith Stein im Jahre 1922 die

Anfrage der Dominikanerinnen aus Speyer, die für ihr Mädchenlyzeum eine Pädagogin und für das angeschlossene Lehrerinnenseminar eine Dozentin benötigen. Bis 1932 wirkt Edith Stein an diesen beiden Einrichtungen und lebt in unmittelbarer Nähe zu den Nonnen und ihrem Arbeits- und Gebetsrhythmus. Bei den Schülerinnen und angehenden Lehrerinnen ist Edith Stein beliebt, nicht zuletzt wegen ihrer ruhigen, klaren Art, aber auch, weil sie versucht, neueste pädagogische Ansätze – etwa nach Maria Montessori und Georg Kerschensteiner – einzubringen. Freilich bleibt eine gewisse Distanz, eine Unnahbarkeit. Edith Steins akademische Herkunft, aber auch Enttäuschungen, die davon rühren, dass sie ihr Herz vorschnell öffnete, mögen dahinterstehen.

Bei den Dominikanerinnen lernt Edith Stein die katholische Liturgie und die klösterliche Frömmigkeit näher kennen und lieben. An Roman Ingarden schreibt sie Jahre später zur Erklärung: »Es ist eine unendliche Welt, die sich ganz neu auftut, wenn man einmal anfängt, statt nach außen nach innen zu leben. Alle Realitäten, mit denen man vorher zu tun hatte, werden transparent, und die eigentlich tragenden und bewegenden Kräfte werden spürbar.«

Individuum und Gemeinschaft

Doch bei aller Hingabe an den Beruf der Pädagogin verspürt Edith Stein schmerzlich, dass ihre Hoffnung auf eine akademische Karriere als Philosophin ihr verwehrt bleiben wird. Sie weiß indes um ihre philosophische Berufung und versucht in den nächsten Jahren, Edmund Husserls Phänomenologie weiter zu durchdringen und sie aus dem Blickwinkel der emanzipierten Frau, liberalen Pädagogin und aufgeklärten Katholikin heraus zu interpretieren und fortzuführen. Bald erwirbt sie sich einen exzellenten Ruf als Rednerin und Vortragende bei pädagogischen Kongressen und philosophischen Tagungen. 1932 wird Edith Stein Dozentin am Deutschen Institut für wissenschaftliche Pädagogik in Münster. Zudem übersetzt und kommentiert sie – eine philologische Großtat – das umfangreiche Werk *Quaestiones disputatae de veritate* des heiligen Thomas von Aquin und die Briefe und Tagebücher Kardinal John Henry Newmans, eines frühen Repräsentanten der modernen Theologie.

In ihrem eigenen philosophischen Denken erweitert sie in jenen Jahren Husserls Thesengebäude entscheidend und tritt damit aus dem Schatten ihres Lehrers heraus. In ihrer Abhandlung *Psychische Kausalität* erweitert sie den naturwissenschaftlichen Kausalitätsbegriff mithilfe phänomenologischer Erkenntnisse. Das Ich handelt nicht nur unter kausalen Zwängen, sondern auch aus vernunftgeleiteter Motivation. Dieses Zusammenwirken impliziert eine menschliche Willensfreiheit und gleichzeitig ein erweitertes Bild vom Menschen, der – anders als Descartes und die Aufklärer glaubten – eben weder eine bloße Maschine ist noch ein allein aus der Ratio denkendes und handelndes Wesen: »Die geistige Lebenskraft [...] birgt in sich einen neuen Kraftquell, der aber nur unter Mitwirkung der sinnlichen Lebenskraft und auf ihre Kosten zur Entfaltung gelangen kann.« In ihrer Abhandlung *Individuum und Gemeinschaft* baut Edith Stein hingegen der damals aufkommenden Sozialwissenschaft ein philosophisch-phänomenologisches Fundament, indem sie die Termini »Gemeinschaft« und »Gesellschaft« genauer betrachtet und differenziert – und letztlich auch gegen die damals aufkommende und bald florierende wirre Begrifflichkeit der »Volksgemeinschaft« in den Schriften Adolf Hitlers und anderer abgrenzt. Edith Stein verteidigt den Begriff der Gesellschaft gegen die rechtsnationale Vereinnahmung, wenn sie feststellt, dass die Gesellschaft ein Zweckverband ist, der Interessen einer Gemeinschaft vertritt: »[...] wo eine Person der anderen als *Subjekt* dem *Objekt* gegenübertritt, sie erforscht und aufgrund der gewonnenen Erkenntnis planmäßig ›behandelt‹ und ihr beabsichtigte Wirkungen entlockt, da leben sie in *Gesellschaft* zusammen. Wo dagegen ein Subjekt das andere *als Subjekt* hinnimmt und ihm nicht gegenübersteht, sondern *mit ihm lebt* und von seinen Lebensregungen bestimmt wird, da bilden sie miteinander eine *Gemeinschaft*. In der Gesellschaft ist jeder absolut einsam, eine ›Monade, die keine Fenster hat‹.« Dem Begriff der Gesellschaft stellt Edith Stein die »Masse« als ein destruktives Phänomen der Moderne entgegen: »Die Individuen, die in der Masse beisammen sind, sind überhaupt nicht aufeinander eingestellt. [...] Die Masse ist ein Zusammen sich gleichförmig verhaltender Individuen. Es fehlt an einer *inneren* Einheit, aus der heraus das Ganze lebte.«

Mit dem Volks- und Staatsgedanken setzt sich Edith Stein in jenen späten Zwanzigerjahren wiederholt auseinander: Der Staat ist nach ihrer Überzeugung »nicht bloßes Produkt rechtsetzender Akte«, sondern muss eine »vorausgehende Gemeinschaftsentwicklung« fortführen. Dies sei ein geistiger Prozess, getragen von Erfahrungen und freien Willensentscheidungen Einzelner. Insofern benötigt ein Staat zu seiner Konstituierung und allgemeinen Anerkennung die freie Zustimmung aller. Der Staat ist nicht nur an ein positives Recht gebunden, sondern an ein höheres, ewiges Recht, an die von Gott gesetzte ethische Norm: »Jeder Mensch untersteht zunächst und vor allem dem höchsten Herrscher, und daran kann kein irdisches Herrschaftsverhältnis etwas ändern.« Damit widerspricht die Philosophin dem schicksalsträchtigen Führergedanken des Nationalsozialismus und dessen Anspruch, die Rechte und Interessen des Einzelnen und das göttliche, überzeitliche Recht der stillschweigenden vermeintlichen Übereinkunft der Volksgemeinschaft zu unterjochen. An anderer Stelle schreibt sie: »Blutsgemeinschaft reicht als Grundlage der Volksgemeinschaft nicht aus, es muß eine geistige Gemeinschaft hinzukommen. [...] Volk und Staat fallen nicht zusammen.« Kein Wunder, dass sie mit solchen Überlegungen bei den Habilitationsausschüssen der Universitäten aneckte und sich in den Redaktionsstuben der nationalsozialistischen Presse und Propaganda zur Feindin machte.

Karmelitin und Philosophin

Doch trotz dieser Meriten und einer wachsenden Anerkennung als Philosophin und Theologin scheitern drei weitere Habilitationsversuche an den Universitäten in Freiburg, Breslau und Kiel, zum

Teil unter abstrusen »Begründungen« wie etwa »der allgemeinen Wirtschaftslage« oder mit Hinweis darauf, dass die Kommission Edith Stein zwar eine »Habilitationsfähigkeit« grundsätzlich zuerkenne, aber von einem offiziellen Antrag abrate, da er bei Fakultät und Ministerium (aus nicht genannten Gründen) nicht durchzusetzen sei. Der akademische Betrieb »mauert« gegen die Quereinsteigerin und unangepasste Husserl-Schülerin. Zudem ist sie bereits einundvierzig Jahre alt und damit von jüngeren Mitbewerbern an Universitäten abgehängt. Die Machtübernahme der Nationalsozialisten 1933 verdeutlicht ihr nur ihre sinkenden Chancen als Akademikerin und die gesellschaftliche Ausgrenzung als jüdische Konvertitin. Als sie infolge des von der nationalsozialistischen Regierung erlassenen sogenannten Arierparagraphen ihre Anstellung als Dozentin verliert, steht sie beruflich und gesellschaftlich im Abseits.

All das mag nicht ausschlaggebend, aber doch von Einfluss auf ihren Entschluss gewesen sein: Am 14. Oktober 1933 tritt sie als Novizin in den Kölner Karmel ein – ein Schritt, den sie seit zwölf Jahren erwogen hat –, am 15. April des folgenden Jahres wird sie feierlich eingekleidet und erhält den Ordensnamen Teresia Benedicta vom Kreuz, »die vom Kreuz Gesegnete«. Den Namen hat sie selbst gewählt: »Unter dem Kreuz verstand ich das Schicksal des Volkes Gottes, das sich damals schon anzukündigen begann. Ich dachte, die es verstünden, daß es das Kreuz Christi sei, die müßten es im Namen aller auf sich nehmen.« Im kollektiven Gedächtnis freilich ist sie bis heute unter ihrem weltlichen Namen bekannt. Edith Steins früheres Verdikt »Gehorchen, das kann ich nicht« weicht nun einem Sich-Fügen in die strenge Ordensregel, die sie weniger als Beschneidung denn als Reduktion auf das Wesentliche erfährt. Hat sie wenige Jahre zuvor noch auf Tagungen das akademische Selbstbestimmungsrecht der Frau verteidigt (weshalb sie später von Feministinnen gerne einseitig auf diese Rolle festgelegt wird), so stellt sie sich nun die Frage, was den Menschen denn jenseits seiner Rollen ausmache. Die Gottessuche stellt sie vor dem Hintergrund der utilitaristischen Versklavung des Menschseins durch die NS-Ideologie nun als den eigentlichen Sinn des Daseins dar: »Jeder Mensch ist ein Gottsucher [...]. Nicht, was er für eine Gemeinschaft leistet – für Familie, Volk, Menschheit – ist letzter Maßstab seines Wertes, sondern ob er dem Ruf Gottes folgt.«

Die Novizin Edith Stein alias Teresia Benedicta vom Kreuz muss sich zunächst in das starre Korsett der Ordensregel und des Tagesablaufs mit seinen genau festgelegten Arbeits- und Gebetszeiten einfügen. Sie tut dies, ohne zu murren. Es entsteht in den folgenden Jahren eine Anzahl frommer Gedichte und Gebete, die freilich ohne größeren poetischen Wert sind. Dennoch gelingt es ihr, in den Jahren 1935/1936 ihr philosophisches Hauptwerk *Endliches und ewiges Sein* zu verfassen (es bleibt infolge des Verbots der Reichsschrifttumskammer gegen die Werke »jüdischer« Autoren unveröffentlicht und erscheint erst posthum, 1950). Darin versucht sie, die neuzeitliche Philosophie und die christlich-jüdische Gottessuche zusammenzuführen. Sie wendet sich dabei eindeutig gegen Martin Heideggers (ihres Nachfolgers auf der Assistentenstelle bei Edmund Husserl) 1927 erschienene Schrift *Sein und Zeit*, der das Sein allein auf das Dasein des Menschen »zeitigt«, da das Sein stets als vom Tod bedroht erlebt wird. Edith Stein widerspricht und versucht in ihrem Widerspruch eine christliche, gleichwohl auf der Vernunft fußende Argumentation:

»[...] der unleugbaren Tatsache, daß mein Sein ein flüchtiges, von Augenblick zu Augenblick gefristetes und der Möglichkeit des Nichtseins ausgesetztes ist, entspricht die andere ebenso unleugbare Tatsache, daß ich trotz dieser Flüchtigkeit *bin* und von Augenblick zu Augenblick *im Sein erhalten* werde und in meinem flüchtigen Sein ein dauerndes umfasse. Ich weiß mich gehalten. [...] Ich stoße also in meinem Sein auf ein anderes, das nicht meines ist, sondern Halt und Grund meines in sich haltlosen und grundlosen Seins. Grund und Urheber meines Seins, wie alles endlichen Seins, kann letztlich nur ein Sein sein, das nicht – wie alles menschliche Sein – ein empfangenes ist; es muß *aus sich selbst* sein; ein Sein, das nicht – wie alles, was einen Anfang hat – auch nicht sein kann, sondern notwendig ist. Wie sein Sein kein empfangenes ist, kann es in dem Seienden keine Trennung geben zwischen dem, *was* es ist (und was sein oder nicht sein könnte), und dem Sein, sondern es muß *das Sein* selbst sein. [...] Die Seinssicherheit, die ich in meinem flüchtigen Sein spüre, weist auf eine *unmittelbare* Verankerung in dem letzten Halt und Grund meines Seins (unbeschadet möglicher mittelbarer Stützen) hin. Das ist freilich ein sehr dunkles Erspüren, kaum *Erkenntnis* zu nennen.«

Die Existenz eines höchsten Wesens gibt also dem menschlichen Sein den letzten Sinn. Der Weg zur Erkenntnis Gottes hingegen kann zwar mithilfe der menschlichen Vernunft beschritten werden, wegen der Möglichkeit menschlichen Irrens ist jedoch die Wahrheitssuche in den letzten Dingen immer auf die höchste Instanz selbst verwiesen: »So sehr der Philosoph auf klare Einsicht als letzte Bürgschaft innerhalb seines eigenen Verfahrens bedacht sein muß, so begehrenswert muß ihm – angesichts der unleugbaren Irrtumsmöglichkeit bei aller rein menschlichen Erkenntnis – um der Wahrheit willen die Nachprüfung durch eine übernatürlich erleuchtete und dadurch irrtumsfreie höchste Autorität erscheinen.« Letztlich entziehe sich aller menschlicher Erfahrungsdrang dem »vollendeten Sinnzusammenhang«, hinter dem menschlichen Verstand eröffnet sich der Verstand des Höchsten: »Was wir vom ›Sinn der Dinge‹ erfassen, was ›in unseren Verstand eingeht‹, das verhält sich zu jenem Sinnganzen wie einzelne verlorene Töne, die mir der Wind von einer in weiter Ferne erklingenden Symphonie zuträgt.«

Bei aller kollegialen Achtung vor Martin Heidegger wirft Edith Stein ihm doch vor, in seinen Betrachtungen über das Sein und das Nichtsein nicht erschöpfend nach dessen Sinn gefragt zu haben, nach dem Woher und dem Warum des menschlichen Seins: »Damit wird aber die Frage nach dem Woher nicht aus der Welt geschafft. Man mag noch so gewaltsam versuchen, sie totzuschweigen oder als sinnlos zu verbieten, – aus der Eigentümlichkeit des menschlichen Seins erhebt sie sich unabweisbar immer wieder und verlangt nach einem dieses in sich grundlos begründenden, in sich begründeten Sein, nach Einem, der das ›Geworfene‹ wirft. Damit enthüllt sich die Geworfenheit als Geschöpflichkeit.« Der Leugnung der Notwendigkeit einer Unendlichkeit begegnet Edith Stein mit der antithetischen Folgerung: »Endlichkeit läßt sich nur fassen im Gegensatz zur Unendlichkeit, d.h. zur ewigen Fülle des Seins. Seinsverständnis eines endlichen Geistes ist als solches immer schon Durchbruch vom Endlichen zum Ewigen.« Der Mensch ist in Edith Steins Seinsphilosophie also ein vernunftbedingtes Wesen, das mit seiner begrenzten Sinn-Erkenntnis am Sinn-Ganzen des höchsten Wesens teilhat, ja es durch Gottes Geist in sich aufzunehmen vermag. Der Mensch trägt somit »ein besonderes Siegel«, das Siegel von Gottes Geist (die Theologie spricht vom Heiligen Geist), woraus sich die unantastbare, gottesbeseelte Würde des Menschen ableitet.

Dies waren revolutionäre Gedanken der hochintellektuellen und zugleich frommen Karmelitin Edith Stein, gefasst in einer Zeit staatlicher Barbarei gegen die allgemeinen Menschenrechte.

»Komm, wir gehen für unser Volk«

Trotz des erneuten (und verschärften) Konflikts mit der Mutter um das Bekenntnis zum Katholizismus und zum klösterlichen Leben wächst in Edith Stein in den letzten Lebensjahren das Bewusstsein ihrer jüdischen Wurzeln. Was ihr früher als äußerliches Beiwerk erschien, längst in der bürgerlichen und patriotischen Assimilierung überwunden geglaubt, dann offiziell durch die Konversion »abgelegt«, wächst nun wieder heran – gerade unter der politischen Restriktion. Sie erlebt den gesellschaftlichen Druck auf die deutschen Juden mit, die juristische Benachteiligung, die pogromartigen Bedrohungen, die Verhaftungen und schließlich den offenkundigen staatlichen Griff nach Leib und Leben. Bereits 1933 schreibt sie einen flammenden Appell an Papst Pius XI., worin sie ihn auf die Situation der deutschen Juden aufmerksam macht: »Wir sind auch der Überzeugung, daß dieses Schweigen nicht imstande sein wird, auf die Dauer den Frieden mit der gegenwärtigen deutschen Regierung zu erkaufen. Der Kampf gegen den Katholizismus wird vorläufig noch in der Stille und in weniger brutalen Formen geführt wie gegen das Judentum, aber nicht weniger systematisch.« Als Antwort auf den Brief erhält sie nur den päpstlichen Segen für sich und ihre Angehörigen. Nicht auszuschließen ist jedoch, dass Papst Pius XI. bei der Abfassung der Enzyklika *Mit brennender Sorge* (1937) auch von Edith Steins offenen Worten beeinflusst worden ist.

Im April 1938 legt Edith Stein die ewigen Gelübde als Karmelitin ab. Doch Konversion und Klostermauern sind kein ausreichender Schutz vor dem Zugriff durch die NS-Schergen. Nach der NS-Ideologie gilt sie weiterhin als Jüdin, durch die Nürnberger Gesetze vom 15. September 1935 hat sie ihre staatsbürgerlichen Rechte verloren. In der sogenannten Reichskristallnacht vom 9. November 1938 werden in ganz Deutschland einhunderteinundsiebzig Synagogen niedergebrannt, über siebentausend jüdische Geschäfte zerstört, rund sechsundzwanzigtausend Menschen werden in den folgenden Tagen in Konzentrationslager verschleppt. Spätestens jetzt wird der Ordensleitung klar, dass die konvertierte Nonne in höchster Gefahr schwebt. Die seit dem Kulturkampf unter Bismarck mit den Kölner Karmelitinnen freundschaftlich verbundenen Klosterfrauen im niederländischen Echt erklären sich bereit, Edith Stein aufzunehmen. Ein befreundeter Arzt bringt sie am 31. Dezember 1938 über die Grenze.

Im Karmel zu Echt findet auch Edith Steins ältere Schwester Rosa Unterschlupf. Sie ist nach dem Tod der Mutter 1936 ebenfalls zum Katholizismus konvertiert und hilft nun an der Pforte und in der Küche. Doch die Schwestern finden nur eine kurze Atempause. Am 10. Mai 1940 marschieren deutsche Truppen in die neutralen Niederlande ein. Im Jahr darauf beginnt der planmäßige Abtransport von Juden – niederländischen und exilierten deutschen – in die Konzentrationslager im Osten. Bereits im Juni 1939 hat Edith Stein ihr Testament verfasst, worin sie ihrem eventuellen Tod als Opfersterben einen Sinn zu geben versucht: »Ich bitte den Herrn, daß er mein Leben und Sterben annehmen möchte […] für die Rettung Deutschlands und den Frieden der Welt, schließlich für meine Angehörigen, lebende und tote, und alle, die mir Gott gegeben hat: daß keiner verloren gehe.«

Die Priorin in Echt versucht nach der deutschen Invasion, die Schwestern Stein in einem Kloster in der Schweiz unterzubringen.

Doch die Trägheit der Behörden und die Zögerlichkeit der beiden Klöster, die um Hilfe gebeten werden, lassen wertvolle Zeit verstreichen. Schließlich ist es zu spät. Am 26. Juli 1942 wird zwar noch in allen katholischen (und vielen reformierten) Kirchen der Niederlande ein Protestbrief der katholischen Bischöfe gegen die Deportationen verlesen. Doch die Reaktion der NS-Behörden folgt auf den Fuß: Man will ein Zeichen der Macht setzen. Am 2. August werden sämtliche siebenhundertzweiundzwanzig katholische Juden in den Niederlanden – darunter viele Geistliche und Ordensleute – verhaftet. Die SS steht auch vor dem Echter Karmel und fordert unter Gewaltandrohung die Herausgabe der Schwestern Stein. Edith Stein zeigt sich in jenen Stunden und Tagen gefasst. Sie nimmt beim Verlassen des Karmels ihre verzweifelte Schwester Rosa bei der Hand und sagt zu ihr: »Komm, wir gehen für unser Volk.« Ob sie damit das Volk der Christen meinte (der »Heiligen«, von denen der Apostel Paulus spricht) oder das der (gerechten) Deutschen (das »andere Deutschland«, wie es sich damals über alle Konfessions- und Parteiengrenzen im Widerstand formiert) oder doch das Volk der Juden – es bleibt ihr Geheimnis.

Die Verhafteten werden in das Durchgangslager Westerbork im Norden gebracht. Bei der Aufnahme der Personalien sagt Edith Stein zu dem SS-Offizier: »Ich bin katholisch.« Er schreit sie zusammen: »Das bist du nicht! Du bist eine verdammte Jüdin!« Überlebende geben später zu Protokoll, Edith Stein sei ihnen durch ihre Gelassenheit und ihr Lächeln aufgefallen: »Diese Frau mit ihrem Lächeln, das keine Maske, sondern ein erwärmendes Licht war. [...] Ein Gespräch mit ihr [...], es war eine Reise in eine andere Welt.« Edith Stein selbst steht in ihren letzten Tagen ihrem jüdischen Volk nahe: »Und daß meine Schwestern und Brüder so leiden müssen [...]. Leider habe ich auch das nicht gewußt in der Abgeschlossenheit meines Klosters. Jede Stunde bete ich für sie. Ob er mein Gebet hört? [...] Ihre Klage hört Gott gewiß.«

Versuche der Echter Priorin, noch in letzter Minute beim Schweizer Konsulat in Amsterdam eine Einreiseerlaubnis für die Eidgenossenschaft zu erwirken, schlagen fehl. In Viehwaggons werden die Gefangenen am 7. August 1942 nach Osten ins Konzentrationslager Auschwitz gebracht. Gleich nach ihrer Ankunft am 9. August werden die Gefangenen in die vermeintlichen Duschräume getrieben und dort vergast. Die Schwestern Edith und Rosa Stein sterben gemeinsam. Beider Asche wird auf dem Gelände des Konzentrationslagers verstreut.

Bald nach dem Krieg setzte ein nicht abreißendes Interesse am Schicksal und Wirken Edith Steins ein. 1987 sprach Papst Johannes Paul II. die Konvertitin selig, 1998 erfolgte die Heiligsprechung. 1999 erklärte der Papst sie neben Katharina von Siena und Birgitta von Schweden zur Mitpatronin Europas, um damit ein besonderes Zeichen für den Frieden und die Toleranz zwischen den einst verfeindeten Völkern zu setzen. »Ihr Schrei«, so Johannes Paul II. über Edith Stein, »verschmilzt mit dem aller Opfer jener schrecklichen Tragödie. Vorher hat er sich jedoch mit dem Schrei Christi vereint, der dem menschlichen Leiden eine geheimnisvolle, ewige Fruchtbarkeit verspricht.« Eine Erhebung Edith Steins zur Kirchenlehrerin scheint nur noch eine Frage der Zeit zu sein. Damit stünde sie in einer Reihe mit Teresa von Ávila, Katharina von Siena und Thérèse von Lisieux.

Philosophie der Pflichten dem Menschen gegenüber

Die Französische Revolution von 1789 bedeutete auf politischer Ebene den Eintritt in ein Zeitalter, das demokratische und republikanische Strukturen hervorbrachte und dadurch auch die Entstehung von Nationalstaaten förderte. Das übernationale Denken und Wirken der Aufklärung, nicht zuletzt durch die großen französischen Philosophen des 18. Jahrhunderts verbreitet und repräsentiert, ging hingegen in den politischen Wirren der jakobinischen Schreckensherrschaft und der sich anschließenden Napoleonischen Epoche mit ihren Eroberungsfeldzügen verloren. Das Zeitalter der Restauration verkörperte diese partikulare Entwicklung mit einem neuen Akzent, dem ängstlichen Negieren politischer und sozialer Forderungen und Erfordernisse, insbesondere einer Scheu vor der im Zuge der beginnenden Industrialisierung und der sich formierenden Klasse des Proletariats sich aufdrängenden sozialen Frage. Hatte die US-amerikanische Verfassung von 1776 noch das »Streben nach Glück« (»pursuit of happiness«) als Grundrecht des Menschen deklariert und wenige Jahre später der französische Nationalkonvent 1789 eine *Erklärung der Menschenrechte* verabschiedet – idealistische Forderungen, die nicht an Geschlecht, Stand, Rasse, Konfession oder Besitztum gebunden waren –, so blieben diese in der politischen und sozioökonomischen Realität des langen 19. Jahrhunderts doch meist Makulatur: Ein allgemeines und gleiches Wahlrecht (geschweige denn für Frauen) existierte in den meisten europäischen Staaten bis nach dem Ende des Ersten Weltkriegs nicht, noch bis in die 1860er-Jahre gab es in Russland und in den USA Leibeigenschaft und

Sklaverei, und Frauen mussten sich in der vollständig gleichberechtigten Ausübung bürgerlicher Rechte (nicht nur des Wahlrechts) noch bis in die 1960er-Jahre hinein gedulden und waren in einzelnen Lebensbereichen von der Zustimmung ihrer Ehemänner abhängig.

Materialistische Philosophen des 19. Jahrhunderts wie Karl Marx und Friedrich Engels prangerten zwar soziale Missstände an und befeuerten damit die Gründung und Entwicklung proletarischer Bewegungen und sozialpolitischer Parteien, der Weg in einen Sozialstaat, der die Fürsorgepflicht für die sozial Schwachen als gesellschaftliche Aufgabe betrachtet und gesetzlich festschreibt, war indes noch weit. Nicht zu verkennen ist, dass ausgerechnet von vermeintlich konservativen Strukturen und Systemen eine zwar nicht revolutionäre, aber doch evolutionäre Lösung einzelner Aspekte der sozialen Frage erstrebt wurde, teils recht erfolgreich und nachhaltig: etwa in der deutschen Sozialgesetzgebung unter Reichskanzler Bismarck in den 1880er-Jahren oder in den sich breit formierenden sozialen Bewegungen der katholischen und evangelischen Kirche (Johannes Bosco, Wilhelm von Ketteler, Edmund Bojanowski, Adolph Kolping, Johann Hinrich Wichern etc.) mit der Gründung von Hilfswerken, reformorientierten Schulen, Erziehungs- und Pflegeheimen, Arbeitervereinen und -vertretungen.

Gleichsam am Ende dieser gesellschaftlichen Entwicklungen steht zwischen den Weltkriegen eine junge Philosophin, die die diversen sozialpolitischen Reformansätze sozialistischer, kommunistischer, anarchistischer und christlicher Lager zu bündeln und zu vereinen sucht: Simone Weil, aus agnostischer jüdischer Familie stammend, kommt in ihrem kurzen Leben sowohl mit anarchistischen als auch mit marxistischen Theorien und Parteiungen in Berührung und lässt sich davon für ihr polit-philosophisches Werk befeuern. Hannah Arendts Forderung nach einer »Philosophie des Politischen«, 1954 nach dem Untergang Hitlers und dem Tod Stalins vorgebracht, wird von Simone Weil bereits rund zwanzig Jahre früher erhoben. In ihr begegnen wir einer Philosophin, die sich nicht in den Elfenbeinturm des Denkens zurückzieht, sondern die ihre Philosophie in der Lebenspraxis angesiedelt wissen will. So ist es ihr auch ein Bedürfnis, selbst in Fabriken und in der Landwirtschaft zu arbeiten, um die Lebensbedingungen des »Proletariats« besser zu verstehen und nicht ihre gesellschaftspolitischen Überlegungen den Objekten ihres Denkens überzustülpen. Auch das Unterrichten, die Vorbereitung junger Menschen auf ein selbstbestimmtes Leben fern konventioneller Strukturen nach neuesten didaktischen Methoden, nahm in Simone Weils Leben großen Raum ein.

Bezeichnend für Simone Weils langen, bisweilen irrlichternd erscheinenden philosophischen Weg ist jedoch auch die Hinwendung zum Christentum, genauer: zur Mystik. Es ist eine Mystik, die einerseits die innere Gottesschau kennt, andererseits aber auch die Entfachung der diesseitigen Welt mit dem göttlichen Feuer. In ihrer Schrift *Die Einwurzelung* (posthum 1949, dt. 1956) umreißt sie die Pflichten dem Menschen gegenüber vor dem Umstand der Göttlichkeit seiner Seele so:

»Die Bedürfnisse der Seele können zumeist Gegensatzpaaren, die einander ausgleichen und vervollständigen, zugeordnet werden. Die menschliche Seele bedarf der Gleichheit und der Hierarchie [...]. Die menschliche Seele bedarf des eingewilligten Gehorsams und der Freiheit. Der eingewilligte Gehorsam ist jener, der einer als legitim erachteten Autorität eingeräumt wird. Unmöglich ist er gegenüber einer durch Eroberung oder Staatsstreich hergestellten politischen Macht oder gegenüber einer auf das Geld gegründeten Wirtschaftsmacht [...]. Die menschliche Seele bedarf der Wahrheit und der Ausdrucksfreiheit [...]. Der Verstand muß sich ausdrücken können, ohne daß irgendeine Autorität ihn begrenzt [...]. Die menschliche Seele bedarf sowohl der Einsamkeit wie des gesellschaftlichen Lebens. Die menschliche Seele bedarf des persönlichen wie des gesellschaftlichen Eigentums [...]. Die menschliche Seele bedarf der Sicherheit und der Gefahr.« Und an anderer Stelle: »Der Begriff der Verpflichtung hat Vorrang vor dem des Rechtes.«

Damit setzt Simone Weil – noch mitten in einer Phase der Beherrschung der Weltpolitik durch die Ideologien von Faschismus und Kommunismus – einen neuen Freiraum, der das philosophische Monologisieren aus dem selbst gewählten Vakuum befreien und wieder zu einem Dialog mit dem Leben in der *polis*, der *vita activa*, zurückführen will, zugleich aber das Politische individualisiert, es also aus der Vereinnahmung der Ideologie zurückholt in einen menschlichen Bereich. Diese menschliche Sphäre jedoch erhält ihre Berechtigung aus einer mystischen Dimension, der Rückholung des Menschen aus der Entfremdung der modernen Welt hinein in die »Einwurzelung« *(enracinement)*, der Aufmerksamkeit Gott und den Menschen gegenüber, der Überbrückung der Diskrepanz zwischen Religion und Gesellschaft, zwischen Denken und Handeln. So führt Simone Weils Leben und Denken vom politisierten sozialistischen Kampf hinüber in eine Sphäre der Achtsamkeit gegenüber der Schöpfung. Am Ende dieses Liebesakts bleibt dem Menschen allenfalls die Selbstaufgabe, die Möglichkeit, das »Ich« Gott zurückzugeben. In ihrer nachgelassenen Schrift *Schwerkraft und Gnade* (*La pesanteur et la grâce*, posthum 1948) schreibt sie: »Das ist es, was wir Gott geben, das heißt: zerstören sollen. Es gibt durchaus keinen anderen freien Akt, der uns erlaubt wäre, außer der Zerstörung des Ich.« Diesen letzten Schritt hat Simone Weil zum Schluss ihres Lebens auch noch vollzogen.

Simone Weil (1909–1943)

Sozialistische Aktivistin, Philosophin, Mystikerin

Im August 1933 sitzt die französische Aktivistin und Philosophin Simone Weil mit Aimé Patri, einem Kollegen aus der Gewerkschaftsbewegung, in einem Café am Strand von Villanueva in Katalonien. Die Vierundzwanzigjährige verbringt hier gemeinsam mit ihren Eltern die Sommerferien. Doch wirklich entspannt sind die Wochen am Mittelmeer nicht. Denn die gewerkschaftlich engagierte, vom Marxismus beeinflusste Simone sieht mit Sorge die Entwicklung in Deutschland, wo seit einem halben Jahr die Nationalsozialisten an der Macht sind. Noch immer wird die drohende Gefahr in der freien Welt verdrängt oder ignoriert. Aber sensible, aufmerksame, politisch geschulte Menschen erkennen sehr wohl das Gefahrenpotenzial, das vom Nationalsozialismus für den Weltfrieden ausgeht. Simone Weil kennt die Verhältnisse in Deutschland recht gut. Im Jahr zuvor, von Juli bis September 1932, hielt sie sich in Berlin auf (die NSDAP ist zu jenem Zeitpunkt gerade zur stärksten Partei im Reichstag geworden, aber noch nicht an die Regierung gelangt). Für sozialistische französische Blätter hat sie Artikel über ihre Beobachtungen zur deutschen Politik und zum gesellschaftlichen Leben geschrieben. Im Laufe ihres Gesprächs mit Patri lässt sie nun einen verstörenden Satz fallen: »Es kann sein, dass wir eines Tages gefoltert werden, wir müssen uns darauf vorbereiten. Wollen Sie mir Nadeln unter die Fingernägel treiben?« Patris Antwort ist nicht überliefert. Es ist anzunehmen, dass er fassungslos war und seine Gesprächspartnerin, mit der er tags zuvor noch einen Stierkampf und ein Travestielokal besuchte, für hysterisch oder gar verrückt ansah.

Mit dieser Schlussfolgerung war er nicht allein. Einige Zeitgenossen Simone Weils – politische Weggefährten, Freunde, Verwandte – betrachteten sie zumindest als recht überspannt, im besseren Fall auch als um der guten Sache willen fanatisiert. Auch nach Simone Weils frühem Tod im Jahre 1943 – sie starb mit nur vierunddreißig Jahren – gingen die Meinungen über sie diametral auseinander: Jean Améry etwa aburteilte Simone Weil schlicht als verrückt und versuchte, ihr Werk und Wirken einzig aus ihrer physischen und psychischen Krankheit heraus zu interpretieren, sie also auf einen medizinischen »Fall« zu reduzieren. Susan Sontag hingegen sprach Simone Weil zwar einen intellektuellen Charakter ab, idealisierte sie aber gleichwohl zur politischen Märtyrerin, die durch ihre fanatische Haltung und ihr extremes Denken beeindrucke. Dies sind nur zwei Beispiele für Aburteilungen und Beschneidungen von Simone Weils Persönlichkeit. Doch sie werden ihrem umfangreichen philosophischen und theologischen Werk, ihrem auf eine kurze Lebensspanne zusammengedrängten labyrinthischen, aber letztlich kompromisslosen Weg und ihrem furchtlosen, bis zum Fanatismus und zur Selbstverleugnung gehenden Einsatz für die Schwachen der Gesellschaft nicht gerecht. Man kann sich mit Simone Weils Leben und Werk befassen und recht schnell an deren fanatischem Idealismus verzweifeln, ja, sich von ihm abgestoßen fühlen. Gerecht wird man ihr damit nicht. Denn ihr blieb wegen ihres frühen Todes eine Ausarbeitung ihrer Ideen und ein Vollenden ihrer idealistischen Aktivitäten verwehrt. Wir wissen schlicht nicht, welchen Weg sie noch gegangen wäre. Doch steht man vor einem beeindruckenden Lebenswerk, das, so unvollendet es sein mag, einem erratischen, teils noch unbehauenen Marmorblock gleicht, der die gedachte Skulptur andeutet, die jedoch nicht zu Ende geführt worden ist. Dieses Unvollendete verführt zu Vereinnahmungen: Marxisten, Sozialdemokraten, Pazifisten jeglicher Couleur sahen in Simone Weil die glühende Aktivistin. Christen (Katholiken wie Protestanten), Buddhisten, Hindus wollen in Weils mystischen und philosophischen Schriften eigene transzendente Vorstellungen bestätigt und weitergedacht sehen. Esoteriker betrachten Simone Weil gar als eine Art Religionsstifterin. Und Feministinnen (obgleich Weil selbst dezidiert von sich schrieb, sie sei keine Feministin) vereinnahmen die emanzipierte Lebenshaltung der Philosophin in oftmals recht einschränkender Weise. Das Mosaik von Simone Weils Persönlichkeit und Werk ist schwer zu überschauen: Pickt man einzelne Steinchen heraus, stammen diese selbstverständlich aus dem großen Ganzen und sind Teil ihrer Urheberin, aber sie sagen wenig über sie selbst aus. So bleibt Simone Weil eine Provokation, eine Herausforderung, auch ein Ärgernis. Man mag sich an ihr reiben, ihr auch widersprechen, doch überragt sie einerseits jegliche kleinkarierte Vorverurteilung und andererseits auch jede gut gemeinte, aber gewalttätige Vereinnahmung.

»Ich kann, also bin ich«

Simone Weil wird am 3. Februar 1909 in Paris geboren. Ihre Eltern, wiewohl mit jüdischen Wurzeln, sind areligiös und geben diese Einstellung an ihre Kinder weiter. Simones Vater Bernhard Weil stammt aus dem Elsass. Er ist als Internist tätig. Seine Frau Selma, geborene Reinherz, ist galizischer Abkunft. Sie ist eine resolute Frau, die ihren Kindern (bereits 1906 ist der Sohn André zur Welt gekommen) eine gute Bildung zukommen lässt und Leistung abverlangt. Es ist ein großbürgerliches Haus, von Freidenkertum, hoher Bildung und Liebe zur Wissenschaft geprägt. André wird später ein berühmter Mathematiker werden und Karriere in den Vereinigten Staaten machen. Simone wird lange Zeit unter der Begabung des Bruders leiden und einen Minderwertigkeitskomplex entwickeln, den sie wiederum mit eisern erzwungenen Höchstleistungen in anderen Disziplinen zu kompensieren sucht.

Simone ist ein kränkliches, körperlich schwaches Kind, das oftmals die Nahrung verweigert. Später wird sie eine chronische Magersucht (Anorexie) entwickeln und zudem alles Körperliche (auch das Sexuelle) als abstoßend und unrein empfinden (Psychoanalytiker haben zwischen beiden Symptomen wohl nicht zu Unrecht eine verbindende Linie gezogen). Früh lernt sie lesen (André bringt es der kleinen Schwester bei), orientiert sich in ihrem Leistungswillen an der geistigen Entwicklung des Bruders. Simones Erziehung ist ganz auf geistige Inhalte gerichtet. Spielzeug gibt es im Hause Weil nicht, Bücher sind das einzige Lernmittel. Körperlich und manuell wird Simone im Kindesalter wenig gefördert: Zeitlebens wird sie in praktischen und handwerklichen Angelegenheiten »ungeschickt« bleiben – und dies später, als sie das harte Arbeitsleben in den Fabriken und der Landwirtschaft kennenlernen will, nachteilig erfahren.

Wegen ihrer körperlichen Schwächlichkeit wird Simone zeitweise von Privatlehrern unterrichtet. Seit 1919 besucht sie wechselnde Gymnasien. Ihre Lieblingsfächer sind Latein, Griechisch und Philosophie. Von ihrem Philosophieprofessor René Le Senne wird sie besonders gefördert. Zudem liest Simone Weil als Heranwachsende regelmäßig kommunistische Zeitungen, was im konservativ-bürgerlichen Schulmilieu für Aufsehen sorgt. Im Lycée Henri IV lernt sie den Philosophielehrer Émile Chartier, Alain genannt, kennen, der ihr Denken, vor allem in der Moral- und Religionsphilosophie, nachhaltig beeinflusst. Unter seiner Anleitung studiert Simone Weil die Werke Platons, Spinozas, Descartes' und Kants. Vor allem aber wird sie in jenen Jahren durch die Schriften von Karl Marx beeinflusst: Sie schärfen Simone Weils Sensibilität für die soziale Frage und die Unterdrückung des Menschen im Kapitalismus. Alain unterweist seine Schülerin zudem im Verfassen philosophischer Abhandlungen zu vorgegebenen Themen – eine Aufgabenstellung, die ihr Denken schärft. Und er übt auch einen hohen ethischen Einfluss auf sie aus, indem er ihr vermittelt, dass der Mensch zunächst seine moralische Pflicht in Bezug auf sich selbst zu erfüllen habe, bevor er mit diesem Anspruch an andere Menschen herantritt. Simone Weil wird dies verinnerlichen: Auf ihrem kurzen Lebensweg wird sie – egal, welcher Windung sie folgt – ihre als richtig und wahr erkannten Maßstäbe immer zuerst an sich selbst anlegen und versuchen, anderen Menschen ein Vorbild zu sein. Vor allem, so Alain, lebe der Gläubige sein Ethos nur Gott, nicht dem Nächsten zuliebe. Der Glaube solle ohne selbstbezogenen Zweck gelebt werden.

Simone Weil ist – bevor sie sich in den letzten Jahren ihres kurzen Lebens der christlichen Mystik verschreibt – Agnostikerin. Sowohl ihre Erziehung in einem säkularisierten jüdischen Elternhaus als auch der Unterricht bei Alain und die Lektüre von Karl Marx tragen dazu bei. Sie selbst bezeichnet sich zunächst als Anhängerin eines »läuternden Atheismus« und versteht dies als eine Askese des Denkens im Hinblick auf das Gottesbild: So soll eine falsche Mensch-Gott-Beziehung vermieden und von ichbezogenen Motiven befreit werden. Im Rückblick schreibt Simone Weil über den Agnostizismus ihrer Jugend, der sich von überlieferten Gottesbildern und -fragen fernzuhalten versuchte: »Seit meiner Jugend war ich der Ansicht, daß das Gottesproblem ein Problem ist, dessen Voraussetzungen uns hienieden fehlen, und daß die einzige sichere Methode, eine falsche Lösung zu vermeiden […], darin besteht, es nicht zu stellen. Also stellte ich es nicht. Ich bejahte weder, noch verneinte ich.«

Das von Alain vermittelte Ethos, anderen ein Vorbild zu sein und sie dennoch nicht mit Ansprüchen zu überziehen, versucht Simone Weil in den Jahren im Lycée zu leben: Obwohl sie zeitlebens körperliche Nähe zurückweist, gelingt es ihr durch ihre freundliche, interessierte und aufgeschlossene Art und ihren außergewöhnlichen Willen, Freundschaften zu schließen. Freilich sind dies Beziehungen, die nicht Jahrzehnte währen und sich keineswegs ohne Konflikte, Vorbehalte und Verunsicherungen gestalten.

1928 wird Simone Weil in die Eliteschule École normale supérieure aufgenommen. Doch während andere Kommilitonen an ihrer bürgerlichen Karriere arbeiten, engagiert sich Simone unverdrossen im Klassenkampf: Sie nimmt an sozialistischen, gewerkschaftlichen und pazifistischen Aktionen und Demonstrationen teil, fällt durch die Konsequenz, ja durch die unbeugsame Haltung ihrer Diskussionsbeiträge und Artikel auf, die sie alsbald in linken Blättern publiziert. Sie tritt der »Liga für die Menschenrechte« bei, organisiert Vorträge für das Volk, gründet eine »Gruppe für soziale Bildung«, unterstützt eine Kampagne, die sich gegen die Zwangsverpflichtung der »Normaliens« (der Schüler der École normale supérieure) zum Wehrdienst wendet und eine freie Gewissensentscheidung einfordert. 1930 schließt sie mit einer Examensarbeit und deren Verteidigung mit der »Agrégation« ab. Der Titel ihrer Abschlussarbeit: *Wissenschaft und Wahrnehmung bei Descartes*. Darin erweitert sie Descartes' Maxime »Ich denke, also bin ich« zu »Ich kann, also bin ich«. Nach Weils Ansicht ist jeder Mensch, nicht nur der denkende Intellektuelle, durch die Kraft seines Willens in der Lage, die Wahrheit zu ergründen. Das Ich erreicht durch das Bewusstsein, Ich zu sagen, geradezu göttliche Macht: »Ich bin Gott.«

Ihre Bedingungslosigkeit, ihre festen Ansichten, auch ihr Fanatismus in Belangen, von denen sie überzeugt ist, schrecken Kommilitonen und Zufallsbekanntschaften jedoch auch immer wieder ab. Der Philosoph Raymond Aron etwa, der Simone Weils Aufsätze durchaus schätzt, konstatiert: »Dennoch schien mir der geistige Verkehr mit Simone fast unmöglich. Offenkundig kannte sie keinen Zweifel, auch wenn ihre Meinungen wechseln konnten, so waren sie doch stets kategorisch.« Und Simone de Beauvoir, die Simone Weil in jenen Jahren zufällig begegnet, weiß zu berichten: »Eine große Hungersnot hatte China heimgesucht, und man hatte mir erzählt, daß sie [Simone Weil] bei Bekanntgabe dieser Nachricht in Schluchzen ausgebrochen sei; diese Tränen zwangen mir noch mehr Achtung für sie ab als ihre Begabung für Philosophie. Ich beneidete sie um ein Herz, das imstande war, für den ganzen Erdkreis zu schlagen. Eines Tages gelang es mir, ihre Bekanntschaft zu machen. Ich weiß nicht, wie wir damals ins Gespräch gekommen sind; sie erklärte in schneidendem Tone, daß eine einzige Sache heute auf Erden zähle: eine Revolution, die allen Menschen zu essen geben würde. In nicht weniger peremptorischer Weise wendete ich dagegen ein, das Problem bestehe nicht darin, Menschen glücklich zu machen, sondern für ihre Existenz einen Sinn zu finden. Sie blickte mich fest an. ›Man sieht, daß Sie noch niemals Hunger gelitten haben‹, sagte sie. Damit waren unsere Beziehungen auch schon wieder zu Ende.«

Mit der Erlangung der »Agrégation« der École normale supérieure steht Simone Weil als examinierter Philosophin der Schuldienst offen. Sie erhält in den folgenden Jahren Anstellungen an Gymnasien in der Provinz: in Le Puy in der Auvergne, Auxerre, Roanne, Bourges und Saint-Quentin im nordfranzösischen Département Aisne. Diese Unterrichtsjahre sind vielfach unterbrochen durch Krankheiten und Arbeitsaufenthalte in Fabriken – Experimente der Intellektuellen, um einerseits ihren Erfahrungshorizont zu weiten und diese Erlebnisse in ihr marxistisches System zu integrieren, andererseits die Arbeiter mit den sozialistischen Forderungen nach einer Beteiligung an den Produktionsmitteln und einem Ausgleich mit den Machtverhältnissen bekannt zu machen (ein Vorhaben, das gleichwohl auf nur wenig Verständnis und Zustimmung stößt).

In all den Jahren von 1931 bis zu ihrem Tod 1943 hat Simone Weil mit einem zunehmenden Verfall zu kämpfen: Sie mutet Leib und Geist mit disziplinierter Willenskraft das Äußerste zu, isst nur das Nötigste, lebt in Askese, arbeitet tagsüber in der Schule oder der Fabrik, schreibt nachts an ihren Artikeln und Aufsätzen, verdrängt die immer stärker werdenden Migräneanfälle, vertuscht körperliche Zusammenbrüche. Immer wieder sind es die Eltern, die Simone »auffangen«, ihr die Miete zahlen, Lebensmittel zustecken, die Inhaber der Restaurants und Cafés, wo Simone gewöhnlich das billigste Essen zu sich nimmt, bestechen, ihr größere Portionen und nahrhaftere Mahlzeiten zukommen zu lassen, oder sie zu Erholungsurlauben nach Spanien und in die Schweiz einladen. Letztlich kann sich Simone nie von ihren Eltern lösen, weder materiell noch geistig, und alles in allem betreibt sie über die Jahre hinweg einen Selbstmord auf Raten, aus klassenkämpferisch, später aus mystisch motivierter Askese, aber auch aus Selbstverneinung und Ekel vor allem Körperlichen. Psychologisch gesehen ist Simone Weils Askese auch Ausdruck eines gestörten Verhältnisses zum eigenen Körper und zur verhassten Sexualität, sie ist der Versuch, innerlich und äußerlich, seelisch und körperlich »rein« zu bleiben. Inwiefern ein jugendliches Erlebnis mit einem Exhibitionisten im Park ausschlaggebend war, bleibt spekulativ, wahrscheinlich liegen die Wurzeln dieser neurotischen Prägung tiefer begründet.

Nach außen hin, auf Zeitgenossen, Kollegen, Schüler, wirkt Simone Weil jedoch nicht nur als eine außergewöhnliche, willensstarke, hochintellektuelle Frau, sie gewinnt für etliche Menschen sogar Vorbildcharakter durch ihre konsequente, idealistische Lebensführung und Welthaltung. Und sie erhält in Intellektuellenkreisen immer mehr Zuspruch durch ihre zahlreichen Artikel und Aufsätze, die sie in den 1930er- und 1940er-Jahren in Zeitungen, Zeitschriften und als eigenständige Publikationen veröffentlicht. Zudem versteht sie es während ihrer Zeit als Lehrerin, ihre philosophischen Überlegungen in die schulische und außerschulische Praxis einzubringen und somit als engagierte Bürgerin und »praktische« Philosophin über den Katheder hinaus zu wirken. Sie kleidet sich einfach (kritische Stimmen meinen, sie habe sich bewusst hässlich gemacht und sogar Männerkleidung getragen, um für das andere Geschlecht unattraktiv zu wirken), isst wenig, heizt ihre Wohnung nicht und spendet das vom Munde abgesparte Geld der Arbeitslosenkasse oder sozialistischen Hilfsorganisationen, außerdem organisiert sie Kurse für Arbeiter und Arbeitslose. Sie macht sich damit nicht nur Freunde. Le Puy ist damals eine Industriestadt mit hoher Arbeitslosigkeit. Aufgrund der sozialen Verwerfungen kommt es zu Demonstrationen und Protestzügen, und alsbald finden sich Denunzianten, die die Lehrerin Simone Weil bei der Schulleitung anschwärzen, sie habe bei solch einem Protestmarsch teilgenommen und mit linken Parolen agitiert. Der Rektor lädt sie vor und legt ihr nahe, einen Antrag auf Versetzung in eine andere Stadt zu stellen. Simone Weil lehnt stolz ab, sie wolle zuerst das Schuljahr zu Ende führen. Als der Rektor mit sofortiger Entlassung droht, schleudert sie ihm hochmütig entgegen: »Ich habe die Entlassung immer als die Krönung meiner Karriere betrachtet.« Man mag solch eine Reaktion je nach Standpunkt als aufrecht und furchtlos bezeichnen oder aber als eigensinnig, unklug und arrogant. Jedenfalls wird sie nicht strafversetzt, sondern kann das Unterrichtsjahr zu Ende bringen, gilt sie doch bei den Schülern als beliebte Lehrkraft.

In den Sommerferien 1932 reist Simone Weil nach Berlin, um über die politische Lage im Nachbarland zu berichten. Dort lernt sie auch Leo Trotzkis Sohn Léon Sédov kennen und schmuggelt für ihn einen Koffer mit trotzkistischen Dokumenten und Adressen außer Landes (genauer: sie anvertraut den Koffer ihrer Mutter, die zu der Zeit in Hamburg weilt).

Nach ihrer Rückkehr tritt Simone Weil ihre nächste Schulstelle in Auxerre an. Wiederum hilft ihr die Mutter bei der Suche nach einer Wohnung und deren Einrichtung. Doch der Neubeginn in Auxerre, einer eher bürgerlichen Stadt, ist eine Enttäuschung: Das Verhältnis zwischen Simone Weil und der Schuldirektion ist alsbald zerrüttet, Simone dreht der Rektorin den Rücken zu, sobald diese den Raum betritt. Zudem muss sie sich vorwerfen lassen, ihre Philosophiekurse über Descartes, Spinoza und Marc Aurel seien zu abgehoben. Mehr Anklang und Erfüllung findet Simone Weil bei ihren außerschulischen Aktivitäten. Sie lernt den kommunistischen Autor Boris Souvarine kennen, der die Zeitschrift *La Critique Sociale* herausgibt. Bald verbindet die beiden eine enge Freundschaft (nach Maßgabe dessen, was Simone Weil zu geben imstande ist). Zudem engagiert sie sich in der Gewerkschaft für Erziehung und schreibt, beeinflusst von Souvarine, der ein Buch über Stalin und den Stalinismus verfasst hat, Artikel über das Scheitern des Kommunismus in Russland. In jener Zeit entfernt sie sich immer mehr von der Marx'schen Doktrin und den idealisierenden Darstellungen der Sowjetunion gerade in Kreisen westlicher Salonbolschewisten. Nach Weils Ansicht hat der Kommunismus in Russland nicht die Befreiung der Arbeiterschaft erreicht, sondern lediglich eine neue Staatsform hervorgebracht, die dem Faschismus ähnele. Es handele sich nicht um eine Revolution der Arbeiterklasse, sondern der Funktionäre. Die Arbeiterschaft hingegen sei weiterhin unterdrückt. Anders, als Marx es vorhersehen wollte, habe die Revolution nicht die Produktionsmittel in die Hände der Arbeiter gebracht, sondern nur in die Hände der staatstragenden Parteifunktionäre. Insofern habe sich an den produzierenden Verhältnissen und der sozialen Frage wenig geändert, die Arbeiterklasse sei unfrei und unterdrückt wie eh und je. Einige Jahre später wird Simone Weil ihre Entfernung vom Marx'schen Kommunismus so beschreiben: »Ich habe immer eine gesellschaftliche Veränderung zugunsten der Benachteiligten gewünscht, aber ich hatte niemals eine Neigung für die kommunistische Partei, selbst während der Jugendzeit nicht. Mit achtzehn Jahren zog mich allein die Gewerkschaftsbewegung an. Seither habe ich nicht aufgehört, mich immer mehr von den Kommunisten zu entfernen, bis daß ich sie als Hauptfeinde zu einer Zeit ansah, als sie immer noch vielen Politikern, die heute große Verantwortung tragen, Illusionen vermittelten.« In einer Rezension aus jener Zeit kritisiert Weil dezidiert Lenins Methode, der die Wahrheit bereits durch die Doktrin der Partei a priori festgelegt habe. Lenins Philosophie, so Weil, sei plumper Materialismus. Doch trotz ihrer persönlichen Verbindung zu den Trotzkisten (den Gegnern der Bolschewisten) bleibt sie innerlich auch ihnen fern. Zwar hat sie Geheimdokumente aus Deutschland nach Frankreich geschmuggelt, auch bieten sie und ihre Eltern verfolgten Trotzkisten in ihrer Wohnung kurzfristig Unterschlupf, vermitteln ihnen Anwälte oder leihen ihnen Geld, aber Trotzki selbst, der ebenfalls bei den Weils Obdach findet und mit Simone eine politische Diskussion führt, äußert sich über sie voller Abneigung, sie sei »ganz und gar reaktionär«.

Nachdem Simone Weil zum Ende des Schuljahrs 1932/33 ihre Stelle in Auxerre verloren hat (die Direktorin strich kurzerhand den Philosophieunterricht aus dem Lehrplan), fährt sie – wieder von den bürgerlichen Eltern ausgehalten – zur Erholung nach Spanien (damals noch eine Republik und noch nicht vom Bürgerkrieg verwüstet). Zurück in Frankreich tritt sie eine Stelle in Roanne in der Auvergne an. Wieder engagiert sie sich in der Gewerkschaft, vor allem im nahe gelegenen Saint-Étienne, wo sie Freunde hat.

Zunehmend entfernt sich Simone Weil von der politischen Arbeit, speziell von der Auseinandersetzung mit dem Kommunismus. Hingegen wolle sie, so in einem Brief an ihre Freundin (und spätere Biografin) Simone Pètrement, sich nur noch der theoretischen Erforschung des Marxismus widmen. Zu diesem Zweck plant sie im Jahre 1934 eine Reise in die Sowjetunion, um vor Ort die Verhältnisse zu studieren und sich ein eigenes Bild machen zu können. Doch die nötigen Visa werden ihr verweigert – was ihre Vorbehalte dem »Paradies der Arbeiter« gegenüber nur verstärkt. Wenn es ihr schon verwehrt ist, die gesellschaftlichen Umbrüche in Russland zu erforschen, so will sie doch endlich die Lebensbedingungen des französischen Industrieproletariats kennenlernen: Im Jahre 1934 beantragt sie einen Sonderurlaub von einem Jahr. In den folgenden Monaten arbeitet sie wochenweise – unterbrochen von längeren Krankheitspausen – in diversen Fabriken, so in einem Elektrounternehmen, einer Metallgießerei oder beim Autohersteller Renault. Diese Beschäftigungen bestätigen sie in der Ansicht von der Entfremdung der Arbeiterschaft im Arbeitsprozess und zugleich in ihrer Ablehnung der Marx'schen Theorie, die sie als »mythologisch« brandmarkt. Die Entfremdung, so Weil, beruhe ja nicht auf dem Privateigentum der Kapitalisten (ein Eigentum, das in der Sowjetunion auf den Staat als neuen Großkapitalisten übergegangen ist) und auch nicht auf der Produktionsweise (nämlich der Industrialisierung der Produktion und Rationalisierung des Produktionsprozesses), sondern auf der Unterscheidung zwischen leitenden und ausführenden Funktionen, zwischen intellektueller und manueller Arbeit. Dies, und nicht allein die ungleiche Verteilung der Produktionsmittel, führe zur Entfremdung des Menschen von der Arbeit und damit vom Lebenssinn und entwürdige ihn, unabhängig vom politischen System. Nicht eine Revolution werde diese Verhältnisse umkehren, dies sei zu primitiv gedacht, sondern nur die schrittweise Veränderung der sozioökonomischen Strukturen könne einen heilsamen Prozess der Emanzipation der Arbeitswelt einläuten.

Das Jahr in den Fabriken (in Wahrheit sind es jeweils nur wenige Wochen) erhellt Simone Weils Denken und ernüchtert es zugleich. Denn die meisten Arbeiter sind gar nicht erpicht auf deren Veränderungsvorschläge und post-marxistische Einsichten zur Entfremdung in der Arbeitswelt. Vielfach erfährt Simone Weil ganz anderes: einerseits eine pure Abstumpfung und demütige Fügung in die realen Verhältnisse (also keineswegs eine Entfremdung mit revolutionärem Bodensatz), andererseits aber auch »echte« Solidarität unter den Arbeitern, gerade in den kleinen Belangen des Alltags, eine Solidarität und Hilfsbereitschaft, die nicht auf proletarischem Klassenbewusstsein fußt, sondern auf einer mehr oder minder bewusst gelebten Empathie, einem tiefen Mitempfinden für das Leiden des anderen, der Kreatur. Von da ist es nicht mehr weit zum christlichen Gebot der Nächstenliebe (und tatsächlich sind in den Fabriken in der Provinz viele Arbeiter weniger vom Klassenkampf geprägt als von einer mehr oder weniger bewussten christlichen Sozialisation). Simone Weil führt zu jener Zeit ein Fabriktagebuch, worin sie Zeugnis von ihren äußeren Erlebnissen, aber auch von ihrer inneren Reifung und Wandlung ablegt. Sie lernt Abstumpfung, Neid und Misstrauen kennen, aber auch Solidarität, Hilfsbereitschaft (ohne große Worte), Freundlichkeit. Am 2. Januar 1935 notiert sie über ihre Arbeit in einer Metallgießerei (sie ist, durch ihre Askese und ihre körperliche Selbstbestrafung ohnehin geschwächt, der schweren Arbeit immer weniger gewachsen und erleidet wiederholt Zusammenbrüche): »Ofen. Am ersten Abend, gegen 5 Uhr, verliere ich durch den Schmerz der Brandwunden, durch Erschöpfung und Kopfschmerzen vollständig die Herrschaft über meine Bewegungen. Ich bin nicht mehr imstande, die Ofenklappe herunterzulassen. Ein Kesselschmied stürzt herbei und läßt sie an meiner Statt herunter. Welche Dankbarkeit in solchen Augenblicken!«

Schlüsselcharakter besitzt der Eintrag vom 15. Januar 1935, worin Simone Weil den Irrtum der kommunistischen Theorie von der Erlösung der Arbeiterklasse mittels Revolution und Überführung der Produktionsmittel in Staatsbesitz aus ihrer praktischen Erfahrung heraus erkennt: »Die Erschöpfung läßt mich schließlich die wahren Gründe meines Aufenthaltes in der Fabrik vergessen, macht die stärkste Versuchung dieses Lebens fast unüberwindlich: nicht mehr denken, einziges Mittel, um nicht zu leiden. Nur am Samstagabend und am Sonntag kehren Erinnerungen zurück. Ideenstücke, erinnere ich mich *auch* ein denkendes Wesen zu sein. Entsetzen erfaßt mich, als ich meine Abhängigkeit von äußeren Umständen feststelle: es genügte, daß sie mir eines Tages eine Arbeit ohne wöchentlichen Ruhetag aufzwingen – was schließlich immer möglich ist –, und ich würde zu einem Lasttier, gehorsam und ergeben (wenigstens in meinen Augen). Allein das Gefühl der Brüderlichkeit, die Entrüstung angesichts des anderen zugefügten Unrechts bleiben – aber bis zu welchem Punkt widerstände all dies auf Dauer? Ich bin nicht weit davon entfernt zu denken, daß das Seelenheil eines Arbeiters zuerst von seiner physischen Veranlagung abhängt. Ich sehe nicht, wie körperlich Schwache vermeiden können, der Verzweiflung anheimzufallen – Saufen oder Vagabundieren, Verbrechen oder Ausschweifungen oder ganz einfach und am häufigsten Abstumpfung (und die Religion?). Die Revolte ist unmöglich, ausgenommen einige Blitze (und ich meine sogar das bloße Gefühl).«

Es ist Simone Weils Absage an die Idee der sozialistischen Revolution und zugleich die Erkenntnis, dass die einzige Chance zur Veränderung und Verbesserung der menschlichen Verhältnisse aus den Menschen selbst und aus der Bewusstwerdung ihrer Würde kommen kann. Einer Schülerin schreibt sie über die Erfahrungen in den Fabriken: »Vor allem meine ich einer Welt von Abstraktionen entflohen zu sein und mich unter wirklichen Menschen zu befinden – guten oder schlechten, jedoch von einer wirklichen Güte oder Bosheit. Sofern es sie gibt, ist besonders die Güte in einer Fabrik etwas Wirkliches; denn der geringste freundliche Akt, vom einfachen Lächeln bis zur Hilfeleistung, erfordert einen Sieg über die Müdigkeit, über die Lohnbesessenheit, über alles, was bedrückt und dazu verleitet, sich in sich selbst zurückzuziehen.«

Diese Abkehr vom Glauben an die Segnungen der kommunistischen Revolution lässt Simone Weil zunächst etwas orientierungslos zurück. Ihr fehlt der idealistische Überbau, die ethische Verankerung in einem Glauben diesseitiger oder jenseitiger Art. Die Religion wird in ihrem Fabriktagebuch noch als Form der Abstumpfung infolge der Entfremdung diskreditiert. Sie zieht aus der Arbeit in der Fabrik die bittere Lehre der Entwürdigung: »Das Gefühl persönlicher Würde, so wie es die Gesellschaft hervorgebracht hat, wurde gebrochen. Man muß sich ein anderes schaffen, obwohl die Erschöpfung die eigene Denkfähigkeit auslöscht.« Doch was dieses »andere« sein kann, darüber ist sie sich in jenen Monaten noch im Unklaren.

Drei spirituelle Berührungen

Als sie wenige Wochen später gemeinsam mit ihren Eltern wieder nach Spanien und weiter nach Portugal reist, erfährt sie eine große Ernüchterung, die aber in ihrem Innern sich zur Befreiung weiten wird. Sie beobachtet in einem portugiesischen Fischerdorf eine nächtliche Prozession mit Kerzen, Gebeten und altertümlichen Gesängen zu Ehren des kirchlichen Patroziniums: »Niemals habe ich so etwas Ergreifendes gehört, außer dem Gesang der Wolgaschlepper. Dort hatte ich plötzlich die Gewißheit, daß das Christentum vorzüglich die Religion der Sklaven ist und daß die Sklaven nicht anders können als ihm anhängen und ich unter den übrigen.« Die Erfahrung der persönlichen rückhaltlosen Auslieferung, der Unterwerfung unter einen Glauben, der Demütigung im ursprünglichen Sinne (also der Ergebung in die Demut) ist für Simone Weil zunächst etwas Erschütterndes, Unheimliches, das ihr Angst bereitet, sie zugleich aber neugierig macht. Es ist nach eigener späterer Aussage ihre erste Berührung (von dreien) mit dem Katholizismus, Berührungen, die schließlich zur mystischen Erleuchtung führen.

Zunächst aber wagt sie nochmals einen Sprung ins politische Weltgeschehen. Nicht mehr als Aktivistin im Dienste einer sozialistischen Ideologie, sondern als Kämpferin an vorderster Front will sie stehen, als sie im August 1936 nach Spanien geht, um aufseiten der Republikaner, in der internationalen syndiko-anarchistischen »Kolonne Durruti«, gegen die Franco-Faschisten zu kämpfen. Doch zu einem Kampfeinsatz kommt es erst gar nicht. Als man ihr den Umgang mit einem Gewehr erklärt, stellt sie sich so ungeschickt an, dass man sie, um Gefahr für Leib und Leben der eigenen Truppe zu vermeiden, lieber in den Küchendienst einteilt. Aber selbst hier kommt es zur Katastrophe: In ihrer Kurzsichtigkeit tritt sie in einen Topf mit heißem Öl und zieht sich schwere Verbrennungen zu. Die restliche Zeit ihres »Militäreinsatzes« verbringt sie zunächst in Krankenhäusern in Pina am Ebro und in Barcelona, wird dort von ihren Eltern, die herbeigeeilt sind, unter die Fittiche genommen und nach Sitges gebracht, wo sie im Hotelzimmer ihrer Eltern, vom Vater gepflegt, langsam genest. In Sitges erfährt Simone Weil auch von Gräueltaten republikanischer Kämpfer an wehrlosen Zivilisten – der naive Glaube an eine einfache Scheidung der Welt in Gut und Böse, in Befreier und Unterdrücker, ist von da an vollends zerbrochen. In einem nach ihrer Rückkehr nach Frankreich verfassten Artikel zieht Simone Weil ein ernüchterndes Resümee: »Wenn das Unglück der Zeit will, daß der Bürgerkrieg heute ein Krieg wie jeder andere und fast unausweichlich zu einem internationalen Krieg wird, kann man daraus nur einen Schluß ziehen: auch den Bürgerkrieg vermeiden.«

Ihre Haltung zum Kampf gegen das Böse, auch dem ganz realen Kampf mit der Waffe, wird sich wenige Jahre später, im Zweiten Weltkrieg, unter dem harten Gesetz der Notwendigkeit erneut wandeln. Aber dann wird Simone Weil innerlich eine andere Person sein, in ihren transzendentalen Überzeugungen erleuchtet und gefestigt. Denn das Erlebnis der Bittprozession in einem portugiesischen Dorf bleibt nicht singulär. Im Frühjahr 1937 reist Simone Weil nach Italien. Es wird nicht nur eine klassische Bildungstour mit Aufenthalten in Mailand, Bologna, Ferrara, Ravenna, Florenz, Rom und Assisi. Selbstverständlich besichtigt sie die dortigen Hauptwerke der Architektur, Bildhauerkunst und Malerei. Auch zeigt sie sich ergriffen von der gelösten Heiterkeit der italienischen Landschaften. In der Schönheit entdeckt sie vielmehr ein Sinnbild Gottes: »In allem, was das reine und echte Gefühl des Schönen in uns weckt, ist Gott wirklich gegenwärtig. Es gibt gleichsam eine Inkarnation Gottes in der Welt, deren Merkmal die Schönheit ist [...]. Das Schöne ist etwas, bei dem die Aufmerksamkeit verweilen kann.« Der Begriff der Aufmerksamkeit, bereits in der mittelalterlichen Gebetslehre von zentraler Bedeutung, erhält bei Simone Weil als »nicht-handelndes Handeln« neue ethische Bedeutung: »Der Dichter bringt das Schöne dadurch hervor, daß er die Aufmerksamkeit auf Wirkliches gerichtet hält [...]. Die echten und reinen Werte des Wahren, Schönen und Guten im Tun und Handeln eines Menschen werden durch ein und denselben Akt hervorgebracht: durch eine gewisse Anwendung der Fülle der Aufmerksamkeit auf den Gegenstand.«

Vor allem aber wird ihr der Besuch der Pfingstmesse im Petersdom bedeutsam: Sie fühlt sich geheimnisvoll von der Feierlichkeit und Schönheit der katholischen Festliturgie angezogen, von der altehrwürdigen Hoheit der lateinischen Gebete und von der Reinheit des Knabengesangs der Sixtinischen Kapelle. Dieser Eindruck verstärkt sich wenig später bei einem Besuch in Assisi, der Heimat des heiligen Franziskus. In der Portiunkula-Kapelle von Santa Maria degli Angeli hat sie nach eigenen Angaben eine zweite mystische Erfahrung: »Im Jahre 1937 verbrachte ich zwei wunderbare Tage in Assisi. Als ich dort in der kleinen romanischen Kapelle aus dem zwölften Jahrhundert von Santa Maria degli Angeli, diesem unvergleichlichen Wunder an Reinheit, wo der heilige Franziskus so oft gebetet hat, allein war, zwang mich etwas, das stärker war als ich selbst, mich zum erstenmal in meinem Leben auf die Knie zu werfen.« Eine dritte mystische Berührung folgt im Jahr darauf, in der Karwoche 1938, als Simone Weil die Abteikirche Saint-Pierre de Solesmes besucht, ein altes Benediktinerkloster aus dem 11. Jahrhundert, in dem seit dem 19. Jahrhundert die Pflege und musikwissenschaftliche Restitution des Gregorianischen Chorals betrieben wird. An ihren Vertrauten, den Dominikaner Joseph-Marie Perrin, schreibt sie: »Im Jahre 1938 verbrachte ich zehn Tage in Solesmes, vom Palmsonntag bis Osterdienstag, und wohnte allen Gottesdiensten bei. Ich hatte bohrende Kopfschmerzen; jeder Ton schmerzte mich wie ein Schlag; und da erlaubte mir eine äußerste Anstrengung der Aufmerksamkeit, aus diesem elenden Fleisch herauszutreten, es in seinen Winkel hingekauert allein leiden zu lassen und in der unerhörten Schönheit der Gesänge und Worte eine reine und vollkommene Freude zu finden. Diese Erfahrung hat mich auch durch Analogie besser verstehen lassen, wie es möglich sei, die göttliche Liebe durch das Unglück hindurch zu lieben. Ich brauche nicht eigens hinzuzufügen, daß im Verlauf dieser Gottesdienste der Gedanke an die Passion Christi ein für allemal in mich Eingang fand.«

Und noch eine weitere spirituelle Berührung wird Simone Weil zuteil: Ihrer Auffassung nach wird das Wahre, Schöne und Gute in der Kunst durch die konzentrierte Aufmerksamkeit des Künstlers zuwege gebracht. Die Schönheit, die sich im Kunstwerk offenbart, schenkt dem Menschen Würde, dem schöpfenden wie dem rezipierenden. Sie befreit ihn für Augenblicke aus der Entwürdigung und lässt ihn teilhaben an der Schönheit, dem Sinnbild Gottes. Ebendiese Erfahrung macht Simone Weil zu jener Zeit, als sie das Gedicht *Love* des englischen Metaphysikers George Herbert (1593–1633) kennenlernt. Darin spricht die alles verstehende und verzeihende Liebe zu einem sündigen Menschen. Das Gedicht endet mit den Versen: »›Setz dich! Wer je von meinem Fleische kostet, der genas.‹ – So setzte ich mich denn zu Tisch – und aß.« Simone lernt das Gedicht auswendig, rezitiert es wieder und wieder, wie ein Mantra, und hat irgendwann die Empfindung, Christus in Person steige zu ihr herab und ergreife sie. Sie ist bestürzt, ihr ganzes bisheriges agnostisches und post-marxistisches Gedankensystem bricht unter dieser Erfahrung zusammen: »In meinen Überlegungen über die Unlösbarkeit des Gottesproblems hatte ich diese Möglichkeit nicht vorausgesehen: die einer wirklichen Berührung von Person zu Person hienieden, zwischen dem menschlichen Wesen und Gott. Ich hatte wohl unbestimmt von dergleichen reden gehört, aber ich hatte es niemals geglaubt.« Vor sich und der Nachwelt beteuert Simone Weil, dass es sich um keine Hysterie, keine Illusion gehandelt habe, auch nicht um eine geistige Anverwandlung der Lektüre mystischer Autoren: »Im übrigen waren an dieser meiner plötzlichen Übermächtigung durch Christus weder Sinne noch Einbildungskraft im geringsten beteiligt; ich empfand nur durch das Leiden hindurch die Gegenwart einer Liebe gleich jener, die man in dem Lächeln eines geliebten Antlitzes liest. Ich hatte nie irgendwelche Mystiker gelesen, weil ich niemals etwas gespürt hatte, das mir sie zu lesen befahl. [...] Gott in seiner Barmherzigkeit hatte mich gehindert, die Mystiker zu lesen, damit mir unwiderleglich klar würde, daß ich diese unerwartete Berührung nicht aus Eigenem erdichtet hatte.«

Suche nach der universalen Kirche

Obgleich Simone Weil diese und andere mystische Erfahrungen hat, Christus als Inkarnation, als Fleischwerdung Gottes begreift und dies auch in der Kommunion, dem gemeinsamen Mahl, der Darbringung von Christi Fleisch und Blut erfährt, wird sie sich doch nie explizit als Katholikin bekennen. Bis heute ist unklar, ob sie – kurz vor ihrem Tode – die Taufe empfangen hat. Die Aussagen von Zeugen ihrer letzten Tage und Stunden gehen hierüber auseinander. Ihre Auslegungen zur göttlichen Gnade nähern sich im Übrigen eher der protestantischen Lehre an. Und keineswegs sieht sie, die jüdischer Abstammung ist, die Juden als die älteren Brüder der Christen an. Das Alte Testament betrachtet sie stets als ein jüdisches Geschichtsbuch voller Grausamkeiten. Jahwe ist für sie ein Kriegsgott, der jüdische Glaube eine Rechtfertigung des jüdischen Volks, sich über andere Völker in selbstgerechter und intoleranter Weise zu erheben. Kritiker haben Simone Weil später diese Gleichgültigkeit, ja Feindlichkeit dem jüdischen Volk gegenüber in einer Zeit des Rassismus und des von den Nationalsozialisten ausgeübten Völkermords vorgeworfen. Der Politologe Athanasios Moulakis bringt es unumwunden auf den Punkt, wenn er Simone Weils Empathie für die ausgebeuteten Fabrik- und Landarbeiter zur Kenntnis nimmt, ihre Ignoranz dem jüdischen Schicksal gegenüber jedoch als schnöde Gleichgültigkeit kritisiert: »Auch wenn Simone Weil 1939 keine Details über Oranienburg und Dachau besessen haben mag, die sie sich auch, im Gegensatz zu anderer schwer zugänglicher Information, nie zu beschaffen versucht hat, so bleibt ihre Gleichgültigkeit gegenüber der Judenverfolgung geradezu verblüffend, bei einem Menschen, der das Unglück ins Zentrum seines Denkens rückt. Das Unglück des Jahrhunderts ist nicht die Fabrik, sondern die Gaskammer.«

Was aber den Katholizismus anbelangt, so fühlt sich Simone Weil zwar durch die Idee der Inkarnation, der Fleischwerdung Gottes in seinem Mensch gewordenen Sohn, in ihrer mystischen Erfahrung der körperlichen Berührung durch Christus verbunden, gleichzeitig aber wirft sie der katholischen Kirche entgegen deren Anspruch, »katholisch«, also universal-umfassend zu sein, geistige und spirituelle Enge vor: Die katholische Kirche, so Weils Kritik, sei in heutiger Zeit repressiv und schüre in den Menschen Angst und Unterdrückung. Dem Heiligenkult (es handelt sich ja nicht um einen Götzendienst, wie das alte, auch protestantische Vorurteil behauptet, sondern um die Verehrung von Fürsprechern bei Gott) steht sie ebenfalls ablehnend, allenfalls gleichgültig gegenüber. Ihrem dualistischen Weltbild von Gut und Böse kommt indes die im 12. Jahrhundert in Südwestfrankreich (Okzitanien) aufblühende Bewegung der Katharer (»die Reinen«) stark entgegen. Diese geißelten die sittliche Verdorbenheit der Amtskirche, vertraten eine manichäische Lehre, die das Diesseits mit dem Bösen gleichsetzte, erhofften das einzig mögliche Heil im Jenseits, hielten sich nach Möglichkeit bereits zu Lebzeiten von allem Irdischen fern, verdammten Krieg und Gewalt und lehnten den Dogmatismus und die weltliche Macht der Kirche ab. Gerade deshalb musste die Kirche die Katharer als »Häretiker« einstufen und sie kriegerisch bekämpfen. Sie wurden verfolgt, ihre Städte und Burgen erobert und niedergebrannt, sie selbst gefoltert und getötet. Simone Weil hingegen sieht in den Katharern die Vertreter der reinen Idee Christi, die im Übrigen die geistige Ahnenschaft der griechischen Antike nie verhehlt hätten: »Wie wenig man von den Katharern auch kennt, so scheint es doch deutlich, daß sie irgendwie Erben des platonischen Denkens gewesen sind, der Geheimkulte und Mysterien jener vorrömischen Zivilisation, die das Mittelmeer und den Nahen Osten umfaßte. Und wie zufällig verweisen manche Aspekte ihrer Doktrin zugleich auf den Buddhismus, auf Pythagoras, Plato sowie auf die druidische Lehre, die ehemals den gleichen Boden geprägt hatte.« Die katholische Amtskirche des Mittelalters habe, so Weil, ihre hellenistischen und orientalischen Wurzeln gekappt und sich dadurch der universalen mystischen Identität beraubt.

Gerade diese Verbindung nach Osten sucht Simone Weil indes in ihrem Verständnis eines Christusglaubens, wenn sie auch buddhistische und hinduistische Schriften studiert und deren Vorstellungen mit denen des Christentums zu verbinden trachtet (nur das Judentum grenzt sie vorurteilsbehaftet aus). Freilich bleiben diese letzten Überlegungen zu den verbindenden Inhalten der Weltreligionen fragmentarisch, wegen des frühen Todes der Philosophin, aber auch wegen der gewaltigen Aufgabenstellung dieser Idee. Sie zeigen jedoch, dass Simone Weil – obgleich im Katholizismus in seiner ursprünglichen Idee der universalen Kirche verwurzelt oder »eingewurzelt« – zugleich über den Katholizismus hinaus zu denken wagte. Ob ihr dieser Ausfallschritt letztlich gelungen wäre, bleibt Spekulation.

»Einwurzelung« und Selbstentäußerung

»Einwurzelung«, »enracinement«, ist der zentrale Begriff ihrer letzten philosophischen Schriften, womit sie sich aus dem marxistischen, soziokulturellen Dilemma der »Entwurzelung« zu retten versucht. Dem voraus ging die (bereits von Karl Marx formulierte) Erkenntnis der »Entfremdung« des Menschen von seiner Arbeit im Zuge der industriellen, monotonen und rationalisierten Fertigung der Waren und des Verlusts der Produktionsmittel. Doch sieht Simone Weil das Problem des modernen Menschen umfassender, nicht auf rein sozioökonomische Faktoren beschränkt: Vielmehr spricht sie von einer Entwurzelung des Menschen, einem Verlust der Teilhabe an einer Tradition, in die er durch Geburt, Ort (also »Heimat«), Beruf und Umwelt gestellt ist. Erst durch diese Teilhabe an der Tradition vermag der Mensch seine Aufgaben positiv anzunehmen und zu erfüllen. Deshalb geht

Simone Weil in ihren Ideen einer »Einwurzelung« des Menschen viel weiter als die marxistischen Theoretiker: Nicht durch eine Revolution sollen die Produktionsmittel aus privaten Händen in staatliche überführt werden, denn das ist nur eine Fortführung des alten kapitalistischen Systems unter neuer Führung. Vielmehr gehe es darum, Menschen Verwurzelung und Teilhabe zu vermitteln, indem jeder arbeitende Mensch Eigentümer eines Hauses und eines kleinen Grundstücks mit Werkstatt und Garten werden solle. Zudem schwebt ihr eine Humanisierung der Arbeit vor, etwa durch Förderung kleiner Produktionsstrukturen (Manufakturen) und durch Einführung von Teamarbeit in den größeren Betrieben.

Dies allein wäre noch kein neuer gesellschaftspolitischer Ansatz (man kennt solche Ideen und Forderungen von den Anarchisten, die zu Beginn des 20. Jahrhunderts in Landkommunen ähnliche Strukturen vorzuleben versuchten). Vielmehr geht es Simone Weil auch um eine spirituelle »Einwurzelung«. Die ist nur möglich, wenn der Mensch sich als Teil eines Größeren, einer göttlichen Schöpfung erkennt. Mittel zur Erkenntnis sind die bereits angeführte »Aufmerksamkeit«, das »nicht-handelnde Handeln« und die Hinwendung auf das Wahre, Schöne und Gute. Der intensivste und reinste Weg zur Aufmerksamkeit ist das Gebet. Am Ziel des Gebets steht nicht die Ausdeutung der Bilder und Zeichen, sondern deren Verständnis. Das Gebet, ein Gespräch mit Gott und der Inkarnation Jesus Christus, ist ein Erkenntnisvorgang zum Licht hin. Die Erkenntnis des Schönen umfasst aber nicht nur das real Fassbare (die Schönheit im Kunstwerk, in der Natur, in menschlichen Beziehungen), sondern macht auch bereit für die Liebe. Die aber ist nicht, wie oft verstanden, eine Nächstenliebe des menschlichen Individuums zum anderen, sondern Gott selbst lebt in jedem Menschen, und dieses Göttliche im Menschen liebt den Nächsten. Alle Liebe des Menschen ist nur eine Imitation der göttlichen Liebe, nur deshalb auch kann der Mensch das Schöne als schön empfinden und erkennen, weil auch in diesem Erkenntnisvorgang sich die göttliche Liebe äußert.

Ein anderer Weg zur Erlangung des göttlichen Lichts und der göttlichen Liebe kann nach Simone Weils Ansicht die Askese sein, die Abtötung des eigenen Willens. Zugleich rekurriert Simone Weil auf eine geistige Tradition des christlichen Leidenskultes, der dem Leiden Jesu bei seiner Kreuzigung nachzufolgen versucht – sei es aktiv, etwa in der Selbstgeißelung, oder passiv im asketischen Verzicht bis hin zur Selbstzerstörung. Simone Weil selbst hat diese »Kreuzesnachfolge« zur Erlangung höherer Erkenntnis erstrebt. Diese Selbstentäußerung gipfelt in ihrem Gebot, man solle »lieben, nichts zu sein«, formuliert in ihrem 1948 posthum erschienenen Buch *La pesanteur et la grâce* (dt. *Schwerkraft und Gnade*, 1952). Von dieser Selbstverleugnung ist es nicht mehr weit zur Selbstabtötung, und Simone Weil hat dies in ihrem eigenen kurzen Leben demonstriert. Kritisch mag man einwenden, inwiefern ihr Postulat nach Einwurzelung und nach Auffindung der göttlichen Liebe durch Aufmerksamkeit und Gebet denn mit dieser Haltung der absoluten Negation zu vereinen ist? Vielmehr ist die erhoffte Befreiung des Asketen vom Leben eine Verneinung des Lebens (und damit auch der göttlichen Schöpfung). Karl Jaspers hat dieses Paradoxon in seiner Schrift *Der philosophische Glaube* klar erkannt und als »Verführung« des Gottessuchers bezeichnet: »Es sind die großen Verführungen: durch den Glauben an Gott sich den Menschen zu entziehen, durch die vermeintliche Erkenntnis der absoluten Wahrheit seine Einsamkeit zu rechtfertigen, durch den geglaubten Besitz des Seins selbst sich eine Zufriedenheit zu verschaffen, die in der Tat Lieblosigkeit ist.« Diesen offensichtlichen Widerspruch hat Simone Weil bis zu ihrem eigenen Ende nicht gelöst. In ihrem Buch *Schwerkraft und Gnade* kehrt sie sich gedanklich letztlich von der Liebe zur Schöpfung und zum Nächsten ab, wenn sie auf ihrem Weg der denkenden Erkenntnis von sich selbst einfordert: »Durch sein Denken alles töten, was man liebt: die einzige Art, zu sterben.«

Simone Weil ist diesen Weg gedanklich gegangen – und hat doch in einem erstaunlichen Willensakt des Handelns, der *vita activa*, dieser Verneinung des Lebens widersprochen. Dieses Aufbäumen und dieses Bekenntnis zum diesseitigen Leben werden durch den Zweiten Weltkrieg ausgelöst. Für Simone Weil ist der Krieg auch eine akute Bestätigung ihrer These der Entwurzelung des Menschen: »Die Entwurzelung ist bei weitem die gefährlichste Krankheit der menschlichen Gesellschaften, weil sie sich selbst vervielfältigt.« Ihrer Ansicht nach greift die 1789 verabschiedete »Erklärung der Menschenrechte« zu kurz und sollte vielmehr durch eine »Erklärung der Pflichten gegenüber dem Menschen« ersetzt werden. Der Mensch müsse sich davon verabschieden, nur auf seine Rechte zu pochen und diese einzufordern. Daraus entstünden nur Verhältnisse von Verantwortungslosigkeit. In ihren letzten Lebensmonaten entsteht der Essay *Die Einwurzelung. Einführung in die Pflichten dem menschlichen Wesen gegenüber* (posthum 1949, dt. 1956), eine Art philosophisches Testament. Darin widerspricht sie der selbst geübten Verneinung des Lebens und der asketischen Umarmung des Todes und fordert die Menschen zur Einübung in Gehorsam und Pflicht zum Wohle aller – dem »eingewilligten Gehorsam« – auf.

Dieses gesellschaftliche Engagement beweist Simone Weil in den letzten Lebensjahren zur Genüge – ihrem zunehmenden körperlichen Verfall zum Trotz. Ihr Schicksal wird vom Krieg voll erfasst, doch gelingt es ihr – mit einer Portion Glück, aber auch mit der immensen Kraft ihres von vielen Menschen bewunderten eisernen Willens –, wieder und wieder der Gefahr zu entkommen. Als im Mai 1940 deutsche Truppen Frankreich überfallen, harrt Simone Weil gemeinsam mit ihren Eltern zunächst in Paris aus. Erst am 13. Juni, die Deutschen sind bereits vor der Stadt, fliehen die Weils mit einem der letzten Züge in den unbesetzten Teil Frankreichs, nach Nevers, von dort schlagen sie sich per Anhalter und zum Teil zu Fuß nach Vichy, Toulouse und schließlich nach Marseille durch. Simone hat die feste Absicht, möglichst schnell nach England auszureisen, um sich dort dem französischen Exilwiderstand anzuschließen. Doch Marseille gilt als »Mauseloch«: Tausende von Flüchtlingen harren dort aus und versuchen, über Hilfsorganisationen an Reisepapiere, Visa und Tickets für das Ausland zu gelangen. Eine Anstellung an einem Mädchengymnasium in Constantine in Französisch-Algerien kann Simone nicht antreten, da ihr die nötigen amtlichen Unterlagen nicht zukommen. Südfrankreich untersteht der in Vichy ansässigen, von Deutschland abhängigen Regierung unter Marschall Philippe Pétain. Sammellager werden eingerichtet, Flüchtlinge und Exilanten werden verhaftet und dorthin verschleppt oder an die Deutschen ausgeliefert. Trotz der Sorge um ihr eigenes Ergehen und das ihrer Eltern versucht Simone Weil ein Beispiel zu geben in Furchtlosigkeit und im Einsatz für andere: Sie beschäftigt sich intensiv mit Katharern und Manichäern, Glaubensgemeinschaften, die sich dem Dogmatismus der katholischen Amtskirche entzogen und die Simone Weil gerade deswegen als die eigentlichen Zeugen Christi wertet. Sie schreibt intensiv Tagebuch (woraus nach ihrem Tod der Band *Schwerkraft und Gnade* kompiliert wird). Sie setzt sich in Aufsätzen und Briefen an das Ministerium in Vichy für die in Lagern inhaftierten Menschen aus Französisch-Indochina ein, spendet ihnen ihre eigenen Lebensmittelkarten und besucht Versammlungen der Christlichen Arbeiterjugend JOC. Zudem sucht sie Kontakt zu einem Widerstandskreis, der allerdings bald von der Militärpolizei ausgehoben wird. Simone Weil wird mehrmals auf dem Präsidium verhört, kann jedoch ihrer Inhaftierung durch geschickte Antworten immer wieder entgehen.

Zwischenzeitlich, auch um der Beobachtung durch die Polizei zu entgehen, arbeitet sie auf einem Bauernhof in der Ardèche, der von einem philosophierenden Landmann, Gustave Thibon, betrieben wird. Hier hilft sie bei der Ernte und im Stall. Die Nächte sind dem philosophischen Diskurs vorbehalten. Später äußert sich der Bauer in einem Erinnerungsbuch eher skeptisch über seine berühmte Aushilfsmagd: »Ich hatte den Eindruck, einem Menschen gegenüberzustehen, der für meine Fühl- und Denkweise, für alles, was mir Sinn und Saft des Lebens bedeutet, einfach abgeriegelt ist.

Mit einem Wort, das war die Offenbarung meiner Antipoden: ich fand mich vor einer neuen Erde und unbekannten Sternen und war heimatlos. Ich wußte noch nicht, daß, wenn uns auch nicht dieselben Sterne führten, unsere Seelen sich doch im selben Himmel trafen. Mein einziger positiver Eindruck war eine bedingungslose Hochachtung für ein Wesen, dessen einzigartige Größe ich durch alle geistige und gemütshafte Andersartigkeit hindurch dunkel ahnte. [...] Ihre [Simone Weils] Demut ist von einem negativen Egoismus inspiriert, sie stellt ihr Ich im Hohlbild dar, wie der Stolze das seinige im Relief herausarbeitet.« Diese nach Thibons Ansicht zur Schau gestellte Demut äußert sich etwa in Simone Weils Weigerung, in dem Bauernhaus zu nächtigen. Stattdessen schläft sie auf der bloßen Erde unter freiem Himmel oder auch in einem halb verfallenen Haus in der Nähe. Sie verweigert Speisen, die den Städtern angeblich fehlen. Das Angebot eines Bäckers, der ihr gutmütig ein Brot ohne Lebensmittelkarte geben will, weist sie brüsk zurück. Abends und nachts studiert sie Platon und die Werke des Mystikers Johannes vom Kreuz, bei dem sie den Leidensbegriff um des Kreuzes willen wie auch die Aufforderung zur Überwindung natürlicher Bedürfnisse (»Abhängigkeiten«), um so Gott näher zu kommen, exemplarisch vorgezeichnet findet. Da sich Simone Weil bei der Arbeit in Haushalt und Stall recht ungeschickt anstellt, wechselt sie auf ein anderes Landgut und hilft bei der Weinernte. Dort beginnt sie mit einer Art innerem Beten, indem sie das Vaterunser im griechischen Original wieder und wieder spricht, so lange, bis sie das Gefühl einer mystischen Berührung hat, einer Berührung, in der sie Christus selbst zu spüren glaubt.

»Décréation«

Ende Oktober 1941 kehrt Simone Weil zu ihren Eltern nach Marseille zurück. Die Gefahr im »Mauseloch« steigt. Immer mehr Flüchtlinge werden verhaftet und an die Gestapo ausgeliefert, die die Gefangenen nach Deutschland in die Vernichtungslager deportiert. Simone Weil nähert sich in den folgenden Monaten immer stärker dem Katholizismus an (ohne sich jedoch taufen zu lassen): Sie unterhält enge Verbindung zu Pater Joseph-Marie Perrin, besucht regelmäßig die Sonntagsmesse und knüpft Kontakt zur katholischen Widerstandsgruppe »Témoignage chrétien«. Ihre mystischen Erfahrungen häufen sich, vor allem in der Übung der »Aufmerksamkeit« im Gebet. An einen befreundeten Dichter, den kriegsversehrten, gelähmten Joë Bousquet, schreibt sie: »Die Aufmerksamkeit ist die seltenste und reinste Form des Großmuts. Es ist sehr wenigen Geistern gegeben, zu entdecken, daß die Dinge und die Lebewesen existieren. Seit meiner Kindheit wünsche ich nichts anders, als vor meinem Tod diese völlige Offenbarung bekommen zu haben.« Simone selbst versteht sich zu jenem Zeitpunkt als »katholisch de iure«, als katholisch (umfassend) in dem Sinne, was als impliziter Glauben bezeichnet werden könne. Sie weist hingegen zurück, als »katholisch de facto« bezeichnet zu werden, als katholisch in anerkanntem Sinne. Vor allem stößt sie sich an der kirchlichen Verurteilungsformel des »anathema sit« (»er sei ausgeschlossen«) Gläubigen gegenüber, die die anerkannten Wege des kirchlichen Katechismus verlassen. Dieses Verbannungsdenken, so Simone Weil, zeuge von nichts anderem als einem kirchlichen Totalitarismus. Auch Simone Weils Gottesbild entfernt sich in jener Zeit von der katholischen Vorstellung eines persönlichen Gottes, der in der Welt anwesend ist und in diese jederzeit eingreifen kann. Zwar glaubt Simone Weil an einen allmächtigen Gott, doch habe der auf seine Macht verzichtet. Er sei schwach geworden und habe abgedankt, er habe sich aus der Welt zurückgezogen. Stattdessen sei der Mensch, Gottes Geschöpf, mit einem freien Willen versehen worden. Aber noch ist Gott in der Welt anwesend: in der Weltordnung, in der Schönheit und in der Seele des Menschen. Gott aber sei seiner selbst entleert, er sei nur noch mittelbar anwesend, nicht unmittelbar, entsprechend ist er unpersönlich und (anders als im Katholizismus gelehrt) kein persönliches Wesen mehr. Diese Entäußerung Gottes, so Simone Weil, wiederhole sich in der Menschwerdung, nämlich in Jesus, und im Kreuzestod. Gott habe in dieser Entäußerung, diesem Selbstverzicht, seine absolute Liebe, die Liebe selbst, geäußert. Diese Entäußerung Gottes nachzuahmen sei die Aufgabe des Menschen: im Verzicht auf die eigene Autonomie, das persönliche Ich, die Erbsünde abzustreifen und sich damit wieder in Gott zurückzubilden, Gott, der auf sein Dasein in der Welt verzichtet habe, so zu seinem Alles-Sein wieder zu verhelfen. Dieser Akt des menschlichen Verzichts und der Rückbildung in Gott wird von Simone Weil »Décréation« genannt, »Ent-Schaffung«, »Ent-Schöpfung«. Der Schöpfungsakt wird aufgehoben, dadurch das Böse überwunden, und der Mensch und die Welt werden vollendet: »Mit Liebe zustimmen, nicht mehr zu sein, wie wir es tun sollen, ist keine Vernichtung, sondern vertikaler Überstieg in die höhere Realität des Seins.« Und in ihrem letzten Brief an den Dominikanerpater Perrin versucht Simone Weil eine Überbrückung der alten Theodizee-Frage, weshalb Gott all das Unglück in der Welt zulasse, indem sie das Unglück mit der Barmherzigkeit Gottes gleichsetzt und Verzicht und Hingabe als einen Liebesakt deutet: »[…] es ist das Unglück selbst, in dem die Barmherzigkeit Gottes erstrahlt. Auf seinem innersten Grunde, im Zentrum seiner untröstbaren Bitternis. Fällt man, in der Liebe bleibend, bis zu dem Punkt, wo man den Schrei ›Mein Gott, warum hast du mich verlassen?‹ nicht mehr zurückhalten kann, und verharrt man dann an diesem Punkt, ohne zu lieben aufzuhören, so berührt man am Ende etwas, das nicht mehr Unglück ist, das auch nicht Freude, sondern das das reine, übersinnliche, Freude und Leid gemeinsame, innerste, wesentliche Wesen ist, und das die Liebe Gottes selbst ist.«

Schließlich gelingt es Simone Weil und ihren Eltern, Ausreisevisa für die Vereinigten Staaten zu erhalten. Mit dem Schiff verlassen sie Marseille am 14. Mai 1942, gelangen nach Casablanca und von dort weiter über den Atlantik nach Amerika. Am 6. Juli 1942 kommen sie im Hafen von New York an. Sie finden eine Wohnung in Manhattan. Simones Bruder André lebt seit 1941 in Amerika, hat Frau und Kind und lehrt an Colleges in Pennsylvania Mathematik. Während er und die Eltern heilfroh sind, dass die Familie der Deportation und Ermordung entgangen ist, will Simone unbedingt zurück nach Europa, um als Krankenschwester, lieber aber noch als Agentin im Fronteinsatz gegen die Nationalsozialisten zu dienen. Sie arbeitet einen Plan zur Ausbildung von Frontkrankenschwestern aus und unterbreitet ihn diversen Persönlichkeiten der französischen Exilregierung, unter anderem Charles de Gaulle, der jedoch den Plan als unrealistisch verwirft und Simone Weil als verrückt bezeichnet. Im November 1942 gelingt es ihr, die Erlaubnis einer Überfahrt nach England zu erlangen (mitten im Krieg ein äußerst waghalsiges Unterfangen), um dort für die französische Exilregierung zu arbeiten. In London ist man von der Weltenretterin und Mystikerin wenig »amused«. Keinesfalls ist sie – stark kurzsichtig und total unsportlich – für den gefährlichen Einsatz als Agentin und Elitekämpferin der Résistance in Frankreich geeignet. Doch Simone Weil lässt nicht locker. Bitter beklagt sie sich bei einem Mitglied der Exilregierung und verweist mit Eifer auf ihre »Mission«: »Ich kann in der Situation, in der ich mich im Moment befinde, nicht leben. Sie versetzt mich an den Rand der Verzweiflung. [...] Ich würde jede provisorische Aufgabe, egal wo, akzeptieren – zum Beispiel in der Propaganda oder in der Presse. [...] Ich bin sicher, daß dies nicht nur eine Frage des Charakters, sondern der Berufung ist.«

Das Widerstandskomitee weist ihr ein kleines Büro und eine Aufgabe zu: Sie soll eingereichte Projektexposés für den politischen Wiederaufbau Frankreichs nach dem Krieg prüfen. Simone Weil ist so von ihrer Mission erfüllt, dass sie bald anfängt, eigene Entwürfe zu diesen Fragen zu verfassen. Zudem schreibt sie in jenen Wintermonaten ihr Buch *Die Einwurzelung*. Es ist der kühne Versuch, Frankreich und Europa nach dem erhofften Ende des Krieges nicht nur politisch-gesellschaftlich und ökonomisch, sondern auch spirituell wiederaufzubauen und die Menschen und ihre geistigen und religiösen Bedürfnisse mit den realen Verhältnissen auszusöhnen. Immer noch träumt sie von der persönlichen Teilnahme als Fallschirmspringerin an einer Sabotageaktion im besetzten Frankreich, ungeachtet ihrer zerrütteten körperlichen Konstitution – vielleicht steht der Drang dahinter, sich zu »entäußern« und im bewussten Tod die Selbstaufopferung im Dienste am Guten zu zelebrieren.

Sie schont sich nicht, arbeitet nächtelang (obgleich ihre Auftraggeber von ihren kühnen Entwürfen wenig überzeugt sind), wohnt zur Untermiete bei einer netten, mütterlichen Engländerin, die sich um die ewig hustende und fast nichts essende junge Frau zunehmend Sorgen macht. Die religiöse Versenkung Simones vertieft sich: Täglich besucht sie die katholische Messe in der Kirche der Jesuiten. Einer ihrer letzten Texte ist eine Art Glaubensbekenntnis, das mit den Worten beginnt: »Ich glaube an Gott, an die Trinität, an die Inkarnation, an die Erlösung, an die Eucharistie, an die Lehre des Evangeliums.« Es ist, als habe sie sich zum Ende hin doch dem Katholizismus angeglichen, de iure *und* de facto.

Als Simone Weil am 15. April 1943 nicht in ihrem Büro erscheint, geht eine Freundin, Simone Deitz, zu ihr nach Hause und findet sie dort bewusstlos vor. Simone Weil wird in ein Krankenhaus eingeliefert. Die Ärzte diagnostizieren Lungentuberkulose. Angeblich tauft Simone Deitz, die katholisch ist, wenige Tage später die Freundin (was nach kirchlicher Lehre im Sinne einer Nottaufe Gültigkeit besitzt). Ob dem so war, ist fraglich.

Simone Weil erholt sich zunächst. Enttäuscht über die französische Exilregierung und deren Weigerung, sie, Simone, enger in die Arbeit einzubinden, kündigt sie am 26. Juli – es ist dies auch ein persönlicher Bruch mit den dortigen Freunden und mit Charles de Gaulle. Doch Simone Weils Zustand verschlechtert sich erneut. Am 17. August 1943 liefert man sie in ein Sanatorium in Ashford in der Grafschaft Kent ein. Weiterhin weigert sich Simone, Nahrung zu sich zu nehmen. Am 24. August fällt sie ins Koma und stirbt wenige Stunden später an Herzversagen, hervorgerufen durch die allgemeine Schwächung des Organismus. Simone Weil wird am 30. August in Ashford beerdigt, nur von wenigen Freunden betrauert – und ohne kirchlichen Segen. Der Pfarrer, der aus London angefordert ist, hat seinen Zug verpasst.

Mit diesem Missklang endet Simone Weils kurzes, intensives Leben. Ihr Wirken und ihr Werk bieten bis heute viele Ansatzpunkte für die unterschiedlichsten Weltanschauungen, Fragestellungen und Glaubensansätze. Simone Weils Denken bleibt widersprüchlich und fragmentarisch, bisweilen auch ärgerlich paradox.

Gerade deswegen wird sie bis heute von unterschiedlichsten Gruppierungen und Konfessionen, Parteiungen und Bewegungen für sich vereinnahmt. Wie aber soll man mit diesen Widersprüchen umgehen, was von dieser marxistisch-anarchistischen, katholischen, pantheistischen Querdenkerin und Mystikerin halten? In einem ihrer letzten Briefe, vom 4. August 1943, hat Simone Weil sich mit den Narren in Shakespeares Stücken befasst. Ihrer Ansicht nach sind die Narren Vorbilder: »Die Narren sind die einzigen Personen, die die Wahrheit sagen [...]. In dieser Welt sind allein jene Menschen, die den letzten Grad der Erniedrigung, weit unterhalb des Bettlertums, erreicht haben, die nicht nur ohne gesellschaftliches Ansehen sind, sondern auch der von jedermann am meisten geschätzten Würde, der Vernunft ermangeln, – allein jene Menschen können die Wahrheit sagen. Alle anderen lügen.« Vielleicht war Simone Weil solch eine Närrin: widersprüchlich, bisweilen zum Lachen, oft ein Ärgernis, aber die Wahrheit suchend und sagend. Und: ein Dorn im Fleisch der Mächtigen. Und vielleicht war die Inkonsequenz, mit der sie lebte und in der sie dachte, weit konsequenter als die Denk- und Lebensweise der etablierten Stützen einer Gesellschaft: eben weil sie den Zweifel und den Irrtum zuließ und ihn nicht zu verhehlen und zu leugnen suchte. Denn nichts ist schlimmer als die Ungerechtigkeit derer, die stets gerecht sein wollen.

Philosophie des Politischen

Im Jahre 399 vor Christus kommt es in Athen zu einem aufsehenerregenden Prozess: Sokrates, das berühmte Haupt einer philosophischen Schule (deren bekanntester Spross Platon ist), ein in der *polis*, dem öffentlichen Leben, engagierter Athener Bürger, wird von seinen Gegnern, von Sparta beeinflussten Männern, die drei Jahre zuvor eine oligarchische Gewaltherrschaft errichteten, der Gottlosigkeit und der Verführung der Jugend angeklagt. Sokrates selbst verteidigt sich in dem Prozess geschickt – sein Schüler Platon berichtet in seiner Schrift *Apologie* hiervon. Demnach habe Sokrates die Anschuldigungen der Kläger rhetorisch geschickt als pure Behauptungen entkräftet und die Anklagepunkte als böswillige Unterstellungen dekuvriert. Das Ansinnen, ihm einen Handel vorzuschlagen, wonach er freikomme, wenn er zusichere, in Zukunft auf das Philosophieren (also das öffentliche Gespräch mit Frage und Gegenfrage) zu verzichten, weist Sokrates empört zurück: »Wenn ihr mich also auf eine so abgefasste Bedingung freilassen wolltet, so würde ich antworten: Ich schätze euch, Männer Athens, und liebe euch, gehorchen aber werde ich mehr dem Gotte als euch, und solange ich atme und Kraft habe, werde ich nicht ablassen zu philosophieren und euch zu befeuern.« Sokrates' direkte und ungeschminkte Offenheit – er verschmäht es auch, sich als Angeklagter zu sehen, vielmehr beruft er sich auf seine Rolle des Verteidigers von Recht und Gesetz – wird ihm in dem Geschworenenprozess zum Verhängnis: Die Schöffen nämlich interpretieren Sokrates' Haltung als Beleidigung des Gerichts und des Staats (der *polis*) und trachten danach, ein Exempel zu statuieren. Sokrates wird in einer ersten Abstimmung für schuldig befunden, er selbst soll eine Strafe vorschlagen. Der jedoch verteidigt sich erneut, beruft sich auf seine Verdienste, behauptet, statt einer Strafe habe er ein feierliches Festmahl verdient. Die Geschworenen lassen indes nicht locker: In einer zweiten Abstimmung verurteilen sie Sokrates zum Tode. Sokrates geht als ein Aufrechter aus dem Gerichtssaal: In seinem Schlusswort beschuldigt er die Ankläger der Bosheit, nimmt aber dennoch das Urteil an. Den Freunden, die ihn später in der Gefängniszelle besuchen und ihm Möglichkeiten einer Flucht auseinandersetzen, hält er entgegen, er werde dies nicht tun und stattdessen sein Schicksal annehmen, denn wenn Urteile nicht befolgt würden, verlören Gesetze ihre Kraft. Schlechte Gesetze müsse man ändern und nicht mutwillig übertreten. So bleibt Sokrates bis zu seinem Ende der verantwortungsbewusste Bürger, der sich für ein funktionierendes gesellschaftliches Leben in der *polis* ausspricht. Im Kreise seiner Freunde leert er den ihm gereichten Giftbecher und geht zwar gezwungenermaßen, aber ungebrochenen freien Willens aus dem Leben.

Der Tod des Sokrates war durch die Jahrtausende ein beliebtes Sujet in Literatur und Kunst. In der Philosophiegeschichte hingegen markierte er einen schmerzlichen Einschnitt, geradezu ein traumatisches Schlüsselerlebnis, das fast zweieinhalbtausend Jahre ausstrahlte. Im Jahre 1954 hielt die Philosophin Hannah Arendt einen Vortrag mit dem Titel *Philosophy and Politics* (posthum 2007 unter dem Titel *Socrates* in dem Band *The Promise of Politics* veröffentlicht). Darin bezeichnet sie den Tod des Sokrates als die eigentliche Katastrophe der Philosophie von der Antike bis in die Gegenwart: Seither, so Arendt, sei die Einheit von Denken und Handeln zerstört. Sokrates sei als Philosoph, als kritischer Denker, immer ein engagierter Bürger der *polis* Athen gewesen, der mitten im öffentlichen Leben gestanden habe (auch ganz wortwörtlich, wenn er etwa auf dem Marktplatz, der *agora*, Symposien mit seinen Schülern abgehalten habe). Er habe seine Philosophie nie über die berechtigten Interessen der *polis* gestellt, umgekehrt aber die *polis* immer am Wahrheitsgehalt ihres Handelns (ihrer Politik) gemessen. Die gesamte abendländische Philosophie, so Arendt, habe seither in dem Irrtum verharrt, Politik sei nicht wahrheitsfähig und Philosophie nicht Gegenstand einer das Handeln verhandelnden Gesellschaft. Vielmehr sei die Philosophie durch alle Zeiten, Systeme und Schulen einzig mit sich selbst beschäftigt gewesen und habe sogar ihre postulierte Autonomie gegen die *polis* eifersüchtig verteidigt. Das Ideal der Freiheit *für* Politik sei verdrängt worden vom Ideal der Freiheit *von* Politik. Besonders im bürgerlichen Zeitalter führte diese Haltung zu einer paradoxen Einstellung der tragenden kulturellen Schicht gegenüber dem Gemeinwesen, dem diese Schicht vorstand: nämlich zur Ansicht, Politik sei ein lästiges Übel, Politik und Kultur seien unvereinbar, Letztere nur ohne Politik denkbar, Erstere hingegen eine Gefahr für eine Gesellschaft als *Kultur*nation. Gerade so habe speziell die Philosophie sich freiwillig und ohne innere Not in einen Elfenbeinturm begeben, aus dem heraus sie gesellschaftliche Zusammenhänge zu interpretieren suchte, ohne jedoch mitten in ihnen zu sein und ohne sie zu gestalten. Dies ist genau die gegensätzliche Haltung zu der des Sokrates, der auf die Forderung, das Philosophieren aufzugeben, antwortete, er werde dies nicht tun, eben weil er die Bürger der *polis* weiterhin »befeuern« wolle: Sokrates hat die Philosophie als Feuer verstanden, also als Element, der Gesellschaft Wärme einzuhauchen, aber auch als Mittel, ihr die reinigende und verzehrende Flamme zu bringen.

Dem kalten und erkalteten Geist der Philosophie ihrer Zeit empfiehlt Hannah Arendt einen Neubeginn. Sie tut dies – eine jüdische Intellektuelle, deren Existenz von den Ideologien des 20. Jahrhunderts bedroht war – in der Einsicht, dass der selbst verschuldete Rückzug der Philosophie einen Verzicht auf Einmischung und einen Kontrollverlust in der Gestaltung der Verhältnisse bedingte. Nun, neun Jahre nach dem Sieg über Hitlers Nationalsozialismus und ein Jahr nach Stalins Tod, fordert Arendt die Zunft der Philosophen auf, ihr Denken in die Welt zurückzutragen, es zu politisieren, sich selbst als Glieder dieser *polis* zu begreifen, wie Sokrates es war, und die Politik nicht der Kaste der Politiker zu überlassen, als wäre Politik nicht Sache aller, die in der *polis* leben. »Sollten«, so resümiert Hannah Arendt, »die Philosophen, ihrer notwendigen Entfremdung von den Dingen des täglichen Lebens zum Trotz, je zu einer wahren politischen Philosophie gelangen, so müssten sie die Pluralität, der im Guten wie im Schlechten das ganze Reich der zwischenmenschlichen Angelegenheiten entspringt, zum Gegenstand ihres Staunens *[thaumazein]* machen.«

Hannah Arendt (1906–1975)

Philosophisches Engagement im Zeitalter des Totalitarismus

Im Sommer 1962 hat sich die international bekannte Journalistin, Historikerin und Philosophin Hannah Arendt in ihr Feriendomizil Palenville bei New York zurückgezogen. Wenige Wochen zuvor hatte sie einen schweren Autounfall: Ein Taxi, in dem sie saß, wurde von einem Lastwagen gerammt. Arendt hat Prellungen, Quetschungen, Brüche, Fleischwunden, eine Gehirnerschütterung, Hämatome in den Augen und einen Herzmuskelschaden davongetragen, zudem mehrere Zähne verloren. Der Herzschaden wird später mitverantwortlich für ihren Tod sein. Aber in jenem Jahr 1962 zeigt sich die Philosophin, die in der NS-Zeit Flucht und Verfolgung überstanden hat, zäh und unbeugsam. Kaum ist sie aus dem Krankenhaus entlassen, wieder in der Lage zu gehen und am Schreibtisch zu arbeiten, begibt sie sich in ihr Ferienhaus, um an einem neuen Buch zu arbeiten. Eine Klappe über dem einen Auge, ein Tuch auf dem noch von Wunden entstellten Kopf, sitzt sie da (die Dichterin Elizabeth Sewell, die Hannah Arendt zu dieser Zeit kennenlernt, ist bass erstaunt, eine Frau vor sich zu haben, die »aussah wie ein Pirat«). Hannah Arendt befasst sich in jenen Wochen und Monaten mit einem Thema, das alles andere als leichte Kost für einen Sommerurlaub ist. Sie studiert umfangreiches Quellenmaterial, das sie im Jahr zuvor in Jerusalem zusammengetragen hat. Damals war sie als Korrespondentin im Auftrag der Zeitschrift *The New Yorker* in der Hauptstadt des jungen Staates Israel, um einem weltweit mit Spannung verfolgten Prozess beizuwohnen: dem Verfahren gegen den NS-Kriegsverbrecher Adolf Eichmann (der die Deportation und Vernichtung der deutschen Juden organisiert hatte). Er wurde zum Tode verurteilt, das Urteil wenige Monate später, am 1. Juni 1962, vollstreckt. Doch die Person Eichmanns, vor allem aber die Motivation seiner Handlungen und deren historische Bewertung lassen Hannah Arendt nicht los. Ihre Berichte für *The New Yorker* haben für Aufsehen und Empörung gesorgt, weniger wegen der Fakten (die wurden von anderen Medien oft weit ausführlicher geschildert) als wegen der moralphilosophischen Einordnung Eichmanns durch die Jüdin Arendt. Sie beschrieb ihn nicht als den diabolischen Mörder, als das unheimliche Monster, sondern als kleinkarierten, denkfaulen Schreibtischtäter. In diesem Zusammenhang fällt auch ihre Bemerkung, die bald zum Schlagwort einer Kontroverse wird: »die Banalität des Bösen«. Damit wollte sie nicht behaupten, das Böse, das Eichmann (stellvertretend für einen Typus von NS-Tätern) getan hat, sei etwa banal in dem Sinne, dass es minderschwer wiege. Vielmehr geht Hannah Arendt im Unterschied zu einem Mörder, der mit Kalkül und böser Absicht vorgeht, bei Eichmann von einem motivlosen Täter aus, der ohne Berechnung handelte. Wenn dieses Motiv aber wegfällt, überflüssig wird, wird die Tat als solche banal, nicht in ihrer Auswirkung (dem in Kauf genommenen Mord an wehrlosen, unschuldigen Opfern), sondern in ihrem Antrieb seitens des Täters. Doch dieser Denkansatz wurde und wird von vielen Menschen, insbesondere Überlebenden des Holocausts, scharf kritisiert. Man warf Hannah Arendt mangelnde Empathie mit den Opfern vor, speziell der Jüdin sogar einen Verrat an der mosaischen Religion und dem israelischen Volk. Um diese Anwürfe zu entkräften und die öffentliche Diskussion wieder auf ein gesundes Maß an gegenseitigem Respekt zurückzuführen, entscheidet sich Hannah Arendt in jenem Sommer 1962 zu einer Ausarbeitung des Stoffs. Es entsteht ihr Buch *Eichmann in Jerusalem* (1963). Doch ihre Hoffnungen auf eine gefilterte, vorurteilsfreie Diskussion über ihre Thesen werden weitgehend enttäuscht. Jahrelang tobt der Streit in Feuilletons, Talkshows, Leserforen. Arendt wird mit Schmähungen, ja sogar Morddrohungen überzogen. Die »Eichmann-Kontroverse«, die insofern keine echte Kontroverse war, als die meisten Wortführer in den Medien ihr

Urteil gegen die Autorin bereits vorher gefällt hatten, bestimmte mehrere Jahre lang die öffentliche Diskussion und wurde zu einem weltanschaulichen Stellvertreterkrieg. Arendt hatte sich nicht nur gegen Anfeindungen und Vorverurteilungen, böswillige Verkürzungen ihrer Thesen und persönliche Diffamierungen zu wehren, sondern auch gegen Vereinnahmungsversuche durch extreme linke wie auch nationalistisch-konservative Kreise. Sie passte nicht in das Denkschema der Wortführer jener Zeit. Sie war schwer einzuordnen, saß zwischen den Stühlen. Sie war Jüdin und eine Kritikerin des israelischen Nationalstaats, sie war ihrer Herkunft, Sprache und Kultur nach Deutsche und musste in der NS-Zeit aus ihrer Heimat fliehen, sie fand in den USA eine Wahlheimat, schrieb englisch, erhielt die amerikanische Staatsbürgerschaft und war doch eine vehemente Kritikerin antirepublikanischer Tendenzen unter den Präsidenten Truman und Nixon. Sie war stolz auf die Freiheit des Wortes in der amerikanischen Demokratie und zugleich skeptisch dem amerikanischen Hegemonialanspruch gegenüber. Sie galt als »links« und war doch eine Gegnerin des real existierenden Kommunismus. Sie rechnete in ihren Aufsätzen und Büchern gleichermaßen mit dem Nationalsozialismus und dem Stalinismus ab und bezeichnete beide als totalitäre, menschenverachtende, massenmörderische Systeme.

Kindheit und Jugend in Königsberg

Hannah Arendts Herkunft und Sozialisation hätten »deutscher« kaum sein können und führen in eine Zeit und in ein Gesellschaftssystem zurück, das teils noch vormoderne Züge trägt: Sie kommt am 14. Oktober 1906 in Linden bei Hannover als Tochter des Ingenieurs Paul Arendt und seiner Frau Martha Arendt, geborene Cohn, zur Welt. Die Arendts sind mittelständische, assimilierte Juden. Die Familie zieht wenig später nach Königsberg in Ostpreußen, wo auch die Großeltern Arendt und Cohn leben. Es könnte eine glückliche Kindheit sein, eingebettet in das behagliche, etwas behäbige Leben einer preußischen Stadt am Rande des Reichs, mit sommerlichen Aufenthalten im eigenen Ferienhaus an der nahen Ostsee, umhegt von Eltern und Großeltern. Doch Hannah ist nicht nur ein aufgewecktes, hochintelligentes Kind (nach eigenen Angaben liest sie bereits mit vierzehn Jahren die Werke Kants, des großen Sohns der Stadt). Sie ist auch sehr sensibel und auf sich selbst fixiert. Belastend für die ganze Familie ist die Krankheit des Vaters, der sich als junger Mann mit Syphilis infiziert hat und die letzten Lebensjahre in Sanatorien zubringt. Hannahs geliebter Großvater Max Arendt stirbt im März 1913, ein gutes halbes Jahr später ihr Vater Paul. Die Reaktion des Kindes auf des Vaters Tod wirkt abgeklärt, beinahe kalt (vielleicht ihre Art, mit solch existenziellen Herausforderungen umzugehen). Martha Arendt berichtet, Hannah habe sie mit den Worten zu trösten versucht: »Denke daran, Mutti, dass das noch vielen Frauen passiert.« Als die Mutter wenig später für zehn Wochen nach Paris reist, bleibt Hannah bei den Großmüttern und vermisst (so überliefert Martha) die Mutter wenig.

Als im August 1914 der Erste Weltkrieg ausbricht und russische Truppen in Ostpreußen einfallen, flieht die Familie nach Berlin zu einer Schwester Marthas. Nach der siegreichen Schlacht bei Tannenberg unter Paul von Hindenburg werden die Russen dauerhaft zurückgedrängt, und die Arendts können nach Königsberg zurückkehren. Die Mutter, sozialdemokratisch gesinnt, erzieht die Tochter nach modernen, reformorientierten Grundsätzen und fördert ihren starken Wissensdrang. Hannah liest früh philosophische und theologische Literatur und lernt Griechisch. Als die Revolution der Spartakisten im Januar 1919 scheitert und Rosa Luxemburg und Karl Liebknecht ermordet werden, diskutiert man selbst im scheinbar provinziellen Königsberg in sozialistischen Gesprächszirkeln, zu denen Martha gemeinsam mit der gerade einmal zwölfjährigen Tochter geht, die Ereignisse. Martha Arendt, die sich nach dem Tod ihres Mannes mit Erspartem und der Vermietung von Zimmern über Wasser hält, beschließt im Jahre 1920, ein zweites Mal zu heiraten: den verwitweten Königsberger Eisenhändler Martin Beerwald. Martha und Hannah Arendt ziehen zu ihm und seinen beiden neunzehn und zwanzig Jahre alten Töchtern. Über den fünf Jahre älteren Freund Ernst Grumach lernt Hannah in jenen Jahren Anne Mendelssohn kennen, eine Nachfahrin von Moses und Felix Mendelssohn.

Ein weiterer Anstoß kommt von Ernst Grumach, der 1923 nach Marburg geht, um dort bei dem eben erst mit einem Lehrstuhl betrauten Martin Heidegger philosophische Vorlesungen zu hören. Voller Begeisterung erzählt er Hannah von der Brillanz dieses Geistes, und schon bald wünscht sich Hannah, die in Königsberg zum Mittelpunkt eines Freundeskreises junger jüdischer Intellektueller geworden ist, nichts sehnlicher, als selbst bei Heidegger, den seine Schüler als »Magier« des Wortes verehren, studieren zu dürfen.

Hannah Arendt ist in ihrem Denken und Verhalten unangepasst, eigenständig und auch eigensinnig: Immer öfter gerät sie mit der (obgleich liberal gesinnten) Mutter aneinander, will sich weniger denn je an Regeln und Konventionen binden, fordert ihre Mitmenschen intellektuell und charakterlich und nimmt für sich in Anspruch, was sie als ihr Recht zu erkennen meint. Als sie im Gymnasium mit einem Lehrer, von dem sie sich beleidigt glaubt, aneinandergerät, stiftet sie ihre Mitschülerinnen zum Boykott des Unterrichts an. Das Komplott wird aufgedeckt, die »Rädelsführerin« der Schule verwiesen. Mutter Arendt hat alle Überzeugungskraft aufzubieten, um der Schulleitung einen Kompromiss abzutrotzen: Hannah darf das Abitur als »Externe« machen. Zudem sorgt Martha Arendt dafür, dass Hannah für ein Semester nach Berlin geht, um als Gasthörerin den Vorlesungen des Theologen Romano Guardini beizuwohnen. Hier lernt sie auch die Schriften Sören Kierkegaards kennen und vertieft sich weiter in Kants Werk, vor allem in die *Kritik der reinen Vernunft*. Außerdem studiert sie Karl Jaspers' 1919 erschienenes Werk *Psychologie der Weltanschauungen*, nicht ahnend, dass sie wenige Jahre später diesen Psychologen und Philosophen kennenlernen und eine lebenslange Freundschaft mit ihm schließen wird.

Innerhalb eines sechsmonatigen Privatstudiums gelingt es Hannah, den Stoff von zwei Schuljahren einzupauken. Sie absolviert das Abitur im Frühjahr 1924 mit glänzenden Noten und erhält als offizielle Anerkennung eine Goldmünze verliehen, auf der das Haupt Herzog Albrechts I. von Preußen eingraviert ist. So geschmückt, besucht Hannah ihre ehemalige Schule, stolz und ein wenig hämisch auf ihre vormaligen Kameradinnen und Lehrer blickend.

Es sind Jahre leidenschaftlichen, wenngleich etwas unsystematischen Studiums, und der eigenen Jugend und dem unerschöpflichen Wissensdrang, aber auch einer gewissen romantischen Liebe und Verliebtheit zur Welt ist es zuzuschreiben, dass Hannah Arendt in jenen Jahren eine ganze Reihe von Gedichten schreibt, die um die Themen Liebe, Natur, Welterfahrung und Weltschmerz kreisen. Diese frühen Gedichte zeugen von einer großen Sensibilität, einem souveränen Umgang mit der deutschen Sprache, einem Drang nach philosophischer Erkenntnis, einem jugendlichen Feuer – doch bleiben sie eklektizistische Versuche, die sich sehr an romantischen und expressionistischen Vorbildern orientieren.

Lehrer und Mentoren

Im Herbst 1924 geht Hannah Arendt, durch die Erzählungen ihres Freundes Ernst Grumach angestachelt, nach Marburg und besucht dort Veranstaltungen zur griechischen Sprache und Literatur und zur protestantischen Theologie, vor allem aber hört sie Martin Heideggers Vorlesungen. Sie ist von diesem Revolutionär der Philosophie hingerissen, von seinem kühnen Denken, aber auch von ihm als Mann (Heidegger ist damals fünfunddreißig, attraktiv, charismatisch). Hannah Arendt ist enthusiasmiert und erinnert sich noch im Jahre 1969: »Der heimliche König also im Reich des Denkens, das, durchaus von dieser Welt, doch so in ihr verborgen ist, daß man nie genau wissen kann, ob es überhaupt existiert.« Heidegger ist (ebenso wie Edith Stein, auf deren Assistentenstelle er nachfolgte) ein Schüler Edmund Husserls in Freiburg, der, von der Phänomenologie seines geistigen Ziehvaters ausgehend, diese Methode sowohl anwendet als auch weiterentwickelt und schließlich differenziert und infrage stellt. Seit 1922 hat er eine außerordentliche Professur in Marburg inne, er gilt bei den Studenten als Lichtgestalt. Noch 1969 versucht Hannah Arendt, etwas von dieser geradezu mystischen Ausstrahlung zu vergegenwärtigen:

»Das Gerücht, das sie [die Studenten] [...] nach Marburg lockte, besagte, daß es einen gibt, der die Sachen, die Husserl proklamiert hatte, wirklich erreicht, der weiß, daß sie keine akademische Angelegenheit sind, sondern das Anliegen von denkenden Menschen, und zwar nicht erst seit gestern und heute, sondern seit eh und je, und der, gerade weil ihm der Faden der Tradition gerissen ist, die Vergangenheit neu entdeckt. [...] Das Gerücht sagte es ganz einfach: Das Denken ist wieder lebendig geworden, die totgeglaubten Bildungsschätze der Vergangenheit werden zum Sprechen gebracht, wobei sich herausstellt, daß sie ganz andere Dinge vorbringen, als man mißtrauisch vermutet hat. Es gibt einen Lehrer; man kann vielleicht das Denken lernen. [...] und was man nun erfuhr, war, daß Denken als reine Tätigkeit, und das heißt weder vom Wissensdurst noch vom Erkenntnisdrang getrieben, zu einer Leidenschaft werden kann, die alle anderen Fähigkeiten und Gaben nicht so sehr beherrscht als ordnet und durchherrscht.«

Auch Heidegger wird auf die hochbegabte und strebsame Studentin Hannah Arendt aufmerksam, und bald sind beide ein Liebespaar – eine Beziehung, die mehrere Jahre andauert und von beiden mit Rücksicht auf Heideggers »guten Ruf« (in seiner Stellung als verheirateter Mann und Professor) und Arendts subordinierte Position einer Studentin geheim gehalten wird. Um sich aus den geistigen und emotionalen Fängen des »Magiers« zu befreien, verlässt Hannah Arendt 1926 Marburg und wechselt an die Universität Freiburg im Breisgau, wo sie Vorlesungen bei Heideggers Lehrer Edmund Husserl hört. Wenig später geht sie nach Heidelberg, wo eine andere Koryphäe der zeitgenössischen Philosophie lehrt: Karl Jaspers. Er war bereits fast vierzig Jahre alt, als er sich entschied, seine Karriere als Psychologe und Neuropsychiater aufzugeben und das Universum der Philosophie zu beschreiten. In der von ihm entwickelten »Existenzphilosophie« stellt er die Frage, wie der Mensch seine Möglichkeiten realisiert oder auch ungenutzt lässt.

In jene Zeit fällt auch Hannah Arendts »Begegnung« mit der romantischen Schriftstellerin Rahel Varnhagen, ausgelöst durch einen Hinweis der Freundin Anne Mendelssohn auf Rahels Nachlass in der Berliner Staatsbibliothek. Arendt beschäftigt sich – mit großen zeitlichen und gedanklichen Unterbrechungen – über Jahrzehnte mit dieser Person, die nach und nach zu einer Schlüsselfigur in ihrem eigenen Leben wird (erst 1958 erscheint in englischer Sprache Arendts Rahel-Biografie, ein Jahr darauf in deutscher Übersetzung). Sie bezeichnet die ferne Wesensverwandte als »meine wirklich beste Freundin, die nur leider schon 100 Jahre tot ist«.

Ihr Studium bei Jaspers beendet Hannah Arendt im Jahre 1929 mit einer Dissertation zum Thema *Der Liebesbegriff bei Augustinus.* Darin untersucht sie – ausgehend von Husserls phänomenologischer Methode und in noch stark von Heideggers abstrakter Sprache beeinflusstem Duktus – die diversen Begrifflichkeiten der Liebe *(amor, appetitus, eros, dilectio)* in den Schriften des spätantiken Kirchenvaters.

Im Studium lernt Hannah Arendt den Kommilitonen Günther Stern kennen, verliert ihn aber wieder aus den Augen. Als sie nach ihrer Promotion nach Berlin zieht, begegnen sich die beiden wieder und verlieben sich. 1929 heiraten sie. Günther Stern nimmt bald das Pseudonym Günther Anders an und tritt mit philosophischen und literarischen Artikeln und Büchern hervor. Doch noch kommt Hannah Arendt nicht von ihrem einstigen Meister und Liebhaber Martin Heidegger los. Noch immer übt er auf sie eine große Faszination aus – obgleich (und das weiß sie) er und seine Frau Elfride immer mehr ins ideologische Fahrwasser der Nationalsozialisten geraten (Günther Stern erinnert sich, er habe bei einem Treffen mit den Heideggers erwähnt, dass er Jude sei, worauf Elfride Heidegger sich von ihm brüsk abgewandt habe). Später, kurz nach der Machtergreifung der Nationalsozialisten, wird Heidegger Mitglied der NSDAP, bevor er und seine Philosophie selbst von den braunen Machthabern angegriffen und verurteilt werden und er die Jahre bis zum Ende des Krieges zurückgezogen in Todtnauberg im Hochschwarzwald zubringt. Zu Heideggers Verhalten mag beigetragen haben, dass er, der sich gern in ländlicher Abgeschiedenheit in einer Aura des reinen Denkens aufhielt, unter einfachsten Umständen in einer Holzhütte lebend, bäuerliche Kleidung tragend, eine uneingestandene Furcht vor der Moderne und den rasanten technologischen, soziologischen und geistigen Veränderungen hegte und in den vagen romantisierenden und revanchistischen Versprechungen der völkischen Bewegung für sich einen Raum geistiger Zuflucht erhoffte. Hannah Arendts Einstellung Martin Heidegger gegenüber indes blieb zeitlebens ambivalent: Einerseits schätzte sie ihn als den großen geistigen Erneuerer der Philosophie, als den Schöpfer des reinen Denkens in der Moderne; auch hegte sie verklärende Erinnerungen an ihre relativ kurze Liebesbeziehung. Andererseits verabscheute sie seine Hinwendung zum Nationalsozialismus, die sie gleichwohl eher als kurzzeitigen »Irrtum« nachsah. Darüber hinaus suchte sie nach dem Ende des Zweiten Weltkriegs ein kollegiales Verhältnis zu Heidegger, das von Respekt vor seiner Lebensleistung geprägt war.

Flucht und Exil

Hannah Arendt gerät in den Zwanzigerjahren auch unter den geistigen und politischen Einfluss Kurt Blumenfelds, eines führenden Vertreters der zionistischen Bewegung. Durch ihn schärft sich ihr Verständnis für die eigene und die nationale jüdische Identität – wenngleich sie nach der Gründung des Staates Israel 1948 dessen nationalistischer Politik kritisch-distanziert gegenübersteht.

Doch nicht nur bezüglich der »Judenfrage« wird Hannah Arendts Denken in jenen späten Jahren der Weimarer Republik politischer, ganz allgemein entfernt sie sich zunehmend aus der Sphäre des »reinen«, zeit- und politikenthobenen Denkens der klassischen deutschen Philosophie und wandelt sich zusehends zu einer »Philosophin des Politischen«: Sie zieht sich in ihrem Denken nicht aus der *polis*, dem öffentlichen Leben, zurück, sondern versucht in ihren zahlreichen Artikeln, Essays und Büchern, die sie ausgehend von der eigenen bitteren Erfahrung der Flucht vor dem Nationalsozialismus, des Antisemitismus und des Neubeginns im amerikanischen Exil schreibt, Denken und Handeln, Philosophie und Politik, moralische Verachtung und trotzige Hingabe an das Leben miteinander zu versöhnen. Hannah Arendt begründet als Philosophin des Politischen kein System und keine Schule, und dennoch entfaltet sie zu Lebzeiten und fast mehr noch posthum einen weltweiten Einfluss auf die kritische Haltung der Intelligenz gegenüber Macht, Totalitarismus, rechten und linken Ideologien und Pervertierungen. Es gelingt ihr, mit ihren Abhandlungen ein Millionenpublikum in zahlreichen Ländern und Kulturen anzusprechen. Sie verbindet Husserls phänomenologische Methode mit Heideggers Umsturz des Denkens und den eigenen, oft leidgeprüften privaten und politischen Erfahrungen. Dabei steht sie als Denkerin – anders als Heidegger – nicht über der Welt, sondern mitten in ihr. Sie stellt sich zeitgenössischen Fragen und Problemen, ohne aber der Versuchung zu erliegen, gängigen Denk- und Verhaltensmustern zu folgen, selbst auf die Gefahr hin und um den Preis, missverstanden und als Nestbeschmutzerin oder Querulantin diffamiert zu werden. Dies wird sich später exemplarisch in der sogenannten Eichmann-Kontroverse zeigen und zuspitzen.

Davon freilich ist die junge Philosophin des Jahres 1933 noch weit entfernt – und gerade in jenen Jahren ist sie so von den ganz alltäglichen Sorgen und Nöten in Beschlag genommen (und dem puren Selbsterhaltungswillen), dass sie noch kaum daran denken kann, ihre Einsichten zur zeitgenössischen Politik in eine größere Abhandlung zu fassen. Projektionsfigur jener Jahre der Flucht und des Exils ist und bleibt zunächst Rahel Varnhagen, jene romantische, zugleich abgeklärte und geistig scharfsinnige Frau, die ihr Glück vergebens in der Liebe suchte und zunehmend ihr Schicksal entgegen der Assimilation in einer vermeintlich aufgeklärt-bürgerlichen Gesellschaft als vom Antisemitismus geprägt erkannte und für sich selbst akzeptierte. Die Lücken in Rahel Varnhagens Judenschicksal, so Hannah Arendts resignative Erkenntnis, widerspiegeln sich auf der Folie ihrer eigenen Erfahrungen der 1920er- und 1930er-Jahre als Pervertierung gesellschaftlicher Normen und Umgangsformen.

Günther Stern verlässt Deutschland Ende Februar 1933, wenige

Tage vor dem Reichstagsbrand, und geht ins Exil nach Paris. Seine Frau Hannah bleibt zunächst in Berlin, stellt ihre Wohnung in der Opitzstraße sogar als Zufluchtsstätte für Oppositionelle zur Verfügung. Doch sie wird observiert. Wenige Wochen später verhaftet man sie und ihre Mutter Martha. Hannah gelingt es mit Charme und geschickten Lügen, den jungen Vernehmungsbeamten zu täuschen und zu bezirzen. Man lässt sie und ihre Mutter nach wenigen Stunden frei. Nur mit den nötigsten Habseligkeiten und Manuskripten im Gepäck verlassen Hannah und Martha Arendt kurz darauf Berlin und fahren ins Erzgebirge. Bei Mittelsleuten, die direkt an der Grenze leben, kommen sie für eine Nacht unter. Die vordere Haustür befindet sich auf deutscher Seite, eine Pforte auf der Rückseite des Gebäudes führt auf tschechisches Staatsgebiet. Es beginnt ein Exil, aus dem Hannah Arendt offiziell nie zurückkehren wird.

Tochter und Mutter (deren zweite Ehe gescheitert ist) fahren nach Prag, damals ein Sammelpunkt deutscher Exilanten, dann weiter nach Genf und schließlich nach Paris. Dort trifft Hannah auf ihren Mann Günther Stern. Doch die Ehe ist zu diesem Zeitpunkt bereits gescheitert. Hannah Arendt ist durch ihre Flucht und die Aberkennung der bürgerlichen deutschen Rechte staatenlos. Ein unseliger Zwischenzustand, der ihr das Exil und die weitere Flucht erschweren und achtzehn Jahre bis zur Erlangung der US-amerikanischen Staatsbürgerschaft andauern wird. Über das Schicksal staatenloser Menschen, die keinerlei Lobby und keinen Fürsprecher haben, wird sie später schreiben: »Solange die Menschheit national und territorial in Form von Staaten organisiert ist, werden Staatenlose nicht einfach aus ihrem Vaterland oder ihrer Wahlheimat vertrieben, sondern vielmehr von allen Ländern ausgeschlossen – da kein einziges verpflichtet ist, sie aufzunehmen und einzubürgern –, was bedeutet, daß sie praktisch aus der Menschheit verbannt sind. Die Zwangsausbürgerung ist daher zu den Verbrechen gegen die Menschheit zu zählen, und einige der schlimmsten anerkannten Verbrechen dieser Art sind auch tatsächlich, und nicht zufällig, in der Folge von Massenausbürgerungen begangen worden.«

So sehr das Exil anfangs von tiefen Nöten und Sorgen geprägt ist, bedeutet es in ganz persönlicher Hinsicht doch auch eine Erfüllung: Bereits in Paris hat sie den sieben Jahre älteren, aus Berlin stammenden Philosophen und antistalinistischen Kommunisten Heinrich Blücher kennen und lieben gelernt. Nach der Scheidung Arendts von Günther Stern 1937 heiratet sie Blücher im Januar 1940. In jenem Jahr, nach der Besetzung des Nordens Frankreichs durch deutsche Truppen und der Installierung der von den Deutschen abhängigen Vichy-Regierung im Süden des Landes, wird Hannah Arendt im berüchtigten Lager von Gurs in den Pyrenäen interniert. Sie kann jedoch fliehen und bei Freunden in der Nähe von Montauban untertauchen. Dort trifft sie auch auf Heinrich Blücher, der ebenfalls eine Zeit lang interniert war. Gemeinsam mit Martha Arendt gelingt ihnen im Mai 1941 die Flucht über Spanien und Portugal nach Amerika. Hannah Arendt und Heinrich Blücher mieten ein kleines Apartment in Manhattan (im gleichen Haus hat auch Martha Arendt ein Zimmer, die für alle den Haushalt führt und kocht). Während Blücher anfangs nur schwere Tagelöhnerarbeit bekommt (erst später kann er als Gastdozent in diversen Hochschulen und Colleges unterrichten), gelingt es Hannah Arendt, als Journalistin, Kolumnistin, Lektorin und Assistentin ein Auskommen zu finden: Sie arbeitet für die deutsch-jüdische Zeitung *Aufbau*, für die Organisation *Jewish Cultural Reconstruction* und für den amerikanischen Verlag *Schocken* (wo sie unter anderem die Edition der Tagebücher Franz Kafkas betreut). Bei ihrer Arbeit lernt sie bedeutende Persönlichkeiten des kulturellen Lebens kennen, so T.S. Eliot, Kurt Wolff, W.H. Auden und Hermann Broch. Die englische Sprache erlernt sie rasch und ist darin bald so sicher, dass sie sogar Artikel und Essays im fremden Idiom verfassen kann. Unter dem Eindruck ihrer Erfahrungen und der Nachrichten aus der stalinistischen Sowjetunion werden Hannah Arendt und Heinrich Blücher zu Renegaten des Kommunismus und zu Befürwortern einer freien demokratischen Gesellschaftsordnung, wie sie sie in den USA (wenngleich mit Eintrübungen, etwa dem System der Rassentrennung oder der antikommunistischen Hetzkampagne McCarthys) exemplarisch vorfinden.

Zu Beginn des Jahres 1943 gelangen erste Nachrichten über die von den Nationalsozialisten betriebenen Todeslager nach Amerika. Anfangs will die amerikanische Öffentlichkeit dieses eigentlich Unfassbare nicht zu denken wagen. Hannah Arendt erinnert sich: »Und erst haben wir es nicht geglaubt. Obwohl mein Mann und ich eigentlich immer sagten, wir trauen der Bande alles zu. Dies aber haben wir nicht geglaubt, auch weil es ja gegen alle militärischen Notwendigkeiten und Bedürfnisse war. Mein Mann ist ehemaliger Militärhistoriker, er versteht etwas von den Dingen. Er hat gesagt, laß dir keine Geschichten einreden; das können sie nicht mehr! Und dann haben wir es ein halbes Jahr später doch geglaubt, weil es uns bewiesen wurde. Das ist der eigentliche Schock gewesen. Vorher hat man sich gesagt: Nun ja, man hat halt Feinde. Das ist doch ganz natürlich. Warum soll ein Volk keine Feinde haben? Aber dies ist anders gewesen. Das war wirklich, als ob der Abgrund sich öffnet.«

»Elemente und Ursprünge totaler Herrschaft«

Das Leben und die daraus gezogenen Erfahrungen jener Exiljahre werden zum besten »Lehrmeister« für das erste große politisch-philosophische Werk, das Hannah Arendt neben all ihren Tätigkeiten und Aktivitäten noch im letzten Kriegsjahr 1945 beginnt. Es erscheint 1951 in englischer Sprache unter dem Titel *The Origins of Totalitarianism* in New York (deutsch 1955 als *Elemente und Ursprünge totaler Herrschaft*). Das aus drei Teilen bestehende Werk untersucht die Phänomene »Antisemitismus«, »Imperialismus« und »Totalitarismus«.

Auf der Grundlage einer historischen Untersuchung zur Entstehung und Ausformung antisemitischer Tendenzen in Frankreich und Deutschland, vornehmlich in Preußen, bis zum Ende des 19. Jahrhunderts (die »Dreyfus-Affäre« in Frankreich) versucht Hannah Arendt nachzuweisen, welche Bedingungen und gesellschaftlichen Muster nötig waren, um Antisemitismus als breites Phänomen zu etablieren, was schließlich in eine ideologisch unterfütterte Gewaltorgie durch die Nationalsozialisten mündete. Nach ihren Erkenntnissen war der Antisemitismus so lange ein eher marginales Problem, wie Juden innerhalb eines Staates deutlich definierte Funktionen und Positionen besaßen – etwa die Finanzierung des Staatshaushalts durch jüdische Kredite –, ohne dass die Juden nach Machtpositionen innerhalb des politischen Lebens strebten. Als im modernen Nationalstaat Juden diese Geldleiherfunktionen an nichtjüdische Bankhäuser verloren, wurden sie als gesellschaftlich »überflüssig« betrachtet und zunehmend aus ihren angestammten Positionen verdrängt. Insofern war es, so Arendt, nicht der Besitz der Macht, der Juden der antisemitischen Hetze auslieferte, sondern gerade das Nichtergreifen der Macht, die Weigerung, an ihr teilzunehmen, was sie verdächtig machte und Verschwörungstheorien beförderte. Dies zeigte sich bald auf politischer Ebene in der Etablierung antisemitischer Parteien, die ihre Hetze gern mit nationalem Gedankengut verbrämten. Aber auch von links gab es im 19. Jahrhundert antijüdische Vorbehalte. Hier wurde das »Kapital« gleichgesetzt mit dem »Klassenfeind«, insofern wurde auch das Judentum als Eigner des Kapitals als Gegner des Proletariats diffamiert. Diese verkürzte Argumentation ließ außer Acht, dass einerseits das wohlhabende Judentum gar nicht mehr die gesellschaftliche Funktion des Geldleihers besaß, sondern seinen Reichtum zunehmend in eigene Unternehmen investierte (und daher als Arbeitgeber auch eine soziale Funktion besaß), andererseits das im Zuge der Industrialisierung in den Großstädten lebende prekäre »Ostjudentum« gleichfalls ein verarmtes, »proletarisches« Dasein fristete, eine soziale Unterschicht, deren politische Vertretung durch die sozialistische Linke paradoxerweise negiert wurde.

Diesen antisemitischen Tendenzen des 19. Jahrhunderts zum Trotz schritt die Assimilation der bürgerlichen Juden in den Nationalstaaten voran. Doch die Assimilierung war mit einem hohen Preis verbunden: Entweder verleugneten die assimilierten Juden ihre Herkunft, ihre Kultur, ja ihren Glauben (die zahlreichen Konversionen, meist zur protestantischen Konfession, zeugen davon) und wurden zu »Parvenüs«, gesellschaftlichen Emporkömmlingen, denen gleichwohl noch immer das unsichtbare Stigma des *homo novus* anhaftete, oder sie arrangierten sich mit dem Status der »Ausnahme«, des Außergewöhnlichen, des Besonderen und kompensierten und sublimierten dies mit Höchstleistungen auf dem Gebiet der Künste oder der aufstrebenden Naturwissenschaften. Der vermeintlich unerwartete und gesellschaftlich nicht vorhersehbare Skandal um den Hochverratsprozess gegen den jüdischen Hauptmann Alfred Dreyfus und seine Verurteilung zur Lagerhaft auf der Teufelsinsel waren, so Arendt, eine neue Qualität in der Entwicklung des französischen und europäischen Antisemitismus: Zwar wurde Dreyfus wenige Jahre später, auch infolge des offenen Protests Émile Zolas, freigesprochen und militärisch rehabilitiert, aber die Hemmschwelle zur antisemitischen Gewaltanwendung war von da an gefallen. Zudem betrat, so Arendt, der »Mob« die Bühne der öffentlichen Auseinandersetzung. Die Massengesellschaft und die ungelöste soziale Frage der proletarischen Verelendung suchten sich ein »politisches« Ventil. Der Mob, der nicht mit dem Volk identisch war, setzte sich aus Deklassierten aller Klassen zusammen. Eben deshalb war er politisch und sozial so wenig zu greifen und daher für Ideologen umso leichter als Beute und Handlanger gleichermaßen zu verführen und zu instrumentalisieren. An die Stelle von sozialen und politischen »Argumenten« traten nun zusehends biologische und rassistische Ideologien, die den Antisemitismus befeuerten und auch dem Mob verständlich gemacht wurden. Damit, so Arendt, war der Weg für den rassistisch und ideologisch begründeten Antisemitismus des 20. Jahrhunderts frei.

Auch die Geschichte des im 19. Jahrhunderts aufkommenden Imperialismus ist eng mit der Verschiebung vom soziopolitischen zum rassistischen Ressentiment verknüpft. An die Stelle des alten, paternalistisch geprägten Bürgertums trat die kapitalistisch geprägte Bourgeoisie, die nach Macht im Staate und politischer Emanzipation innerhalb einer spätfeudalen Gesellschaft strebte. Das Funktionieren erweiterter, vergrößerter Nationalstaaten (und deren kolonialer Expansion) bedurfte neuer organisatorischer Strukturen: Die Bürokratie weitete sich aus und perfektionierte sich. Dies wiederum war eine logistische Voraussetzung für die Verwaltung antisemitischer Tendenzen im Staat: Die Bürokratie wachte über die Anwendung und Durchsetzung von Gesetzen und Verordnungen. Wo früher ein Instrument zur Überwachung fehlte und es zahllose Lücken im System gab, wurde nun der Einzelne gnadenlos erfasst und verfolgt (die Ausmerzung eines Großteils des europäischen Judentums im 20. Jahrhundert wäre ohne diese Vervollkommnung der Bürokratie nie möglich gewesen). So wurden die Verschmelzung von Antisemitismus, völkischer Ideologie und Bürokratie, die imperialistische Expansion um der Expansion willen, die Ausformung des Mobs und dadurch die Zersetzung der Nationalstaaten zum Nährboden für die Entstehung totalitärer Systeme.

Die totale (oder auch: totalitäre) Herrschaft bildet sich im 20. Jahrhundert zur Staatsform aus und wird zum Thema der Politikwissenschaft. In ihrer Studie vergleicht Hannah Arendt den NS-Staat mit dem Stalinismus und zieht erstaunliche Parallelen zwischen den beiden totalitären Systemen, Parallelen, die man bei vordergründig antagonistischen Ideologien zunächst nicht vermutet. Ihrer Ansicht nach fallen beide Systeme nicht unter die sechs von Aristoteles beschriebenen Staatsformen (Demokratie, Aristokratie und Monarchie und deren Verfallsformen Ochlokratie/Pöbelherrschaft, Oligarchie/Herrschaft einer kleinen Kaste und Diktatur). Beide weisen zwar diktatorische Elemente auf, unterscheiden sich zugleich aber von der klassischen Diktatur durch ihr ideologisch fundiertes »Führerprinzip«, die »Zwiebelstruktur« des Herrschaftsapparats (d.h. die hierarchische Struktur wird unterbrochen und chaotisiert durch eine Reihe paralleler Institutionen, die sich gegenseitig die Ressorts, die Kompetenz und die Verantwortung streitig machen), die »Bewegung« (anstelle einer Partei), eine handlungsweisende Ideologie und die Ausübung von Terror (insbesondere durch Einrichtung von Konzentrationslagern). Laut Hannah Arendt ist es sowohl Hitler als auch Stalin gelungen, die Klassengesellschaft mithilfe der ideologischen Bewegung in eine Massengesellschaft zu überführen, in der der Mob lenk- und verführbar gewesen ist, um die traditionellen politischen Positionen (der kapitalismus- und feudalismuskritischen Arbeiterklasse) zugunsten einer allgemeinen geistigen Umwertung der Werte aufzugeben. In diese geistige Verwirrung hinein stieß das (intendierte) Chaos, das wiederum die totalitären Systeme durch ihre rassistische, menschenverachtende Politik der Verfolgung und des Massenmordes zu bekämpfen vorgaben. Die Herrschaft des Gesetzes schlug in beiden Systemen um in die Herrschaft des Terrors, der wiederum nicht Mittel zum Zweck ist, sondern Selbstzweck zum Erhalt der totalitären Herrschaft. Stalinismus und Nationalsozialismus, so Arendt, schufen eine gesellschaftliche Atmosphäre »organisierter Verlassenheit«, der Angst und des Denunziantentums, in der jeder den anderen verdächtigt und dem anderen misstraut, eine Atmosphäre, die der Natur des Menschen als einem *zoon politikon*, einem politischen Wesen, zuwiderläuft. Die totalitäre Herrschaft ist eine Herrschaft der Vernichtung, des Todes und des Endes. Stattdessen, so Arendt, sei der Mensch nach Augustinus dazu erschaffen, dass »ein Anfang sei«. Dies sei die eigentliche Kraft des Menschen: die zwanghafte Logik des Totalitarismus durch spontanes und unberechenbares Handeln (»Natalität«, »Spontaneität« und »Pluralität«) zu durchkreuzen, um dadurch dem Vernichtungswillen den Willen zur Freiheit und zum Leben entgegenzusetzen.

Hannah Arendts Buch *Elemente und Ursprünge totaler Herrschaft* wurde in der westlichen Welt bald breit rezipiert (in Deutschland etwas verzögert, was der um vier Jahre später erschienenen Übersetzung geschuldet war, aber auch dem von Verdrängungen geprägten Verhältnis zur nationalsozialistischen Vergangenheit). Karl Jaspers nannte das Buch eine »Geschichtsschreibung großen Stils«. Besonders Arendts Analyse des nationalsozialistischen Systems erschien vielen Rezipienten evident. Kritik hagelte es indes von sozialistischer Seite: Man warf der Autorin vor, sie habe nicht genügend Quellenmaterial besessen, um solch eine Analyse des Totalitarismus auch auf die stalinistische Sowjetunion auszuweiten. Überhaupt blühte in kommunistischen Kreisen (auch im Westen) noch lange die Legende von der »guten« Sowjetunion und der Verklärung Stalins zum fürsorglichen Patriarchen, der unter Einsatz drastischer Mittel das Notwendige bezweckt habe (etwa die Niederringung des Nationalsozialismus). (Dieser Zwist setzte sich noch bis weit in die 1990er-Jahre fort, als in einem Historikerstreit darüber gebeckmessert wurde, welcher der beiden Gewaltherrscher, Hitler oder Stalin, der »Schlimmere« gewesen sei, und man dies mit der Zahl der Terroropfer argumentativ zu beurteilen versuchte.) Zudem fühlte sich die linke Intelligenz durch Arendts Analyse insofern belangt, als Arendts Erklärungsmodell die marxistische Mär von der naturgegebenen Pervertierung des bürgerlichen Kapitalismus zum Nationalsozialismus negierte und ähnliche Strukturen auch im real existierenden Sozialismus unter Stalin ausmachte. Hannah Arendts Verdienst war es jedenfalls, das System des Nationalsozialismus nicht als das Werk eines Einzelnen (Hitler) zu betrachten, als Personifikation des Bösen per se, sondern als ein von Menschen gemachtes System auf der Grundlage einer rassistischen Ideologie. Dies ist insofern ein Vorausgriff auf ihr Buch *Eichmann in Jerusalem*, als sie bereits 1951 erkannte, dass »der Böse« (Hitler oder Eichmann) nicht in dem Sinne existierte, als es keine »übermenschliche« (gleichsam satanische) Figur, keine Idole gab, sondern die Täter des Nationalsozialismus (wie auch des Stalinismus) »nur« machtgierige Menschen waren, die ohne die Verführbarkeit und Willigkeit des Mobs und ohne das ideologische System, das sie zu nutzen wussten, niemals an die Herrschaft gekommen wären und diese so lange hätten ausüben können. In diesem Sinne ist auch ihr Schlagwort von der »Banalität des Bösen« zu verstehen: Nicht das Böse, das verbrochen wurde, ist banal, sondern die Bösen, die das Böse taten, sind es. Sie waren nur recht lächerlich-komische Gestalten (deren Opfer freilich nichts zu lachen hatten), keine Fürsten der Finsternis.

Allgemeiner betrachtet lag die Sprengkraft von Arendts Buch über totalitäre Systeme darin, dass es die seit Platon im abendländischen Denken kursierende Vorstellung kritisierte und negierte, man könne ein ideales Gemeinwesen autoritär konstruieren und herstellen wie etwa der Schreiner einen Stuhl: Bei Platon ist es der »Philosophenkönig«, der den guten Staat denkt und lenkt. In der

Vorstellung des 20. Jahrhunderts waren es Ideologien wie der Kommunismus oder der Nationalsozialismus, die glaubten, die neue Gesellschaft und den neuen Menschen erschaffen zu können. Jeder dieser Versuche, so Arendt, sei zum Scheitern verurteilt, da er ohne das eigentlich Politische geschehe: Denn die *polis* ist ursprünglich der Platz im Zentrum einer Stadt, wo sich das Volk zum gegenseitigen Austausch von Meinungen und zum Beschluss von Handlungen getroffen hat. Das »Herstellungsprinzip« der Ideologie jedoch zerstöre den öffentlichen Raum, das öffentliche Leben, die Meinungsvielfalt, und ersetze sie durch Willkür und gesetzte »Wahrheit«, die tatsächlich nur Lüge und Verblendung sei und in Bürokratie, Bevormundung und Totalitarismus münde. Überhaupt gebe es nicht *die* Wahrheit, sondern nur ein Recht auf gegensätzliche Meinungen, auf Pluralität und Spontaneität, und darauf, sie öffentlich kundzutun.

»Vita activa«

Diese Erkenntnis führt Hannah Arendt zu ihrer nächsten umfangreichen und breit rezipierten Abhandlung *Vita activa oder Vom tätigen Leben* (1960). Darin untersucht sie drei Grundformen des tätigen Seins: Arbeiten, Herstellen und Handeln. Arbeiten ist die Tätigkeit, die dem Unterhalt des biologischen Lebens essenziell dient und wiederkehrende, zyklische Abläufe zum Inhalt hat (etwa Ackerbau, Kochen, Haushalt). Das Herstellen von Gegenständen (Waren) hingegen verläuft linear: von der Idee bis zur Realisierung in einem materiell greifbaren Produkt. Es bietet dem Menschen eine Möglichkeit, sich den feindlichen Kräften der Natur zu widersetzen und sich so einen Platz in der Welt zu schaffen (wobei das Herstellen von Kunstwerken einen Sonderfall darstellt, da es keinen unmittelbaren Zweck erfüllt und statt auf die Zukunft auf die Vergangenheit als Erinnerung gerichtet ist). Das Handeln schließlich findet ohne materielle Vermittlung allein zwischen Menschen statt. Grundlage ist die Pluralität, der Umstand, dass Menschen im öffentlichen Raum, der *polis*, zueinander in

Beziehung treten, in einem Raum, in dem nicht interessiert, *was* einer ist (etwa Schmied oder Schreiner), sondern *wer* er ist: Es ist das politische Handeln, das zwischen den Generationen für Kontinuität sorgt, also Örtlichkeit und Zeitlichkeit, Erinnerung und Gegenwart zusammenbindet und damit Geschichte schafft. Geschichtlichkeit wiederum schafft in der Erinnerungskultur Beständigkeit. Und es bewahrt insofern vor dem Vergessen, als Pluralität und Natalität Voraussetzungen des Handelns sind: Jeder neugeborene Mensch hat die Möglichkeit, an Traditionen der Geschichtlichkeit anzuknüpfen und diese fortzuführen oder etwa Neues, Modifiziertes in die Welt zu bringen.

Doch diese drei Arten des tätigen Seins unterlagen laut Arendt seit der Antike Veränderungen. Den alten Griechen sei die *vita contemplativa*, das Leben des Geistes, ebenso wichtig gewesen wie die *vita activa*, das Leben in der Tätigkeit. Im Mittelalter habe sich dies verlagert: Unter dem Einfluss christlicher Maßstäbe habe man den Rückzug aus dem öffentlichen Leben dem Leben in der Öffentlichkeit vorgezogen, die religiöse Kontemplation habe einen höheren Stellenwert als das Handeln erhalten. Statt Freiheit *für* das öffentliche Leben (die Politik) habe man Freiheit *vom* öffentlichen Leben erstrebt, weswegen das Interesse an öffentlichen Angelegenheiten abgenommen habe. In der Neuzeit hingegen habe sich diese Entwicklung nach und nach wieder umgekehrt, die *vita activa* habe an Bedeutung und Wertigkeit gewonnen, allerdings hätten Arbeit und Herstellen nun mehr Gewicht als das politische Handeln erhalten. Durch diese Ausweitung kapitalistischer Strukturen sei sogar eine Entpolitisierung eingetreten, bis hin zur »Jobholdergesellschaft« in der zweiten Hälfte des 20. Jahrhunderts. Der Mensch, in der Antike noch ein *homo politicus*, sei nun zum *animal laborans*, einem arbeitenden und leidenden Lebewesen, verkommen, das sich in seiner Freizeit nicht der Freiheit in der Welt zuwende, sondern privaten und weltlosen (und damit wertlosen) Hobbys.

Die Sphären, in denen sich Tätigkeiten vollziehen, benennt Arendt als den privaten, den sozialen und den politischen Raum. Die griechische Antike habe noch nicht zwischen dem Privaten und dem Politischen unterschieden, der Begriff der Gesellschaft (der soziale Raum) sei der Antike noch fremd gewesen. Erst in der Neuzeit habe sich das Wirtschaften, die Ökonomie, aus dem privaten in den öffentlichen Raum verlagert und sei Gegenstand der Politik geworden. Durch dieses Einsickern privater und ökonomischer Fragen in den Raum der Politik sei die Gesellschaft entstanden, Politik sei im Umkehrschluss zur Funktion der Gesellschaft geworden, Ökonomie zu ihrem Überbau. In deren Folge kam und komme es zu einer totalen »Vergesellschaftung«, das heißt, der private wie auch der politische Raum werden von der Gesellschaft durchdrungen und überlagert. Es drohe, laut Arendt, der totale Konformismus, das Sich-Verhalten, die Tabuisierung der Pluralität beim öffentlichen Austausch von Meinungen. Der Staat, die *polis*, werde auf diese Weise zum bloßen Verwalter gesellschaftlicher und ökonomischer Erwartungen. Auch nach dem Ende des Nationalsozialismus (1945) und des Stalinismus (Stalins Tod im Jahre 1953) bestehe, so Arendt, die Gefahr der Installierung totalitärer Systeme: Die »Jobholdergesellschaft« schlucke den Einzelnen, das Individuum, stelle ihn ganz in den Dienst ihres Systems, vertilge gleichermaßen das private und das politische Leben, setze das Funktionieren an Stelle des Lebens. Die Pluralität der Menschen und Meinungen, die gerade dadurch entstehe, dass sich Individuen, die sich voneinander unterscheiden, im Handeln und Sprechen im öffentlichen Raum miteinander auseinandersetzen, werde auf diese Weise zersetzt. Die Verantwortung, die der Mensch als Handelnder und Sprechender für sein eigenes Geborensein übernommen habe, für die Existenz unter seinesgleichen, werde an die totalitäre Vergesellschaftung abgetreten. Das *wer* werde ausgemerzt und wieder auf das *was* reduziert. Selbst der Begriff des Lebens pervertiere: Habe man in der Antike noch von einem *guten* Leben als Ideal gesprochen, so sei das Leben in der Jobholdergesellschaft nur noch biologisches Existieren, der Mensch drohe seine Mündigkeit zu verlieren und in eine Tierhaftigkeit zurückzusinken, aus der er sich infolge der Evolution und der Entstehung des menschlichen Bewusstseins eben erst erhoben habe.

Hannah Arendts Reputation nimmt in jenen 1950er- und 1960er-Jahren enorm zu, in Amerika, aber auch in Europa und (etwas zeitverzögert) in ihrer alten Heimat Deutschland. Die Verleihung der amerikanischen Staatsbürgerschaft (1951), Dozenturen und Gastprofessuren unter anderem an den Universitäten von Berkeley, Chicago und New York, Preise und Anerkennungen (etwa der Lessing-Preis der Stadt Hamburg) zeugen hiervon. Ihr wachsender Ruf stößt aber auch auf Kritik, vor allem aus den Reihen der kommunistischen Linken, im Zuge der Eichmann-Kontroverse aber auch vonseiten der meisten jüdischen Verbände und Organisationen, die Arendts differenzierte Darstellung des nicht zum Mythos taugenden »gewöhnlichen« und »banalen« Bösewichts Adolf Eichmann als Affront den Opfern des Holocausts gegenüber werten.

Privat sucht Hannah Arendt nach dem Ende des Zweiten Weltkriegs vorsichtig an ihre eigenen biografischen Wurzeln in Deutschland anzuknüpfen: Sie besucht das Ehepaar Jaspers, das in der NS-Zeit in Deutschland lebte, jedoch moralisch integer blieb und nach dem Krieg nach Basel zog. Die Verbindung zu ihrem alten Lehrer und dessen Frau ist herzlich wie eh und je, Arendt fühlt sich so, »wie [wenn] man nach Hause kommt«. Schwieriger und belastender gestaltet sich ein Treffen mit Martin Heidegger und dessen Frau Elfride in Freiburg im Breisgau. Das Ehepaar, einst überzeugte Nationalsozialisten (und speziell Elfride Heidegger auch glühende Antisemitin), wurde nach wenigen Jahren von den Kulturpropagandisten des Regimes ins Abseits gedrängt, wohl auch, weil die Sprengkraft von Heideggers Denkgebäude den neuen Machthabern unheimlich und in der virtuosen Intellektualität dubios war. Hannah Arendts Wiedersehen mit Heidegger nach so vielen Jahren der getrennten Lebens- und Schicksalswege verläuft freundlich, aber unter gegenseitigem lauerndem Misstrauen. Arendt bleibt ihrem großen philosophischen Meister und einstigen Geliebten insofern treu, als sie seine geistigen Leistungen neidlos anerkennt und sie höher bewertet als sein politisch-ideologisches Abirren. Gleichwohl: Die alte Innigkeit mag nicht wieder aufleben, zumal sich Elfride Heidegger gegen die jüngere, attraktivere, geistig ihr himmelhoch überlegene »Konkurrentin« weiterhin reserviert und eifersüchtig zeigt. Dazu Hannah Arendts saloppe Einschätzung in einem Brief an ihren Mann Heinrich Blücher: »Sie [Elfride Heidegger] ist leider einfach mordsdämlich.« Martin Heidegger seinerseits versucht über seine einstige Schülerin und Geliebte etwas von seiner verlorenen Reputation wiederzuerlangen, er schickt ihr in Folge zahlreiche Kopien seiner (teils noch unveröffentlichten) Manuskripte zu, vielleicht, weil er sich von der nun zur Weltberühmtheit gelangten Historikerin und Philosophin Protektion oder eine öffentliche Verteidigung erhofft.

»Vom Leben des Geistes«

Hannah Arendts letztes großes Werk *Vom Leben des Geistes* bleibt unvollendet. Immerhin erscheinen posthum (1978 in englischer, 1979 in deutscher Sprache) die Teile *Das Denken* und *Das Wollen* (während der dritte Teil *Das Urteilen* Fragment bleibt). Wiederholt äußert sie sich zu ihrem Philosophieren, das immer politisch und handlungsweisend angelegt ist, sie sei im hergebrachten Sinne der reinen, von der Welt abgeschiedenen, über dem Tagesgeschehen stehenden philosophischen Wissenschaft eigentlich gar keine Philosophin (so in einem Fernsehinterview aus dem Jahre 1964): »Ich gehörte nicht in den Kreis der Philosophen. Mein Beruf – wenn man davon überhaupt sprechen kann – ist politische Theorie. […] Ich habe meiner Meinung nach der Philosophie doch endgültig Valet gesagt. Ich habe Philosophie studiert, wie Sie wissen, aber das besagt ja noch nicht, daß ich dabeigeblieben bin.« Schon früher, in dem 1954 gehaltenen Vortrag *Philosophy and Politics*, begründete sie ihre Wende zur Politikwissenschaft mit einem Vorwurf an die klassische universitäre Philosophie: Bereits in der Antike habe sich mit dem Todesurteil gegen den Philosophen und engagierten *polis*-Bürger Sokrates (399 v. Chr.) die Politik von der Philosophie getrennt. Seither habe die Philosophie die reine Wahrheitsfindung verfolgt, die Politik hingegen sei zum bloßen Austausch von Meinungen geworden. Beide, Philosophie und Politik, umgingen einander dünkelhaft: Der Philosoph meide den öffentlichen Austausch, der Politiker in seiner Abhängigkeit von öffentlichen Meinungen hingegen die Wahrheitssuche des Philosophen. Die Reduktion auf sich selbst sei laut Arendt das größte Defizit der abendländischen Philosophie. Lediglich Immanuel Kant habe in der *Kritik der Urteilskraft* darauf verwiesen, dass das Urteilen nur auf der Grundlage einer »erweiterten Denkungsart« gelingen könne. Dass Hannah Arendt zum Ende ihres Lebens mit *Vom Leben des Geistes* ein dezidiert philosophisches Werk schafft, konterkariert ihr eigenes Understatement und beweist, wie umfangreich die Klaviatur war, auf der die Historikerin, Politikwissenschaftlerin, Journalistin und Philosophin gekonnt zu spielen verstand.

Vom Leben des Geistes ist auch eine Rückwendung Hannah Arendts zu ihren philosophischen Anfängen, ihrer Beschäftigung mit den Liebesbegriffen bei Augustinus im Rahmen ihrer Dissertation (1929). Und es ist als eine Abhandlung über die *vita contemplativa* eine Spiegelung des vorhergehenden Bandes *Vita activa*, der ja das Handeln zum Inhalt hat.

In ihrem Buch über Adolf Eichmann stellte Arendt die These auf, dieser Mann habe zwar Böses getan, sei aber in seiner Art und Weise, das eigene Tun durch seine geistige Beschränkung nicht reflektiert zu haben, »banal« gewesen. Es sei ein böses Handeln ohne Motiv und ohne den »Willen zum Bösen« gewesen. Nun wirft sie analog die Frage auf, inwiefern das Denken beziehungsweise das Gewissen als Funktion des Denkens das böse Handeln verhindern könne. Unter Verweis auf Kant erklärt sie, dass das Denken eine Funktion der Vernunft sei, das Erkennen hingegen eine Funktion des Verstandes. Der Verstand bringe empirisch verifizierbare Erkenntnisse hervor. Aufgabe der Vernunft hingegen sei es, Sinn zu stiften.

In einem weiteren Denkschritt postuliert Arendt, dass das Sein und das Erscheinen identisch seien, denn jedes Sein sei ohne die Existenz eines Zuschauers, der das Seiende wahrnimmt, nicht möglich. Während Descartes sagt: »Cogito ergo sum«, »Ich denke, also bin ich«, hält Arendt entgegen, der Mensch könne nicht solipsistisch, einzelgängerisch, sein, Menschen existierten stattdessen nur in der Pluralität. Eine menschliche Existenz, die nicht von anderen wahrgenommen wird, sei keine Existenz. Arendt greift sogar noch weiter aus und behauptet, Platons Zwei-Welten-Theorie, wonach die sinnlich wahrnehmbare und die vernünftige Welt zu unterscheiden seien, sei ein Irrtum. Die Trennung der Welt in Wahrheit und Wahrnehmung, in Geistigkeit und Materie müsse, so Arendts Forderung, überwunden werden. Es müsse ein neuer Seinsbegriff konstruiert werden, der die Trennung zwischen Sein und Weltlichkeit aufhebt. Einen Ausweg aus dieser Zwei-Welten-Theorie von Sein und Erscheinung sieht Arendt in Husserls Phänomenologie und Jaspers' Existenzphilosophie. Während Martin Heidegger erneut eine Trennung vorgenommen habe, indem er zwischen »eigentlichem« und »uneigentlichem« Sein unterschied, mahnt Arendt an, dass jeder Schein »untrennbar zu einer Welt der Erscheinungen [...], der wir niemals entfliehen können«, gehöre.

Während Arendt in ihrem vorangegangenen Buch *Vita activa* den Rückzug des Menschen aus der Welt des Handelns untersuchte und beklagte, warnt sie nun vor dem Rückzug des Denkens aus der Welt. Der Denker finde nie einen Sinn in der Abgeschiedenheit, sondern nur in der Pluralität, im Dialog. Damit widerspricht sie ihrem Lehrer Martin Heidegger (der ja sein eigenes Denken im Rückzug seiner Existenz in die Abgeschiedenheit vom Dialog abschnitt). Denken, so Arendt, müsse ohne Weltverlust stattfinden. Dabei gebraucht das Denken die Erinnerung, um das, was sinnlich nicht gegenwärtig ist, in der Einbildungskraft zu vergegenwärtigen. Doch nicht im Erinnern liege der Sinn des Denkens, sondern darin, den Menschen auf das Handeln vorzubereiten und damit seine Zukunft mitzubestimmen (hier schließt sich der Kreis zu Arendts *Vita activa*). Das Denken habe aber noch eine weitere Funktion: Durch die Ausbildung eines Gewissens ist der Mensch in der Lage, Recht von Unrecht zu unterscheiden (insofern konnte Eichmann als nicht denkender Mensch nicht die reflektierende Urteilskraft entwickeln, sein Handeln als Unrecht zu begreifen).

Im zweiten Teil ihres Buchs *Vom Leben des Geistes* untersucht Hannah Arendt das Wollen. Wie das Denken entspreche auch das Wollen der *vita contemplativa* und habe Auswirkung auf das Handeln, die *vita activa*. Im Unterschied zum Denken als Vergegenwärtigung richte sich das Wollen auf Zukünftiges. In der Geschichte der Menschheit habe es einen andauernden Kampf zwischen Wollen und Nichtwollen gegeben, ausgetragen in Handlungen. Die Frage, ob der Wille oder der Verstand höher zu bewerten sei, wurde in der Philosophie unterschiedlich beantwortet: Thomas von Aquin (1224–1274) meinte, der Wille sei ein ausführendes Organ des Verstandes, Duns Scotus (1265–1308) hingegen lehrte, der Verstand liefere dem Willen Argumente und stehe somit in dessen Dienst. Hannah Arendt selbst richtet nun den Blick auf die Spontaneität, die das Wesen des Wollens und des Handelns bestimme. Sie zitiert einen Satz des Augustinus, wonach der Mensch geschaffen wurde, »damit ein Anfang sei«. Deshalb, so Arendt, sei der Mensch mittels seiner Geburt zur Freiheit »verurteilt«. Der Mensch kann tun, was er will, aber er kann nicht nichts tun. Kein Mensch ist solipsistisch (im Sinne von Descartes), sondern jeder steht in der Welt gemeinsam mit anderen Menschen. Er muss daher lernen, sich mit ihnen in Beziehung zu setzen. Alles Handeln setzt demnach ein Denken und ein Wollen voraus: Der Mensch ist Teil der *polis* der Pluralität, des Handelns im öffentlichen Raum, das vom Denken und vom Wollen bestimmt wird. Jeder politische Wille aber prallt auf andere politische Willen, deren Wettstreit nun mit Gewalt oder mit Überzeugungskraft ausgetragen werden kann. Hannah Arendts Mahnung an ihre Mitmenschen ist, die Kluft der Entfremdung zwischen reiner Philosophie und Weltbezug, zwischen dem Denken, Wollen und dem Handeln im öffentlichen Raum, zu überwinden. Die *Philosophie des Politischen*, so ihre Erkenntnis, sei eine Chance, die seit Platon statuierte Zwei-Welten-Theorie zu entkräften und die Spaltung, die schließlich im 20. Jahrhundert zur Entstehung totalitärer Systeme führte, zu überwinden. Um diesen Schritt zu vollführen, bedürfe es der dritten geistigen Funktion, des Urteilens.

Hannah Arendt kann ihr letztes Werk *Vom Leben des Geistes*

nicht mehr vollenden. (Hierzu existieren lediglich Vorlesungen über die Begrifflichkeit des Urteilens bei Kant.) Sie hat das erste Blatt des dritten Teils in die Schreibmaschine eingespannt und bereits den Titel *Das Urteilen* getippt, als sie – Freunde sind eben zu Besuch –, im Sessel sitzend, mit einem Mal zusammensackt. Der herbeigerufene Hausarzt kann nur noch den Tod durch Herzversagen feststellen. Es ist der 4. Dezember 1975. Bereits fünf Jahre zuvor, am 31. Oktober 1970, starb ihr Mann Heinrich Blücher, ebenfalls an einem Herzinfarkt. Beide ruhen in einem Grab auf dem Friedhof des Bard College in Annandale-on-Hudson im Bundesstaat New York.

Der Existenzialismus

Die griechische Antike kannte den Mythos von Sisyphos, der wegen seiner Renitenz, vor allem gegen den Totengott Thanatos, von den Göttern zur sprichwörtlichen Sisyphosarbeit verurteilt wird: In der Unterwelt wird er gezwungen, einen schweren Felsblock auf einen Berg hinaufzuwälzen, der ihm, kaum ist er oben, wieder in die Tiefe rollt. Sisyphos ist auf ewig zu diesem unsinnigen und schweren Tun verdammt, er hat keine Hoffnung auf Erlösung oder Gnade.

Im Jahre 1942, mitten in der Zeit der deutschen Besatzung, erschien in Paris Albert Camus' Essay *Le mythe de Sisyphe (Der Mythos des Sisyphos)*. Der Aufsatz besaß für die in jenen Jahren sich formierende Philosophie des Existenzialismus eine große Strahlkraft und gilt heute als das wichtigste philosophische Werk des Autors. Camus wagt darin eine überraschende Neuinterpretation des antiken Stoffes: Sisyphos ist ein Symbol für die Entfremdung des Menschen von seinem Leben, die Scheidung (»divorce«) zwischen Handeln und Vereitelung des Handelns, zwischen Sehnsucht nach Sinnfindung und Absurdität. Es gibt aus diesem Zustand der Absurdität kein Entkommen: Es kann nicht auf die Gnade der Götter spekuliert werden (der Existenzialismus lehnt ohnehin die Existenz einer höheren Instanz oder gar eines göttlichen Erlösers ab). Aber auch dem Menschen selbst ist ein Ausweg verwehrt: Der Suizid, der noch von den Wegbereitern des Existenzialismus (Kierkegaard, Husserl, Jaspers, Heidegger) als irrationaler »Sprung« (»saut«) in Erwägung gezogen worden ist, biete laut Camus keine Rettung aus der Absurdität, sondern stelle nur einen

Verrat am klaren Verstand des Menschen, ein Ausweichen anstelle der Revolte dar. Camus: »Wenn es das Absurde gibt, dann nur im Universum des Menschen. Sobald dieser Begriff sich in ein Sprungbrett zur Ewigkeit verwandelt, ist er nicht mehr mit der menschlichen Hellsichtigkeit verbunden. Dann ist das Absurde nicht mehr die Evidenz, die der Mensch feststellt, ohne in sie einzuwilligen. Der Kampf ist dann vermieden. Der Mensch integriert das Absurde und läßt damit sein eigentliches Wesen verschwinden, das Gegensatz, Zerrissenheit und Entzweiung ist. Dieser Sprung ist ein Ausweichen.«

Nicht Erlösung einerseits oder gar Resignation andererseits sollen nach Camus' Überzeugung gültige Reaktionen des Sisyphos auf sein Dasein in fortwährender Absurdität sein, sondern Erkenntnis seiner Situation (mithilfe seines Verstandes), deren Annahme (die freilich nichts von christlicher Demut oder resignativer Bescheidung an sich hat, sondern im Gegenteil Stolz und Bewusstsein seiner selbst voraussetzt) sowie schließlich die aufbegehrende Revolte gegen das Absurde. Diese Revolte muss sich nicht im Sprengen der Schicksalsfesseln vollziehen; Sisyphos wird an seinem Schicksal äußerlich nichts ändern können. Doch der Mensch kann seine Revolte darin äußern, dass er das Absurde vermeintlich annimmt, sich nicht der Verzweiflung überlässt und nicht auf eine göttliche Erlösung hofft und harrt. Allein dadurch ist Sisyphos bereits zum Revoltierenden geworden, dass er seine Sisyphosarbeit weiter verrichtet und eben weder verzweifelt noch den Sprung in den Suizid vollzieht. Dadurch, dass Sisyphos die Absurdität seiner Bestrafung erkannt hat, negiert er sie und steht bereits in der Revolte (Camus hat seine Gedanken hierzu noch in seinem 1951 erschienenen Essay *L'homme révolté*/*Der Mensch in der Revolte* weiter ausgeführt). In der Desillusionierung aber vollzieht der Mensch einen Akt der Freiheit: Er löst sich von der Lüge, der Vertröstung, der falschen Hoffnung, der »Unaufrichtigkeit«.

Den Begriff der »Unaufrichtigkeit« (»la mauvaise foi«) führt Jean-Paul Sartre in seinem Hauptwerk *Das Sein und das Nichts* (1943) in die Philosophie ein (zuvor erscheint er bereits in den Tagebüchern Simone de Beauvoirs). Die Unaufrichtigkeit hindert den Menschen an der Durchsetzung seiner Freiheit. Nach Sartres Auffassung ist der Mensch nicht zur Freiheit berechtigt, sondern verpflichtet, ja mehr noch: Er ist dazu verurteilt. Kein anderer Mensch, auch keine höhere Instanz nimmt dem Ich die Verantwortung zur Freiheit ab. Die Freiheit ist der Kern jeder menschlichen Erfahrung, das, was ihn in der Phänomenologie, dem Betrachten und Beschreiben der Objekte, von diesen unterscheidet. Der Mensch besitzt keine fest gefügte Natur, sondern er erschafft sie sich erst durch das, was er tut. Der Mensch *ist* nicht, er *wird* erst, indem er die vorgegebenen Umstände und Konventionen, die Faktizität, durch die Überwindung seiner »Unaufrichtigkeit« hinter sich lässt und seine Existenz nach außen transzendiert. Sartre fasste dies in die prägnante Formel: »Die Existenz geht der Essenz voraus.« Der Mensch ist in die Welt geworfen und muss sich erst definieren, in der Revolte erst seine Essenz finden und erfinden. Dazu ist der Mensch befreit, selbst wenn er wie Sisyphos in Ketten steht.

Der Existenzialismus war mehr als eine Lebensphilosophie, er war ein Humanismus ohne das Versprechen der Erlösung, eine Religion ohne Gott, ein Transzendentalismus ohne Transzendenz, ein Ethos ohne Ethik (zumindest bei Sartre), er war eine zu einem breiten Strom anschwellende Reformbewegung der jungen Generation nach 1945. Die äußeren Restriktionen in Frankreich im Zweiten Weltkrieg (Besatzung, Spaltung der französischen Gesellschaft in Sympathisanten der Résistance und der aktiven oder geduldeten Kollaboration) haben diese Philosophie der existenziellen Freiheit und Befreiung als Gegenreaktion mit entstehen lassen. Doch auch das Gefühl einer Jugend, die nach dem Krieg das Verlorengeglaubte, das ihnen Vorenthaltene zurückerobern wollte, war hierbei von Bedeutung. Der Existenzialismus ging im Wesentlichen von drei Philosophen in Frankreich aus (die alle auch bedeutende Romanciers waren): Jean-Paul Sartre, Albert Camus und Simone de Beauvoir. Er pflanzte sich über die ganze westliche Welt fort und fand – politisiert – auch in den Freiheitsbewegungen in Ungarn und der Tschechoslowakei seinen Widerhall. Der Existenzialismus war der Nährboden für die unterschiedlichsten Protestbewegungen und Lebensreformströmungen der Vierziger- bis Achtzigerjahre, kulminierend in der Achtundsechziger-Revolte und der Frauenrechtsbewegung. Als deren geistiger Auslöser steht ein Werk Simone de Beauvoirs im Mittelpunkt: *Le Deuxième Sexe* (1949; *Das andere Geschlecht*).

Simone de Beauvoir (1908–1986)
Freiheit und Emanzipation

Im Jahre 1943 – Paris ist von den Deutschen besetzt – sitzen der achtunddreißigjährige, vor Kurzem aus der Kriegsgefangenschaft zurückgekehrte Schriftsteller und Philosoph Jean-Paul Sartre und dessen fünfunddreißigjährige Freundin, die ebenfalls literarisch tätige Simone de Beauvoir, im Café de Flore. Sie genießen das Zusammensein nach jahrelanger Trennung, denn ihre Beziehung, die bereits damals in den Intellektuellenkreisen der Rive Gauche legendär ist, stellt weit mehr als ein Liebesverhältnis dar: Es ist eine Arbeitsgemeinschaft, ein fortwährendes intellektuelles Gespräch, ein literarisch-philosophisches Symposion, das sich überwiegend in deren Stammcafés abspielt, dem Café de Flore und dem Café Les Deux Magots, im Viertel von Saint-Germain-des-Prés, oder auch in billigen Hotelzimmern, denn beide, Sartre wie Beauvoir, haben keine eigene Wohnung und bevorzugen das nomadenhafte, weitgehend besitzlose Dasein, das ihnen materielle Unabhängigkeit und Freiheit verspricht. Und »Freiheit« ist in beider Philosophie, dem Existenzialismus, der zentrale Begriff. Doch in jenem Jahr 1943 ist der Existenzialismus gleichsam gerade erst geboren: Sartre hat sein philosophisches Hauptwerk *Das Sein und das Nichts* eben veröffentlicht und darin Thesen von Kierkegaard und Heideggers *Sein und Zeit* aufgegriffen und weiterentwickelt. Und Simone de Beauvoir ist gerade mit dem Roman *L'Invitée (Sie kam und blieb)* hervorgetreten, hat sich aber als eigenständige Philosophin noch keinen Namen gemacht. Erst nach dem Abzug der deutschen Besatzer, mit der Befreiung Frankreichs und der Restituierung der Republik wird sie – noch unter dem geistigen Eindruck von Besetzung, Kollaboration und Résistance – ihre eigene Modifizierung von existenzieller Freiheit und moralischer Verantwortung entwickeln und in grundlegenden Essays und Büchern vorstellen. Sehr bald wird man sie bewundern und ablehnen, glorifizieren und hassen, als große, eigenständige Philosophin handeln oder nur als Schülerin und Nachbeterin Sartres gering schätzen. In jenem Jahr 1943 jedenfalls steht sie noch recht in den Anfängen ihrer philosophischen und literarischen Karriere. Und sie weiß selbst noch nicht so recht um ihren Standpunkt in der intellektuellen Welt.

Eine Anekdote verdeutlicht dies: Als Beauvoir und Sartre an einem Tisch des Café de Flore sitzen und sich unterhalten, tritt ein Bekannter, der Philosoph Jean Grenier, hinzu und überrumpelt die ahnungslose Beauvoir mit der rhetorischen Frage: »Und Sie, Madame, sind Sie Existentialist?« Der Begriff »Existenzialismus« wurde kurz nach Erscheinen von Sartres *Das Sein und das Nichts* in Umlauf gebracht. Sehr schnell verbreitete sich dieser Terminus und wurde nicht nur subsummierend zur Bezeichnung für Sartres Philosophie (und wenig später die von Simone de Beauvoir, Albert Camus und anderen), sondern auch zum (recht ungenauen) Synonym für das Lebensgefühl einer jungen Nachkriegsgeneration, eine philosophische Bewegung, die von den Intellektuellencafés des Pariser Montparnasse ausgehend die Welt eroberte und in einer Art Lebensreformbewegung weit über die geistigen Zirkel hinausgriff, vielmehr zu einer Daseinshaltung wurde, einem Religionsersatz ohne Religion. Eine philosophische Bewegung, die über die Achtundsechziger-Revolte, die Flower-Power- und Hippie-Bewegung bis zur Friedensbewegung der Siebziger- und Achtzigerjahre ausstrahlte und erst mit dem Zusammenbruch des Kommunismus nach 1990 verebbte und selbst Geschichte wurde.

Doch in jenem Jahr 1943 haben die Existenzialisten keine Ahnung, welche Auswirkungen auf das geistige und gesellschaftliche Leben ihre Philosophie einmal haben wird. Ja, mehr noch: Sie wissen selbst nicht, dass sie Existenzialisten sind! Simone de Beauvoir erinnert sich an jenes Erlebnis mit Jean Grenier im Café de Flore und an ihre zunächst abwehrende Reaktion: »Ich hatte

Kierkegaard gelesen. In Zusammenhang mit Heidegger sprach man schon seit langem von ›Existenz‹-Philosophie: aber ich kannte den Sinn des Wortes ›existentialistisch‹ nicht, das Gabriel Marcel [ein anderer Philosoph aus Beauvoirs Umkreis] soeben lanciert hatte. Zudem verletzte Greniers Frage meine Bescheidenheit und meinen Stolz.« Schlimmer noch: Von den Gegnern jener jungen Philosophengruppe um Sartre und Beauvoir wird das Wort sogar in abwertendem Sinne gebraucht, um die Existenzialisten zu diskreditieren. Erst nach und nach übernehmen Sartre und Beauvoir diese Bezeichnung selbst, weder mit Stolz noch mit Abneigung, sondern eher, weil sie sich der fremden Betitelung ihrer Philosophie gelassen fügen. Simone de Beauvoir hat später wiederholt geäußert, sie sei keine Philosophin, sondern Literatin, und habe auf dem Feld der Philosophie sehr wohl ihre Grenzen erkannt. Ja, sie sei stets nur Sartres Sprachrohr gewesen, seine Mitarbeiterin und Stichwortgeberin. Dies steht in eklatantem Kontrast zu ihrer tatsächlichen Bedeutung für die Philosophiegeschichte im Allgemeinen und die Fortentwicklung des Existenzialismus im Besonderen, aber auch für die Emanzipationsgeschichte und den Feminismus im 20. Jahrhundert. Es scheint so, als habe Simone de Beauvoir – deren Lebensweg sie aus bourgeoisen, konservativ-katholischen Anfängen herausführte – das anerzogene, traditionelle Rollenklischee stärker verinnerlicht, als sie selbst es zugeben wollte. In ihren Memoiren *Der Lauf der Dinge* hingegen differenziert sie ihre philosophiegeschichtliche Bedeutung und bringt sie durchaus mit ihrer sozialen Herkunft und Erziehung in Verbindung: »Wenn es mir ganz natürlich schien, mich der Lehre Kierkegaards, der Lehre Sartres anzuschließen und ›Existentialistin‹ zu werden, so nur, weil meine ganze Lebensgeschichte mich darauf vorbereitet hatte. Von Kindheit an war ich auf Grund meines Temperaments geneigt gewesen, meinen Wünschen, meinen Willensäußerungen zu vertrauen [...]. Schon mit neunzehn war ich überzeugt gewesen, daß es dem Menschen zusteht, und nur ihm allein, seinem Leben einen Sinn zu geben, und daß er dieser Aufgabe gewachsen ist.« Das ist eine späte Äußerung der großen Philosophin und Literatin – und ein Stück weit eigene Legende. Ihr

Lebensweg war keineswegs so geradlinig, ihr Selbstverständnis nicht so konfliktfrei und souverän, wie sie den Leserinnen und Lesern ihrer weltweit in Millionenauflagen gedruckten Memoiren weismachen wollte.

Doch wer verbarg sich wirklich hinter der Legende der großen existenzialistischen und emanzipatorischen Philosophin und Literatin Simone de Beauvoir?

Eine Tochter aus gutem Hause

Simone de Beauvoir wird am 9. Januar 1908 in Paris geboren. Die großbürgerliche Wohnung der Eltern liegt am Boulevard Raspail im vornehmen sechsten Arrondissement auf der Rive Gauche. Simone wird – von einigen Jahren als Lehrerin in der Provinz abgesehen – fast ihr ganzes Leben lang in diesem Bezirk verbringen. Ihr Vater Georges Bertrand de Beauvoir besitzt zwar einen Adelstitel, doch weder ein Schloss noch den Ehrgeiz, zu einem gehobenen Stand zu gehören. Er arbeitet als Anwalt in einer Kanzlei, später im Berufungsgericht, auch dies ohne rechten Elan, hat er doch gut geheiratet: Françoise Brasseur, eine junge Frau aus einer gut situierten, erzkatholischen Bankiersfamilie in Nordfrankreich.

Simone wird als »Tochter aus gutem Hause« nach bürgerlichen, katholischen Grundsätzen erzogen. Nach ihr kommt noch am 9. Juni 1910 ihre Schwester Hélène, »Poupette« (Püppchen) genannt, zur Welt. Und wie Püppchen werden die beiden Töchter auch gehalten: in Seide und Rüschen gekleidet, mit langen Locken, schneeweißen Strümpfen, von einer Gouvernante umsorgt, von der frommen Mutter mehrmals in der Woche zur Heiligen Messe mitgenommen.

Doch bald erhält die gutbürgerliche Fassade Risse: 1909 geht die Privatbank von Françoises Vater Gustave Brasseur in Konkurs, wodurch die Mitgift, die erst nach dessen Tod an die Tochter ausbezahlt werden sollte, verloren geht. Zwar hat Georges de Beauvoir neben seinem Adelstitel auch ein akzeptables Einkommen, doch erliegt er zunehmend der Spielsucht. Die Ehe der Beauvoirs leidet darunter, das bürgerliche Selbstverständnis ebenso. Doch noch bleibt genug, um zumindest nach außen den Schein zu wahren.

Zu diesem schönen Schein gehört auch die Ausbildung der Töchter. Simone, die früh lesen lernt und vom liberal gesinnten Vater in ihrem Wissensdrang gefördert wird, erhält zunächst Privatunterricht, später besucht sie zwei Tage in der Woche eine katholische Privatschule. Trotz aller herausragenden Bildung, die man ihr zukommen lässt, ist klar: Als Tochter aus gutem Hause soll sie einmal eine gute Partie machen, und zu deren Erlangung gehört neben der Fähigkeit zu gehobener Konversation auch ein gutes Maß an Häuslichkeit und Frömmigkeit. Alles Körperliche, Sinnliche ist nach dem Moralkodex der Zeit tabu, erotisches Begehren wird, vor allem von der Mutter Françoise, mit Sünde und Laster gleichgesetzt. Auch die Lektüre ist reglementiert: Selbst heutige Klassiker wie Flaubert, Maupassant, die Brüder Goncourt oder Proust gelten als sittlich verwerflich – Simone wird sich diese Bücher dennoch besorgen, heimlich. Früh regt sich in ihr der Zweifel am Sinn dieses bürgerlichen Lebens, vor allem an der Rechtmäßigkeit, fest gefügte Vorstellungen anderen Menschen aufzwingen zu wollen. Auch den mit Inbrunst vermittelten katholischen Glauben empfindet sie bald als Bevormundung und Zwang.

Simone ist elf – der Erste Weltkrieg ist seit einem Jahr vorbei –, als ihre Welt endgültig ins Wanken gerät: Vater Georges erleidet an der Börse einen Ruin, seine russischen Aktien, lange vor der Oktoberrevolution gekauft, sind mit einem Mal wertlos. Damit bleibt der Familie nur noch das väterliche Einkommen aus seiner Tätigkeit als Anwalt. Doch Georges verfällt mehr und mehr dem Spiel. Er verliert seine Anstellung und wechselt rasch und ziellos die Posten. Die Beauvoirs müssen ihre herrschaftliche Wohnung aufgeben und beziehen ein kleineres Domizil in einer schlechteren Straße, fünf Treppen hoch (nach damaligem Verständnis die Etage der Kleinbürger), ohne Lift, fließend Wasser, Heizung oder Badezimmer. Das Dienstmädchen muss entlassen werden, Mutter

Françoise ist nun selbst für die niederen Arbeiten im Haushalt zuständig. Simone und Hélène gleichen nun nicht mehr »Püppchen«, sondern sind in einfache, abgetragene, teils schmutzige Kleider gehüllt. »Fast so etwas wie Armut«, so beurteilt Simone in ihren Memoiren die Lage der Familie. Doch noch immer strebt die Mutter danach, die Töchter, wenn sie schon nicht eine gute Mitgift erhalten werden, so doch zu frommen Frauen zu erziehen. Simone wird Mitglied eines religiösen Laienordens, der sich großspurig »Engel der Leidenschaft« nennt. Doch der »Engel« auf Anwartschaft Simone versagt sich zunehmend den an sie gestellten Erwartungen. In der Schule gilt das geistig frühreife Mädchen als naseweis und besserwisserisch. Sie fängt, ausgehend von ihrer umfangreichen, teils heimlichen Lektüre, eigenständig zu denken und zu hinterfragen an. Bücher sind für Simone mehr als nur Gefäße zur Aufbewahrung von Wissen. Sie sind kritische Gesprächspartner, und sie zeigen Wege des Widerstands auf. Wege, die ein Ziel verheißen: Freiheit. Bereits in der Pubertät steht für Simone dieser Begriff verheißungsvoll wie eine Sonne am Firmament – wenngleich sie noch nicht recht ahnen mag, was Freiheit wirklich sein kann und dass sie wenig mit Maßlosigkeit, Entfesselung oder gar Verantwortungslosigkeit zu tun hat. Der Terminus der Freiheit wird später in der existenzialistischen Philosophie Sartres und Beauvoirs zum zentralen Begriff werden.

Simone beobachtet, wie ihre Mutter an den bürgerlichen und familiären, aber auch religiösen Vorstellungen und Erwartungen leidet, vor allem, da die Fassade einer gut situierten, glücklichen Familie an vielen Stellen durchlöchert ist, ein Lügenkonstrukt, das bei jedem Windhauch einzustürzen droht. Aber Françoise kann sich aus diesen Fesseln nicht befreien (bis zu ihrem Tode nicht). Simone wird sich der Verlogenheit und Rückständigkeit der Verhältnisse bewusst. Früh nimmt sie sich vor, notfalls ein Leben in Einsamkeit, aber dafür selbstbestimmt, zu führen. Keiner soll sich in ihre frei gewählte Existenz einmischen, nicht die Familie, nicht die Gesellschaft, im Übrigen auch nicht Gott. Ganz bewusst bricht Simone mit dem ihr aufoktroyierten Glauben: Sie zahlt dafür mit einem schier nicht tragbaren Maß an Einsamkeit (und der Gefahr, auf sich selbst gestellt, zu scheitern). Aber sie gewinnt Eigenverantwortung und Freiheit. Und das ist es ihr wert.

Mit solchen Gedanken ist Simone nicht allein. Sie besitzt im Innersten eine gesunde, selbstbewusste Natur, die vor äußeren Repressalien nicht einknickt. Andere Mädchen ihrer Generation sind weniger widerstandsfähig: Ihre Freundin Zaza, die ebenfalls an den bürgerlichen und religiösen Erwartungen leidet, verstümmelt sich selbst, hackt sich mit dem Beil ins Bein. Wenige Jahre später wird Zaza, die um der bürgerlichen Konvention willen den von ihr geliebten Mann nicht heiraten kann, mit einundzwanzig Jahren an einer Infektionskrankheit sterben – Simone hingegen wird immer behaupten, die Verhältnisse hätten die Freundin getötet.

Simones einziger möglicher Ausweg aus diesen Dilemmata – das weiß sie früh – ist Bildung: Sie beginnt in diesen Jahren eifrig zu lernen, gilt bald als Musterschülerin, schließt das Baccalauréat mit Auszeichnung ab. Eines der neu installierten Fächer ist Philosophie. Simone kommt auf den Geschmack, bald steht für sie fest: Sie will Philosophie studieren, auch gegen den erklärten Willen der Eltern, die diese Geisteswissenschaft als leeres Palaver betrachten. Für Simone ist der Studienwunsch nicht Selbstzweck, er dient nicht der intellektuellen Reputation. Vielmehr hat sie bereits den französischen Philosophen Alfred Fouillée gelesen, der argumentiert, der Mensch sei nicht frei geboren, er werde vielmehr frei. Der Wunsch nach Freiheit bewege den Menschen nicht zum »Guten« oder zu einer »guten Entscheidung«, vielmehr zu einer Entscheidung, die voll und ganz »meine eigene« ist. Genau dies will Simone für ihre eigene Existenz erreichen: ein bewusst entschiedenes Leben zu führen, das in Freiheit mündet. Sie ist – ohne es noch zu wissen und lange, bevor Sartre *Das Sein und das Nichts* verfasst – zur Existenzialistin geworden.

Das Vorzeigeinstitut für philosophische Studien ist die Eliteschule École normale supérieure. Doch Frauen sind damals nicht zugelassen (wenige Jahre später wird Simone Weil, die andere große französische Philosophin jener Jahre, als eine der ersten Frauen dieses Institut besuchen dürfen). Also weicht Simone de

Beauvoir auf die Sorbonne aus: Dort erwirbt sie eine »Licence«, mit der wiederum sie an das renommierte Institut Catholique wechselt, um dort Mathematik zu studieren, parallel dazu am ebenfalls katholischen Institut Sainte-Marie Sprachen und Literatur. Zudem besucht sie philosophische Vorlesungen an der Sorbonne. Sie studiert in jenen Jahren Henri Bergsons *Zeit und Freiheit* und lernt Edmund Husserls Phänomenologie kennen. Intuitiv fühlt sie sich davon angesprochen. Aber sie liest und studiert wild durcheinander, ohne System, ohne genügend kritischen Diskurs mit anderen. Sie fühlt sich wie ein schwer beladenes Schiff, das im weiten Ozean orientierungslos dahindümpelt. Eine Liebelei zu einem Cousin verläuft im Sande, und Simone kommt für sich zu dem Schluss, dass jede Ehe unmoralisch sei, denn wie könne ein Ich heute eine Entscheidung für das Ich von morgen treffen?

Schließlich absolviert sie die Agrégation, eine Prüfung, die zum Unterricht an bevorzugten staatlichen Lyzeen ermächtigt (Simone der Beauvoir ist die zweite Frau nach Simone Weil, die dieses Examen besteht). Zugleich schreibt sie eine Diplomarbeit über Leibniz. 1929 ist sie – versehen mit den besten Noten und den erlesensten Abschlüssen – Lehramtsanwärterin und beginnt eine Probezeit am Lycée Janson de Sailly in Paris. Es ist das Jahr, in dem sie Jean-Paul Sartre kennenlernt: Er ist vierundzwanzig, sie einundzwanzig. Ihrer beider Existenz wird sich grundlegend verändern – und mit ihr die Philosophiegeschichte des 20. Jahrhunderts und das Lebensgefühl einer ganzen Generation.

Ein folgenreicher Pakt

Jean-Paul Sartre war rein äußerlich gesehen nicht der Mann, auf den die Frauen flogen: Nur einen Meter dreiundfünfzig groß, mit wulstigen Karpfenlippen, das rechte Auge infolge einer Infektionskrankheit in der Kindheit blind und nach außen gedreht, mochte er auf den ersten Blick sogar abstoßend wirken. Doch seine Beredsamkeit (es gelang ihm später auf seinen Vortragsreisen in Amerika sogar, mit nur wenigen Vokabeln Englisch ununterbrochen zu parlieren), seine scharfe Intelligenz, sein sprühender Geist, sein subtiler Witz und vor allem sein früher Ruhm, der ihn zu *dem* Idol der existenzialistischen Bewegung werden ließ, schienen Frauen unwiderstehlich anzuziehen.

Ähnlich Simone de Beauvoir entstammt auch Sartre gutbürgerlichen, behüteten Verhältnissen. Aber auch er musste ein Trauma bewältigen: War es bei seiner Freundin der soziale Abstieg der Familie, so bei Sartre sein hässliches Äußeres und die frühe Erblindung des rechten Auges. Doch anstatt zu resignieren und menschenscheu zu werden, beschloss der jugendliche Sartre, dem Schicksal (in Sartres Worten: »Kontingenz [Zufall] und Brutalität«) einen Akt des freien Willens entgegenzusetzen. Statt wegen seiner Hässlichkeit zum missachteten Außenseiter zu werden, wandelte er sich zum Anführer-Typ, zum Menschenfischer, der andere bezauberte und verführte, wenn schon nicht mit der Erotik des Körpers, so doch mit der des Geistes.

Als Simone de Beauvoir Sartre im Juli 1929 über einen gemeinsamen Bekannten kennenlernt, ist er der blendende Mittelpunkt einer in den Cafés von Saint-Germain-des-Prés verkehrenden Intellektuellenclique. Später haben Sartre, Beauvoir und auch die existenzialistische Jüngerschaft die Legende verbreitet, bei der schicksalhaften Begegnung habe es sich um Liebe auf den ersten Blick gehandelt. Die erst viel später publizierten Tagebücher Beauvoirs vermitteln ein anderes Bild. Überhaupt hat sie in ihren Memoirenbänden eifrig ein glänzendes und makelloses Bild ihres Lebens und das des Lebensgefährten gemalt. Die Wirklichkeit hingegen sah etwas anders aus.

Weitere Mitglieder der Clique sind der Romancier Paul Nizan und die Philosophen René Maheu, Gabriel Marcel, Raymond Aron und Maurice Merleau-Ponty. Simone macht auf die Philosophen, die vor allem auch junge Männer sind, gewaltigen Eindruck, weniger wegen ihres Wissens über Leibniz und Kant als wegen ihrer äußeren Erscheinung. Maheu erinnert sich als alter Herr: »Was für ein Herz! Sie war so authentisch, so mutig rebellisch, so echt [...] und so unverwechselbar attraktiv, ihr eigenes Genre und ihr eigener Stil, keine Frau ist jemals wie sie gewesen.« Doch dies ist aus einem sehr viel späteren Blickwinkel geschrieben. In Wahrheit muss sich Simone de Beauvoir ihren eigenen emanzipierten Wert innerhalb der Gruppe erst erkämpfen, einen Wert jenseits ihrer zufällig von der Natur verliehenen Vorzüge, einen Wert, der auf der Grundlage ihres Wissens, ihrer Ansichten und (später) ihrer Veröffentlichungen fußt.

Erst nachdem der eifersüchtige, auf Beauvoir hoffende Maheu, der in jenem Sommer durch die Prüfung der Agrégation fällt, Paris verlassen hat (er durchläuft im Übrigen eine glänzende Karriere als Professor und Diplomat), kommen sich Sartre und Beauvoir näher. Sie treffen sich bevorzugt im Jardin du Luxembourg. Bald sind sie ein Liebespaar. Aber eines, das um seine Freiheit bangt. An einem Abend im Park schließen sie daher einen Pakt, zunächst auf zwei Jahre befristet, der sich dann aber (stillschweigend) verlängert und letztlich bis zu Sartres Tod währt. Dessen Inhalt: Sie beide unterscheiden zwischen notwendiger und kontingenter (zufälliger, nicht notwendiger) Liebe. Die Beziehung zwischen Sartre und Beauvoir ist notwendig und soll daher Bestand haben, doch bleibt die Beziehung offen für Zufallsaffären. Um aber jegliche Eifersucht und Geheimniskrämerei bereits im Keim zu ersticken, verpflichten sich beide Vertragspartner zur gegenseitigen Offenheit. Der Pakt hält, doch die verstandesgesteuerte Trennung zwischen notwendiger und zufälliger Liebe lässt sich im Alltag nicht immer ohne die lästigen Einflüsterungen der Emotionen wahren: Immer wieder züngeln in Sartres und Beauvoirs Briefen und Tagebüchern die Flammen der Eifersucht und der Verletzlichkeit auf. Die Amouren wechseln recht häufig, Beauvoir unterhält auch Beziehungen zu Frauen (und manchmal zu noch minderjährigen Studentinnen, was ihr von Gegnern den Nimbus einer »Hexe« einbringt), und bisweilen führen die Vertragspartner auch eine Ménage-à-trois (ou quatre). Nebenbei bemerkt: Die Liaison zwischen den beiden großen Existenzialisten wandelt sich spätestens seit den Vierzigerjahren ohnehin zu einer rein platonischen Freundschaft, zu einem fruchtbaren Arbeitsverhältnis, und beide gehen von da an getrennte Pfade auf dem schwierigen Feld der Sexualität.

Keineswegs ist das Verhältnis zwischen Sartre und Beauvoir in den Anfängen gleichwertig und gleichberechtigt, schon gar nicht auf intellektuellem Gebiet. Sartre ist der führende Kopf, und Beauvoir bekennt, sie habe sich geistig unterlegen, ja sogar von Angst erfüllt gefühlt. Doch sie sieht die Begegnung mit einem so brillanten Kopf wie Sartre auch als Chance, wenn sie sich eingesteht, dass sie »viel eher neugierig als rechthaberisch veranlagt war und lieber lernte als glänzte«. In ihrem Tagebuch vom September 1929 fasst sie den Vorsatz, Sartres Rolle sei es, »in meinem Herzen, in meinem Körper und vor allem (denn in meinem Herzen und in meinem Körper könnten viele andere sein) der unvergleichliche Freund meines Denkens« zu sein.

Wenige Wochen später verlässt Beauvoir die elterliche Wohnung und bezieht ein Zimmer zur Untermiete bei der Großmutter. Endlich ist die Einundzwanzigjährige auch äußerlich frei und ungebunden, verdient sie doch ihr eigenes Geld als Lehrerin. Abends und an den Wochenenden zieht sie mit Sartre und dessen Clique durch die bei Intellektuellen gerade angesagten Cafés und Kneipen, und sie stillt auch den Hunger auf »Abenteuer«, indem sie durchaus anrüchige Etablissements besucht. Obwohl Sartre im November 1929 Paris verlässt, um in der Provinz (in der Nähe von Tours) seinen Militärdienst abzuleisten, bleiben er und Simone in regem Kontakt. Der »Pakt« hält, trotz oder gerade wegen der räumlichen Distanz. Doch auch Simone de Beauvoir wird bald in die Provinz abbestellt und unterrichtet an Gymnasien in Marseille und Rouen, während Sartre nach dem Ende seiner Militärzeit an einer Schule in Le Havre tätig ist. Schließlich kehren beide nach Paris zurück – unabdingbare Voraussetzung für die Fortführung des Verhältnisses, das sich immer mehr zur philosophischen Teamarbeit wandelt.

Früh haben beide ihre Distanz zur Abhängigkeit in der Liebe, der »Liebesblödigkeit«, bekundet. Beauvoir schreibt bereits 1930 über ihre Beziehung zu Sartre: »Ich habe meinen Stolz verloren, und so habe ich alles verloren.« Und Sartre behauptet in seinem philosophischen Hauptwerk *Das Sein und das Nichts* (1943) – da ist die Verbindung zu Beauvoir bereits rein platonisch –, sexuelles

Begehren sei ein Problem, weil es die Freiheit beeinträchtige. Überhaupt solle ein freier Mensch Herr seiner Gefühle und nicht deren Knecht sein. Simone de Beauvoir kann das nicht so ohne Weiteres akzeptieren, und darüber kommt es wiederholt zum Disput. Sartre wirft ihr Sentimentalität vor: »Man denkt nicht, wenn man in *Problemen* denkt.« Sie liebäugelt mit einer Beendigung der Beziehung und nimmt dann doch hiervon Abstand. Das immerwährende philosophische Gespräch zwischen beiden ist und bleibt auch ein lebenslanges Ringen um die Deutungshoheit.

Ringen um existenzielle Freiheit

Einen entscheidenden Anstoß zur philosophischen Unabhängigkeit und schließlich zur Ausbildung des Existenzialismus erhalten Sartre und Beauvoir im Jahre 1932 durch den befreundeten Philosophen Raymond Aron. Der hat ein Jahr lang am Berliner Institut Français zugebracht und dort unter anderem Edmund Husserls Phänomenologie studiert. Sartre ist von Arons Ausführungen wie vor den Kopf gestoßen: Eine Philosophie, die die Dinge als solche in den Blick nimmt, die alle tradierten, überhöhten Theoreme zurückschneidet und stattdessen zu den Phänomenen zurückkehrt! Auch Beauvoir ist interessiert, wenngleich sie an der Sorbonne bereits auf die Phänomenologie gestoßen ist. Sartre lässt der Hinweis nicht los. Noch ist er im Schuldienst verpflichtet, aber als er im Sommer 1933 ein Urlaubsjahr bewilligt bekommt, reist er nach Berlin, ungeachtet der geänderten politischen Verhältnisse im Land. Überhaupt fällt auf, dass beide, Sartre wie Beauvoir, in den Dreißigerjahren das politische Geschehen in Deutschland und Europa zwar nicht ausblenden, wohl aber hintanstellen. Die Welt von Saint-Germain-des-Prés ist in den Köpfen der angehenden Existenzialisten groß und reicht über alle Länder und Zeiten, endet aber seltsamerweise am Rhein. Sartre verbringt mehrere Monate in den philosophischen Seminaren in Berlin, studiert intensiv Husserls Phänomenologie und lernt auch die Existenzphilosophie Martin Heideggers kennen. Hitler und die neuen nationalsozialistischen Machthaber nimmt er kaum ernst, jedenfalls scheinen sie ihm unterhalb der philosophischen Welt und Würde zu stehen, und überdies ist Sartres Weltbild zu jener Zeit frankreichzentriert, um nicht zu sagen: montparnassezentriert. Beauvoir geht es ähnlich. Später schreibt sie nicht unkritisch: »Die öffentlichen Angelegenheiten waren uns zuwider. […] Wir verkannten das Gewicht der Realität auf allen Gebieten. Wir rühmten uns einer ›radikalen Freiheit‹.«

Zur Freiheit gehört auch das Reisen, das Sartre und Beauvoir in jenen Jahren vor Kriegsausbruch zunehmend für sich entdecken: Gemeinsam erkunden sie Deutschland (im Nationalsozialismus!), Österreich, die Tschechoslowakei, aber auch den französischen Süden und Italien. Nach seiner Rückkehr nach Frankreich durchläuft Sartre – nun wieder im verhassten Schuldienst – eine depressive Krise, der Beauvoir mit der etwas saloppen, aber durchaus ernst gemeinten Äußerung begegnet, er, Sartre, solle doch gemäß seiner philosophischen Anschauung den Körper über den Kopf besser kontrollieren, sein Wahnsinn sei einzig der Glaube an den Wahnsinn.

Doch damit ist das Hauptproblem nicht aus der Welt geschafft, für beide nicht. Und das heißt: Schuldienst. Beide träumen in jenen Jahren von einer Existenz in selbstbestimmter Freiheit, als Literaten, Journalisten, freischaffende Philosophen. Mit einem entscheidenden Unterschied: »Der Beruf, in dem Sartre seine Freiheit versanden sah«, so Simone de Beauvoir im Rückblick, »bedeutete für mich noch immer eine Befreiung.« Anders gesagt: Was Sartre, als Mann und Spross aus bürgerlichem Hause, als Selbstverständlichkeit ansah, nämlich einen Beruf zu ergreifen, der seiner Freiheit entsprach, war für Beauvoir, als Frau und Spross einer sozial gescheiterten Familie, keineswegs selbstverständlich, sondern Ergebnis eines langen, harten Kampfes um Selbstbestimmung.

Dieser Prozess der Selbstbestimmung geht für sie einher mit dem Ringen um eine literarische Stimme. Zwischen 1926 und 1934 versucht sie sich an sieben Romanen – und bleibt doch immer wieder stecken. Noch fehlen ihr die sprachliche Reife, das zündende Thema, die Lebenserfahrung. Keineswegs glaubt sie in jenen Jahren an ein Leben außerhalb des Schuldienstes – auch wenn sie es sich wünscht. Erst Ende der Dreißigerjahre beginnt sie mit ihrem Roman *L'Invitée (Sie kam und blieb)*, der 1943 mitten in Krieg und Besatzung erscheint und ein Achtungserfolg wird – mehr aber auch nicht.

Anders Sartre: 1937 kehrt er dauerhaft nach Paris zurück. Der rasche Erfolg seiner nun in steter Folge erscheinenden Romane, Theaterstücke, Essays und philosophischen Abhandlungen ermöglicht ihm ein Leben als freier Autor. 1938 erscheint sein erster Roman *Der Ekel*. Das Buch macht ihn über Nacht berühmt und wird ein großer Erfolg. In Ansätzen wird darin bereits die existenzialistische Philosophie umrissen: Die Hauptfigur Roquentin soll eine Biografie über einen Marquis schreiben, kommt aber mit der Recherche nicht voran. Er wird stattdessen von Ekel übermannt: Ekel vor der bürgerlichen Lebensform, Ekel vor dem Wert der Historiografie, Ekel vor allerlei flüssigen und schmierigen Substanzen und vor allem Körperlichen als Symbol der »Faktizität«, der gegebenen Situation, die einem die Freiheit zu nehmen droht. Doch Roquentin findet einen Ausweg: Als er in einem Café sitzt, erklingt von einer Schallplatte ein Chanson. Mit einem Mal ist sein Ekel verschwunden. An die Stelle des Vagen und Schlaffen seines Daseins und seiner Erfahrungen tritt die Klarheit der Kunst. Die Melodie *existiert* nicht, sie *ist*. Roquentin begreift, dass die Schaffung eines Kunstwerks die Reinwaschung von den Fesseln der Existenz und der Kontingenz der Wirklichkeit verspricht. Er fasst den Entschluss, einen Roman zu schreiben. Roquentin nutzt die Freiheit zur Entscheidung, die jedem Menschen gewährt wird und die ihn über das Sinnlose einer zufälligen Welt und die Entfremdung in ihr erhebt.

Ausführlich und systematisch legt Sartre fünf Jahre später – zurückgekehrt aus Krieg und Gefangenschaft – seine Überlegungen zu einer Philosophie der existenzialistischen Freiheit dar: 1943 erscheint seine umfangreiche Abhandlung *Das Sein und das Nichts*, die ihn trotz der widrigen äußeren Umstände – Frankreich ist noch immer von den Deutschen besetzt – sofort bekannt und zu einem führenden Vertreter der zeitgenössischen Philosophie macht. Nach Sartres Auffassung ist der Mensch zur absoluten Freiheit verurteilt. Er kann sich nicht wie auf ein Recht berufen, das er das eine Mal ausüben kann, das andere Mal nicht. Es ist die Freiheit zur Entscheidung und zum Handeln. Selbst in schier ausweglosen Situationen kann und soll der Mensch seinen Willen der Kontingenz der Faktizität entgegensetzen und dadurch seine Freiheit beweisen. Der Mensch ist in die Welt geworfen, er muss sich aber – da es keine höhere göttliche Instanz gibt – in ihr als Mensch erst definieren. »Die Existenz geht der Essenz voraus«, so Sartres prägnante Formulierung. Das heißt, der Mensch muss sich durch sein Handeln erst definieren, um sich aus der bloßen Existenz herauszulösen. Diese absolute Freiheit erhebt ihn über andere Lebewesen. Am Ende steht der Tod, der das erlangte Bewusstsein zwar auslöscht, aber dem Menschen nicht die Würde seiner erkämpften Essenz nehmen kann. Selbst in Extremsituationen, in denen der Mensch scheinbar rettungslos und ausweglos der Faktizität gegenübersteht, kann er durch die Art seiner Haltung zwar nicht die Situation als solche ändern, wohl aber seine Einstellung dazu: Sartre führt das Beispiel an, dass ein zum Tode Verurteilter zwar nicht die Freiheit besitzt, an dem Urteil und dessen Vollstreckung etwas zu ändern, wohl aber die Freiheit, mit den Gegebenheiten bewusst umzugehen und sie offenen Auges anzunehmen, um so seine Essenz über die Existenz zu stellen und seine innere Freiheit zu retten. Denn indem man eine Entscheidung trifft, entscheidet man, wer man sein will. Interessanterweise greift Sartre in *Das Sein und das Nichts* auch einen Begriff auf, der lange zuvor bereits in Beauvoirs Tagebüchern aufscheint und der zumindest in beider Gesprächen schon in den Dreißigerjahren eine Rolle gespielt haben dürfte: Die »Unaufrichtigkeit« (»la mauvaise foi«). Um der »Verurteilung« zur Freiheit zu entgehen, greifen viele Menschen auf einen Trick zurück: Sie ergeben sich vermeintlichen Zwängen, die ihnen die Entscheidung abnehmen, sie zugleich aber der Freiheit berauben. Es ist ein Akt der Unaufrichtigkeit. Sartre gibt ein Beispiel: Ein Kellner in einem Café bewegt sich wie ein Kellner, er spielt das »Kunstwerk« Kellner, obgleich er in der Realität, in seiner Essenz doch ein anderer, freierer Mensch sein könnte. Damit leugnet er seine Freiheit, die Möglichkeit, zur »Transzendenz« zu gelangen, also über seine Eigenschaften hinauszugelangen. Er wird unaufrichtig und unwahr, er wird zum Verräter an seiner Essenz.

In einem Interview umreißt Sartre seine Philosophie in wenigen Sätzen: »Es gibt keinen vorgezeichneten Weg, der den Menschen zu seiner Rettung führt; er muss sich seinen Weg unablässig neu erfinden. Aber er ist frei, ihn zu erfinden, er ist verantwortlich, ohne Entschuldigung, und seine ganze Hoffnung liegt allein in ihm.«

Beauvoirs Freiheitsbegriff, die Verantwortung und »das andere«

Im Jahr des Erscheinens von Sartres wegweisendem Buch *Das Sein und das Nichts* gelangt auch Simone de Beauvoir zur existenziellen Freiheit, aber ihr wird diese Entscheidung in gewisser Weise abgenommen: Nachdem sie mit ihrer Schülerin Nathalie Sorokine ein Liebesverhältnis begonnen hat, wird sie von deren Mutter beim Bildungsministerium wegen »Anstiftung einer Minderjährigen zu Ausschweifungen« angeschwärzt. Nach einigem juristischen Hin und Her wird Beauvoir im Juni 1943 aus dem Staatsdienst entlassen. Ob das Techtelmechtel mit Sorokine ausschlaggebend war, bleibt im Unklaren. Ganz allgemein war den französischen Beamten (die deutschen Besatzer hielten sich in solchen Fragen zurück) die Clique um Sartre und Beauvoir suspekt, zumal man deren Kaffeehaus-Diskussionen über »Freiheit« auch politisch als Anstiftung zur Aufwiegelung gegen das herrschende Regime deuten konnte. Zwar wird Beauvoir nach dem Abzug der Deutschen die Lehrerlaubnis zurückgegeben, aber zu jenem Zeitpunkt hat sie sich bereits – nun bewusst – für eine Existenz als »freie« Autorin entschieden.

In rascher Folge entstehen in den nächsten Jahren Essays und Romane. In beiden Genres zeigt sich Simone de Beauvoir ihrem Gefährten Sartre ebenbürtig. Insbesondere ihre Repliken auf Sartres Konzeption einer existenzialistischen Philosophie finden in

Intellektuellenkreisen Anklang und zeigen deren Verfasserin als eigenständige, gereifte und unangepasste Denkerin, die keineswegs mehr im Schatten des berühmten Sartre steht. In ihrem Roman *L'Invitée* behandelt Beauvoir eine Dreiecksbeziehung (vor dem Hintergrund eigener Erfahrungen mit Sartre und ihren wechselnden Zufallslieben, Männern wie Frauen). Am Ende ermordet die ältere Françoise die jüngere Geliebte, nicht aus Eifersucht oder Tötungsgier, sondern um sich aus der Unaufrichtigkeit ihres Gefängnisses, ihrer Ménage-à-trois, die sich mehr und mehr als Beziehungskerker und Machtgeflecht erwies, zu befreien. Dem Roman stellte Beauvoir ein Zitat von Hegel vorweg: »Ebenso muß jedes Bewußtsein auf den Tod des anderen gehen.« Françoise tötet, um ihre Entscheidungsfreiheit wiederzuerlangen. Insofern ist der Mord auch kein *acte gratuit*, keine motivlose Tat (wie noch in André Gides Roman *Die Verliese des Vatikans*), sondern eine bewusste Willensentscheidung und -äußerung. Erst durch diese Tat gewinnt Françoise die Herrschaft über sich und die Welt zurück. Der Roman endet mit der klaren Aussage: »Sie hatte sich gewählt.« Dasselbe gilt für die Autorin Simone de Beauvoir: Auch sie hat sich zum Ende des Krieges hin gewählt und ihre unfreie, abhängige, unaufrichtige, solipsistische Existenz verworfen zugunsten der Freiheit – auch wenn diese Unsicherheiten und Gefahren birgt.

Eine tiefere Auseinandersetzung und kritische Fortführung der Sartre'schen existenzialistischen Philosophie stellen zwei Essays dar, die Simone de Beauvoir kurz nach dem Erscheinen von dessen Buch *Das Sein und das Nichts* veröffentlicht: *Pyrrhus und Cinéas* (1944) und *Für eine Moral der Doppelsinnigkeit* (1947).

Pyrrhus und Cinéas greift eine Episode aus Plutarchs *Leben und Taten berühmter Griechen und Römer* auf: Der siegreiche griechische General Pyrrhus will immer neue Eroberungen tätigen und schmiedet umfangreiche Kriegspläne. Sein Berater Cinéas fragt ihn, was er denn zu tun gedenke, wenn er irgendwann den ganzen Erdkreis erobert haben wird? Pyrrhus antwortet, dann wolle er sich ausruhen, und Cinéas fragt zurück: »Warum ruhst du dich nicht lieber gleich aus?« (Deutsche Leser kennen diese Anekdote in abgewandelter Form – sie fehlte früher in keinem Lesebuch: Heinrich Böll griff das Motiv auf und versetzte es in seiner Kalendergeschichte *Anekdote zur Senkung der Arbeitsmoral* von 1963 in die Gegenwart der leistungswütigen frühen Bundesrepublik: Ein Tourist entwirft für einen müßigen Fischer einen Leistungsplan – damit der, wenn er denn einmal reich und »unabhängig« von den täglichen Notwendigkeiten ist, endlich ein müßiges Leben führen könne – ein Dasein, wie es der Fischer ja bereits hat!) Doch zurück zu Plutarchs Urversion: Wer wollte Cinéas' Argument widersprechen? In Bölls Geschichte steht der Tourist ob der epikureischen, müßigen Lebenshaltung des Fischers am Ende beschämt da. Doch Beauvoir interpretiert Plutarchs Pointe auf Grundlage der existenzialistischen Forderung nach Freiheit: Für sie sind Muße und Rückzug ins Private keine Lösung. Im Gegenteil: Zieht man sich aus der Welt zurück, wird man der Muße und Abgeschiedenheit bald überdrüssig oder es entstehen gar depressive Krankheitsbilder. Da menschliche Existenz Transzendenz und nicht Immanenz bedeutet, ist der Mensch ständig zum Handeln aufgefordert. Die Frage nach der moralischen Konsequenz solch eines Handelns stellt sich primär nicht. Beauvoir interessiert zunächst nur die Verwirklichung des Menschen auf das Sein hin, in einer Welt ohne Gott, die gleichwohl von der Angst vor dem Tod durchsetzt ist. Darin widerspricht sie auch Heidegger, der den Menschen als »Wesen der Ferne« versteht, dessen Leben vom Tode her Bedeutung erlange. Beauvoir: »Man *ist* also nicht zum Tode; man *ist* – ohne Grund, ohne Ziel [...]. Das menschliche Sein existiert in der Gestalt von Entwürfen, die nicht Entwürfe auf den Tod hin sind, sondern Entwürfe auf bestimmte Ziele hin. Er jagt, er fischt, er schafft sich Instrumente, er schreibt Bücher: dies sind keine Zerstreuungen, keine Flucht, sondern Bewegung auf das Sein hin: der Mensch macht, um zu sein.« Nur im Handeln kann die Angst vor dem Tod überwunden werden: »Solange der Mensch lebt und plant, ist der Tod nicht da.« Wenn aber die göttliche Instanz als moralischer Leitgeber wegfällt, wer wertet dann die Folgen des Handelns? Simone de Beauvoir bietet eine Art Zirkelschluss an, der die Freiheit des Menschen zu handeln als eine Ethik in sich versteht, als eine altruistische Maxime: »Die Freiheit, Fundament aller menschlichen Werte, ist das einzige Ziel, das die Handlungen der Menschen rechtfertigen kann. [...] Eine Aktivität ist gut, wenn sie darauf abzielt, für sich und andere [...] die Freiheit zu befreien.« Letztlich – so versteht sich das Postulat der Freiheit zu handeln – kann der Mensch nicht allein seinen Weg zur Transzendenz gehen. Er ist eingebunden in Ordnungen anderer Menschen. Dies gewährleistet, so Beauvoirs Überzeugung anhand des Beispiels von Pyrrhus und Cinéas, ein verantwortungsvolles, anderen Menschen verpflichtetes Handeln: »Damit mein Anruf nicht im Leeren verklingt, müssen in meiner Nähe Menschen sein, die bereit sind, mich zu hören; die Menschen müssen mit mir auf einer Stufe stehen. Ich kann nicht zurückgehen [...]. Ich kann aber auch nicht allein der Zukunft entgegengehen [...]. Also muß ich bemüht sein, für die Menschen Situationen zu schaffen, die es ihnen ermöglichen, meine Transzendenz zu begleiten und zu überschreiten und mich dadurch zu erhalten. Ich verlange für die Menschen Gesundheit, Bildung, Wohlbefinden, Muße, auf daß ihre Freiheit nicht im Kampf gegen Krankheit, Unwissenheit, Not aufgezehrt werde.«

Allerdings mag das Beispiel des Feldherrn Pyrrhus einfach gewählt sein: Ihm steht es relativ leicht zu, eine Entscheidung für oder wider seine Eroberungsabsichten zu treffen. Wie sieht das aber im Falle des von Sartre als Beispiel angeführten Kellners aus? Ist er wirklich frei in seiner Entscheidung? Oder, um noch einen Schritt weiter zu gehen: Wie verhält es sich mit Menschen, die aufgrund ihres Geschlechts, ihrer Hautfarbe, ihres Glaubens, ihrer sexuellen Identität in der Faktizität verhaftet sind? Können sie diese wirklich so »frei« hinter sich lassen? Sind nicht die Hürden, die durch »die anderen« aufgerichtet wurden, eventuell zu hoch? In diesem Punkt spielt auch das existenzialistische »Grauen« vor »den anderen« hinein: Ausgehend von Husserls Phänomenologie, auf der auch der Existenzialismus fußt, wird das menschliche Bewusstsein, von dem aus die Phänomene der Welt betrachtet werden und erst existieren, zu deren Mittelpunkt. Folgerichtig wird dadurch »das andere« zur Bedrohung des Ichs. »Die Hölle, das sind die anderen«, lautet eine viel zitierte Sentenz Sartres. Simone de Beauvoir drückt ebenfalls wiederholt ihr Unbehagen über »das andere« aus. »Die Existenz des anderen«, bekennt sie über ihre Zeit als Lehrerin in der Provinz, »blieb für mich stets eine Gefahr, und ich konnte mich nicht entschließen, ihr freimütig ins Auge zu sehen.« Wenige Jahre später, nachdem sie in *L'Invitée* einen Mord darstellt, der geschieht, damit die Heldin wieder Besitz von sich selbst ergreifen kann und »sich wählt«, befreit sich die Autorin mit diesem extremen literarischen Experiment aus der solipsistischen Vereinsamung und Beängstigung. »Ich hatte«, so schreibt Beauvoir in ihren Memoiren, »Sinn für die Existenz des anderen bekommen.«

Die Beschneidung der existenzialistischen Freiheit durch von anderen gezogene Grenzen verdeutlicht Beauvoir indes am Schicksal vieler Frauen: »Welche Möglichkeit zur Überwindung [der Immanenz]«, so fragt sie, »hat die Frau, die in einen Harem gesperrt ist?« Sartre gibt darauf keine Antwort. Sein Beispiel des Kellners könnte etwa dadurch diskreditiert werden, dass der Kellner vielleicht in einer Phase der Wirtschaftskrise mit hoher Arbeitslosigkeit lebt, dass er Verpflichtungen seiner Familie gegenüber hat, dass er eine ungelernte Kraft ist und er daher kaum eine Chance haben dürfte, etwas anderes als den Job des Kellners auszuüben, um seine Immanenz im freien Handeln zu transzendieren. Es besteht, so folgert Beauvoir, ein großer Unterschied zwischen der *Möglichkeit* zur Freiheit und der *Macht*, die zu haben in der konkreten Situation nötig ist, um eine Entscheidung zur Freiheit zu treffen.

Ihre Überlegungen zur Freiheit und Moral führt Simone de Beauvoir in dem 1947 erschienenen Essay *Für eine Moral der Doppelsinnigkeit* noch weiter aus. Nun gilt der andere nicht mehr als Bedrohung des eigenen Bewusstseins und der eigenen Freiheit, sondern als Notwendigkeit, um zu verhindern, dass das Ich sich auf die Betrachtung von Gegenständen reduziert. Dieser Ansatz ist weniger altruistisch im Sinne christlicher Nächstenliebe als »notwendig« im Sinne der von den Existenzialisten gebotenen Transzendenz hin zur eigenen Essenz. Nach Beauvoirs Ansicht gibt es ein Böses außerhalb christlicher Moralethik. Das Böse ist nach ihrer Interpretation die Verneinung der Freiheit. Um dies zu verhindern, muss das Ich die Freiheit des anderen anerkennen, also auch Verantwortung für den anderen übernehmen. Nur so könnten Gegenwart und Zukunft im Interesse und zum Wohle von *wir* und *die* gestaltet werden. Dies stellt auch eine indirekte Kritik an Sartres Freiheitsbegriff dar. Beauvoir: »Ein Mensch, der das Sein fern von den anderen Menschen sucht, sucht es gegen sie, und gleichzeitig verliert er sich.« Sartres These von der Unaufrichtigkeit des Menschen, der mangels Willens in seiner Existenz verharrt (wie der Kellner, der sich nicht aus seinem Kellner-Dasein befreien will), ist nach Beauvoirs Ansicht verkürzt, sie lässt nicht nur die äußeren Gegebenheiten außer Acht, sondern negiert auch die Bedürfnisse und den Freiheitsdrang der anderen: »Nur in der Existenz seiner Mitmenschen kann der Mensch eine Rechtfertigung seiner eigenen Existenz finden.« Die Mitverantwortung für den anderen ist nach Beauvoir ein »Appell«, nur so könne die Welt verändert werden. Andernfalls blieben nur der geistige Tod und die Lähmung des Freiheitswillens, auch des eigenen. Die Mitverantwortung für den anderen ist im Übrigen keine Beschneidung des Ich, sondern trage zur Daseinsfreude bei. Der Existenzialismus nicht als Philosophie, sondern als gelebtes Daseinsgefühl der Vierziger- und Fünfzigerjahre wurde und wird oft mit Melancholie, Resignation und snobistischem Narzissmus gleichgesetzt. Zu Unrecht, wenn man Beauvoirs Ausführungen, ihrem »Appell« von 1947 folgt (der beiläufig wie eine Absage an den Kommunismus erscheint – dessen Verlockungen sie wenig später aber doch erliegt):

»Im Gegensatz zu den totalitären Doktrinen, die über den Menschen das Trugbild der Menschheit stellen, steht unserer Auffassung nach an erster Stelle der Mensch [...]. Der Mensch interessiert uns nicht nur als Angehöriger einer Klasse, eines Volkes, einer Gemeinschaft, sondern auch als Einzelner [...]. Es stimmt allerdings, daß die Befreiung der Menschen in keiner Weise dadurch gefördert wird, daß ein Streuner sich an einem Liter Wein ergötzt [...]. Indessen darf man nicht vergessen, daß zwischen Freiheit und Dasein eine konkrete Verbindung besteht; wollen, daß der Mensch frei ist, bedeutet wollen, daß es Sein gibt, bedeutet die Enthüllung des Seins in der Daseinsfreude wollen […]. Wenn die Zufriedenheit eines Greises, der ein Glas Wein trinkt, nicht zählt, dann sind Produktion und Reichtum nur leere Mythen; sie haben nur dann einen Sinn, wenn sie zur lebendigen Freude des Einzelnen führen […]. Wenn wir das Leben nicht in unserem Dasein und durch unsere Mitmenschen lieben, dann ist es vergeblich, es irgendwie rechtfertigen zu wollen.«

Beauvoirs Kritik (oder je nach Standpunkt auch: Erweiterung) an Sartres Freiheitsbegriff zeigt die Autorin als ganz eigenständige Philosophin eines (menschlichen) Existenzialismus. Letztlich gelingt Simone de Beauvoir in nuce mit den beiden Essays *Pyrrhus und Cinéas* und *Für eine Moral der Doppelsinnigkeit* eine Ethik des Existenzialismus, wie Sartre sie schuldig blieb, obgleich er sie in einer Fußnote von *Das Sein und das Nichts* versprochen hatte. (In Sartres Nachlass fanden sich Aufzeichnungen unter dem Titel *Cahiers pour une morale*, dt. *Entwürfe für eine Moralphilosophie*, die jedoch fragmentarisch blieben.)

»Das Blut der anderen«

Literarischer Niederschlag von Beauvoirs Beschäftigung mit einer existenzialistischen Moralphilosophie ist ihr 1945 erschienener Roman *Das Blut der anderen*. Zwar werden darin Themen aus der Zeit der Besatzung und der Résistance erörtert, aber der Subtext stellt entscheidende Fragen nach dem individuellen Handeln und dessen Folgen für die anderen. Die männliche Hauptfigur Jean Blomart leidet am Widerspruch zwischen seiner reichen Herkunft und der Not und der Armut in der Welt. Er empfindet seine Existenz als schuldbeladen. Um sich davon zu lösen, verlässt er sein Elternhaus und schließt sich im Kampf für eine bessere Welt der kommunistischen Arbeiterbewegung und dem Pazifismus an. Er weist Hélène in der Liebe zurück, da er der Ansicht ist, dass er niemanden an sich binden und durch seinen »Erbfluch« unglücklich machen darf. Doch gerade die Unentschiedenheit und der Gleichmut im Großen wie im Kleinen führen letztlich zum Zweiten Weltkrieg und damit zum unsäglichen Leid für viele Millionen Menschen.

Unter dem Druck der Verhältnisse entschließt sich Jean Blomart für das Engagement an der Front und in der Résistance. Hélène wird bei einer von ihm geleiteten Widerstandsaktion tödlich verletzt und stirbt vor seinen Augen. Dadurch bricht Jeans Schuldkomplex wieder auf: »Sie leidet. Durch meine Schuld. [...]. Weil ich sie nicht geliebt habe, und weil ich sie geliebt habe. [...] Weil es mich gibt, und dieser brutalen Tatsache hat sie sich unterwerfen müssen. [...] Man hätte niemals sein dürfen.«

Parallel zu Jeans Schicksal und Erleben wird Hélènes Entwicklung erzählt. Sie ist selbstsüchtig aus Verzweiflung und Ekel dem Dasein gegenüber. In der Liebe zu Jean glaubt sie diesen Überdruss überwinden und ihrem Dasein Sinn geben zu können. Doch ihr Versuch, Jean zu besitzen, ist egoistisch. Seine Zurückweisung stürzt sie in tiefste Verzweiflung und Gleichgültigkeit gegenüber den moralischen Folgen ihres Tuns: Sie kollaboriert mit den Nationalsozialisten. Doch als sie von der Deportation der Juden erfährt (ihre Freundin ist Jüdin), erwacht sie aus ihrer Gleichgültigkeit. Sie entschließt sich, für Jeans Widerstandsgruppe zu arbeiten. In ihr erwacht die »wahre« Liebe zu Jean (nicht, wie vormals, der besitzheischende Narzissmus). In der Stunde ihres Todes wächst sie durch diese Liebe über sich hinaus, und sie versucht, den von Selbstvorwürfen zerquälten Jean zu trösten: »Mach dir bitte keine Gewissensbisse. [...] Ich habe getan, was ich wollte. Du warst nicht mehr als ein Stein. Und Steine braucht man, damit Straßen entstehen können – wie könnte man sich sonst für einen Weg entscheiden?« Jean findet durch Hélènes Worte die Kraft, seinen Kampf für das Gute fortzuführen. Zwar ist er schuldig geworden, aber zugleich trägt er durch seinen Kampf dazu bei, die Schuld in der Welt zu vermindern und das Leid anderer zu verringern. Er ist der freie Mensch, zur Freiheit verurteilt, eine Freiheit, die Verantwortung auferlegt und den Menschen nicht von der Schuld verschont: Bereits tags darauf hat Jean eine Aktion gegen die Deutschen zu verantworten, die Geiseln genommen haben. Er weiß, dass der Angriff die Geiseln das Leben kosten wird. Aber er nimmt diese Verantwortung auf sich und zieht sich nicht in Unaufrichtigkeit daraus zurück. So gibt er das Startsignal für die Aktion. Beauvoir hat in ihren Memoiren *In den besten Jahren* ihren »Helden« Jean Blomart in Schutz genommen: »Ein wirklich moralischer Mensch kann kein gutes Gewissen haben.« Jean Blomart entscheidet sich letztlich für die Gemeinschaft. Gerade weil er sein solipsistisches, bürgerlich-wohlsituiertes Leben verlassen hat, ist er zu einem Menschen in Freiheit geworden, der Verantwortung mit allen Konsequenzen trägt, ohne Hoffnung auf göttliche Gnade oder Vergebung. Er nimmt seine Existenz mit allem Wenn und Aber, Für und Wider an und wird erst dadurch wirklich frei und essenziell. Diese Entscheidung kostet nicht nur das eigene Blut (im tatsächlichen wie übertragenen Sinne), sondern auch das der anderen.

»Das andere Geschlecht«

Viel Blut, Herzblut, kostet Simone de Beauvoir ihr nächstes Buch. Es ist gemessen an der gesellschaftlichen Wirkung sicherlich ihre bedeutendste und folgenreichste Publikation: *Le Deuxième Sexe* von 1949 (dt. *Das andere Geschlecht*). Nachdem sie sich in ihren vorhergehenden Essays und Romanen eingehend mit der Philosophie des Existenzialismus und Sartres Begriff der Freiheit auseinandergesetzt hat, wendet sie nun ihre Erkenntnisse auf einen Teil der Gesellschaft an, der bislang zumeist in Unfreiheit und in den Fesseln der Konvention und patriarchalischer Vorstellungen gehalten worden ist: die Frauen. In dem schon umfangmäßig gewaltigen Werk verknüpft sie dabei eine Geschichte der Menschheit im Gewand des Patriarchats mit individuellen Lebensgeschichten von Frauen vergangener und heutiger Zeit und bindet dabei soziologische, biologische, psychologische und historische Untersuchungen ein. Sie scheut – ein Skandal zu jener Zeit – auch nicht vor der Erörterung sexueller Wünsche und der Darstellung sexueller Tabus (etwa der lesbischen Liebe) zurück. Die Palette der Reaktionen reichte von offener Begeisterung bis zu verstohlenem Einvernehmen, von Häme bis zu Gewaltandrohung gegen die Autorin. Selbst so vermeintlich liberale existenzialistische Persönlichkeiten wie Albert Camus kritisierten das Buch und wandten sich (aber nicht nur deshalb) brüsk von Beauvoir ab.

Das Buch wurde in mehrere Sprachen übersetzt und fand weltweit Beachtung und eine millionenfache Leserschaft – vor allem unter Frauen. Die Wirkung war durchschlagend. Um sie zu verstehen, muss man sich vor Augen halten, dass Frauen beispielsweise in Frankreich erst nach dem Zweiten Weltkrieg überhaupt das Wahlrecht erhielten und sie in Frankreich wie auch in Deutschland bis in die Sechzigerjahre hinein weder das Recht auf Führung eines eigenen Bankkontos noch auf freie Berufswahl und -ausübung ohne Einverständnis ihres Ehemannes hatten. Und nun wandte eine Philosophin, der man bislang belächelnd unterstellt hatte, sie kenne nur ihre kleine Welt der Literatencafés von Saint-Germain-des-Prés, ihre existenzialistischen Erkenntnisse ganz praktisch auf die aktuellen Gegebenheiten an und erklärte den Frauen dieser Welt, in welchen Denkmustern und althergebrachten Konventionen sie gefangen gehalten wurden und dass sie das Recht, ja die Verpflichtung hätten, ihre Freiheit zu ergreifen, um endlich ganze Menschen zu werden und aus der bloßen Existenz zur Essenz zu gelangen.

Beauvoir argumentiert, dass der vermeintliche Unterschied zwischen Mann und Frau auf einem jahrtausendealten Herrschaftsanspruch des Patriarchats beruht, den die Frauen verinnerlicht haben. So werden vermeintlich »natürliche« Eigenschaften und Bedürfnisse von Mädchen und Frauen beschworen, die in Wahrheit jedoch Konstrukte sind, »Mythen der Weiblichkeit« (in Anlehnung an eine Definition des Ethnologen Claude Lévi-Strauss). Diese werden den Mädchen in ihrer Kindheit nicht nur anerzogen (von Familie und Gesellschaft), sie werden von diesen auch bereitwillig und unüberlegt angenommen (zumal ein Kind nicht ohne Weiteres über intellektuelle Mittel des Zweifels und Hinterfragens verfügt). Zu diesen Mythen gehören sogenannte weibliche Eigenschaften wie Bescheidenheit, Tugendhaftigkeit, Scheu, sexuelle Scham – nicht, dass solche Eigenschaften grundsätzlich abzulehnen sind, aber sie werden von Mädchen und Frauen in weit höherem Maße erwartet als von »draufgängerischen«, »mutigen« Jungen. Auch das »Handeln« in der Welt, die *vita activa*, bleibt in erster Linie den Jungen und Männern vorbehalten. Sie sind »ihres Glückes Schmied«, wie die Redewendung zu sagen weiß, weil sie in die Welt hinausgehen, ihr Schicksal selbst in die Hand nehmen können und dürfen – während die Frauen auf Haushalt und Kindererziehung reduziert werden, also im Inneren, in der Immanenz bleiben. Sie können nicht über den freien Willen und das Handeln zur Transzendenz ihres Wesens vorstoßen und bleiben Spielbälle der Laune ihrer Umgebung und des Zufalls und zur Mittelmäßigkeit und Unaufrichtigkeit verdammte und gemachte Objekte, die sich nicht als ein »Selbst« sehen, sondern als »die andere« aus dem Blickwinkel der Männer. Oder, um Sartres Terminologie aufzugreifen: Frauen leben nicht im Bewusstsein eines freien »Für sich«, sondern eines unaufrichtigen »An sich«.

Doch genau hier setzt Simone de Beauvoir ihre Kritik an Sartres Konzeption der Freiheit an: Wie kann, so fragt sie, eine Frau unter diesen Umständen überhaupt die Freiheit wählen und ihr unaufrichtiges Leben hinter sich lassen? Das Problem liegt tiefer, ist nicht nur von einem subjektiven Willen abhängig, sondern auch von gesellschaftlichen, juristischen und politischen Umständen – aber natürlich auch von der Übernahme der »Mythen der Weiblichkeit« durch die Frauen selbst. Beauvoirs Buch wirkte damals im besten Sinne aufklärerisch: Sie bringt auf den Punkt, was viele Frauen dieser Welt nicht erkannten oder kaum zu denken wagten. Sie wagt es, Frauen als geschlechtliche Wesen innerhalb eines historischen Umfelds zu betrachten und zu benennen. Und sie hält den damals überwiegend von Männern dominierten gesellschaftlichen und staatlichen Strukturen einen Spiegel vor. Die *Masse* der Frauen, die Beauvoir indes mit ihrem Weltbestseller erreichte und aufrüttelte, war ein wichtiger Stein des Anstoßes im besten Sinne. Ohne das Buch *Le Deuxième Sexe* sind wenig später einsetzende

Strömungen wie Emanzipation, Feminismus, Studentenrevolte, Pazifismus (Proteste gegen den Algerien-Krieg und den Vietnam-Krieg) und die schwarze Bürgerrechtsbewegung zwar denkbar, aber keineswegs in solch umfangreichem Maße und mit solch durchschlagendem Erfolg. Was hingegen die Bedeutung von *Le Deuxième Sexe* für die existenzialistische Philosophie anbelangt, so stellt Beauvoirs Abhandlung nicht nur eine kritische Auseinandersetzung mit dem anderen Hauptwerk, Sartres *Das Sein und das Nichts*, dar, sondern auch eine Erweiterung und Korrektur dessen Termini »Freiheit« und »Unaufrichtigkeit«. Noch 1979 – ein Jahr vor Sartres Tod – insistiert Beauvoir auf der Originalität ihrer philosophischen Gedankengänge, wenn sie in einem Interview feststellt: »Ich war es, die darüber nachgedacht hat! Es war ganz und gar nicht Sartre!«

»Erkennen und Schreiben«

Trotz dieser späten (vielleicht verspäteten) Kritik an ihrem Freund und Kollegen Sartre bleibt Simone de Beauvoir zu Lebzeiten wie auch darüber hinaus nur allzu oft in dessen Schatten, im Bewusstsein der breiten Leserschaft wie auch im Blickfeld der Wissenschaft. Zu sehr ist Sartre in all den Jahren und Jahrzehnten der von den Medien umworbene und zum »Guru« des Existenzialismus inszenierte »Star«. Und bezeichnenderweise ist Beauvoir – aus Loyalität, Freundschaft oder liebevoller Anhänglichkeit – Sartre immer zur Seite gestanden – bis hin zur Selbstaufgabe. Sie lektoriert und diskutiert seine Arbeiten, Ideen und Pläne, befindet sich über Jahrzehnte hinweg mit ihm in einem fortwährenden produktiven Diskurs, schirmt ihn ab gegen zu aufdringliche Fans und lästige Reporter, kümmert sich um ihn, als er in den letzten Lebensjahren, fast blind, von Alkohol und Aufputschmitteln zerrüttet, von Schlaganfällen gezeichnet, immer hilfloser wird. Es ist wohl die anhängliche Treue einer Frau, die mit ihrem Gefährten durch dick und dünn gegangen ist: Sie haben gemeinsam im Jahre 1945 die kritische Zeitschrift *Les Temps Modernes* gegründet und all die

Jahrzehnte über redaktionell geleitet (die Zeitschrift existierte bis Dezember 2018), sie begeistern sich für das sozialistische System in der Sowjetunion und sagen sich später davon los, um zum Maoismus zu wechseln. Sie bereisen mit wachem Interesse für die gesellschaftlichen und kulturellen Umstände und Veränderungen mehrmals die USA, die Sowjetunion, China, Indien, Afrika und natürlich den europäischen Kontinent. Sie engagieren sich im Kampf gegen Kolonialismus (insbesondere gegen den von Frankreich geführten Krieg in Algerien) und gegen den Vietnam-Krieg der USA, sie begleiten mit Empathie die Black-Power-Bewegung in den Vereinigten Staaten von Amerika und kritisieren die Apartheid-Politik in Südafrika.

Als Jean-Paul Sartre am 15. April 1980 stirbt, ist Simone de Beauvoir, selbst von Krankheiten und Alkoholismus gezeichnet, am Boden zerstört. Krankheit, Alter und der nahende Tod, denen sie mit ihren Büchern *Ein sanfter Tod* (1964; über das Sterben der eigenen Mutter) und *Das Alter* (1970) einen existenzialistischen Trost entgegensetzen wollte, stehen nun, da sie in ihrer eigenen Existenz davon betroffen ist, immer verrätselter und gnadenloser vor ihrem Blick und ihrem Denken. Dennoch versucht Beauvoir in einer Mischung aus Trotz und Gelassenheit dem Unausweichlichen die Würde ihrer selbst gewählten Freiheit, ihres »Für sich«, ihres aufrichtigen Lebenskonzepts entgegenzustellen. Im letzten Band ihrer Memoiren *Alles in allem* (1972) legt sie vor der Leserschaft die konstanten Koordinaten dieser selbstbewussten, selbst gewählten Existenz dar: »Wenn ich die Grundlinie meines Lebens verfolge, so springt mir ihre ungebrochene Kontinuität in die Augen [...]. Vor allem zwei Dinge haben meinem Dasein seine Einheit verliehen: der Platz, den Sartre niemals aufgehört hat in ihm einzunehmen. Und die Treue, mit der ich immer an meinem ursprünglichen Projekt festgehalten habe: Erkennen und Schreiben.«

Simone de Beauvoir stirbt am 14. April 1986 und wird neben Sartre auf dem Friedhof Montparnasse bestattet. Wie Héloïse und Abaelard ruhen sie Seite an Seite. Aber welch weiter Weg von den Abhängigkeiten, den die mittelalterliche Liebende und Nonne unterlag, bis zu dem stolzen, selbstbestimmten, emanzipierten Dasein der existenzialistischen Philosophin und Literatin! In einem späten Interview mit Margaret Simons erklärte Beauvoir ihre Sichtweise auf ihre eigene Philosophie – nicht ohne Hintersinn und Humor, bescheiden und zugleich von stolzem und widerständigem Selbstbewusstsein: »Ich bin keine Philosophin, weil ich kein System geschaffen habe, ich bin aber eine Philosophin in dem Sinne, dass ich sehr viele Philosophien studiert habe, ich habe einen Abschluss in Philosophie, ich habe Philosophie gelehrt, ich bin von Philosophie durchdrungen, und wenn ich in meinen Büchern philosophiere, dann weil das meine Perspektive auf die Welt ist, und ich kann nicht zulassen, dass sie meine Sichtweise auf die Welt auslöschen wollen.«

Philosophie der Verantwortung in einer globalisierten Welt

Es scheint kein Zufall, sondern Zeichen innerer Not, dass bestimmte Philosophen des 20. Jahrhunderts ihre eigene wissenschaftliche Disziplin als unzulänglich und realitätsverweigernd kritisierten. Sowohl Simone Weil als auch Hannah Arendt sahen in der Verurteilung des griechischen Philosophen und engagierten *polis*-Bürgers Sokrates im Jahre 399 vor Christus eine tragische Wegscheide für die Entwicklung einer zweieinhalbtausendjährigen Philosophie- und Kulturgeschichte des Abendlandes: Damit, so die Kritik, sei die Philosophie vom öffentlichen Leben, das Denken vom Handeln gewaltsam getrennt worden. Die Philosophie habe weitgehend nur über sich selbst nachgedacht, über das reine Denken und die idealistische Erkenntnis, ohne noch die Frage nach dem Sinn und Zweck innerhalb der Gesellschaft – in der die denkenden und handelnden Menschen leben und diese gestalten sowie umgekehrt von ihr geprägt werden – zu stellen. Die Entfremdung des Menschen in einer komplizierter werdenden Welt, in einer Welt der äußeren und inneren Brüche und Unwägbarkeiten, in der Technik und Technologien immer tiefer in das Leben des Einzelnen eingreifen, neue Daseinsmöglichkeiten und -chancen eröffnen, aber auch neue Gefahren des Missbrauchs lauern, diese Entfremdung ruft nicht nur nach »Spezialisten« eben jener Hochtechnologien, sondern gerade nach der Philosophie, der Liebe zur Weisheit und zur Erkenntnis, der Instanz, die kritische und über Ressorts hinausgreifende Fragen zu stellen imstande sein sollte. Die Selbstbescheidung der Philosophie im Rückzug in den Elfenbeinturm und das offenbar gestörte Verhältnis zwischen Fragestellern und Adressaten führten nicht erst seit der Moderne zu einer Krise der Disziplin. Die Philosophie muss sich, will sie nicht als Orchideenfach unterm Glassturz verkümmern, wieder zurück in die *polis* begeben, genau auf den Marktplatz, die *agora*, auf dem im 5. Jahrhundert vor Christus Sokrates und seine Schüler im Kreise saßen und sich, unter die Bevölkerung gemischt, über das Woher, Wozu und Wohin des Menschen unterhielten.

Zu den philosophischen Stimmen des späten 20. Jahrhunderts, die noch einmal eine Gesamtschau der Philosophiegeschichte wagten und diese in die Jetztzeit einzubetten versuchten, gehörte die Schweizerin Jeanne Hersch. In ihrem Buch *Das philosophische Staunen*, 1981 aus einer populärwissenschaftlichen Sendereihe für den Rundfunk hervorgegangen, wagt sie genau für diesen sokratischen Marktplatz eine allgemein verständliche Auseinandersetzung mit den Fragen vergangener Zeiten und den Problemen der Gegenwart und Zukunft. Ihre Hauptkritik an der zur Hochschuldisziplin erstarrten Philosophie ihrer Zeit lautet:

»Die zeitgenössische Philosophie hat, wie mir scheint, etwas versäumt: Sie hat über die Fortschritte der Wissenschaft und der Technik weder tief genug noch genau genug nachgedacht. Entweder aus Überheblichkeit oder aus Minderwertigkeitsgefühlen hat sie nicht genügend dazu beigetragen, daß die Zeitgenossen sich dieses Fortschritts, der ihre Welt und Gesellschaft verändert hat, auf geistiger und kultureller Ebene bewußt wurden, daß sie ihn verstehen und verarbeiten lernten. Stattdessen entwickelten sich die verschiedenen Geistes- und Sozialwissenschaften, die den Menschen, die Gesellschaft und die Geschichte zum Gegenstand haben. Nicht den Menschen, der nur Teil der Natur ist und damit Gegenstand der Biologie, sondern den geschichtlichen Menschen, der seine Gesellschaft mitgestaltet, der ein Bewußtsein seiner selbst hat, der weiß, daß er sterben wird, der über sein Geschick staunt und nachdenkt.«

Aus solcher Kritik spricht nicht die in ihrer fachlichen Geltung gekränkte Eitelkeit einer Philosophin, die dem verlorenen Bedeutungsgehalt einer ganzen Disziplin nachtrauert, sondern die Sorge um die Essenz der menschlichen Existenz: »Was dabei verschwindet, ist das Sein und der mögliche Bezug auf das Sein – also die Wahrheit.« Sie widerspricht vehement Ansichten, die »ewigwährende, immergültige Philosophie«, die *philosophia perennis,* behandle gar keine wirklichen Probleme, denn Probleme ergäben sich nach Ansicht von Linguisten, Strukturalisten und Hermeneutikern erst aus der Sprache und den Zeichen. Jeanne Hersch kontert: »Dabei wirken diese Geistes- und Sozialwissenschaften wie Termiten im Holz: Sie höhlen die Philosophie von innen aus und zermahlen ihre Problemstellungen, die Frage nach der Sinnhaftigkeit zu Staub. Sie lösen die Probleme nicht, sondern lösen sie auf, indem sie die Wirklichkeit, das Sein selbst auflösen. Die Möglichkeit, diese Frage zu stellen, verschwindet mit dem Sinn für Wahrheit.«

Welche Konsequenzen aber ergeben sich aus dieser Feststellung? Jeanne Hersch stellt die Forderung an die Wissenschaft: »Die Geschichte der Wissenschaften hat erwiesen, daß eine gewisse philosophische Konfusion heuristisch fruchtbar und weiterem Forschen förderlich sein kann. Unter einer Bedingung: Die Forscher selbst müssen dabei ihren klaren Kopf bewahren, wissen, was sie tun, und sich selbst durch die methodisch fruchtbare Unklarheit nicht irreführen lassen: Die Probleme stellen sich weiter. Sonst wird die Frage nach dem Sinn verwischt, und mit ihr der Sinn für das Menschsein.« An die Adresse der Philosophen richtet sie die Ermahnung: »Es ist also eine grundlegende Aufgabe der Philosophie heute, die Methoden und Begriffe der Wissenschaften, die die Natur oder den Menschen, die Gesellschaft oder die Geschichte zu ihrem Gegenstand machen, ausreichend zu verstehen, um auf ihr Selbstverständnis und auf das Verständnis, das die Nichtwissenschaftler von ihnen haben, klärend zu wirken. Die Fragen der *philosophia perennis* sollen wieder zu ihrem Recht kommen. Die Wahrheit soll sich wieder auf das Sein beziehen können und für die menschliche Freiheit entscheidend sein. Die zwingenden Resultate und die klare Sprache der Wissenschaften sollen nicht dazu führen, daß die letzten Fragen, die der philosophierende Mensch stellt, durch Scheinlösungen verschleiert werden.«

Und auf die Zukunft gerichtet, eine Zukunft der Philosophie im

21. Jahrhundert, meint Jeanne Hersch, nicht die Bedrohungen der Menschheit und des Menschseins seien das eigentliche Problem: »Denn ohne diese Probleme, die wir oft vergessen oder leugnen möchten, wären wir keine Menschen.« Die Bestimmung des Menschen, seine Sinnhaftigkeit, liege ja nicht in einer Beseitigung der Bedrohungen und Probleme des Menschseins, sondern in der »Pflicht, verantwortliche, freie Wesen zu werden«.

Freiheit und Verantwortung, Freiheit *in* der Verantwortung: Das sind die Pole von Jeanne Herschs philosophischem Staunen. Darin liegen nach ihrer Ansicht die Essenz des Denkens und der Sinn des Menschseins: »Daß wir diese Möglichkeit und diese Pflicht haben, erfahren wir am besten durch die vielen Weisen philosophischen Staunens.«

Jeanne Hersch (1910–2000)

Freiheit und Verantwortung

In unserer hochzivilisierten Zeit erwarten viele Menschen in ihrem irdischen Dasein die vollkommene Absicherung gegen Schicksalsschläge aller Art mithilfe der Errungenschaften von Technologie, Digitalisierung und Medizin. Es gibt Versicherungen gegen Krankheit, Unfall, Arbeitslosigkeit. Ja, selbst Sterben und Tod scheinen, wenngleich unumgänglich, durch die »Segnungen« einer erstklassigen medizinischen Versorgung aufschiebbar und weitgehend schmerzfrei. Doch die Realität lehrt uns anderes: Unvorhergesehene Schicksalsschläge – unheilbare Krankheiten, Unfälle, das Auftreten von Klima- und Naturkatastrophen, der Ausbruch weltweiter Pandemien, die nicht an den gehüteten Grenzen der westlichen Zivilisation haltmachen – bedrohen Menschen nicht nur in ihrer körperlichen Unversehrtheit, sondern auch in ihrem geistig-seelischen Selbstverständnis. Das Recht auf persönliches Glück (wie es sogar in der amerikanischen Verfassung in Aussicht gestellt wird) oder auf vollständiges körperliches, geistiges und soziales Wohlbefinden (einer der obersten Grundsätze der WHO) erweist sich als nicht einlösbar. Existenzielle Fragen nach dem Weshalb und Wozu eines offensichtlich »blinden« Fatums drängen sich auf und können von den modernen »Glückssuchern« nicht nur nicht beantwortet werden, sondern stoßen diese oft sogar in eine stumme Verzweiflung. Die Schweizer Philosophin Jeanne Hersch hat sich zeitlebens gegen solch Allmachts- und Glücksfantasien des modernen Menschen gewandt, sah sie doch darin ein selbst verschuldetes Aufgeben der menschlichen Mündigkeit, einer Mündigkeit in Freiheit und Verantwortung.

Im Gespräch mit der Journalistin und Philosophin Gabrielle Dufour umriss Jeanne Hersch dies bildhaft so: »Ich habe einmal gesagt, daß ein gutes Auto nicht ein Auto ist, das gut auf der Autobahn fährt, sondern eins, mit dem man auch auf schlechten Wegen fahren kann. Gesundheit ist Widerstandskraft. In dieser krankhaft aufgeblasenen Forderung nach vollkommener Gesundheit, nach vollkommenem Glück und so weiter sind alle Keime von Verzweiflung und Unglück enthalten. Die Menschen wären weniger unglücklich, wenn sie nicht das vollkommene Glück verlangten, das unmöglich ist.«

Vielmehr, so Jeanne Hersch, sollten die Menschen die Grenzen ihres Seins anerkennen und innerhalb dieser Beschränkung ihre »Chance zu verantwortlicher Freiheit« ergreifen. Dass dies mehr ist als nur philosophisches Sonntagsreden, sondern ganz konkret die aktuellen ethisch-moralischen Fragen einer hochzivilisierten Gesellschaft anbelangt, veranschaulicht die Philosophin am Beispiel der im Zuge wachsender medizinischer Möglichkeiten immer wieder diskutierten Forderung nach sogenannter Sterbehilfe und einem menschenwürdigen, selbstbestimmten Ende des irdischen Daseins:

»Nehmen wir das Problem der Euthanasie: Ich habe mich an einem Hearing vor einer Kommission der Eidgenössischen Räte beteiligt. Ich sagte, daß die Verpflichtung, das menschliche Leben zu verlängern, ihre Grenze erreicht, wenn die Lebensverlängerung zum rein mechanischen Vorgang wird, so daß man nicht mehr sagen kann, ob der Mensch noch lebt, weil die Maschinen sozusagen an seiner Stelle funktionieren. Die Verlängerung des Lebens verliert dann jede Bedeutung. Ich glaube nicht, daß man das Leben künstlich verlängern sollte, wenn keinerlei Aussicht auf Wiederherstellung der verantwortlichen Freiheit besteht. Hier liegt meiner Ansicht nach das entscheidende Kriterium. Hingegen scheint es mir unmöglich, ein Gesetz zu befürworten, demzufolge dem menschlichen Leben ein Ende gesetzt werden kann, weil der Kranke oder seine Angehörigen dies wünschen, getreu dem Prinzip, daß jedermann frei über seinen Körper und sein Leben verfügen darf. Frei und verantwortlich sein heißt nicht, mit sich, seinem

Körper und seinem Leben zu machen, was man will, was immer es auch sei. Deshalb sage ich immer ›frei *und* verantwortlich‹ in einem Atemzug. Für diese Freiheit muß man einstehen; und zunächst einmal vor dieser Freiheit selbst, die uns auf eine bestimmte Weise geschenkt ist und die uns damit ihre Verpflichtungen aufzwingt.«

Jeanne Hersch wurde während ihres langen Lebens (sie starb im neunzigsten Lebensjahr, zu Beginn des neuen Jahrtausends) von vielen bewundert und als ethische Instanz geachtet, von etlichen wegen ihrer »konservativen« Anschauungen aber auch angefeindet. Dabei entzog sie sich stets der Einordnung in gängige Denkmuster oder ideologische Parteiungen. Sie war eine Sozialistin, die den Kommunismus verabscheute und konservative Werte vertrat; sie war Jüdin ohne einen Glauben an Gott; sie bewunderte die christliche Religion (insbesondere den Katholizismus), ohne an Jesus als auferstandenen Sohn Gottes zu glauben; sie war Pazifistin und befürwortete doch die militärische Wehrhaftigkeit, ja sogar eine Aufrüstung mit Atomwaffen zum Zwecke der Abschreckung; sie forderte einen verantwortungsvollen, schützenden Umgang mit den Ressourcen dieser Erde und befürwortete gerade deshalb den Einsatz der Atomkernspaltung zum Zwecke der Energiegewinnung; sie verteidigte vor den Erfahrungen des 20. Jahrhunderts die Demokratie, verurteilte aufs Schärfste totalitäre Regime und Ideologien und zeigte sich skeptisch gegenüber dem westlichen Kapitalismus, vor allem der Überlagerung der Demokratie durch blindes Gewinnstreben. Jeanne Herschs Lebenshaltungen und philosophische Überzeugungen wurden dabei nicht nur durch ihre eigenen Erfahrungen im krisengeschüttelten 20. Jahrhundert geprägt, sondern auch durch die Herkunft ihrer Eltern. Und die führte aus dem zivilisatorischen »Paradies« der Schweiz zurück in das Polen vor dem Ersten Weltkrieg, in ein Land, dessen Bevölkerung von materieller Armut, zivilisatorischer Rückständigkeit, politischer Unselbstständigkeit und religiöser Intoleranz geprägt war.

Jeannes Eltern Liebmann Hersch und Liba Lichtenbaum stammen beide aus dem zaristischen Polen (Liba aus Warschau und Liebmann aus dem damals zu Ostpolen gehörenden litauischen Vilnius). Das Land ist von einem erzkonservativen, quasi als Staatsreligion fungierenden Katholizismus, von der autoritären russischen Staatsgewalt und von einem latenten Antisemitismus (der sich immer wieder in Pogromen entlädt) geprägt. Nach dem Abitur (an den Gymnasien wird nur auf Russisch, der Sprache der Besatzer, unterrichtet) gehen Liebmann und Liba nach Genf. Liebmann studiert Wirtschafts- und Sozialwissenschaften, Liba Medizin. Bereits in Polen hatten sie Kontakt zum Allgemeinen Jüdischen Arbeiter-Bund, einer sozialistischen Partei im Untergrund, die überwiegend von polnischen und russischen säkularisierten Juden gebildet wird. Die »Bundisten« unterhalten mit bescheidenen finanziellen Mitteln eine eigene Zeitung, zudem veranstalten sie Fortbildungskurse und politische Seminare. Die Partei, die im Russischen Reich verboten ist, verlagert ihre Aktivitäten immer mehr in die Kreise der weltweit exilierten Juden, und auch Liebmann Hersch, der für die Parteizeitung unentgeltlich schreibt, seine Frau und später die Tochter Jeanne werden zu Sympathisanten des »Bunds«.

In Genf lernen sich die Studenten Liebmann Hersch und Liba Lichtenbaum kennen. Sie heiraten. Am 13. Juli 1910 kommt die Tochter Jeanne zur Welt (im Jahre 1917 folgt die zweite Tochter Irène, 1925 der Sohn Joseph). Die Eltern sind noch Studenten, später macht Vater Hersch Karriere als Professor für Demografie und Statistik an der Universität Genf, die Mutter wird Ärztin und erhält eine Anstellung in der Abteilung Abrüstung des Völkerbundes (was Liba Hersch stets zum Kalauer verleitet: »Im Völkerbund arbeiten die, die eine militärische Ausbildung haben, im Bereich der Hygiene, und die, die eine medizinische Ausbildung haben, im Bereich der Abrüstung.«). Jeanne wächst mit den sozialistischen und philosophischen Ideen ihrer Zeit auf: Die elterliche Wohnung ist ein Sammelpunkt des russischen und polnischen Exils und sozialistischer jüdischer Intellektueller. Jüdischen Flüchtlingen gewähren die Herschs immer wieder Unterschlupf, schon ganz gewohnheitsmäßig versieht Liba Hersch tagtäglich den Tisch mit einem zusätzlichen Gedeck, denn jederzeit kann ein Exilant an die Tür klopfen. Als die Oktoberrevolution des Jahres 1917 die Bolschewiken in Russland an die Macht bringt (und die bürgerliche Regierung der Februarrevolution unter Alexander Kerenski stürzt), sehen das die Herschs ebenso wie die meisten »Bundisten« mit Sorge und Entsetzen. Denn obgleich sie sich als Sozialisten verstehen, sind sie doch auch Antikommunisten. Vater Hersch, der sich damals eben auf dem Weg nach Russland befindet (er will sondieren, inwiefern eine Zukunft in einer bürgerlichen russischen Republik möglich ist), kehrt, als er von der Machtübernahme der Bolschewiken unter Lenin hört, sofort nach Genf zurück. Der Traum von einer Rückkehr nach Polen oder Russland ist damit geplatzt. Die Familie Hersch bleibt in der Schweiz. Jeanne wird später, im Jahre 1931, das Schweizer Bürgerrecht ihrer Heimatstadt Genf erwerben.

Für Jeanne sind die politischen Ereignisse von 1917, auch wenn sie sich im fernen Russland abspielen, von existenzieller Bedeutung: Sie versteht sich durch den »Bund« als antikommunistische Sozialistin und als säkularisierte, antizionistische Jüdin. Die wichtigste Lektion des Jahres 1917: »Als erstes habe ich gelernt, die demokratische Freiheit niemals zu opfern. Man kann mich nicht um den Finger wickeln, indem man mir weismachen will, daß ich für den Verzicht auf die demokratischen Freiheiten soziale Gerechtigkeit oder irgendwelche ›konkrete Freiheiten‹ erhalte [...].«

Lehrjahre in Deutschland

Für die Eltern Hersch ist eine gute schulische und akademische Ausbildung der Kinder Ehrensache, »etwas Unantastbares«. Jeanne erhält zudem früh Klavierunterricht am Konservatorium und erntet mehrere Preise bei pianistischen Wettbewerben. Doch nach dem Abitur im Jahre 1928 gibt sie ihre solistischen Ambitionen auf und beginnt in Genf bei André Oltramare ein Studium der Literaturwissenschaften. Ein Jahr später, im Sommer 1929, geht sie für ein Gastsemester nach Heidelberg: Dort hört sie philosophische Vorlesungen bei Karl Jaspers. Es ist für Jeanne Hersch eine eindrückliche, bestimmende Begegnung, der Beginn ihres Weges als Philosophin.

Jeanne Hersch lehnte die Bezeichnung »Philosophin« für sich ab: »Es ist, als ob jemand sagen würde: Ich bin Dichter. Außerdem kenne ich meine Leichtfertigkeit zu gut, um mir eine Berufung zum Philosophen zuzuschreiben.« Das ist mehr als nur Understatement oder zur Schau getragene Bescheidenheit. Vielmehr verbirgt sich dahinter die Erkenntnis, dass »Stars« der Philosophie nur allzu gern den Kontakt zu den Fragen der Wirklichkeit, des täglichen Lebens, der »einfachen« Menschen verlieren und sich im luftleeren Raum des reinen Denkens recht narzisstisch bewegen. Für Jeanne Hersch stehen zeitlebens die aktuellen Fragen der Gesellschaft, die existenziellen Bedürfnisse der Menschen und die Lehre, das Weitergeben ihrer Erkenntnisse, im Vordergrund: Dies darf nicht nur im universitären Hörsaal geschehen, sondern genauso gut in Volkshochschulen, vor Vereinen, an Schulen, in Publikumszeitschriften oder in populären Sendungen im Radio (so hält sie später in einer vierzigteiligen Reihe des Schweizer Rundfunks fachlich fundierte und gleichwohl allgemein verständliche Vorlesungen über die Geschichte des Denkens von den alten Griechen bis in die Gegenwart unter dem programmatischen Titel *Das philosophische Staunen*, eine Reihe, die sich großer Beliebtheit erfreut und das philosophische Denken für breite, auch nichtakademische Teile der Bevölkerung erschließt).

Die Begegnung mit Karl Jaspers ist für Jeanne Herschs weiteres Leben wegweisend: »Ich verstand fast nichts, weil meine Philosophie- und Deutschkenntnisse mangelhaft waren. Dennoch zögerte ich keine Sekunde: *Ich wußte sofort, daß da etwas war, was ich verstehen mußte.*« Jeanne Hersch sucht Jaspers wenige Tage nach dem ersten Besuch einer Vorlesung auf und bittet ihn, ihr trotz ihrer mangelhaften Deutsch- und Philosophiekenntnisse die Teilnahme an seinem Seminar zu Hegels *Ästhetik* zu erlauben. Jaspers rät zunächst ab. Doch eben als Jeanne betrübt den Raum verlassen will, ruft er ihr nach: »Na, wenn Sie wollen, dann kommen Sie eben.« Jeanne Hersch arbeitet sich verbissen in die Philosophie ein und lässt sich von einem Kommilitonen, der deutsch und französisch spricht, vieles übersetzen. Nach und nach findet sie Zugang zu Jaspers' Existenzphilosophie. Und mehr: »Als ich Jaspers hörte, entdeckte ich, was Philosophie war.«

Doch noch immer spielt sie nicht mit dem Gedanken, einen philosophischen Abschluss zu machen oder gar »Philosophin« zu werden. Sie kehrt nach einem Semester nach Genf zurück und absolviert 1931 das Staatsexamen mit einer literaturwissenschaftlichen Arbeit über Henri Bergson. Danach hängt sie in Paris ein Nachdiplomstudienjahr an. Doch das Heidelberger Erlebnis lässt sie nicht los. Im Winter 1932/33 – es sind die Monate vor Hitlers Machtergreifung – kehrt Jeanne Hersch nach Heidelberg zurück. Auch der Beginn der NS-Herrschaft kann sie nicht von der Faszination eines philosophischen Studiums bei den großen Koryphäen jener Zeit abhalten: Nach einem Wintersemester bei Karl Japsers wechselt sie nach Freiburg, wo Martin Heidegger lehrt. Später hat sie sich selbstkritisch über ihre damalige Art, die Politik auszublenden, geäußert. Selbst als in Deutschland bereits Menschen wegen ihres Glaubens oder ihrer politischen Überzeugung verfolgt, verhaftet und eingesperrt werden, will Jeanne Hersch das nicht wahrhaben. Und obwohl es deutschen Juden damals bereits verboten ist, sich an den Universitäten zu immatrikulieren, gilt dies für ausländische Juden noch nicht. Das ganze Sommersemester 1933 verbringt Jeanne Hersch in Freiburg, ganz im Banne des philosophischen »Magiers« Heidegger. Später differenziert sie ihre Erfahrungen und Erkenntnisse jenes Sommers und räumt ein: »Da verstand ich, und zwar aus dem Innersten heraus, wie ein totalitäres Regime sich durchsetzt, und daß das nichts, aber auch gar nichts mit einer intellektuellen Entwicklung zu tun hat. [...] Ich sah mir diesen Mann [Heidegger] an, der ein großer Philosoph war, ein tiefgründiger, strenger Denker, er stand da vor mir, mit seinen fiebrig geröteten Augen, und hielt manchmal ganz unwahrscheinliche Reden.« Als am 26. Mai 1933, zum zehnten Jahrestag der Hinrichtung des nationalsozialistischen Terroristen Albert Leo Schlageter, eine universitäre Feier anberaumt wird, erlebt die Studentin Jeanne Hersch die Rede des Rektors Heidegger und das »Begleitprogramm« der weitgehend nationalsozialistisch gesinnten Studentenschaft: »Ich konnte diese menschliche Barriere nicht mehr durchdringen. Es blieb mir nichts anderes übrig, als mich in der Menge zu verlieren. Ich stand in der zweiten Reihe. Heidegger kommt. [...] Die Feier dauerte nur etwa eine Viertelstunde. Den rechten Arm zum Hitlergruß erhoben, sang die Menge: ›... wenn das Judenblut vom Messer spritzt, dann geht's nochmal so gut ...‹ Dann hielt Heidegger seine Rede; es wurde noch die letzte Strophe des Liedes gesungen, und das war alles. [...] Niemand bedrohte mich. Aber als das Zeichen zum Ende der Feier gegeben wurde, blieb ich wie gelähmt stehen. Ich fühlte mich, als wäre ein Reitertrupp über meinen Körper galoppiert. Ich war wie zerbrochen, wegen nichts und wieder nichts, das möchte ich betonen. Nur: Allein gegen die Menschheit dazustehen ist physisch fast nicht zu verkraften. Die Macht der sozialen Masse hatte ich mir nie vorgestellt.« Erst später kann Jeanne Hersch eine Verbindungslinie von den politischen Ereignissen jener Jahre zu Heideggers Denken ziehen: »Ich glaube, in Heideggers Philosophie gibt es Stellen, die sich für allerlei Kompromisse eignen. Sie trägt etwas Pathetisches, mehr oder weniger Magisches in sich, das zur Verantwortungslosigkeit verführt. [...] Die Gedanken, die er entwickelte, wurden nicht unserem freien Urteil vorgeschlagen, wie es der liberalen Einstellung eines Philosophen geziemt. Er drängte sie uns auf. Seine Philosophie enthält etwas wie Beschwörungsformeln, die die Erdgeister aufsteigen lassen und von einem verlangen, sich ihnen zu unterwerfen.« Ihre innere Distanz zu Heidegger und dessen Denken bleibt – auch nach dessen Rücktritt vom Amt des Rektors und seinem Rückzug ins innere »Exil« nach Todtnauberg. Jeanne Hersch sieht ihn als philosophischen Antagonisten ihres großen Freundes und Mentors Karl Jaspers: »Jaspers hatte nie uneingeschränktes Vertrauen zu Heidegger – nicht die Art von Vertrauen, die er in seinem Werk als *Kommunikation* bezeichnet. [...]

Er vermißte bei Heidegger das sichere Fundament, das jeder wahre Philosoph in seinem Innern besitzen sollte. Für Jaspers ist jede echte philosophische Tätigkeit in einer ethischen, ja beinahe metaethischen Haltung auf existentieller Ebene verankert, also in dem, worauf die Ethik selbst sich gründet.« Sie zieht aus dem Erleben Heideggers und dessen Mangels an Kommunikation Schlüsse hinsichtlich ihres eigenen Ethos von Freiheit und Verantwortung: »In der Kommunikation verläßt sich meine eigene Freiheit auf die des anderen. Ich will die Freiheit des anderen, damit meine eigene Freiheit freier werde, wenn sie zu mir zurückkommt. Nun, das war bei Heidegger nicht der Fall. [...] Wenn man vor Jaspers stand, hatte man die ganze Helligkeit von Gesicht und Augen vor sich, während man bei Heidegger den abwehrenden Hörnern gegenüberstand. Man spürte bei ihm eine überaus starke Abwehr des anderen und der Außenwelt. Jaspers war nie von einer Schar von Schülern umringt; er hatte Freunde. Ich weiß nicht, ob Heidegger Freunde hatte.«

Verteidigung der Freiheit

Nach diesen philosophischen Studien und historischen und ideologischen Erfahrungen kehrt Jeanne Hersch nach Genf zurück. Sie erhält eine Stelle an der École Internationale in Genf. Dort unterrichtet sie – von einigen Unterbrechungen abgesehen – von 1933 bis 1956 Französisch, Latein und Philosophie. Die Arbeit bereitet ihr Freude, entspricht sie doch ihrem (auch philosophischen) Verständnis von Kommunikation zwischen Pädagogen und Schülern. Ihre Auffassung von Pädagogik ist konservativ und fußt im klassischen, humanistischen Unterricht. Viel später, nach der Achtundsechziger-Revolte, hat sie dies betont, als sie sich heftig gegen »neue« Ansätze der Reformpädagogik stellte (die ja in Wahrheit auch schon nach 1900 und in den 1920er-Jahren in diversen Reformschulen erprobt wurden): »Ich war nie, wie einige meiner Kollegen, ein Kamerad meiner Schüler und versuchte nie, persönliche Beziehungen zu ihnen anzuknüpfen. [...] Meiner Ansicht nach soll ein Lehrer seinen Schüler nicht direkt ›behandeln‹, in dem Sinn, wie ein Psychiater seinen Patienten direkt behandelt. Der Unterricht ist überhaupt viel zu sehr ›psychologisiert‹ worden. [...] Der Lehrer soll dem Schüler über die Unterrichtsmaterie begegnen. Sie ist der richtige Ort für eine reine Begegnung. [...] Die Ansicht, man dürfe das Kind nicht beeinflussen, als wäre es von Anfang an eine fertige Person, ist absurd. Erst durch die Vielfalt der Einflüsse wird die Persönlichkeit allmählich geschaffen und abgerundet. Die heutigen pädagogischen Theorien enthalten viel Unsinn.«

Ihre Lehrtätigkeit an der École Internationale in Genf unterbricht Jeanne Hersch durch zwei Auslandsaufenthalte: 1935/36 geht sie für ein Jahr nach Chile und arbeitet dort als Privatlehrerin. Danach nimmt sie sich mehrere Monate frei und bereist Lateinamerika und Nordafrika. In Paris besucht sie Vorlesungen des Philosophen Gabriel Marcel. Und im Winter 1938/39 begleitet sie die thailändische Königsfamilie (die Prinzessin Galyani ist Jeanne Herschs Schülerin an der École Internationale) auf der Reise in deren Heimatland und unterrichtet während dieser Zeit die beiden Prinzen und die Prinzessin. Der damals elfjährige Kronprinz Ananda Mahidol soll seinem Volk vorgestellt werden. Knapp acht Jahre später, im Juni 1946, stirbt er unter ungeklärten Umständen an einer Schussverletzung, und sein jüngerer Bruder Bhumibol besteigt den Thron und wird das fernöstliche Land bis zu seinem Tod im Jahre 2016 volle siebzig Jahre lang regieren.

Jeanne Herschs erstes Buch erscheint 1936 und trägt den Titel *Die Illusion – der Weg der Philosophie*. Dafür erhält sie den Prix Amiel. Für ein Erstlingswerk ist es ein gewagtes Unterfangen, denn die Autorin untersucht darin die Geschichte der Philosophie seit Platon und Aristoteles im Hinblick auf deren objektiven Wahrheitsgehalt und gelangt zum Ergebnis, dass alle Philosophie eine Kette relativierter Illusionen sei. Erst Karl Jaspers habe dem mit der Erkenntnis, dass man nichts wissen könne, einen Endpunkt und zugleich einen Ausgangspunkt gesetzt: Denn erst jetzt, so Hersch, sei es möglich, die Freiheit an den Beginn des eigenen Denkens zu setzen. Jeanne Hersch dazu im Gespräch: »Die philosophische Wahrheit ist keine objektive, obwohl sie auf Objektivität nicht verzichten kann. Die philosophische Wahrheit spiegelt das Wesen der Freiheit wider, die ebenso wenig auf Objektivität verzichten kann, die aber in ihrem Wesen das Gegenteil ist, weil sie das ist, was sich der Objektivität entzieht.« Das philosophische Denken sei vielmehr ein Appell an die Freiheit. Jeanne Hersch differenziert: »Wenn ich jemanden bitte, darüber nachzudenken, was ich mit seiner Freiheit meine, so heißt das nicht, daß er das nicht beurteilen darf, was ich auf der diskursiven Ebene sagte. Trotzdem soll man den Vorgang des Denkens dort beurteilen, wo er sich wirklich abspielt. [...] Deshalb hat Jaspers die These entwickelt, der zufolge alle großen Philosophien sich am Ende auf Widersprüche, Tautologien oder Kreise, also auf Fehler der Logik, formal reduzieren lassen.«

Den Zweiten Weltkrieg überdauert Jeanne Hersch in der Schweiz. Sie unterrichtet nach wie vor an der École Internationale in Genf und besucht zudem das Doktorandenkolloquium bei Paul Häberlin an der Universität Basel. Gemeinsam mit ihren Eltern beteiligt sich Jeanne Hersch an Hilfsaktionen für Flüchtlinge. Dennoch sieht sie im Nachhinein ihr damaliges Dasein sehr kritisch, auch vor dem Hintergrund, dass etliche in Polen lebende Verwandte in den Konzentrationslagern ums Leben kamen: »Ich hätte mir nie vorstellen können, daß man so zweigeteilt leben kann, wie ich während dieser Zeit gelebt habe. [...] Wir kümmerten uns persönlich um die Flüchtlinge, um ihre Papiere, ihre Bequemlichkeit und so weiter. Trotzdem habe ich den Eindruck, diese Periode in einem Zustand erlebt zu haben, der fast eine Abwesenheit von der Welt war: Mein persönliches Leben fraß mich völlig auf, und das kann ich mir nicht verzeihen. Diese Distanz, die ich den Ereignissen gegenüber an den Tag legte, sogar während des Krieges, wo doch die ganze Familie meiner Mutter ausgerottet wurde: Das ist etwas, was ich heute [1986] weder verstehen noch mir verzeihen kann. Ich war durch mein Privatleben von den Ereignissen getrennt. [...] Ich habe das Gefühl, meine Begegnung mit der Geschichte verpaßt zu haben [...].«

»Begegnung« – ein Schlüsselbegriff, der Jeanne Herschs Nachdenken über die Zeit umreißt. 1942 veröffentlicht sie einen Roman mit dem Titel *Begegnung*, der in der Darstellung zweier Liebesbeziehungen in verschiedenen Epochen die philosophische Frage stellt, »welche Einheit im Augenblick möglich ist, wo doch die Dinge in der Dauer nebeneinander bleiben. In *Begegnung* habe ich versucht, mit Momenten, die einander fremd sind, eine ästhetische Einheit zu verwirklichen.« Das Problem der Einheit des Lebens behandelt Jeanne Hersch auch in ihrer 1946 erschienenen Dissertation *L'être et la forme (Das Sein und die Form)*. Darin geht sie der Frage nach, welche Beziehung zwischen dem, was der Mensch tut, und dem Sein besteht: »Was kann der Mensch im Sein hervorbringen?« Jeanne Hersch erläutert dies: »Der erste Ausdruck [*Sein*] bedeutet das aktuelle, verwirklichte, dem Menschen aber nicht zugängliche Sein, dem sich der Mensch durch die *Form* nähert. Aber der Mensch kann nichts aus dem Nichts gestalten. Er geht immer von etwas aus, und dieses Etwas, von dem der Mensch [...] ausgeht, habe ich *Materie* genannt. [...] Wenn sich die Form auf vollkommene Weise einer Materie bemächtigt, sie durchdringt, die ganze Unbestimmtheit der Materie überwindet, so kommt sie der Verwirklichung eines Seins näher. Sein ist eine vollständig durchgeformte Materie.« Ihr Buch wendet sich sowohl gegen den Neuplatonismus (»die simple Gefräßigkeit [...], mit der man direkt auf das Sein zugreift«) als auch gegen den platten positivistischen Materialismus (»die Hypertrophie der Form, von der der Mensch behauptet, sie *ex nihilo* zu erschaffen«). Somit ist Jeanne Herschs Auffassung von den Beziehungen zwischen Materie und Form sowohl vom Idealismus als auch vom Materialismus weit entfernt. Vielmehr ist ihre Idee davon, der Materie eine Form aufzuzwingen, eine Definition der Bestimmung des Menschen, einer Bestimmung zur Freiheit, der der Mensch nicht entrinnen kann: »Der Mensch kann der Aufgabe, frei zu sein, nicht entgehen. Was heißt: frei sein? Es heißt: etwas schaffen; aber ich betone nochmals, es heißt nicht, es *ex nihilo* zu schaffen.« Den modernen Strömungen, die das Menschsein einer Ideologie unterordnen wollen und gern vom »neuen Menschen« schwadronieren, hält Jeanne Hersch entgegen: »Man kann nicht zum Menschsein zurückkehren, ohne es zu lieben. Das Menschsein akzeptieren heißt, seine *Aufgabe* akzeptieren. Unser Menschsein setzt eine Anzahl von Gegebenheiten voraus, aber: Wir haben daraus etwas zu machen. Es ist unsere Sache, durch diese Gegebenheiten hindurch ein Höchstmaß an Sein anzustreben, was auch ein Höchstmaß an Sinn bedeutet. Sein und Sinn sind miteinander verbunden.«

Im Zentrum von Jeanne Herschs Philosophie steht die *Freiheit*. Sie selbst erläutert dies: »Weil es die Freiheit ist, die das Menschsein zu etwas Einzigartigem macht, das es verdient, mehr als alles andere geliebt zu werden. Wir sind nicht wie alle anderen Lebewesen, einfach von außen getrieben, Gefangene im System von Ursachen und Wirkungen. Alles, was Ursache und Wirkung ist, hat an sich keinen Sinn. Damit ein Sinn entsteht, muß ein Ziel sein. Damit ein Ziel ist, muß sich eine Freiheit bewegen, muß auf einen Wert gerichtet sein, auf etwas, was noch nicht ist und es wert ist, zu sein.«

Mit ihrer Verteidigung der Freiheit des Menschen steht Jeanne Hersch zu jener Zeit im philosophischen Diskurs nicht allein da. Auch Hannah Arendt thematisiert dies in ihrer großen Abhandlung über *Elemente und Ursprünge totaler Herrschaft* (1951/1955). Ebenso rekurriert Jeanne Hersch auf die Existenz totalitärer Regime, des Nationalsozialismus (dem ja ein Großteil der mütterlichen Verwandtschaft zum Opfer fällt), aber auch des Bolschewismus und Stalinismus (denen die Vorstellung der »Bundisten« von einem Sozialismus freiheitlicher, verantwortungsbewusster Individuen diametral entgegengesetzt ist). Zudem ist sie eine Gegnerin eines falsch verstandenen Individualismus, der vor allem nach dem Zweiten Weltkrieg in den westlichen Gesellschaften aufblüht und bloßen materiellen Konsumismus als individuelle Selbstverwirklichung bemäntelt. Jeanne Herschs Urteil fällt harsch und eindeutig aus: »Tun, was man will, wie man will, wo man will? Das ist doch Unsinn. Das ist nicht Freiheit, sondern Willkür. Freiheit und Willkür verwechseln heißt den elementarsten philosophischen Fehler begehen. Am besten versteht man die Freiheit über die Notwendigkeit. […] Wenn die Freiheit absolut wird, fällt sie mit der Notwendigkeit zusammen, und dann sind wir in dieser Freiheit als Ganzes gegenwärtig.«

Transzendenz und Existenz

Freiheit, so Jeanne Hersch, ist nicht nur ohne Verantwortung undenkbar, sie existiert auch nicht ohne Wahrheit. »Der Sinn der Wahrheit ist ein existentieller«, so ihre Erkenntnis. Aber die Wahrheit bedarf der ständigen individuellen Überprüfung, auch darin liegt die verantwortungsbewusste Freiheit des Menschen begründet: »Es gibt keine Wahrheit, außer ich engagiere mich dafür. Selbst der objektivste Satz ist nicht an sich wahr; er erweist sich zweifellos als wahr, wenn man ihn überprüft, aber nur für einen Verstand, der bereit ist, ihn anzuerkennen.« Dieser Verstand, der sich in seiner verantwortungsbewussten Freiheit allen Fragen der menschlichen Existenz stellt, klammert auch das Bedürfnis nach Transzendenz nicht aus und scheut nicht den Kontakt mit der Transzendenz, selbst wenn man die Existenz Gottes im christlichen Verständnis nicht anerkennen will und kann. Die alte Frage der Theodizee, warum ein allgewaltiges und von den Menschen als guter Gott gedachtes Wesen denn so viel Schreckliches in der Schöpfung zuließ und noch immer zulässt (etwa in Form von Naturkatastrophen) – gemeinhin ein Hauptargument zur inhaltlichen Begründung des Atheismus –, stellt sich für Jeanne Hersch nicht – obgleich sie sich weder als gläubige Jüdin noch als Christin bezeichnet und obwohl sie den Verfechtern der Theodizee, der Gerechtigkeit Gottes, nicht zu widersprechen wagt: »Seit so langer Zeit sehe ich entsetzliche Dinge geschehen und weiß, daß sie auch überall geschehen, während das geringste von ihnen unerträglich ist, daß ich es vollkommen aufgegeben habe, den lieben Gott zur Rechenschaft zu ziehen. Ich kann da einfach keine Fragen mehr stellen. Wir sind so weit davon entfernt, uns die Welt als unschuldige Schöpfung eines unschuldigen Gottes denken zu können, daß alles, was ich tun kann, darin besteht, es [...] anheimzustellen. Ich kann weder das Universum verurteilen noch den, der es gemacht hat, wenn er es gemacht hat. Es gibt da etwas völlig Undurchdringliches. Ich versuche gar nicht erst, da hineinzukommen, so sehr zermalmt mich die Evidenz des Entsetzlichen.« Selbst die Erfahrung des Leidens, eigenen und fremden, kann erträglich werden, im doppelten Sinne: zu ertragen und als Ertrag erfahrbar: »Ein ertragenes Leiden kann einen Sinn und einen Wert haben. Es vermehrt den Mut der Menschheit als Ganzes; [...] Der Heroismus eines Augenblicks, das Mitleid eines kurzen Moments, der Gedanke an einen anderen inmitten des schlimmsten eigenen Leidens, ein Flügelschlag der Seele im Schmerz: Nichts davon kann verlorengehen, wenn es einmal geschehen ist.« Das scheinbar Unerträgliche hingegen kann in der Akzeptanz der Endlichkeit (auch das ein Akt der menschlichen Freiheit!) annehmbar und erträglich gemacht werden: »Meiner Meinung nach kann es nur im Rahmen einer Ethik des Endlichen einen Sinn für das Absolute geben.«

Obgleich Jeanne Hersch den Glauben an einen personifizierten Gott, wie ihn Juden und Christen haben, oder gar an eine Inkarnation Gottes (in Jesus Christus) für sich persönlich nicht übernehmen kann, gesteht sie den Religionen und speziell der jüdisch-christlichen Metaphysik eine bedeutende Rolle in der Erziehung der Menschheit zur Freiheit zu. Gleichwohl kritisiert sie an der heutigen Christenheit eine verbreitete Weigerung, Verantwortung und Tiefe der Erkenntnis zu übernehmen: »Aber ich habe mich in der großen biblischen Metaphysik stets zu Hause gefühlt: die Behauptung des einzigen, transzendenten und verborgenen Gottes, mit der Weigerung, die diese Behauptung enthält. [...] Ich spüre in der Idee, daß Gott sich einmal inkarniert hat, eine fordernde Tiefe: Es ist ein Knoten aus Gedanken und Erfahrung von außergewöhnlichem Reichtum, den die Christen selbst oft nicht klar genug zu sehen scheinen.« Ihrer Ansicht nach leidet das heutige Christentum einerseits am konservativen Klerikalismus, andererseits – dort, wo man diesen Klerikalismus abzustreifen bemüht ist – an einer Verflachung der Transzendenz: »Mir ist die politische Linksrichtung [...] zwar sympathischer, aber ich akzeptiere nicht, daß man sich seiner politischen Überzeugungen bedient, um die religiöse Dimension der Transzendenz zu zerstören, indem man sie in eine zeitliche und politische – zum Beispiel marxistische – Sprache übersetzt. Ich bedauere das zutiefst und habe es stets bekämpft. [...] Ein Glaube solle fest genug verankert und der Wahrheit genügend untergeordnet sein, um für eine schönere Wahrheit eines anderen stets ein offenes Ohr zu haben.«

Nach Jeanne Herschs Ansicht ist das menschliche Bestreben nach Transzendenz im existenzialistischen Denken kein Widerspruch. Ihr Buch *L'être et la forme* widmete sie »meinem Lehrer Karl Jaspers, der mich mit dem existentialistischen Denken bekanntgemacht hat, das so genannt wird, weil es die Existenz dazu aufruft, die Transzendenz an den Grenzen des Wissens zu suchen«. Dabei wird Jeanne Herschs Denken nicht nur von Karl Jaspers' Existenzphilosophie geprägt, sondern nolens volens auch mit dem zweiten großen Existenzphilosophen des 20. Jahrhunderts in Verbindung gebracht: Jean-Paul Sartre. Doch trotz gewisser Parallelen im Hinblick auf die Haltung zur menschlichen Existenz sieht Jeanne Hersch einen gravierenden Unterschied zwischen ihrer Philosophie und der des Franzosen. Es ist die Kluft zwischen Existenz und Nichts, zwischen verantwortlicher Freiheit und willkürlicher Durchbrechung der Kausalitätskette:

»Der ›Existentialismus‹ oder das, was man so nennt, setzt den entscheidenden Akzent auf das Aufspringen der Existenz. *Existenz* war da im Grunde ein anderes Wort für *Freiheit*. Etymologisch gesehen enthält das Wort *existieren* die Idee eines Seins im Ausbrechen, das sich von der Kette der Ursache und Wirkungen losreißt, um sich als eine Art Erstursache zu behaupten. In diesem Sinn ist *Existenz* also nicht sehr verschieden vom freien Handeln. Von diesem Standpunkt aus ist die existentialistische Strömung und insbesondere das Denken von Sartre in seinem Werk *Das Sein und das Nichts* meinem eigenen nahe. Aber ich hatte stets das Bedürfnis, sein ›Nichts‹ zu übersetzen. Sartre zufolge entsteht Existenz aus dem Nichts. Durch das, was er Nichts nennt, ist sie von jeglichem kausalen Kontext getrennt. Ich finde die Wahl dieses Wortes ziemlich willkürlich. Sie erlaubte ihm später allerlei mehr oder weniger nihilistische Entwicklungen, die zu Beginn nicht unbedingt dazugehörten.«

Jeanne Hersch sieht die menschliche Existenz nicht nur durch die Freiheit in der Verantwortung geprägt, mit der Möglichkeit, ja der Pflicht, die Transzendenz zu suchen, sondern auch mit der Chance, an diesen »Grenzen des Wissens« auch die Kunst als menschliches Bedürfnis und menschliches Merkmal zu verwirklichen: »Das Kunstwerk ist vollendete, perfekte Inkarnation [...], das Kunstwerk drückt stets das Menschsein aus.« Beides, der Glauben wie das Streben nach dem vollendeten Kunstwerk, sind Ausdruck der Inkarnation, der Menschwerdung der Existenz, selbst wenn es im Letzten unerreichbar bleibt. Die Kunst drückt das Menschsein aus, und zwar »durch den Unterschied. Es [das Kunstwerk] drückt das aus, wonach das Menschsein strebt: ein verwirklichtes Sein, in dem Sein und Sinn, Verlangen und Fülle zusammenfallen. Mit anderen Worten, das Unmögliche.«

Der in ihrem haltlosen Fatalismus pessimistischen Weltsicht Sartres und anderer französischer Existenzialisten, aber auch dem kommunistischen totalitären Wahn, den »neuen Menschen« zu erschaffen, hält Jeanne Hersch eine Seinshaltung entgegen, die über Optimismus und Pessimismus steht und wiederum in des Menschen Möglichkeit und Verpflichtung zur Freiheit und Verantwortung begründet liegt: »Was mein Bild vom Menschen betrifft, so ist es ziemlich banal: Der Mensch ist ein freies, verantwortliches Wesen. Diese Auffassung steht im Gegensatz sowohl zum Optimismus als auch zum Pessimismus. Im Gegensatz zum Optimismus, weil dieser erwartet, daß eine neue Menschheit auf den Plan tritt, die das harmonische Produkt der Geschichte oder der Lebensbedingungen wäre. Und im Gegensatz zum Pessimismus, weil ich glaube, daß der Mensch, solange ein Funke Leben in ihm ist, nicht darauf verzichten kann, Mensch zu sein. Im übrigen begreife ich nicht, wie man sich die eine oder die andere Einstellung zu eigen machen kann. Sie scheinen mir beide sinnlos. Beide kommen einem Verzicht aufs Menschsein gleich.« Der Mensch, so Jeanne Hersch, ist zwar nicht die »Krone der Schöpfung«, von Gott erschaffen, um über die Welt zu herrschen, aber andererseits auch mehr als die bloße, ihrer selbst nicht bewusste Kreatur. Er unterscheidet sich auch existenziell von den Tieren, er ist mehr als nur eine Laune der Evolution, mehr als ein cartesianisches Maschinenwerk: »Der Mensch ist ein Zeuge dieser Welt, ein Wesen, das fähig ist, die Welt zu betrachten, zu sehen und zu erkennen. Für das Universum ist es wohl etwas Einzigartiges, den Menschen zum Zeugen zu haben. Er ist etwas anderes als eine Nachtigall, eine Raupe oder eine Kuh. Worauf wäre das Universum reduziert, wenn es nicht diesen Zeugen auf Erden gäbe? Ich glaube, daß der Mensch etwas Außergewöhnliches auf der Welt ist, ich möchte sagen: etwas Einzigartiges.«

Das Recht, ein Mensch zu sein

Ihre viel beachtete Dissertation *L'être et la forme* (1946) öffnet Jeanne Hersch die Tür zum akademischen Betrieb: Seit 1947 lehrt sie am Lehrstuhl für Systematische Philosophie in Genf, zunächst als Privatdozentin (den Unterricht an der École Internationale gibt sie erst 1956 auf), seit 1956 als Professorin und seit 1962 bis zu ihrer Emeritierung 1977 als ordentliche Professorin. Ihrer Heimatstadt Genf bleibt Jeanne Hersch im Wesentlichen treu, unterbrochen von einigen Auslandssemestern, Zeugnissen ihres wachsenden internationalen Renommees: 1959 lehrt sie an der Pennsylvania State University, 1961 am Hunter College der State University of New York, 1978 an der Colgate University in Hamilton/New York und an der Université Laval in Québec/Kanada. Die Krönung ihres internationalen Rufs stellt sicherlich die Ernennung zur Direktorin der Abteilung Philosophie der UNESCO in Paris im Jahre 1966 dar. Zwei Jahre lang, bis 1968, hat sie dieses Amt inne und erwirbt nicht nur sich viel Ehre, sondern rückt vor allem die Philosophie und damit die Notwendigkeit, politische Entscheidungsprozesse ethisch zu begleiten und historisch zu verorten, verstärkt ins Bewusstsein. Ausdruck dessen ist die von Jeanne Hersch herausgegebene umfassende Sammlung *Le droit d'être un homme (Das Recht, ein Mensch zu sein)* (1968).

Anlass zur Publikation dieses Grundlagenwerks ist das zwanzigjährige Jubiläum der Verabschiedung der Menschenrechtsdeklaration der Vereinten Nationen (1948), damals unter der Federführung Eleanor Roosevelts, der ehemaligen First Lady der USA. Jeanne Hersch über die Aufgabenstellung und die Beweggründe für dieses Kompendium historischer Texte aus allen Völkern dieser Welt zum Thema Menschenrechte: »Es gibt Leute, die behaupten, daß die Menschenrechte eine rein westliche Auffassung ausdrücken und daß ihre weltweite Verbreitung reinen Imperialismus bedeute. Wenn ich anhand von Texten aus allen möglichen Traditionen zeigen könnte, daß die Menschen immer und überall nach dem gestrebt haben, was von den Menschenrechten verlangt wird, nach der Anerkennung dessen, was jedem menschlichen Wesen als solchem gebührt, wenn ich zeigen könnte, daß in allen Kulturen Spuren dieses Strebens vorhanden sind, dann würde man sehen, daß es sich bei der Erklärung der Menschenrechte um eine allgemein menschliche Forderung handelt.« Jeanne Herschs Abteilung schreibt alle nationalen UNESCO-Kommissionen der Mitgliedsstaaten der Vereinten Nationen mit der Bitte an, Texte zum Thema Menschenrechte, die vor 1948 entstanden sind und die von einer kulturellen Auseinandersetzung zeugen, einzusenden. Die Resonanz ist überwältigend: »Die Länder, die uns am meisten Texte schickten, waren die, die unterdrückt waren, wie zum Beispiel die Tschechoslowakei oder – zu dieser Zeit – das von Offizieren diktatorisch regierte Griechenland. Es war, als ob sich ein Deckel einen Spalt breit öffnete und den Dampf entweichen ließe. Das Resultat war von unglaublicher Vielfalt. Wir erhielten afrikanische Sprichwörter, in Stein gravierte ägyptische Inschriften aus dem dritten Jahrtausend vor Christus, Gesetzgebungs-Fragmente, Volkslieder und so weiter. In diesen Texten kamen alle Aspekte der Menschenrechte zum Vorschein, alle damit zusammenhängenden Probleme, wie zum Beispiel die Notwendigkeit der Ausbildung, das Recht auf Gesundheit, das Recht auf ein Gerichtsurteil und so weiter. [...] Das Buch wurde in sieben Sprachen übersetzt.«

Eine kollektive, an Rasse und Ethnie gebundene Gleichheit

(und damit die Gleichheit der Menschenrechte), die an ein bestimmtes intellektuelles Niveau gebunden wäre, lehnt Jeanne Hersch jedoch strikt ab. Vielmehr sieht sie bei der Konstituierung von Menschenrechten ebenfalls das freie und verantwortungsbewusste Individuum in der Pflicht: »Wer behauptete, daß die Rassen intellektuell gleich sind, setzt voraus, daß der Begriff Intelligenz eindeutig und universell festgelegt ist und daß es im Bereich der Intelligenz Gleichheits-Kriterien gibt; beides ist aber nicht der Fall. Die Intelligenz ist etwas so Vielseitiges und Komplexes, daß es äußerst schwierig ist, Vergleiche anzustellen, und noch schwieriger, sie zu messen. [...] Wenn man eine solche Beziehung zwischen Intelligenz und Menschenrechten voraussetzt, heißt das in Wirklichkeit, daß innerhalb ein und derselben Rasse jemand, dessen Intelligenzquotient höher wäre als der eines anderen, mehr Menschenrechte für sich in Anspruch nehmen dürfte. Nun hängen aber die Menschenrechte keineswegs vom intellektuellen Niveau eines einzelnen oder einer Gemeinschaft ab. [...] Die Menschenrechte beruhen auf der jedem Menschen eigenen Fähigkeit, frei und verantwortungsbewußt zu werden, das heißt, auf einem jedem einzelnen innewohnenden Grundgeheimnis.«

Demokratie, Freiheit und Macht

Dass Philosophie sich nicht im »Elfenbeinturm« des reinen Denkens vollzieht, sondern im Gegenteil mitten in dem vom Handeln geprägten Dasein in der Öffentlichkeit, der *polis*, ihren Platz hat, beweist Jeanne Hersch zeitlebens durch ihr vielfältiges gesellschaftliches Engagement. Sie ist Mitglied zahlreicher philosophischer und gesellschaftspolitischer Vereinigungen und Kommissionen, unter anderem von 1970 bis 1976 der Schweizer UNESCO-Kommission und von 1970 bis 1972 in deren Exekutivrat. Als Präsidentin der Karl-Jaspers-Stiftung in Basel initiiert sie die Edition von Teilen seines philosophischen Nachlasses und übersetzt selbst mehrere seiner Werke ins Französische, um ihren Lehrer auch jenseits des Rheins bekannter zu machen. Und sie ist

Mitglied diverser Schweizer Autoren- und Philosophenverbände und gemeinnütziger Stiftungen.

1956 erscheint Jeanne Herschs Studie *Idéologies et réalité* (dt. *Die Ideologien und die Wirklichkeit,* 1957). Darin vertritt sie die grundlegende These, dass »die politische Demokratie einerseits keineswegs eine Summe formeller Rechte ist, die keinen Einfluß auf das konkrete Leben der Menschen und auf die sozialen Bedingungen eines Landes ausüben, sondern daß sie eine konkrete Bedingung für den wirtschaftlichen und sozialen Fortschritt ist; daß die politische Demokratie andererseits als einzige auf das fundamentale Streben des Menschen eingeht, der zugleich selbst frei sein, das heißt, so denken, sprechen und handeln will, wie er es seiner tiefsten Notwendigkeit entsprechend zu tun beschließt, der aber auch zur Lebensweise der Gemeinschaft beitragen will, der er angehört«. Die Aufgabe der Philosophie in einer modernen Gesellschaft sieht Jeanne Hersch dabei immer im Zusammenhang mit der nach wie vor ungelösten sozialen Frage, die auf keinen Fall von der demokratischen Praxis abgekoppelt werden darf: »Mir ist schon sehr früh klargeworden, daß viele Menschen von Geburt an durch ihre sozialen Verhältnisse in dieser Entwicklung behindert sind; es hat ihnen die entsprechende Ernährung, die nötige Muße, das richtige Milieu gefehlt. Darin besteht für mich die schwerste Ungleichheit. Also habe ich mich für Politik interessiert, weil durch die Politik die Menschen versuchen, auf ihre eigenen Lebensbedingungen und die ihrer Mitmenschen einzuwirken.« Auch in ihrem politischen Denken sieht sich Jeanne Hersch durch ihre eigene soziale Prägung bestimmt: »Seit meiner frühen Kindheit hörte ich meinen Vater immer wieder sagen, der soziale Fortschritt sei eng mit den demokratischen Rechten verbunden. Ich habe diese Wahrheit nie angezweifelt. [...] es muß für jeden Menschen in entscheidenden Fragen eine Kontrolle geben. Das *demokratische System* entspricht dieser Notwendigkeit. Es ist für mich vor allem ein gegenseitiges Kontrollsystem. Jeder Macht muß eine Gegenmacht gegenüberstehen. Jede Macht muß zeitlich begrenzt und einer Kontrolle unterworfen sein, muß angefochten werden können [...].« Die Demokratie sieht sie als Philosophin und engagierte Bürgerin von mehreren Seiten in steter Gefahr – und vertritt dabei trotz ihres sozialistischen Bekenntnisses bürgerlich-konservative Wertvorstellungen, die etlichen ihrer Zeitgenossen (gerade aus der Generation der 1968er) suspekt, ja beunruhigend erscheinen müssen: »Ich glaube durchaus nicht an eine faktische physische, intellektuelle und moralische Gleichheit der Menschen. Die einzige Gleichheit, an die ich – allerdings absolut – glaube, ist eben, daß es in jedem Menschen diese geheimnisvolle *Möglichkeit* gibt, *ein freier und verantwortlicher Mensch zu werden.*« Den vielleicht gelungensten Versuch, die demokratische Gesellschaftsform gegen die Machtallüren des Kapitalismus abzugrenzen, sieht sie nicht im politischen System kommunistischer Planwirtschaft, sondern in einem friedlichen Ausgleich der gegenseitigen Machtinteressen, einer Art sozialer Marktwirtschaft: »Ich glaube, daß man unter Regierungsformen, wo die politische Demokratie gesichert ist, dort, wo nur die Wirtschaft nicht demokratisiert ist und jahrzehntelang nicht demokratisiert worden ist, gegen die wirtschaftliche Macht kämpfen mußte. Und weil das der Fall war, mußten politische Gesetze erlassen werden. [...] Ich glaube immer noch [...], daß die Ungleichheit der wirtschaftlichen Kräfte, die einander gegenüberstehen, das Funktionieren der Demokratie zu stören droht, wenn die Entscheidungen etwa nicht nach den realen Meinungen und Entschlüssen der Leute getroffen, sondern von der enormen Ungleichheit der einander entgegengesetzten zur Verfügung stehenden Mittel beeinflußt werden. [...] Ich war nicht einfach für die Abschaffung des freien Marktes und bin es immer weniger [...]. Hingegen bin ich heute mehr denn je der Meinung, daß die Privatwirtschaft – also die Unternehmen – selbst darangehen müßte, sich über die Zielsetzungen, Bedingungen und Richtungen der Produktion Gedanken zu machen. Danach müßten Vereinbarungen getroffen werden, um diese Produktion, die phantastische Ausmaße angenommen hat, den Bedürfnissen der Menschen besser anzupassen.« Die Demokratie sieht sie dann in Gefahr, wenn sie um demokratischer Tugenden willen sich nicht genügend gegen die Feinde ihrer selbst verteidigt: »Deshalb bin ich ganz und gar nicht der Ansicht, man müsse die Demokratie immer weiter treiben, bis zum Selbstmord. Ich glaube, daß bestimmte Grenzen gesetzt werden müssen: Die Demokratie ist kein System, in dem jeder tun kann, was er will. Sie ist vielmehr ein System, in dem kein Mensch, der als solcher anerkannt wird – und ich hoffe, daß alle Menschen als Menschen anerkannt werden –, von seinem Teil der Kontrolle ausgeschlossen werden kann.« Die Demokratie muss wehrhaft bleiben, um die Freiheit nicht den Gegnern der Freiheit auszuliefern – eine Aussage, die heute angesichts gewisser gesellschaftlicher Radikalisierungen von links wie von rechts aktueller denn je ist: »Ich habe gesagt, daß den Verfechtern der Freiheit, weil sie auf die Freiheit Wert legen und sie bewahren wollen, das Recht zukommt, darüber zu entscheiden, wieviel Freiheit den Gegnern der Freiheit in einer bestimmten Situation, ohne Selbstmord der Freiheit, zugestanden werden kann. Ich sagte also: Es sind die Demokraten, die das Recht haben zu entscheiden, in welchem Ausmaß die Nicht-Demokraten von der Demokratie profitieren dürfen.« Die »Freiheit« aber, die heute mehr denn je in der medialen Diskussion zum Schlagwort und zur Worthülse verkommt, setzt Jeanne Hersch ganz bewusst antagonistisch gegen das Modewort der »Entfaltung« ins Feld: »Sich entfalten heißt nicht, irgend etwas Beliebiges tun; im Gegenteil. Um frei und verantwortlich zu sein, muß man zuerst Herr seiner selbst werden, und um Herr seiner selbst zu werden, muß man all das respektieren, was man als wesentlich ansieht. Diese verantwortliche Freiheit gehört außerdem nicht einem allein; sie gehört auch dem anderen. Das heißt, daß das freie, verantwortliche Verhalten auch die Achtung vor der möglichen Freiheit und Verantwortung des anderen miteinschließt. Das ist letztlich, was man unter Moral versteht. Es geht also nicht mehr um bloße sexuelle Befreiung oder etwas Ähnliches, sondern es geht darum, im anderen das zu respektieren, was in ihm verantwortliche Freiheit werden kann.« Selbst dem christlichen Begriff der »Seele« kann die Sozialistin Jeanne Hersch mit Bezug auf ihren Freiheitsbegriff etwas abgewinnen: »Was ist aber die Seele, wenn nicht eine Macht der Freiheit? Für mich ist der tiefste Grund der kirchlichen Tradition durchaus mit der Doktrin der Menschenrechte vereinbar.«

Die Proteste und Verweigerungshaltungen gerade der jungen Generation gegenüber den Auswüchsen eines entfesselten Kapitalismus sieht Jeanne Hersch mit Sympathie. Die Revolte sei ja auch Ausdruck der Suche nach Sinn, und insofern auch in die politische Praxis übersetzte Frage der Philosophie: »Wie Sie wissen, protestieren heute die Jungen, weil sie den Eindruck haben, daß ein ungeheurer Produktionsapparat blind funktioniert, ohne nach dem Sinn zu fragen, ohne daß ihm jemand eine Richtung gibt. Es ist wie ein Zug, der ohne Zugführer dahinfährt. Wenn man bedenkt, daß dieser Apparat den größten Teil unserer Kräfte und unserer Zeit verbraucht, und in unserer Gesellschaft eine so beherrschende Rolle spielt, muß man unbedingt über die Frage nach dem Sinn nachdenken.« Diese Kapitalismuskritik, verbunden mit der Sinnfrage, verknüpft sich in jüngerer Zeit auch immer mehr mit ökologischen Forderungen. Auch dies sieht Jeanne Hersch durchaus als eine positive Herausforderung: »Aber ich halte es für unerläßlich, parallel zur Zunahme der Produktivität und im Verhältnis zu dieser Zunahme die Arbeitsdauer zu reduzieren. Auch die Produktion wird danach ausgerichtet werden müssen. [...] Ich glaube, wir sind wirklich an einem Punkt angekommen, wo die Anarchie des Wettbewerbs, von allen erdenklichen Gesichtspunkten aus betrachtet, allein nicht mehr funktioniert, selbst wenn ihm nach und nach gewisse gesetzliche Einschränkungen auferlegt werden. Nehmen wir die Probleme der Umweltverschmutzung. Sie wären viel leichter zu lösen, wenn es nicht unter den Autofabrikanten eine solche Konkurrenz gäbe. Aber es gibt sie, und es gibt sie auch unter den einzelnen Ländern. Sie hindert die Betriebe daran, Maßnahmen gegen die Umweltverschmutzung durchzuführen, die wegen ihrer Kosten ihre Konkurrenzfähigkeit verringern könnten. Es müssen also interindustrielle Abkommen zwischen Herstellern und Staaten getroffen werden.«

Gesellschaftliches Engagement, gleich welcher Art, ist nach Jeanne Herschs Ansicht aber nicht nur ein politisches Recht jedes einzelnen Menschen oder auch eine Chance zur Durchsetzung eigener Interessen, vielmehr ist Einmischung erwünscht, ja sogar eine Voraussetzung zum Funktionieren einer Gesellschaft: Der apolitische Mensch (wie er lange Zeit in der bürgerlichen Kultur zum Ideal erhoben wurde, da man Politik und die damit einhergehende Macht als etwas Schmutziges und Beschmutzendes verstand) wirkt geradezu zerstörend auf das System der Demokratie: »Viele Leute lieben die Vorstellung, daß sie nichts mit der Macht zu tun haben, stellen einem die Macht unter ihrem barbarischsten Aspekt vor und glauben, selbst völlig frei davon zu sein. Aber frei von Macht sein heißt frei von jedem Handeln sein. Es bedeutet letztlich, unverantwortlich zu werden. Wenn man verantwortlich werden will, braucht man dazu Macht, und man wird sich diese Macht verschaffen.« Eine Möglichkeit, als Einzelner Einfluss auf die politische Macht auszuüben, ist das Engagement in einer demokratischen Partei: Jeanne Hersch ist lange Jahre Mitglied der Sozialistischen und später der Sozialdemokratischen Partei der Schweiz. Sie selbst begründet ihr Engagement so: »Wenn ich mich als Sozialistin bezeichne, so meine ich damit, daß ich Demokratin bin, daß die soziale Gerechtigkeit meiner Ansicht nach keineswegs ausreichend verwirklicht ist und daß noch gekämpft werden muß, um die Arbeits- und Lebensbedingungen eines großen Teils der Bevölkerung zu verbessern […].«

Beeinflussung der demokratischen Organe unter Nutzung sozialer und professioneller Netzwerke ist für Jeanne Hersch zeitlebens ein staatsbürgerliches und menschliches Gebot, sei es als Pädagogin und Dozentin der Philosophie (also der Liebe zur Weisheit und der Wissenschaft des reinen Denkens), als kritische Zeugin und Wegbegleiterin des Judentums in einem Jahrhundert der Pogrome und des Holocausts, als Vertreterin einer Schweizer Kommission der UNESCO, als Mitglied sozialistischer und sozialdemokratischer Parteien der Schweiz, als Aktivistin diverser Hilfsorganisationen, als gesellschaftspolitische Journalistin und gleichzeitig Kritikerin an der unbedachten Nutzung moderner Medien, als historisch gebildete Kritikerin totalitärer Systeme (des Nationalsozialismus, aber auch stalinistischer und maoistischer Systeme), als unabhängige Beobachterin des Ost-West-Konflikts, als Befürworterin einer starken Landesverteidigung zum Schutze der demokratischen Gesellschaft und der humanistischen Werte, als bekennende Humanistin und Europäerin, als Vortragsreisende und Radioautorin, als Übersetzerin von Autoren und Philosophen aus dem deutschen und polnischen Sprachraum ins Französische, als komparatistisch interessierte Grenzgängerin zwischen den wissenschaftlichen Disziplinen und Künsten: der Philosophie, Theologie, Atomphysik, Filmkunst, Musik, Literatur und Malerei, oder einfach als treue und einfühlsame Freundin (etwa von Intellektuellen wie Karl Jaspers, Czeslaw Milosz, Ernest Ansermet, Józef Czapski, Gabriel Marcel, Gaston Fessard, Raymond Aron, Robert Oppenheimer und anderen).

Philosophie ist für Jeanne Hersch zeitlebens Bekenntnis und Bewusstmachung einer Ethik auf der Grundlage individueller verantwortungsbewusster Freiheit im Dienste am Ganzen der Menschheit. Dieses Nachdenken über den Menschen und die Welt endet nicht an den Toren des Tabus oder des Unvorstellbaren: Philosophieren heißt für Jeanne Hersch auch eine angstfreie, mündige Auseinandersetzung mit den Letzten Dingen: »Neu ist heute, daß der Grad an Wissen und Macht, den wir erreicht haben, von uns verlangt, daß wir uns selber Grenzen setzen. Die Weigerung, diese Grenzen festzulegen, bedeutet nichts anderes als eine neue Weise, das Menschsein zu vergessen – insbesondere so zu tun, als könne man dem Tod entwischen. [...] Es geht nicht darum, eine ›professionelle‹ Ausbildung [in der Philosophie] zu erwerben, sondern darum, mit Hilfe philosophischer Grundbegriffe nachdenken zu lernen, zum Beispiel über die Bedeutung der Tatsache, daß die Menschen sterblich sind, über die Notwendigkeit und Unaufhebbarkeit dieses Sterblichseins.«

Jeanne Hersch lebt ein langes, arbeitsreiches Leben voller beglückender kommunikativer Begegnungen mit anderen Menschen auf der Grundlage ihrer philosophischen Überlegungen, Erkenntnisse und Gespräche. Sie stirbt, von Bewunderern, Freunden und Schülern verehrt, von Gegnern respektiert, im neunzigsten Lebensjahr, am 5. Juni 2000 in Genf, an der Schwelle zu einem neuen Jahrtausend, einem Jahrtausend, das mit seinen Konflikten, Problemen, Herausforderungen verstörend wirken mag, dem man sich aber furchtlos und überlegt im Sinne Jeanne Herschs stellen sollte:

als mündiger, denkender, vernunftbegabter Mensch, im Bewusstsein der eigenen Freiheit und Verantwortung und in der Achtung der Freiheit und Würde anderer Menschen.

Auswahlbibliografie

Héloïse

Baumgärtner, Paul (Hg.): Petrus Abaelardus: Briefwechsel zwischen Abaelard und Heloise. Leipzig 1894.

Brost, Eberhard (Hg.): Petrus Abaelardus: Die Leidensgeschichte und der Briefwechsel mit Heloisa. München 1987.

Feld, Helmut: Heloise. Philosophin und Geliebte. In: Feld, Helmut: Frauen des Mittelalters. Zwanzig geistige Profile. Köln, Weimar, Wien 2000, S. 78–98.

Fred, W. (Hg.): Die Briefe von Abälard und Heloise. Leipzig 1911.

Gilson, Étienne: Heloise und Abälard. Freiburg i. B. 1955.

McLeod, Enid: Héloïse. Paris 1941.

Pernoud, Régine: Heloise und Abaelard. Ein Frauenschicksal im Mittelalter. München 1991.

Thomas, Rudolf (Hg.): Petrus Abaelardus (1079–1142). Person, Werk und Wirken. Trier 1980.

Hildegard von Bingen

Beuys, Barbara: Denn ich bin krank vor Liebe. Das Leben der Hildegard von Bingen. München 2001.

Feld, Helmut: Hildegard von Bingen. Die Prophetin vom Rupertsberg. In: Feld, Helmut: Frauen des Mittelalters. Zwanzig geistige Profile. Köln, Weimar, Wien 2000, S. 99–119.

Feldmann, Christian: Hildegard von Bingen. Nonne und Genie. Freiburg i. B. 1995.

Schipperges, Heinrich: Hildegard von Bingen. Ein Zeichen für unsere Zeit. Frankfurt/M. 1981.

Schipperges, Heinrich: Hildegard von Bingen. Freiburg i. B. 1997.

Christine de Pizan
Autrand, Françoise: Christine de Pizan. Paris 2009.
Kottenhoff, Margarete: »Du lebst in einer schlimmen Zeit«: Christine de Pizans Frauenstadt zwischen Sozialkritik und Utopie. Köln 1994.
Pernoud, Régine: Christine de Pizan. Das Leben einer außergewöhnlichen Frau und Schriftstellerin im Mittelalter. Vorwort von Margarete Zimmermann. München 1990.
Pinet, Marie-Josèphe: Christine de Pisan, 1364–1430. Étude biographique et littéraire. Paris 1927.
Pizan, Christine de: Das Buch von der Stadt der Frauen. München 1992.
Willard, Charity: Christine de Pizan. Her Life and Works. New York 1984.
Zimmermann, Margarete: Christine de Pizan. Reinbek 2002.

Émilie du Châtelet
Badinter, Élisabeth: Émilie, Émilie. Weiblicher Lebensentwurf im 18. Jahrhundert. München 1984.
Bodanis: Émilie und Voltaire. Eine Liebe in Zeiten der Aufklärung. Reinbek 2007.
Böttcher, Frauke: Das mathematische und naturphilosophische Arbeiten der Marquise du Châtelet (1706–1749). Wissenszugänge einer Frau im 18. Jahrhundert. Berlin 2013.
Châtelet, Émilie du: Rede vom Glück. Discours sur le bonheur. Mit einer Anzahl Briefe der Madame du Châtelet an den Marquis de Saint-Lambert. Berlin 1999.
Edwards, Samuel: Die göttliche Geliebte. Voltaire und Émilie du Châtelet. Stuttgart 1971.
Hagengruber, Ruth: Émilie du Châtelet between Leibniz and Newton. The Transformation of Metaphysics. Berlin 2012.
Hagengruber, Ruth: Gegen Rousseau – für die Physik: Gabrielle Émilie du Châtelet (1706–1749). Das Leben einer Wissenschaftlerin im Zeitalter der Aufklärung. In: Konsens, Bd. 3, Nr. 18, 2002, S. 27–30.
Hagengruber, Ruth (Hg.): Klassische philosophische Texte von Frauen. München 1998.
Reichenberger, Andrea: Émilie du Châtelets Institutions physiques. Über die Rolle von Prinzipien und Hypothesen in der Physik. Berlin 2016.

Ricarda Huch
Bronnen, Barbara: Fliegen mit gestutzten Flügeln. Die letzten Jahre der Ricarda Huch 1933–1947. Zürich 2007.
Huch, Ricarda: Briefe an die Freunde. Hg. und eingeleitet von Marie Baum. Neubearbeitung und Nachwort von Jens Jessen. Zürich 1986.
Huch, Ricarda: Erinnerungen an das eigene Leben. Mit einem Vorwort von Bernd Balzer. Köln 1980.

Huch, Ricarda: Gesammelte Werke in 11 Bänden. Hg. von Wilhelm Emrich. Köln 1966–1974.
Koepcke, Cordula: Ricarda Huch. Ihr Leben und ihr Werk. Frankfurt/M. 1996.
Lemke, Karin: Ricarda Huch. Die Summe des Ganzen. Leben und Werk. Weimar 2014.
Ricarda Huch. 1864–1947. Eine Ausstellung des Deutschen Literaturarchivs im Schiller-Nationalmuseum Marbach am Neckar 7. Mai bis 31. Oktober 1994, Schiller-Nationalmuseum Marbach. Marbacher Kataloge 47. Hg. von Ulrich Ott und Friedrich Pfäfflin. Ausstellung und Katalog: Jutta Bendt und Karin Schmidgall. Unter Mitarbeit von Ursula Weigl. Marbach am Neckar 1994.
Safranski, Rüdiger: Romantik. Eine deutsche Affäre. München 2007.
Weisenborn, Günther (Hg.): Der lautlose Aufstand. Bericht über die Widerstandsbewegung des deutschen Volkes 1933–1945. Nach dem Material von Ricarda Huch. Mit einer Einleitung von Martin Niemöller. Hamburg 1953.

Edith Stein

Edith Stein Gesamtausgabe (ESGA). Hg. im Auftrag des Internationalen Edith Stein Instituts Würzburg von Michael Linssen OCD und Klaus Mass OCD. Unter wissenschaftlicher Mitarbeit von Hanna-Barbara Gerl-Falkovitz. Freiburg, Basel, Wien 2000 ff.
Endres, Elisabeth: Edith Stein. Christliche Philosophin und jüdische Märtyrerin. München, Zürich 1987.
Feldmann, Christian: Edith Stein. Reinbek 2004.
Feldmann, Christian: Liebe, die das Leben kostet. Edith Stein – Jüdin, Philosophin, Ordensfrau. Freiburg, Basel, Wien 1998.
Herbstrith, Waltraud: Edith Stein. Ein Lebensbild in Zeugnissen und Selbstzeugnissen. Mainz 1993.
Müller, Andreas Uwe und Maria Amata Neyer: Edith Stein. Das Leben einer ungewöhnlichen Frau. Düsseldorf 2002.

Simone Weil

Abbt, Imelda und Wolfgang W. Müller (Hg.): Simone Weil. Ein Leben gibt zu denken. St. Ottilien 1999.
Abosch, Heinz: Simone Weil. Eine Einführung. Wiesbaden o. J.
Aron, Raymond: Mémoires. Paris 1983.
Beauvoir, Simone de: Memoiren einer Tochter aus gutem Hause. Reinbek 1968.
Cabaud, Jacques: Die Logik der Liebe. Freiburg i. B., München 1968.
Coles, Robert: Simone Weil. A Modern Pilgrimage. Reading 1987.
Jaspers, Karl: Der philosophische Glaube. Frankfurt/M., Hamburg 1960.

Krogmann, Angelica: Simone Weil. Reinbek 1970.
Moulakis, Athanasios: Simone Weil. Die Politik der Askese. Stuttgart 1981.
Perrin, Joseph-Marie und Gustave Thibon: Wir kannten Simone Weil. Paderborn 1954.
Pètrement, Simone: La vie de Simone Weil, avec des lettres et d'autres textes inédits, 2 Bde. Paris 1973.
Seelhöfer, Dorothee: Simone Weil. Philosophin – Gewerkschafterin – Mystikerin. Kevelaer 2009.
Vicki-Vogt, Maja: Simone Weil. Eine Logik des Absurden. Bern 1983.
Weil, Simone: Die Einwurzelung. Einführung in die Pflichten dem menschlichen Wesen gegenüber. München 1956.
Weil, Simone: Schwerkraft und Gnade. München 1952.
Wimmer, Reiner: Simone Weil. Person und Werk. Freiburg i.B. 2009.

Hannah Arendt

Arendt, Hannah: Eichmann in Jerusalem. Ein Bericht von der Banalität des Bösen. München 1964.
Arendt, Hannah: Elemente und Ursprünge totaler Herrschaft. Frankfurt/M. 1955.
Arendt, Hannah: Macht und Gewalt. München 1975.
Arendt, Hannah: Rahel Varnhagen. Lebensgeschichte einer deutschen Jüdin aus der Romantik. München 1959.
Arendt, Hannah: Vita activa oder Vom tätigen Leben. Stuttgart 1960.
Arendt, Hannah: Vom Leben des Geistes. München 1979.
Blume, Dorlis, Monika Boll und Raphael Gross (Hg.): Hannah Arendt und das 20. Jahrhundert. München 2020.
Eilenberger, Wolfram: Zeit der Zauberer. Das große Jahrzehnt der Philosophie. 1919–1929. Stuttgart 2019.
Hahn, Barbara: Hannah Arendt – Leidenschaften, Menschen und Bücher. Berlin 2005.
Nordmann, Ingeborg: Hannah Arendt. Reihe Campus, Einführungen. Frankfurt/M. 1994.
Vowinckel, Annette: Hannah Arendt. Grundwissen Philosophie. Leipzig 2006.
Young-Bruehl, Elisabeth: Hannah Arendt. Leben, Werk und Zeit. Frankfurt/M. 1986.

Simone de Beauvoir

Aron, Raymond: Erkenntnis und Verantwortung. Lebenserinnerungen. München, Zürich 1985.
Bair, Deirdre: Simone de Beauvoir. Eine Biographie. München 1990.
Bakewell, Sarah: Das Café der Existenzialisten. Freiheit, Sein und Aprikosencocktails. München 2016.

Beauvoir, Simone de: Alles in allem. Reinbek 1996.
Beauvoir, Simone de: Auge um Auge. Artikel zu Politik, Moral und Literatur, 1945–1955. Reinbek 1992.
Beauvoir, Simone de: Das Alter. Essay. Reinbek 1990.
Beauvoir, Simone de: Das andere Geschlecht. Reinbek 2007.
Beauvoir, Simone de: Das Blut der anderen. Reinbek 1967.
Beauvoir, Simone de: Der Lauf der Dinge. Reinbek 1966.
Beauvoir, Simone de: Die Mandarins von Paris. Reinbek 2014.
Beauvoir, Simone de: Die Zeremonie des Abschieds und Gespräche mit Jean-Paul Sartre: August–September 1974. Reinbek 1986.
Beauvoir, Simone de: Ein sanfter Tod. Berlin 2007.
Beauvoir, Simone de: In den besten Jahren. Reinbek 1961.
Beauvoir, Simone de: Kriegstagebuch. September 1939–Januar 1941. Reinbek 1994.
Beauvoir, Simone de: Memoiren einer Tochter aus gutem Hause. Reinbek 1961.
Beauvoir, Simone de: Sie kam und blieb. Reinbek 1991.
Beauvoir, Simone de: Soll man de Sade verbrennen? Drei Essays zur Moral des Existenzialismus. Reinbek 1983.
Kirkpatrick, Kate: Simone de Beauvoir. Ein modernes Leben. München 2020.
Moi, Toril: Simone de Beauvoir. Die Psychographie einer Intellektuellen. Frankfurt/M. 1996.
Sartre Jean-Paul: Der Existentialismus ist ein Humanismus und andere philosophische Essays 1943–1948. Reinbek 2014.
Sartre, Jean-Paul: Briefe an Simone de Beauvoir und andere. Bd. 1: 1926–1939. Reinbek 1984.
Sartre, Jean-Paul: Briefe an Simone de Beauvoir und andere. Bd. 2: 1940–1963. Reinbek 1985.
Sartre, Jean-Paul: Das Sein und das Nichts. Versuch einer phänomenologischen Ontologie. Reinbek 1991.
Zehl Romero, Christiane: Simone de Beauvoir. Reinbek 1978.

Jeanne Hersch

Dufour, Gabrielle und Alfred: Schwierige Freiheit. Gespräche mit Jeanne Hersch. München 1990.
Hersch, Jeanne: Antithesen. Der Feind heißt Nihilismus. Schaffhausen 1982.
Hersch, Jeanne: Das philosophische Staunen. Einblicke in die Geschichte des Denkens. München, Zürich 1981.
Hersch, Jeanne: Die Hoffnung, Mensch zu sein. Vorträge und Aufsätze. Zürich 1976.
Hersch, Jeanne: Die Ideologien und die Wirklichkeit. München 1957.

Hersch, Jeanne: Die Illusion – der Weg der Philosophie. Bern 1956.
Hersch, Jeanne: Die Unfähigkeit, Freiheit zu ertragen. Vorträge und Aufsätze. Zürich 1975.
Hersch, Jeanne: Karl Jaspers. München 1980.
Hersch, Jeanne: L'être et la forme. Neuenburg 1946.
Hersch, Jeanne: Le droit d'être un homme. Paris, Lausanne 1968.
Hersch, Jeanne: Quer zur Zeit. Essays. Zürich 1989.
Hersch, Jeanne: Von der Einheit des Menschen. Vorträge und Aufsätze. Zürich 1978.
Pieper, Annemarie und Monika Weber: Jeanne Hersch. Erlebte Zeit. Menschen im Hier und Jetzt. Vorträge, Gespräche, Abhandlungen. Zürich 2010.

Erika und Klaus Manns extravagante Freundschaften

Armin Strohmeyr

Dichterkinder

Liebe, Verrat und Drama – der Kreis um Klaus und Erika Mann

Piper Taschenbuch, 384 Seiten
ISBN 978-3-492-31534-0

Was um 1920 hoffnungsvoll begann, endete ab 1933 in Exil und Untergang. Klaus Mann brach in seinen Romanen die Tabus um Homosexualität und Selbstverwirklichung, Mopsa Sternheim entwarf das Bühnenbild für seine Theaterfassungen, Erika Mann und Pamela Wedekind erarbeiteten Bühnenstücke, während Annemarie Schwarzenbach aus aller Welt berichtete. Armin Strohmeyr gewährt uns Einblick in den erotisch aufgeladenen Freundeskreis und führt uns gleichzeitig die radikalen literarischen und politischen Umbrüche jener Zeit vor Augen.

Leseproben, E-Books und mehr unter www.piper.de